黄玉珊先生纪念文集

纪念先生诞辰105周年

西北工业大学航空学院 编

西北工业大学出版社

西　安

图书在版编目（CIP）数据

黄玉珊先生纪念文集 / 西北工业大学航空学院编. — 西安：西北工业大学出版社，2023.8
ISBN 978-7-5612-8963-1

Ⅰ.①黄… Ⅱ.①西… Ⅲ.①黄玉珊（1917—1987）-纪念文集 Ⅳ.①K826.16-53

中国国家版本馆CIP数据核字(2023)第158263号

HUANG YUSHAN XIANSHENG JINIAN WENJI
黄 玉 珊 先 生 纪 念 文 集
西北工业大学航空学院　编

责任编辑：隋秀娟		策划编辑：张　晖	
责任校对：万灵芝		装帧设计：李　飞	

出版发行：西北工业大学出版社
通信地址：西安市友谊西路127号　　　邮编：710072
电　　话：(029) 88491757，88493844
网　　址：www.nwpup.com
印 刷 者：西安浩轩印务有限公司
开　　本：787 mm×1 092 mm　　　1/16
印　　张：34.75　　　　　　　　　插页　16
字　　数：598千字
版　　次：2023年8月第1版　　　2023年8月第1次印刷
书　　号：ISBN 978-7-5612-8963-1
定　　价：218.00元

如有印装问题请与出版社联系调换

黄玉珊教授

◀ 1931年，黄玉珊考大学的报名照

▶ 1936年12月，黄玉珊从中央大学首届航空机械特别班毕业

▶ 1940年，黄玉珊23岁时任中央大学教授

◀ 1947年，黄玉珊30岁时留影

▶ 中年时代的黄玉珊

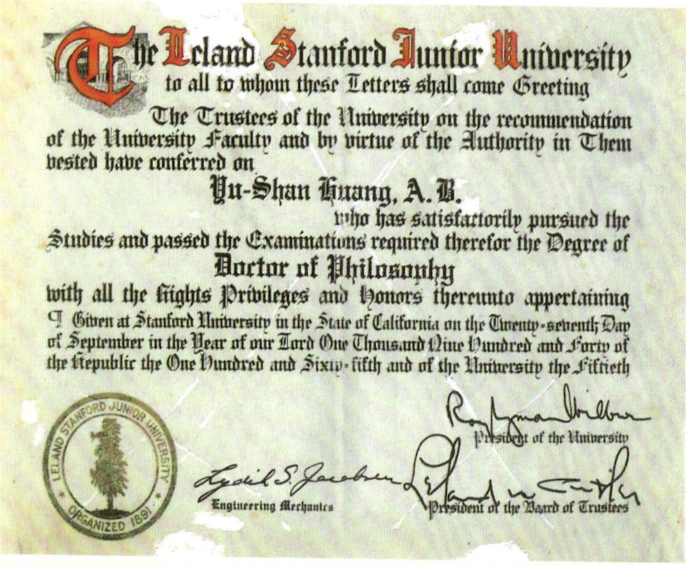
The Leland Stanford Junior University
to all to whom these Letters shall come Greeting

The Trustees of the University on the recommendation of the University Faculty and by virtue of the Authority in Them vested have conferred on

Yu-Shan Huang, A.B.

who has satisfactorily pursued the Studies and passed the Examinations required therefor the Degree of

Doctor of Philosophy

with all the Rights Privileges and Honors thereunto appertaining

Given at Stanford University in the State of California on the Twenty-seventh Day of September in the Year of our Lord One Thousand Nine Hundred and Forty of the Republic the One Hundred and Sixty-fifth and of the University the Fiftieth

LELAND STANFORD JUNIOR UNIVERSITY ORGANIZED 1891

President of the University

Engineering Mechanics

President of the Board of Trustees

1940年黄玉珊获斯坦福大学博士学位的学位证书

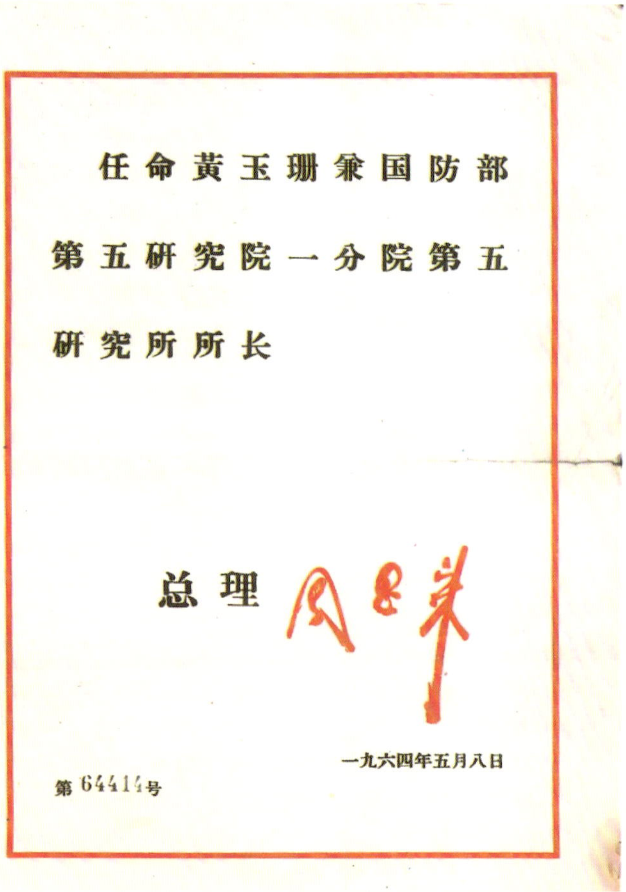
任命黄玉珊兼国防部第五研究院一分院第五研究所所长

总理

一九六四年五月八日

第 64414 号

中华人民共和国国务院任命书

▲ 1955年，黄玉珊（前排右四）在华东航空学院与毕业生合影留念

▲ 20世纪70年代，黄玉珊教授在家中书桌前

▲ 1978年12月，黄玉珊教授在天津参加中国科协五个专业学会的大型科学讨论会，会上与二弟黄玉璞在断裂力学方面展开学术争论，此照片刊登在《航空知识》1987年第5期扉页上

▲ 1978年，黄玉珊教授作为特邀代表参加全国科学大会，此为陕西代表团第五组合影
（倒数第二排左三为黄玉珊教授）

▲ 1979年，柏实义教授来西北工业大学讲学，"机械特别班"在国内的同窗来西安聚会，
此为6月17日于乾陵的留影
左起：陈百屏、柏实义、黄玉珊、陈光耀、陈基建、方城金

▲ 黄玉珊教授带病在家指导研究生

▲ 1985年9月,林致平教授和夫人来西工大访问

前排左起:杨彭基、黄玉珊、林致平、林夫人、姜长英、许玉赞
后排左起:黄仲诚、诸德培、胡沛泉、王培生、刘元镛、陈百屏、张相周

▲ 1985年11月,第四届全国断裂力学会议在西安召开(前排左四为黄玉珊教授)

▲ 1986年4月黄玉珊访美前，中国航空学会结构设计与强度委员会部分委员及秘书合影

前排左起：黄玉珊、陈百屏

后排左起：林富甲、诸德培、吴富民、杨庆雄、叶天麒、刘雪惠

▲ 1986年4月访美前，西北工业大学飞机结构强度研究所在校同志集体合影

▲ 1986年5月3日，黄玉珊教授回母校斯坦福大学，与46年前同为铁摩辛柯（S.Timoshenko）的博士生的霍夫（N.J.Hoff）晤面

▲ 黄玉珊教授（中）与斯坦福大学宇航系张以棣教授（左）及斯坦福大学系友刘长庚博士（右）于其曾就读的斯坦福大学机械系门前留影

▲ 1986年9月17日，黄玉珊（左三）及家人与柏实义夫妇（左一、左二）合照

▲ 1986年9月29日，黄玉珊教授（前中）与冯元桢夫妇（后右）、林绍基夫妇（后左）在加州帕萨迪纳王崑山夫妇府上晚聚

▲ 1986年6月19日，林致平教授（左三）远道来华盛顿并宴请柏实义教授（左一）、唐培经教授（左二）、黄玉珊教授（左四）

▲ 黄玉珊教授晚年带病坚持工作

▲ 黄玉珊教授晚年带病著书

▲ 黄玉珊教授在书房

▲ 1987年，黄玉珊（左二）与科技获奖小组成员倪惠玲（左一）、傅祥炯（左三）、林富甲（左四）合影

▲ 黄玉珊教授在西工大校园内

16

▲ 1948年8月（婚后蜜月），黄玉珊与夫人于杭州留影

▲ 1986年4月，黄玉珊夫妇于西工大住宅前花园中留影

▲ 1986年6月，黄玉珊夫妇游览尼亚加拉瀑布

家人合照

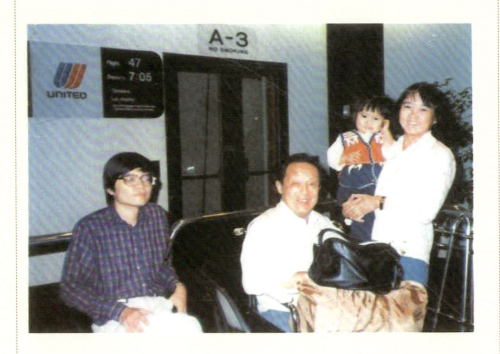

家人合照

家人合照

▲ 1981年12月，黄玉珊教授与岳父胡家健（前排左一）、妻妹胡晓华（后排左一）在香港

▲ 黄玉珊教授生前最后一张照片：1987年6月1日，与妻胡荫华、外孙女陆叶于西安家中合影

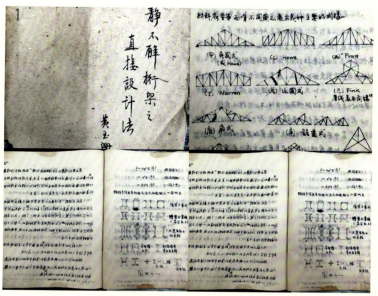

▶ 黄玉珊教授部分论文、专著手稿

▲ 黄玉珊教授和他指导的学术梯队在疲劳、断裂方面的部分著作

▲ 2017年9月15日,黄玉珊教授指导的第一位研究生冯元桢(被誉为"生物力学之父")摄于美国家中

◀ 黄玉珊先生铜像揭幕

◀ 黄玉珊先生诞辰98周年纪念座谈会暨黄玉珊铜像揭幕仪式在西工大举行

◀ 黄玉珊先生家属在西工大航空楼黄玉珊先生铜像前合影

▲ 中国航空学会结构与强度分会纪念黄玉珊先生100周年诞辰学术交流会上与会者合影留念

▲ 新时代、新使命、新征程，黄玉珊航空班扬帆启航
——黄玉珊航空班班主任受聘仪式
和新生见面会

▲ 胡荫华教授在黄玉珊航空教育基金捐赠协议上签字

▲ 黄玉珊航空教育基金启动暨捐赠仪式

PREFACE 序

今年是黄玉珊先生诞辰105周年，西北工业大学航空学院组织编撰了《黄玉珊先生纪念文集》，我作为先生的关门弟子、最后一位博士研究生，为此书作序，义不容辞，深感荣高责重。

黄玉珊先生1917年10月15日诞生于南京城内，自幼受到良好教育，咏诗文、学数理、习拳术、绘国画、对棋弈，不足14岁考入中央大学土木工程系；1935年大学毕业，怀抱航空救国之鸿志考入中央大学为培养航空事业专门人才而创办的首届机械特别班，从此结下一生的航空报国情缘；1937年考取第五届中英庚款留学生，赴英国伦敦帝国理工学院航空工程系学习并获硕士学位；1939年9月转到美国斯坦福大学学习，在铁摩辛柯（S.Timoshenko）的指导下，以力学为主科、航空为副科攻读博士学位，系统地解析了板受力弯曲问题，一年内完成博士论文，便匆匆离开美丽的斯坦福校园；1940年8月回到抗日战争最艰难时期的祖国，受聘为中央大学航空工程系教授，赴战火中西迁重庆的中央大学开课任教，开始了终其一生的航空力学教育事业，直至1987年6月9日因病离我们而去。

从民国初期诞生到改革开放十年之际离世，先生的一生经历了中国历史上70载天翻地覆的峥嵘岁月。从在首届机械特别班学习，到以不足23岁之龄教授中央大学第一届航空工程系本科生，从30岁代理中央大学航空工程系主任，到1952年院系调整后任华东航空学院飞机系主任，再到1956年毅然西迁西安，

1957年任新成立的西北工业大学飞机系主任，先生将一生完完全全地奉献给了中国的航空力学教育事业。从20世纪50年代主持"延安一号""延安二号"设计研制，到80年代的大飞机和一系列重大型号工程的规划，从老飞机的延寿到新飞机的立项论证和设计规范的制定，从致力于飞机强度研究到兼任航天工业部702所所长引领航天器气动弹性研究和颤振问题解决，先生为祖国的航空航天事业竭尽心智、鞠躬尽瘁，堪称民族脊梁。

先生童年早慧，更勤奋努力。即使在远洋颠簸的船上，即使在病魔缠身的耳顺之年，在任何艰难环境，他都不肯轻掷寸阴，一时一刻地算计、挤出时间来阅读学习，坚持学问研究，几十年记日记、做卡片，始终敏锐地洞察学科前沿和发展趋势，引领我国的航空力学教育、航空航天结构强度设计，在国力最贫弱的时期也能紧随国际前沿。飞机结构强度设计是一门艺术，要尽可能充分利用材料的性能，尽可能地轻，又要充分保证安全，而且要求越来越长的可靠经济的使用寿命。20世纪50到70年代，正是飞机结构强度设计理念大转变的时期。为了跟上国际发展，他多方奔走，西北工业大学在1958年建起了飞机系大楼，办起了飞机结构强度专业（我本科被录取的专业），成立了飞机结构强度研究所。飞机结构强度研究所几起几落，20世纪80年代初我入校学习时终于再次重建，一直致力于把当时最先进的结构强度设计理论方法和设计概念引入我国航空教育和工程实践。这使得我们在大学里学习的课程既重基础，打下了很好的数学、力学底子，又具有前沿性，从经典强度理论到疲劳、断裂力学、耐久性与损伤容限分析方法，从复变函数理论求解到变分法、有限元、边界元等先进的数值计算仿真，从材料疲劳断裂试验到各种先进的光电声测量方法，都有专门的老师指导。我的本科毕业设计是跟随刚从英国谢菲尔德大学归来的肖寿庭教授，做了钉载孔边应力解析，后来又发展求解了钉载孔边三维角裂纹应力强度因子，在国内外学术刊物发表，被收录到《应力强度因子手册》。我的硕士、博士研究生导师都是黄玉珊先生，傅祥炯教授帮助指导。硕士论文选题是20世纪80年代正在国际上兴起的疲劳小裂纹扩展研究。我在飞机结构强度研究所一间高频疲劳试验室里，采用了声发射、复形法、电镜等技术，获得了对疲劳裂纹萌生、小裂纹扩展的深刻认识。写博士论文时，经过到上海交通大学、清华大学、中国科学院力学所等研究机构调研，我得到多位专家的指导，选择了三维疲劳断裂这一十分重要的国际难题。当时因为不知其难而不畏难，数学理论、数值计算、宏微观实验方法悉数用上，竟然获得一定的突破。这全然得益于结构强度研究所先进的理念、优越的实验条件，尤其是先生所创立起来的优秀的群体文化让我一直处在一个总是有人相教、相助的家一般宽松、温暖的环境中。

我在西北工业大学飞机系读书时，系里的老师有先生和陈百屏教授等他的同辈同学们，更多的是他的学生，其中不少是他中央大学和华东航空学院时期的学生。在他们的言传身教和感染下，我至今感恩自己接受了最好的大学教育。入学报到当天，是飞机结构与强度专业教研室主任赵令诚教授帮我办的入学手续，并亲自带我到宿舍安顿下来，他是先生中央大学时期的学生；我们断裂力学课的辅导老师当时看着特别小，是先生的四女黄其青……大学时期老师们在讲台上的身影在我心里仍然很鲜活。正是先生这样的教育、教导、感染，为国家培育了一代代航空航天科技人才，造就了"西工大现象"，塑造了中国的航空航天精神。

从不满23岁于抗日烽火中回中央大学任教，到改革开放初期不满70岁即离世，近半个世纪，正是中华民族触底反弹、经受最大过载、最考验民族韧性和精神的时期，先生以其聪慧，更以其义无反顾、坚韧不拔，坚守在航空教育一线，不管时势变化，不论身处何地，忠于职守，在家慈父家传，在校以身为范，惜时如金，病痛无顾，把一生献给了中国的航空航天事业，助力开启中华民族伟大复兴的新时代。

黄玉珊先生用一生塑就民族脊梁，先生的精神，是民族的希望。

郭万林

2022年12月13日凌晨于南京

前言

　　黄玉珊先生是我国著名的力学家、航空航天科学家，新中国航空高等教育的奠基人，也是西北工业大学（简称"西工大"）航空学院的创始人之一。先生一生为航空学院的发展奠定了坚实的基础，做出了卓越的贡献。2022年是黄玉珊先生诞辰105周年，先生虽逝世已35年，但先生之治学思想、高尚品质、学术成就一直鞭策着所有矢志于祖国航空事业的人们奋勇前进，也影响着一代代青年学子发奋图强，积极投身于祖国的航空事业，立志于"航空报国，航空强国"。2020年的教师节，西北工业大学黄玉珊航空班班主任受聘仪式和新生见面会召开，标志着以黄玉珊先生名字命名，旨在传承发扬先生崇高精神品质和学术思想，培养航空领域未来领军人才的特色班正式启航。先生之风，山高水长。

　　本书在原有版本基础上进行了重新编撰，保留了原版本主体，同时增加了部分内容。文集正文主要分为先生生平、纪念文章、传承弘扬、学术成果、年谱等五大部分。其中，纪念文章包括"才望高雅，谊切苔岑"（同窗、同事、好友），"桃李天下，师恩如海"（学生、青年学者），"家风似玉，德厚流光"（家人、亲属）三部分。"传承弘扬"部分主要为黄玉珊航空班、黄玉珊航空教育基金有关新闻报道，以及黄玉珊航空班学子的感悟文章等。"学术成果"部分汇集了黄玉珊先生的主要学术文章。"年谱"部分以时间为轴线，详细记录了黄玉珊先生一生的主要经历。整个文集通过多人多角度回忆记录了黄玉珊先生的一生，反映了先生赤诚的爱国之心、高尚的精神品质、坚持不懈的奋斗精神，也突出了先生卓越的学术成就和对国家教育事业的巨大贡献。

2022年恰逢华东航空学院建校70周年，以及中国人民解放军军事工程学院空军工程系组建70周年（1966年更名为哈尔滨工程学院航空工程系，1970年其飞机设计专业及飞机系统设计专业、空气动力学专业整建制并入西北工业大学）。在此，我们借文集共同怀念追忆黄玉珊先生，更希望广大读者能够通过文集深入了解先生之事迹，感悟先生之崇高精神品质和学术思想。特别是希望矢志于祖国航空事业的广大青年一代，能够从中受到教育与启迪，在新时代能够树立远大理想、热爱伟大祖国、担当时代责任、砥砺奋斗精神、练就过硬本领、锤炼品德修养，能够将个人理想自觉融入国家的发展当中，努力成长为担当民族复兴大任的时代新人。

西北工业大学航空学院

2022年8月

目录

CONTENTS

第一篇　先生生平 ………………………………………… 001

第二篇　纪念文章 ………………………………………… 011

一、才望高雅　谊切苔岑

怀念玉珊同学　顾怀曾 ……………………………………… 013

同窗八载　情同手足——怀念玉珊学长　丘侃 …………… 015

数度同窗忆玉珊　詹果 ……………………………………… 016

怀念黄玉珊同志　程家祥 …………………………………… 017

玉珊颂　朱培寿 ……………………………………………… 019

忆玉珊　茅荣林　秦湘荪 …………………………………… 020

勋绩彪炳　尤可贵　吴松声 ………………………………… 022

艰苦创业　鞠躬尽瘁　曹司量 ……………………………… 023

玉珊教授学长千古　陈克诚 ………………………………… 024

校庆欢腾中忆同窗黄玉珊教授　柏实义 …………………… 025

华岳倾颓　栋梁断裂　杨珏 ………………………………… 028

悼念黄玉珊学长　李耀滋　柏实义等 ……………………… 029

悼念玉珊老友　陈百屏 ……………………………………… 031

怀念同年留英又留美的黄玉珊学长　卢嘉锡 ……………… 032

事业高千古　桃李满门墙　徐钟济 ………………………… 034

缅怀至友黄玉珊同志　顾兆勋 …………………………………………… 035
哀悼航空航天学教授、共产党员黄玉珊同志　沈其益 …………………… 038
忆玉珊同志　王俊奎 …………………………………………………………… 039
怀念玉珊学长　张福范 ………………………………………………………… 041
沉痛悼念敬爱的黄玉珊老师　陈士橹 ………………………………………… 042
忆黄玉珊老师二三事　王适存 ………………………………………………… 043
功垂千秋　德传万代　李星学　刘艺珍 ……………………………………… 045
颂词　田方增　晏成书 ………………………………………………………… 046
深挚的怀念——纪念黄玉珊教授逝世一周年　李克唐 ……………………… 047
悼念尊师益友黄玉珊先生　李克唐 …………………………………………… 049
回忆黄玉珊教授　解思适　赵沛霖 …………………………………………… 050
向黄玉珊教授学习——忆黄玉珊老师在强度专业组的工作　魏信方 …… 052
怀念黄玉珊先生　仇仲翼 ……………………………………………………… 054
鞠躬尽瘁　精诚创业　常庚哲 ………………………………………………… 057
忆玉珊教授　狄企良 …………………………………………………………… 058
相识在建设专业的调查工作中　庞　展 ……………………………………… 063
哀悼黄玉珊同志　王　恒 ……………………………………………………… 064
悼黄玉珊同志　赵康乐 ………………………………………………………… 065
致敬黄玉珊先生　荣克林　贾　亮 …………………………………………… 066

二、桃李天下　师恩如海

嘉陵江边的黄老师　冯元桢 …………………………………………………… 069
一日之师　终身事之　冯元桢　沈申甫　高永寿等 ………………………… 071
怀念吾师黄玉珊教授　高永寿 ………………………………………………… 072
怀念黄玉珊老师　蒋君宏 ……………………………………………………… 074
深切怀念黄玉珊老师　程宝蕖 ………………………………………………… 075
海外来鸿（一）　马明理 ……………………………………………………… 077
海外来鸿（二）　张以棣 ……………………………………………………… 078

悼念黄玉珊老师　邓健鸿	079
回忆黄玉珊师二事　郑元熙	080
海外来鸿（三）　杨先垣等	082
怀念黄玉珊老师　赵令诚	083
忆黄玉珊老师二三事　刘千刚	085
"我跟你一起上天"——纪念黄玉珊先生　薛国愿	087
回忆黄玉珊老师　诸德超	088
颂词　崔振源	090
怀念黄玉珊老师　常璠	091
运筹帷幄　决胜千里——悼念吾师黄玉珊教授　顾松年	093
回忆黄玉珊老师　叶天麒	095
博学多才　聪慧过人——忆导师黄玉珊教授　诸德培	098
怀念黄玉珊教授　缪瑞卿	103
悼念黄玉珊导师　朱思俞	104
安息吧，敬爱的黄玉珊老师　田正非	106
深切怀念敬爱的黄玉珊老师　吕德鸣	107
以崇敬的缅怀作为花束献给我们的黄老师　张晓谷等	109
缅怀导师黄玉珊教授　刘元镛　汤玄春	111
航空航天结构强度专家——黄玉珊　姜节胜	113
忆导师黄玉珊教授　刘雪惠	119
桃李满园　誉驰中外　胡建阳	122
回忆黄玉珊老师　李亚智	123
我是黄玉珊先生的学生　薛景川	135
缅怀恩师　邢天安	137
我国航空航天事业的开拓者——黄玉珊　索涛　李玉龙　郭万林	141
"导师会影响学生的人生道路"——专访郭万林院士　刘建平	184
我心目中的黄玉珊先生　郭亚洲	188
学习黄玉珊先生事迹感悟　周杰	190

黄玉珊先生精神认识　谢　伟 ………………………………………… 192

三、家风似玉　德厚流光
怀念珊哥　黄玉岚 …………………………………………………… 194
楷模　榜样　动力　黄玉珩 ………………………………………… 197
怀念玉珊　胡荫华 …………………………………………………… 201
慈父　良师　益友　黄其全 ………………………………………… 204
风范永恒　思念长存　黄其青 ……………………………………… 212
回忆岳父黄玉珊教授　陆　山 ……………………………………… 221
怀念敬爱的珊舅　方鸿生 …………………………………………… 224

第三篇　传承弘扬　航空报国 ……………………………… 227

一、黄玉珊航空班、黄玉珊航空教育基金会有关新闻报道
新时代、新使命、新征程，黄玉珊航空班扬帆启航
　　——记黄玉珊航空班班主任受聘仪式和新生见面会 ………… 229
黄玉珊航空教育基金启动暨捐赠仪式举行 ………………………… 238
黄玉珊航空班同学赴一飞院与唐长红院士座谈 …………………… 241
央视报道我校黄玉珊航空班 ………………………………………… 243
黄玉珊航空班赴阎良623研究所、试飞院参观实习 ……………… 245
黄玉珊航空班走进中国飞行试验研究院 …………………………… 248

二、黄玉珊航空班学生感悟文章
纪念黄玉珊先生　张昊博 …………………………………………… 252
吾辈应追随先生的脚步　孙柯楠 …………………………………… 254
先生之风　山高水长　管启鸣 ……………………………………… 256
向黄玉珊先生学习　李怡林 ………………………………………… 258

以黄玉珊先生为榜样　迸发属于自己的青春力量　麻宇成 ………… 260
玉佩响世　珊珊倾耳　李　航 ………… 262

三、黄玉珊航空班、黄玉珊航空教育基金会简介

黄玉珊航空班 ………… 264
黄玉珊航空教育基金 ………… 265

第四篇　学术成果（部分） ………… 267

黄玉珊博士论文 ………… 269
成对使用的机翼主要构件可靠性分析　林富甲　黄玉珊 ………… 367
多空刚构的柱比分析法　黄玉珊 ………… 376
飞行器结构设计与强度的现状与发展　黄玉珊　诸德培 ………… 386
裂纹检测概率曲线的统计测定　林富甲　黄玉珊 ………… 395
脉动拉伸载荷作用下的塑性区研究
　　——弹塑性有限元解　杨本兴　傅祥炯　汤玄春　黄玉珊 ………… 402
疲劳和断裂的关系　黄玉珊 ………… 418
半线性Willenborg迟滞模型　黄玉珊　刘雪惠 ………… 425
疲劳裂纹扩展中的超载迟滞模型　黄玉珊　刘雪惠　倪惠玲 ………… 433
椭圆形弹性框的计算　黄玉珊　朱思俞　仇宗宝 ………… 445
具有固定边及自由边之长方形薄板　黄玉珊 ………… 451
裂纹检测概率曲线的统计测定　林富甲　黄玉珊 ………… 459

附录　黄玉珊先生年谱 ………… 467

黄玉珊年谱（节选）　诸德培　胡荫华 ………… 469

第一篇 先生生平

> 黄玉珊，我国著名的力学家、航空航天科学家，新中国航空高等教育的奠基人。1917年10月15日生于江苏省南京市。1935年毕业于中央大学土木工程系；1939年在英国伦敦帝国理工学院获航空硕士学位；1940年在美国斯坦福大学获博士学位后回国在母校中央大学航空工程系任教授；1946年任中央大学航空工程系主任；1952年后，随全国院系调整以及学校的迁移、合并，他先后任华东航空学院、西安航空学院和西北工业大学飞机系主任、二级教授，先后兼任第七机械工业部强度研究所所长，西北工业大学飞机结构强度研究所所长，航空工业部强度中心理事长，中国力学学会和中国航空学会第一、二届常务理事，《力学学报》《固体力学学报》《航空学报》《力学进展》编委等。

赤诚的爱国之心

黄玉珊不满14岁考入大学，不满23岁在美国师从国际著名力学大师铁摩辛柯，获博士学位后义无反顾地回到战火连绵的祖国，受聘为中央大学教授。黄玉珊先生出国时就抱有科学救国的迫切心愿，早就立下"中华儿女，学有所成，应报效祖国"的宏愿。1940年博士毕业时，国内正值抗日战争最艰难的时期，他仍义无反顾地离美回国，接受了中央大学的聘约，任国立中央大学工学院航空工程系教授。时年尚不满23周岁的他成为中央大学有史以来最年轻的教授，被冠以"娃娃教授"的美称。当时的中央大学虽然已经内迁至重庆以避战火，但正常的教学和科研活动仍频繁地受到日寇空袭的干扰，师生们经常工作、学习于残垣断壁之间。尽管生活异常艰苦，黄玉珊先生却泰然处之，并写出"卷地狂风挟雨来，柔枝飞舞栋材摧。客居幸得茅檐蔽，也有闲情听远雷"

的诗句。中华人民共和国成立后，面对航空工业初建时期技术薄弱、人才储备不足、教育体系不完善的困境，他呕心沥血，鞠躬尽瘁，建立新学科，开创新局面，毕生致力于祖国航空航天教育和科技事业。

博学的青年教授

黄玉珊先生是我国最早一批的研究生、博士生和博士后导师。在我国航空航天界的结构强度领域，一批批厂所的中青年业务骨干就是在他指导下得以迅速成长提高的。黄玉珊在长期教学中，不断推动教育教学改革，与其他先辈教育家一起培养了大量的高层次人才，培养的学生遍及国内航空界，其中许多担任了重要职务或成为技术骨干力量。国外相关行业也有不少他的学生，享誉国际的美国工程科学院院士、生物力学创始人冯元桢教授便是他的第一位硕士研究生。

1952年，在南京，黄玉珊进入新组建的华东航空学院任教。当听到华东航空学院要迁到西安时，黄玉珊非常支持西迁，他的理由就是西部地理开阔、空域广阔，搞飞机、搞航空大有作为。1956年，华东航空学院迁到西安，成为西安航空学院。飞机系第一届学生的"航空概论"课就是由黄玉珊教授来授课的，那时他不到39岁。当年西安知名大学不多，上海交通大学和华东航空学院西迁西安，当时的省市领导很重视，专门委派了陕西省广播电台的记者对教学上课进行新闻报道。上"航空概论"第一节课时，大家静候在西平一间大教室里，只见一位穿着灰色紧身西服，戴着樱红领带的青年教师小跑着上了台阶，站到了讲台上。黄老师的第一句话是："我是黄玉珊，今天给各位新同学讲'航空概论'。"台下一阵掌声，然后很快安静下来。"航空概论，首先要回答大家的是飞机为什么会飞的问题……"同学们就这样第一次见到了黄玉珊教授，第一印象就是教授这么年轻潇洒，随着时间的推移，大家都感受到了黄老师的博学多才。

勤奋的敬业精神

1961年，黄玉珊到了飞机结构强度教研室，老师和同学们更强烈地领略到了他的魅力。首先是他独特的作息习惯：每天清晨4点起床，读书看论文，9点钟到飞机系办公室处理公务。黄玉珊将这些文件带到教研室处理业务问题，听取业务骨干汇报教学和科研进展，交代布置下一阶段任务，大概到12点下班回家。下午就一头扎进图书馆，主要是翻阅最新外文学术动态资料，查阅有关强度方面的最新论文，做纸质卡片，就是把论文摘要和理解心得写进去。仅1954年春到1956年夏，他制作的文献索引卡片就达1600余张，尔后利用零碎时间坚持这项工作。除了写下大量研究笔记之外，他从1953年8月开始写日记，直至逝世，35年未间断。日记共有42本，其中有关个人与家庭琐事甚少，多为工作计划、学习心得与讨论纪要。在没有计算机的时代，黄玉珊用数以千计的读书卡片证明了他的勤学与毅力，为相关研究留下了一笔巨大的财富。

黄玉珊先生始终对工作抱有巨大的热情。20世纪60年代初，在体检中发现他患有高血压和青光眼症状。10年后病情加重，住院治疗，右眼手术后失明。1975年突发脑血栓。特别感人的是，自1970年5月起，他一直带病坚持工作了17个年头，即使在他健康每况愈下之时，他仍一如既往地忘我工作。仅1971—1978年期间，由国务院、国防科委、中国科学院、第三机械工业部等召开的国际和全国性会议，他就参加或主持了36次之多。1978年11月16日，他参加国防科委规划会议时，脑血栓病复发，病情异常严重，经多方抢救才转危为安，但留下了后遗症。此后，他仍坚持工作，指导研究生，开展科研，著书立说，并创立西北工业大学飞机结构强度研究所，亲任所长。就在临终前三天，还完成了两种译稿的修订工作。

创新的前沿研究

黄玉珊先生学术思想活跃，他特别强调理论与实践结合，并非常重视开创性工作。他曾以"$\delta/0=\infty$"的数学公式来说明，任何点滴的从无到有的开创性工作，其意义都是无限深远的。他善于抓住新的学术动向，借以及时指导研究工作。他的学术思想在国内航空界和力学界颇有影响。黄玉珊工作果断有力，既有自己的明确观点，又注意求同存异，特别是能积极启蒙和放手发动青年，要求他们不仅要有较强的业务能力，而且要热爱自己的工作。

他早年从事结构力学、板壳力学、稳定理论方面的研究，后来又根据发展需要，开展了结构振动、气动弹性、热强度、疲劳定寿、断裂力学、损伤容限和结构可靠性等学科方向的研究，为我国航空、航天教育和科研事业做出了开创性的贡献。

国防部第五研究院成立于1956年10月，为了加强其理论研究和技术力量，著名火箭专家、时任第五研究院院长的钱学森先生点名在全国高校挑选了数位知名教授到五院担任咨询专家，其中一位就是黄玉珊先生。五院专门成立了结构研究所，为他安排了一间办公室。1961年，我国第一个飞机设计所在沈阳成立，黄玉珊任技术顾问，指导该所开展了小展弦比翼面强度等分析研究。1962年，我国自行研制的第一代运载火箭重入大气层时发生摇摆，黄玉珊应邀参加故障诊断与质疑，产生了要加强研究气动弹性力学的想法。1963年，国防部第六研究院聘请黄玉珊先生兼任该院技术委员会委员和结构强度组组长。1964年，经国务院总理周恩来任命，黄玉珊兼任国防部第五研究院结构强度与飞行环境研究所所长，直接领导运载火箭飞行环境与结构强度的科研工作。

黄玉珊先生还提出一个"最大斜率理论"，就是希望大家寻找学科中发展斜率最大的方面去努力，不要把力量放在发展势头已经平缓的方面去。结构强度教研室每个新领域都是他带头开辟的，而在新的学科点建立成长起来后，他就会根据学科发展和工程需要转移到更新的领域开辟新的研究。1963年，在黄玉珊先生指导下，赵令诚教授编著了国防工业院校统编教材《气动弹性力学》，这是我国有关气动弹性力学的第一本著作。在他的领导下，西北工业大学飞行器结构强度专业1964届本科班改为气动弹性专门化班，培养了我国第一批气动弹性专业人才。随后在赵令诚教授带领下，结构强度教研室的一批教师先后开展了歼教-1飞机颤振模型试验，导弹弹翼超声速风洞颤振试验，歼-6改型机机翼、歼-7改型机机翼、大型运输机的T形尾翼颤振和飞机壁板非线性的颤振分析与试验研究，这些新领域研究在国内产生了较大影响。

西北工业大学一般力学学科，后来改名为动力学、振动与控制学科，成为当时的一个国家重点学科。学科的申请成功与黄玉珊先生密不可分。黄玉珊先生的治学思想突出"广"与"深"相结合，他认为学问要在"广"的基础上求"深"，深而再广，广而再深。1959年，他觉得应该写一本供教师任课和科研用的《飞机结构力学》，写成后印出。当时包括他的学生都说，初读这本书觉得尽是"骨头"，但是越读越觉得这本书提纲挈领，推演精练，概念准确，见解独到，的确是一本用华罗庚读书"厚薄法"才能读出它的味道来的好书，这也说明了黄玉珊先生学问的博大精深。

卓越的学术成就

研究板壳理论获得成果。飞机机体薄壁结构分析需用到板壳理论。1900年，M. 利维（Levy）在经典薄板理论中所获得的单三角级数解答，由于收敛性好，被广泛引用。1940年，黄玉珊先生在《具有中面力矩形板的弯曲》的博士论文中，发展了一种降阶积分法，巧妙地导出这类薄板弯曲及稳定分析的利维解答。他又应用叠加原理获得在各种不同侧向外载作用下，具有固支边或自由边矩形薄板弯曲的利维解答。该成果于1942年在中国工程师学会第十一届年会上宣读，受到学会嘉奖。1942年，黄玉珊先生指导的冯元桢的硕士论文《微弯薄曲杆及薄曲板对侧压力的稳定性》，论证对称的曲杆或曲板受对称的侧压力时，能因受不对称的小扰动，而使失稳临界压力显著减小。这个主题的研究经久不衰，至今非线性屈曲研究仍在进行。冯元桢于1952年撰写的一篇NACATN2840报告中指出，这类问题的命题和解法是黄玉珊先生所创立的。

黄玉珊先生根据航空器、船舶等薄壁结构的特点，又提出一种探讨平板失稳分析的新命题。他考虑到加筋条间的板长小于板宽，根据横筋弯扭刚度比，简化成四种典型支持情况，求出相应的利维解答。20世纪60年代初期，为适应航天结构分析的需要，黄玉珊先生进行了薄壁圆管受轴向压力失稳成菱形波后继续坍垮时的承载能力的理论分析和实验研究。他注意探索A. 帕格斯利（Pugsley）等人的理论分析与试验结果相符较差的原因，通过试验观察到失稳菱形波中三角平板再继续变形的情况，它并非像帕格斯利等人所认为的主要是剪切变形，而是沿纵向还存在很大的压缩变形。于是他同时考虑剪切与压缩变形，应用塑性极限分析的能量原理，导出了新的理论公式。新公式除了像帕格斯利等人的公式能求出平均坍垮载荷外，还可以进一步求出坍垮载荷的上、下限，并与试验结果符合较好。

他还深入研究薄壁结构力学解决工程问题。在薄壁结构工程梁理论的某些著作中，结构的弯曲轴与剖面弯曲中心的轨迹常发生混淆。1939年，黄玉珊先生的硕士论文《弯心轨迹与弯轴的区别》和他在1941年的论文，从物理概念上澄清了这一问题，并应用最小功原理，得出弯心轨迹与弯轴相差甚为悬殊，弯心轨迹较为平直，而弯轴甚为曲折，但弯轴始终旋绕于弯心轨迹之两侧的重要结论。这一结论和德哈维兰（DeHavilland）公司生产的一种机翼的实测结果较相符合。静不定结构的直接设计法最早是由英国A. J. S. 皮帕德（Pippard）针对杆系结构而创立的（1922），苏联Й. M. 拉金诺维奇（Рабиоич）（1933）和黄玉珊先生（1944）先后深入研究了这种方法的理论。20世纪60年代初期，黄玉珊先生首先把直接设计法推广到薄壁结构，发表了两篇论文（1961，1964），所用方法原理简明，计算迅捷，适宜于结构局部修改，也适用于优化设计。隔框的强度分析是薄壁结构设计重要课题之一。H. 克罗斯（Cross）（1930）首先发现，具有三度静不定的单空刚框，由于数学关系式的类似，可借用偏心受压柱的方法求解。但一般认为不可应用这种柱比分析法直接分析高静不定度的多空刚框。20世纪50年代末，黄玉珊先生首先推广此法直接求解多空刚框，获得成功。1949年，J. E. 韦格诺特（Wegnot）等人首先从理论上探讨了弹性框的分析方法。1960年，黄玉珊先生基于最小能量法、柱比分析法等发展了一种变截面椭圆形弹性隔框的工程计算方法。在板壳理论与薄壁结构力学方面，黄玉珊先生还撰著了《飞机结构力学》（1959），编写了板壳理论教材两本（1962，1966），翻译了结构力学与飞机构造教材各一本（1954，1955），发表论文20余篇。他还计划并着手编写《飞机结构力学及强度计算》《结构稳定学》《飞机构造与设计》《空气弹性力学》《高等飞机结构力学》《应用弹塑性力学》《飞行器强度计算》等著作。

黄玉珊教授是自激振动理论的学科带头人。早在第一次世界大战时期，英国的DH-9型与德国的D-8型两架飞机曾因尾翼颤振而失事，颤振成为飞机设计中的一个重要课题。1956年，沈阳飞机制造厂研制歼教-1型喷气机，特邀黄玉珊先生去现场指导。他除了进行基本理论的讲解外，还拟定了机翼颤振的算法。1958年2月，在航空工业部召开的歼教-1飞机的设计定型会上，他又着重讲解了颤振模型实验。1957年，黄玉珊先生在他主持的西安航空学院飞机系建立了气动弹性力学课题组。20世纪50年代末60年代初，该课题组与各研究所密切合作，先后完成了歼教-1飞机颤振模型实验、导弹弹翼超声速风洞颤振实验等项任务。之后又进行了歼-6改型机机翼、歼-7改型机机翼以及大型运输机的T形尾翼的颤振分析计算。1962年，他在国家科委力学组编制我国十年科学技术规划时，撰写了规划中的《气动弹性力学与水动弹性力学》部分。不久，他又担任了中国力学学会气动弹性力学与水动弹性力学专业组的负责人。在黄玉珊先生主持下，西北工业大学还成立了飞机前轮摆振课题组，并于1960年建成了我国第一台可用于实际型号研制的摆振实验设备。这实际上是我国1984年以前新机研制与旧机改型中前轮摆振实验的唯一设备。在这台设备上做过实验的飞机型号有歼-5、歼-6、歼-7、歼-12、强-5、图-4、运-12和一种新农业机等。此外，我国飞机结构强度研究与实验中心于1984年建成的大型摆振实验设备，也曾邀请黄玉珊先生担任技术顾问。1984年出版了由前轮摆振课题组诸德培等编著、黄玉珊先生指导和审阅的专著《摆振理论与防摆措施》。黄玉珊先生在我国自激振动领域的贡献主要体现在奠基工作和学术带头人的指导工作方面。

黄玉珊先生还为解决飞机的疲劳、断裂和可靠性做出了贡献。早在1957年，他在《飞机设计中的疲劳问题》一文中，就以大量实例分析了疲劳问题的重要性。20世纪60年代，他率领一批技术骨干进行疲劳研究和指导建立我国第一个大型全尺寸飞机疲劳试验水槽设备。70年代以来，现代飞机结构采用损伤容限及耐久性设计，疲劳、断裂力学、结构可靠性等学科迅速发展，黄玉珊先生一贯站在这些学科的前沿，对设计思想有很全面的考虑，并亲自组织力量，积极解决各种实际问题。他组织了疲劳及断裂问题的全国性调查，并亲赴航空工厂及研究所讲授断裂力学应用课程。他对我国歼-5主梁断裂事故进行了精辟的分析，根据当时飞行载荷情况和主梁断口存在深度不到1毫米的孔壁裂纹，判断主梁发生了断裂力学问题中的脆断。他最早提议在大型锻件轰-6梁框上制造人工裂纹进行疲劳试验,并指导了我国首次对飞机结构部件进行的歼-6机翼的损伤容限评定工作。黄玉珊先生主持和参与了6项有关科研课题("裂纹扩展及超载迟滞""应力强度因子手册""飞机结构损伤容限设计指南""裂纹检测概率""歼-6机使用寿命和检查周期""歼-5主梁裂纹"),共9次获得国家级和部、省级奖励,其研究成果对我国制定国家军用标准、编制飞机结构损伤容限设计指南等起了重要作用。他提出的被誉为"黄氏模型"的半线性Willenborg模型,是工程结构疲劳寿命计算的一种新方法。20世纪80年代初期,黄玉珊先生在第三届全国断裂学术会议上提出"用可靠性原理修改美空军损伤容限规范"的建议,并针对某些飞机典型构件进行了可靠性分析。他逝世前完成了专著《疲劳与断裂》。

第二篇 纪念文章

一、才望高雅　谊切苔岑

怀念玉珊同学

◎ 顾怀曾

玉珊同学不幸逝世，噩耗传来，悲痛不已。回忆60载交往，不禁泪下。

1927年我在南京钟英中学初三时，班上添了一个新同学——玉珊同学。还记得他那时还穿着家中自己做的、用绳子扎紧的小孩布鞋。他是全班最小的，那时我们都在14岁以上，而他只有10岁。他从未进过学校，但很快就跟上班，而且学习成绩比我们好。他做作业正确、简捷、迅速，做计算题总比我们省略好几道步骤。那时就表露出他超群的聪明才智。

1928年钟英举行同学晚会，他登台表演拳术，博得了同学们的掌声。他活跃，与同学谈得来，玩得好，相交广泛。1931年起，我与他同在中央大学工学院，虽然不在同一个系，但还是常在一起。1936年暑假，他在杭州筧桥飞机制造厂实习，来到我家，同游西湖，并摄影留念。后来，他留学英、美。

抗战期间，我们同在四川。他在重庆中央大学，我在成都。我每赴重庆，总是首先找他。1941年左右，我们一同参加工程师学会兰州年会。1947年我回到南京，他仍在中央大学（已迁返南京）任教。我们更是朝夕相聚，无话不谈，同看电影，他总拖我到他家吃饭，情深义重。

1949年春在杭州，我偶遇到一些数学难题，向他请教。他那时兼浙江大学航空系教授，工作繁重。按理，他让个别学生解决就行，而他亲自精心地一一解答出来，不摆架子，不怕麻烦，仔细解算，表现了他办事认真的高贵作风。

后来我们一度断了联系。1979年得知他在西北工业大学，便给他去信。接到他热情洋溢的回信，我欣喜若狂。他与我一样，为接到老朋友的信高兴万分。他谈到曾患脑血栓，现已康复可以工作了，也带研究生，也参加会议；还叙谈了他的爱人、孩子和家庭情况。他虽在病中，但对老同学的真挚情意，并没有随岁月的流逝而有丝毫折损。

玉珊同学朴实、正直、热情、平易近人，勇于创新，深研科学技术，开创学术研究新天地，热爱工作，作出重大贡献、深受我们景仰，使我们永远怀念。

1987年6月28日于株洲

同窗八载　情同手足

——怀念玉珊学长

◎ 丘　侃

玉珊学长，侪辈之英，聪颖年幼，智力超群。
十岁幼龄，初三就读，才思敏捷，举校刮目。
青春十四，考入大学，江南神童，崭露头角。
远涉重洋，负笈英美，年仅廿三，获博士位。
四十七载，诲人不倦，夙夜萦怀，航空航天。
不断创新，贡献突出，鞠躬尽瘁，勋绩卓著。
忆昔同窗，八易寒暑，朝夕与共，情同手足。
六月九日，惊闻噩耗，怀念故人，不胜哀悼。

1987年6月于南京

数度同窗忆玉珊

◎ 詹 果

　　玉珊弟11岁进钟英高中，与寿陶（本文作者詹果，字寿陶）同班。高中毕业同考中央大学，恰恰同一考场（中央大学图书馆）。其时彼年仅14岁，黄老伯不放心，亲自送考并托寿陶便中照应。入考场时监考人以为此小孩决非考生，不许入内，经检验准考证后，只得道歉请进。以14岁而应考国立大学，实属罕见，一时传为美谈。大学毕业后又同考入机械特别研究班，且编在同一寝室。他名为寄宿生，实际仍走读。每逢年节必带应时食品来校与同学共享，星期天或节假日也邀约至其家中，届时黄伯母除大鱼大肉外，还必备一大碗板鸭酸菜汤，为我等大打牙祭。机特班两年，玉珊成绩皆名列前茅，但毕业考时却请假未参加（其原因，因事隔数十年，已忘记）。由于系事后补考，故概以60分计算，因此总平均受影响太大。学校早已规定第一、二名保送美国，玉珊虽失此机会，但随即参加英庚款官费留学生考试，一考即中。其时寿陶已去杭州中美飞机厂工作。彼出国前曾来杭州流连数日。不久抗战军兴，彼此消息断绝，迄1943年寿陶出国前曾至中央大学访友。抗战胜利，重逢于南京，原以为可长相聚，哪知不久神州巨变，各自东西。一年前又以寿陶病足无法远行而错失把晤良机。造化弄人，夫复何言，人生不如意事常八九，奈何！

1988年2月25日

怀念黄玉珊同志

◎ 程家祥

玉珊同志是我们同学中年龄最幼小者,但他对航空航天科学研究的造诣和对祖国航空航天事业的贡献,却是同学中无与伦比的。党和人民多么需要他啊!他带病工作,不幸过早逝世。悲痛至极!

第一次会见玉珊同志是在上海徐家汇的一家小旅馆里。1931年暑假,他在南京钟英中学高中毕业,我在南京中学高中毕业,去上海报考交通大学土木工程系。这家小旅馆住的是考生。虽多互不相识,思想感情却是互相默契的。一天阴雨,玉珊同志在檐口玩水,而且乐此不疲,南京人说南京话,他的南京腔更重于我。了解到我们在钟英曾有先后同学之谊,因而倍感亲切,初次相识,留下了深刻印象。我们后来同入中央大学土木工程系,因有上海的初遇,彼此已不陌生了。玉珊同志在一班同学中,年幼于我们五岁左右,在读书做学问上,从不后人,我们誉他为神童。在四年同班共读时期,他老家住在长江路24号(旧名"国府路")一家煤炭店的附近,我住校,他走读。我曾去他家串过门,那是很大一个院落。我去时他们两弟兄正蹲在地上玩弹子,还有一副不脱稚气的样子。四年中央大学土木工程系毕业后,他留校读新成立的航空机械特别班,从此走上新的研究途径。

抗日战争胜利后,在南京或在南京附近工作的同学约有十人,大致每两个月会聚一次,因此又得与玉珊同志定期相聚。1947年我们中央大学老师原素欣先生时任南京市工务局局长,邀请玉珊同志兼任该局公用科长,主管南京市区的交通水电等公用事业。一次,他陪我去看正在改建的中华门外的长干桥和用钢桁架架设的人车便桥，施工和交通秩序井然，玉珊同志组织有方，于此可见。

中华人民共和国成立后，玉珊同志以对党对国家的无比热诚，充分发挥他的智慧才能，为航空航天事业作出巨大贡献。我们虽少直接通信，但通过和茅荣林同学通信，我们的心是相通的。1984年冬我卧病住院治疗，深感人到老年，注意自我保健十分重要，便写信给玉珊同志劝他善自珍重。他即时复信，告诉我他还能勉力强步，反以慰我，字迹和少年时候相同。我还以示胡松平学长说，玉珊同志心境如此坦然，不类有病。惜此信已经遗失，不能重睹故人笔墨了。

多少年来，玉珊同志虽在病中，心中却时刻怀念着祖国航空航天事业。今春海外远游归来，茅荣林同学转告我说他精力转佳，方喜他能够正常工作，大大胜我一筹，不意身心交瘁久矣，病一发而不可收，过早辞世。国家失去一栋才，我们失去一益友，思之黯然。

1987年8月29日

玉珊颂

◎ 朱培寿

六朝植株　虬枝犹荣
千年古木　母校象征
宜颂鸿猷　以喻久恒
炎黄之秀　功在宇空

以古柏为喻，以彰其迹。

1987年6月26日于成都

忆玉珊

◎ 茅荣林　秦湘荪

玉珊少年英俊，聪颖过人，14岁高中毕业，18岁大学毕业，20岁赴英、美留学，获硕士及博士学位，23岁回国，任母校中央大学教授，29岁又任航空工程系主任，一生为教育事业及航空工程培养人才，建立新学科，开创新局面，呕心沥血，鞠躬尽瘁，为我级友中年纪最小、学位最高、成绩最大、贡献不凡的一位教育家和航空航天科学家。

我们1935年毕业后，鲜通音信。记得是1949年1月，我们滞留在杭州茅国祥家，玉珊和荫华来看望我们。那时他们新婚燕尔不到一年，男英女貌，好不叫我们高兴。1942年荣林在重庆农业部任技正，湘荪在歌乐山上海医学院任教。我们常常爬过磁器口，回到沙坪坝母校看望老师。那时怎会不知道玉珊就在母校任教，到现在想起还觉遗憾！1956年春，荣林随电力部部长来西安建立动力学院，才知道玉珊就在西工大。从这以后，我们是你来我去，有说不完的话，道不尽的情。

每逢春节，我俩必然去西工大，玉珊挚诚热情、闲情逸致，往往使我们乐而忘返。荫华家务细心，款待热情，我们不吃完饭是不走的；玉珊还一定要送我们上车，待坐稳了，他才向回走。

玉珊自从1978年11月再度患脑血栓后，留下行动不便的后遗症。但他仍参加会议，指导研究生，并致力于飞机结构疲劳、断裂和可靠性方面的研究。就在临终前三天还完成了两种译稿的修订工作。这种忘我的高度负责精神，感人至深！1986年玉珊由荫华陪同去美国看女儿、女婿和外孙女，归来情况良好，令人欣慰。

　　1987年春，荣林去他家贺年，得悉他经常下楼到院子里散步，相信他能恢复健康、延年益寿。就是6月8日晚上还看看电视才去休息，没丝毫异象。午夜，当病情出现的时候，还对荫华说："没事，睡觉。"哪知这就是他最后安慰荫华的一句话。由于病势来得过猛，送医院抢救途中他就停止呼吸，与世长别。伤哉！痛哉！今天我们在此沉痛地再次悼念他，要学习他热爱祖国的一片赤诚之心，学习他坚韧不拔、奋斗不息、努力工作的献身精神及严谨治学、诲人不倦的为师之道。在我们尚存的不多余年，努力奋勉，力争做到"莫道桑榆晚，红霞尚满天"，以慰玉珊兄在天之灵。

1988年4月于西安

勋绩彪炳 尤可贵

◎ 吴松声

玉珊早年在母校时即已英俊不凡,毕业后脱颖而出,终成为我国著名的航空航天科学家和教育家。他的逝世,是我国教育界、科学界的一大损失。遗憾的是我未能参加谒灵吊唁,以尽最后诀别谊。敬借此处寄一掬哀思:

喟叹老成凋谢,固堪悲;
深吟勋绩彪炳,尤可贵!

艰苦创业　鞠躬尽瘁

◎ 曹司量

黄兄与我同窗四载，时常切磋钻研土木结构学术，情谊如同手足。尤以黄兄年幼时期进入高等学府，为全国莘莘学子特异人物，瞩目称奇，并能以卓越成绩居全级之冠。毕业后负笈欧美，致力航空结构，造诣深邃，取得荣誉学称。返国后为祖国培养千万航空事业建设人才。治学谨严，谆谆善教，桃李满天下。开拓航空航天学术境域，并对运载火箭结构强度作出重大贡献。编著翻译有关航空结构多种文献，为祖国航空航天事业鞠躬尽瘁，劳乏一生。吾侪悲痛之余，钦佩敬仰。其为人民服务精神感召吾辈当继续奋斗不息。

玉珊教授学长千古

◎ 陈克诚

五十年专业教育，鞠躬已尽瘁
万里外惊传噩耗，旧雨感凋零

　　玉珊兄于1931年仅为14岁的青年，考入中央大学。当时南京上海的报纸，均曾发布消息：认为是大学中之最年轻者。弟与玉珊兄仅在土木系同学一年。但1937—1938年间弟在柏林时，玉珊兄在美国深造，曾到柏林游览并摄影留念。

1987年6月30日于美国

校庆欢腾中忆同窗黄玉珊教授

◎ 柏实义①

在校庆欢腾中,我特别怀念多年同窗的黄玉珊兄。玉珊兄和我是中央大学1934级的同学。我们1935年夏毕业。在航空救国声中,中央大学成立第一个航空工程研究班。我和玉珊、李耀滋三人同被录取。1937年毕业后,玉珊考取英庚款留学生赴英深造,专攻飞机结构。我与耀滋则被派往麻省理工学院研习。耀滋专攻飞机发动机,我则研习空气动力学。玉珊在英国伦敦帝国理工学院取得硕士学位后,随即转入美国斯坦福大学随著名学者铁摩辛柯求学,竟以一年多的时间得博士学位,成为铁摩辛柯最得意的门生。1938年我在麻省理工学院获航空工程硕士学位后,即转入加州理工学院随流体力学大师冯-卡门教授研习。李耀滋则仍留麻省理工继续攻读博士学位。

1940年,玉珊、我、耀滋三人都以仅一年时间,分别在上述三个举世闻名的美国一流大学同年获得博士学位,一时传为佳话。我想这与我们在出国前得良师教导基础扎实有关。饮水思源,我特别怀念国内的许多优秀教师。尤其是王守竞与罗荣安教授,在20世纪30年代他们曾在麻省理工执航空工程教研的牛耳。玉珊兄是罗师的高足。玉珊获博士学位后回中大执教,罗师认为青出于蓝胜于蓝,就把自己教了多年的飞机结构这门课交给玉珊,玉珊时年23岁。

---

① 柏实义,著名空气动力学家,师从世界知名的流体力学大师冯-卡门教授,马里兰大学物理科学和技术院的创始人和奠基人之一。1940年初,担任中央大学航空工程系的教授,系黄玉珊先生"机特班"同学。

我以上之所以提及良师指导与学习基础，并非自喻，除怀念良师，亦对目前大家急于出国，只抓外语，而忽略了认真学习基础课的情况有感而发。我获博士学位后，回母校航空工程系任教，1947年又去美国，这一去四十载。而玉珊则一直在西北工业大学坚守教学与科研岗位，孜孜不倦几近半个世纪，他对航空工业部及航天工业部的科研工作起了不少开拓作用。数十年教学，桃李芬芳。如今享誉国际在美执教的冯元桢博士，他在国内的硕士论文就是玉珊指导的。1973年冯元桢首次回国访问，专程来西安看望他，那时只是匆匆一晤而已。1986年玉珊赴美探亲并回斯坦福大学访问，冯元桢夫妇开了四个多小时汽车去看黄老师。这次师生会晤至欢，玉珊兄见到这位能将工程与医学挂钩，做出许多惊人突破的学生，高兴极了。

今年十月五日，西工大举行三十周年庆典，我决定提前回来，为西工大开二门流体力学课，并参加庆典，更盼望与玉珊兄畅谈友情。不料他竟已于六月九日因脑溢血，不治逝世。数十载情同手足的同窗好友，竟缘悭最后一面，仰首问苍天，苍天无语。我与内子纫兰八月廿三日飞抵西安，次日即嗟慰黄夫人荫华嫂。她一看见我们就泪下如雨。肃立在玉珊兄遗像前，彼此握着手，我们许久说不出话来。人间之哀，哀莫大于丧偶。任何劝慰的话，都无法拂拭当事者的哀伤。荫华嫂提到玉珊兄留下了许多飞机工程的科研文稿，请我看一看。于是我们抱了一大堆飞机工程稿件，回到宾馆披阅原稿，其中内容之博大精微，使人惊叹。

这里仅录几项：

1 **飞机结构学讲义** 用英文写的，四大章，近四百页。所收集的材料可与世界最新教材比美。

2 **疲劳与断裂** 系1984年玉珊写成的一至五章手稿，近二百页。全书已送科学出版社，准备出版。玉珊冬患脑血栓，康复后右手写字不便，这近二百页字体工整的手稿真不知他是怎样写成的。

3 收集世界各国有关断裂力学的最新出版杂志的阅读笔记，成一大厚册，近二百页，字体仍是一丝不苟。

西工大有像玉珊这样一位经得起风波与折磨，疾病难不倒他，手脚不灵活阻拦不了他，随时可以披挂上阵攻科研之关的勇士，此乃西工大之幸。他也是西工大师生学习的榜样。在此欢腾校庆中，谨以至诚，把我所知的多年同窗，借此学报向大家作一介绍，以追忆玉珊兄并励来兹。望着校园内当年从南京校园里移植来的法国梧桐，茂叶苍绿，繁枝合抱，使人对历届教职员工们在三十年里所投入的心血与汗水，产生极大的敬意。

1987年9月撰于西安西工大宾馆

华岳倾颓　栋梁断裂

◎ 杨　珏

玉珊同志少年聪颖过人，崭露头角；读书勤奋，成绩优异；治学谨严，作风正派；教书育人，鞠躬尽瘁；为祖国四化大业，贡献殊多。我与玉珊同志在中央大学土木系同学三年，航空系（重庆时代）共事两载，而且谊属同乡。遽闻辞世，伤痛之余，更深惋惜。敬献芜词，以申悼念。

华岳倾颓，痛失一代楷模，良师益友。

栋梁断裂，长存千秋事业，道德文章。

注：上句指在关中逝世，下句"断裂"兼喻他是断裂力学方面的专家。

1987年6月25日于重庆

悼念黄玉珊学长

◎ 李耀滋[①]　柏实义　等[②]

黄玉珊是我们国立中央大学机械特别研究班第一期同学，1987年6月9日，因患脑溢血逝世。噩耗传来，昔年学友不禁老泪纵横，悲恸不已。在年龄上，他是小兄弟，但在学术造诣上，却是班上同学的好学长。回忆50年前同窗共读时，他待人谦和，彬彬有礼，同他相处，融洽无间。他聪颖过人，专心学问，乐于勤恳钻研，相互切磋，其认真求知、锲而不舍之精神和纯真、质朴、平易近人之品质，至今令人难忘。

"大野多钩棘，长天列战云。"本世纪30年代正是日本帝国主义猖狂侵略我国之时，凡我国人莫不义愤填膺。许多热血青年，纷纷投笔从戎，投入抗战行列。吾辈当时亦正值风华正茂之时，目睹祖国山河破碎，同胞惨遭蹂躏，为挽救民族危亡，决心以实际行动报效祖国，抱着"航空救国"之鸿志，于1935年夏大学毕业后，不约而同来到南京考进国立中央大学机械特别研究班，专攻航空工程，以期为拯救祖国于水深火热之中而尽绵薄之力。1937年初研究班毕业后不久，抗日战争全面爆发，班上同学心怀壮志，纷纷奔赴祖国各地。黄兄则以优异成绩留校任助教，旋即考取中英庚款留学英美，获硕士、博士学位。1940年回国受聘母校执教，时年仅23岁，为当时国内最年轻之大学教授，有

---

① 李耀滋，美国国家工程院院士，杰出的美籍华人科学家，著名流体力学专家。曾任麻省理工学院航天系教授。系黄玉珊先生"机特班"同学。

② 参加本文撰写的作者还有张志坚、肖灌恩、曲延寿、王崑山、徐锤霖、陈宝敏、陈基建、龚肇铸、杨延实、蔡镇寰、朱国洪、方城金、陈百屏、詹果、陈光耀。

"Baby Professor"之称，一时传为美谈。

黄兄身居斗室，心怀全国。犹记抗日战争时期，他曾向老同学陈百屏提出一联求对："问老兄需几张膏药贴祖国百孔千疮？"愤慨之情，溢于言表，其爱国忧民之心何等深沉！

黄兄一生中的主要经历与功绩，已如讣闻所述。他在我国航空事业发展初期，就曾提出："飞机仿制中要考虑自行设计，设计中要重视基础科研，科研中要掌握国外先进技术。"可见他考虑问题之深谋远虑。黄兄力学功底深厚，学术思想活跃，长于开创性工作，平时又博览群书，掌握力学新领域科技发展方向，在领导和参加涉及近代力学问题之多项科研工作中认真负责，一丝不苟，每遇疑难，辄殚思极虑，夜以继日，虽屡遭病魔困扰，仍坚持不渝，因而能作出重大贡献。他忠于祖国航空建设事业之精神，诚足为后辈之楷模。

光阴荏苒，离研究班毕业已50余载矣！忆昔岁同窗共学切磋学问，弦歌一室，相互砥砺。课余之暇，有时在教室内打粉笔战、互取绰号，或在绿茵场上争踢小皮球，在宿舍中则豪放不羁大谈恋爱经，等等情景，犹历历在目，黄兄之音容笑貌，宛在眼前。孰料今日与黄兄竟成永诀，悼兄之才，悼兄之志，老骥奋飞，倏尔仙逝，伤哉！痛哉！

西北工业大学拟出版黄兄纪念文集，我等海内外同班学友，谨撰此文，以寄哀思。

1987年12月

悼念玉珊老友

◎ 陈百屏[①]

忆昔同窗君最小，风华正茂美少年，
小足球场竞相戏，紫金山下尽欢颜。
立志创建航天业，庚款留学君帅先，
欧美取经多途径，誓展宏图猛加鞭。
教育事业五十载，肝胆相照勤耕耘，
广交学友多切磋，春风桃李遍宇瀛。
惊闻挚友先我去，老泪纵横沾衣衫，
千言万语从何说，慢走慢走慢慢慢。

1987年6月9日 于西安

---

① 陈百屏，固体力学家，西北工业大学教授、博导，先后就读于美国斯坦福大学、布朗大学，获布朗大学硕士、博士学位，系黄玉珊先生"机特班"同学。

怀念同年留英又留美的黄玉珊学长

◎ 卢嘉锡[①]

我和黄玉珊学长是1937年考取中英庚款公费留学的第五届同学，他比我小两岁，在全届25位同学中年龄最小。上海"八一三"抗日战争爆发后的第五天，我们同船启程赴英，同在伦敦就学（他在帝国理工学院学习航空工程，专攻飞机结构；我在伦敦大学学习物理化学，专搞放射化学），都在伦敦大学注册攻读高等学位。我们也都住在伦敦市，每个月经常相约郊游或相互过从，特别是年龄相近，心地一样纯朴，又都搞理工科，相互切磋，交称莫逆。1939年夏，我们都完成了一个阶段的学位工作，相约转学美国，先后到加州继续研究〔他在北加州的斯坦福大学随铁摩辛柯教授研究结构力学；我稍有改行，在南加州的加州理工学院随波林（Pauling）教授研究结构化学〕，仍前后见到几次面。不久我们又先后接受中央大学聘约，已订好同船回国的船票。嗣以Pauling教授认为我刚改行搞结构化学，国内这方面工作条件估计困难较大，动员我多留一段时间，我随即改变同行计划，退掉船票。谁料这一别竟是相见恨少，40多年中只在北京、西安两地见过两三次面。特别是1985年在西工大晤面时，玉珊同志已因脑血栓后遗症行动困难，基本上只能在宿舍里工作。但看到他仍坚持编著文稿，认真指导研究生工作，这种责任感和工作作风，我实在是自愧不如！嫂夫人胡荫华同志和我有同攻化学之谊，还偶尔见见面，从而能随时了解

[①] 卢嘉锡，物理化学家、教育家、社会活动家和科技组织领导者。历任中国科学院学部委员、中国科学院院长、第八届全国人大常委会副委员长、政协第七和第九届全国委员会副主席，系黄玉珊先生第五届中英庚款公费留学的同学。

到玉珊同志的一点情况。

　　玉珊同志治学严谨，敢于提出创新的学术观点，善于集思广益，存同求异，对党和国家的教育、科技事业无限忠诚，工作兢兢业业，勤勤恳恳，坚韧不拔，诲人不倦。他辞世即将两周年了，作为一位学友，我怀念他，他看远一点、走前一点、搞深一点的治学作风和工作精神，值得我学习，也值得青年学子学习！

1989年5月于北京

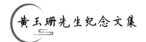

事业高千古　桃李满门墙

◎ 徐钟济

1937年我和玉珊兄同船去英国伦敦，一个月的旅途中，朝夕相处。抵英后同在伦敦，回国后同在重庆。多年聚首，情谊深重。对于他童年教授起50年为航空和航天研究事业作出了很伟大的贡献，不胜钦佩！

航天楷模四方传，事业高千古；
童年教授五十载，桃李满门墙。

1987年7月12日于北京

缅怀至友黄玉珊同志

◎ 顾兆勋

黄君玉珊，余之生平至友也。自1937年相识，迄今已50年。其间同船去英，同地留学，同校任教，同舍居住，过从之多，相知之深，远非一般朋友所可比。忽惊闻其先我而去，深为悲痛，久之不能释然于怀。时思撰文志念，以抒发缅怀之情。君学识渊博，尤精力学，对我国航天事业之发展，贡献甚大。由于所习专业之不同，对此方面不敢多言。现仅对其治学态度、做人品德，结合见闻所及，概括成为四点，借以鼓励自己、劝勉后人，非仅表纪念之意而已也。

（一）治学严谨，奋斗终生，具有学家风度

君资质聪敏，本已得天独厚，更加勤奋好学，努力攀登高峰。当时出国考试，录取极严。在全国范围内，各科多只取一人。君以弱冠之年，一举夺魁，为同年友所瞩目。在远渡重洋时，仍在船上不时阅读数学，不肯轻掷寸阴，予人以深刻之印象。归国后，献身于文教事业，更加刻苦用功，辛勤备课。广泛阅读文献，搜集资料，专门从事于飞机构架之力学分析。近年来，世界上发达国家均以飞机制造和航天事业为竞赛之主要内容，因之各有关学科均有长足之发展。在该领域中，杂志文献，为数繁多，不一而足。君皆广泛涉猎，不遗余力，亲自做成卡片，以便检阅。数十年中，不断编写日记，简述学术新成就和个人之体会。在此基础上，组建并指导结构振动、气动弹性、热强度、疲劳、

断裂、结构可靠性等学科领域之研究工作。在国内外发表过多篇论文，广泛交流成就，在国内多次为航空界解答疑难问题，扫除发展阻碍。君学识深广而不矜，态度诚恳而近人，倾听不同意见，明确学术观点，有着实事求是、追求真理的学者风度。

（二）热爱祖国，服务人民，不愧为优秀党员

出国留学时，抱有科学救国之迫切心愿。而学成归国，却正值日寇猖狂侵略，国内生活艰苦时期。当时长期居留国外者颇不乏人，而君则心怀祖国，毅然言归，经过长途跋涉，回母校任教，为国家培养航空人才。该时我与黄君均在中央大学工作，身居陋室，就餐于公共食堂，处之泰然，未尝言苦。但备课任教、登坛讲授则集中心力，一丝不苟，环境虽差，效果却好。解放前，物价波动，生活困难；解放后，调整迁移。凡此种种外因，均未动其投身教育之心。反之，却勤学马列，追求真理，思想觉悟，逐步提高，最后成为共产主义战士，从此勇气倍增，更加努力。在平凡的教学岗位上，对飞机结构之力学分析，夜以继日，不断探讨。凡有创新，均著文发表，影响国内外学术界，为国争荣。除此之外，还在我国学术界起带头作用，倡导和组织国内有关飞机结构各方面的研究。经常参加各项力学会议，甚至因疲劳过度患脑血栓后仍不辞劳苦，飞赴外地参加会议，以充分发挥其领导作用。最为感人之事是在临终前三天还完成了两种译稿修订工作，真可谓鞠躬尽瘁，死而后已。不有爱国之诚，爱党之情，爱人民之心，曷克臻此。

（三）循循善诱，诲人不倦，堪称学界师表

时年君年仅23岁，即能胜任教授职位，名实相符，为国内外所罕见。尤其思路清晰，而又备课认真，深入浅出，循循善诱，深得学生之爱戴，获有良好之效果。以故所教学生，毕业后以踏实之基础奔赴工作岗位，均能结合生产，胜任愉快。积40余年果实，早已桃李满天下矣。在20世纪40年代，中国之航空

事业，几等于零；而今日则已能飞机自制，卫星上天。在此领域中之济济人才，不少出自门下，成为海内外知名学者，以及担任国内重要职务，均为君之代身也。死而有知，亦当笑慰于九泉矣。

（四）耿直忠厚，不自矜持，树立为人典范

君为人秉性忠厚，乐于助人。凡所知所闻，均不技术保密，尽情与人交流。待人平等，平易近人。虽在学术界有显著声望，但不骄傲自满，素不以权威自居，令人可敬可亲。对待朋友，一片真诚。见面时虽不多言，而深情厚谊，则能神交而心领也。生平无意仕途，不求虚誉，唯埋头于所在岗位，努力工作，以求能贡献国家，发扬科学。君治学如此之深，贡献如此之大，苟非品德高尚，志趣纯洁，又安能产生一往无前之毅力耶？

个人之生命有限，而国家之事业无穷。今黄君已去，但其遗泽尚存，精神未死。凡我同仁，均应回忆其平生品德，作为学习榜样，化悲痛为力量，以继其未竟之功，有如黄君仍在我侧，虽死犹生也，愿共勉焉。

谨赋诗一首志哀：

七律

悼念好友黄玉珊教授

同舟出国赴英伦，弱冠年华敏过人。

十载相从树桃李，两番共处作亲邻。

精研力学求基本，深入航天更创新。

最是临终仍尽瘁，含悲永志友情珍。

1987年6月25日于南京

哀悼航空航天学教授、共产党员黄玉珊同志

◎ 沈其益[1]

黄玉珊同志逝世噩耗传来，使我感到万分悲恸。我与玉珊同志是"七七事变"后同船赴英留学的。我们先后毕业于中央大学，1940年又同返母校任教授。他最年轻，聪颖过人，得天独厚，一代天骄，令人钦佩。

他聪慧而不傲，治学严谨，一丝不苟，有创见而不守成，纳百家之最，拾遗补阙，终于为航空航天创造新学科，独出专著，为上天技术培养了几代人才，作出不朽贡献，光照祖国大地。

我们虽从事不同学科，但都在抗日战争、祖国危亡之际，出国求知，在学成之后毅然返国，与人民共艰苦。在艰苦岁月里，躲警报，避空袭，在战火弥漫之中仍坚守岗位，致力教学科研，培养人才。幸抗日胜利，祖国新生，人民得救。我们都是共产党员，从头开始，以身许党，为共产主义奋斗终生。

不管前途有多少险阻，正气终将战胜邪恶。祖国繁荣昌盛，人民幸福，是我们最终愿望。

玉珊同志较我年轻八岁，但在七十龄先我辞世永诀。在临终前还抱病工作，生命不息，战斗不止。我们当效仿他的精神，为人民尽心竭力，谋求共产主义的光辉普照祖国大地。

1987年6月25日于北京

---

[1] 沈其益，植物病理学家，农业教育家，科技组织工作者，英国伦敦大学博士毕业，曾与黄玉珊先生同船赴英国留学。

忆玉珊同志

◎ 王俊奎[①]

黄玉珊同志是我在美国斯坦福大学由同一位导师指导的同学，也是我多年来的亲密好友。他治学勤奋严谨，多有贡献，为人正直，沉默寡言。他的逝世，不仅是我国科技界一大损失，对个人来说，我失去了一位可相互切磋的良朋益友。回忆49年前的1938年，玉珊同志在英国完成硕士学位后来到美国。他先到洛杉矶的加州理工学院参观游览，我当时是该校的研究生，因为业务上是同行，很快与他相遇而一见如故。我带他到实验室参观，当即遇到我的导师Von Karman（冯-卡门），双方略事寒暄。我们二人共进了午餐。此时他谈及拟到斯坦福大学，跟随航空系主任 A.S.Niles（奈尔斯）教授进行当时尖端课题"薄板剪切滞后"的研究工作。第三天，他就离开Pasadena镇搭火车向目的地出发了。到了斯坦福大学后，他计划有所改变，转由世界名人铁摩辛柯教授做他的导师。当年我们虽属初次相遇，他那朴实、淳厚、谦虚、和蔼的性格，给我以极其深刻的印象，时至今日他的优良品德仍是我学习的榜样。1938年我在加州理工学院完成学业后，也来到了斯坦福大学铁摩辛柯教授的门下。当时他有五个博士生，除了我们两个中国人之外，还有一个美国副教授、一个英国人、一个匈牙利人。五人中玉珊同志最年轻，得博士学位时才23岁，年岁最大的是匈牙利人N.J.Hoff（霍夫）。至今我最感到骄傲的是：第一，从名师学习的五人中就

[①] 王俊奎，固体力学家、航空工程教育家。在加筋圆柱壳的稳定性研究方面有先驱性贡献，北京航空学院（现北京航空航天大学）的创始人之一，系黄玉珊先生在斯坦福大学期间由同一位导师指导的同学。

有两个中国人；第二，英国人和匈牙利人都加入了美国籍，而我们意识到"天下兴亡，匹夫有责"，中华儿女，学有所成，应报效祖国，不应留恋于美国的高薪待遇、物质享受，我们遂先后回国了。在这一时期，我们朝夕相处，从他身上，获益匪浅。

我于1947年回国时，玉珊同志正担任中央大学航空系系主任，他坚决留我在中大和他一道工作，并招待我在他家中居住，每天午餐一定给我端上我当时最喜欢吃的南京冷盘板鸭。他的深情厚谊，是我永远留念的。由于我在回国前已经答应了去西北工学院任航空系主任，虽然那里办学条件艰苦一些，但是我不能见异思迁，给西工造成困难。至今我仍然认为，对事业来说，我是心安理得的；对友谊来说，没能与玉珊同志在一起工作，始终是一件遗憾的事。

尔后我到了北京大学工作，他仍然在中央大学，彼此不断有书信来往，交换担任系主任的经验。解放后，全国院系调整，最终玉珊同志调到了西北工业大学，我调到了北京航空学院，此时主要联系是参加学术活动。例如，我主持的力学学会在西安召开板壳力学学术讨论会时，西工大和玉珊同志在选择会场和总务工作上给了我多方面的大力支持，从而使大会得以顺利进行。又如我们都是力学学报编委会委员，共同的事业把我们联系在一起。有一次，他的Donnell方程修正论文赠给我看，使我很受教益。还忆起，玉珊同志患病后由于两腿走路不便，经常离不开手杖。1983年在北航召开学术会议时，他住在北航招待所。在往饭厅吃饭时，他扔掉了手杖，亲切地伏在我的右肩上，就这样他从住处到饭厅走了个来回。谁知这竟成了我们最后一次友谊的写照。

今日我国社会主义建设突飞猛进，科学教育事业欣欣向荣，各方面也正需要老中青科技人才，可恨那无情的病魔，竟然夺走了玉珊同志的宝贵生命。愿玉珊同志安息吧！一个人倒下去，会有千千万万的青年跟上来。满天下的桃李，会接过玉珊同志的未竟事业的。我们毕生为之奋斗和憧憬的美好的社会主义社会，正在逐步实现。

1987年11月9日于北京

怀念玉珊学长

◎ 张福范[①]

玉珊学长为斯坦福大学铁摩辛柯的大弟子,也是我的大师兄。他在1940年学成即回国,而我是1946年才去斯坦福大学的。因此他确是我的学长,并且在学术上和品德上都是我学习的榜样。

我们是1949年在杭州相识的。后来他在西北工业大学,我在清华大学,我们相互的往来没有断过。这很多年来,我感到玉珊兄是作为一位富有感情的学长待我。玉珊兄在学问上给予我帮助和鼓励,我们的感情也是极其深厚的。记得1963年在西安开板壳会议,西工大为东道主。报到那天,就有人告诉我说:"玉珊教授已多次询问你来了没有。"记得在开会期间有一天晚上,他虽工作很忙,仍特地约我去看陕西地方剧"碗碗腔"。他坐在我的旁边陪我看戏。虽然我一句也听不懂,但他的盛情使我对舞台始终全神贯注。回想起来,这一切仿佛只是昨晚的事。

对玉珊兄的去世,我感到深沉的悲痛。我失去了一位极有才华的学长,也失去了一位深有真挚感情的朋友。

1987年6月29日于北京

[①] 张福范,1941年毕业于浙江大学并留校任教。1948年获斯坦福大学硕士学位,先后任教于浙江大学、清华大学,曾担任全国材料力学课程教学指导组组长。系黄玉珊先生在斯坦福大学的学弟。

沉痛悼念敬爱的黄玉珊老师

◎ 陈士橹[①]

敬爱的黄玉珊老师不幸于1987年6月9日患脑溢血去世。我当时正在北京参加太平洋国际宇航会议，6月11日离京返西安时，在去首都机场的车上惊悉黄老师病逝，顿感昏天黑地，情不自禁。现就记忆所及，书此二三事，以表我对黄老师的深切悼念之情：

一、1956年，华东航空学院选派我们12位教师赴苏联进修。在欢送会上，黄老师及其他校领导勉励我们努力完成进修任务，并鼓励我们争取搞到学位，这在当时对我们启发鼓励极大。我后来终于在苏联获得了副博士学位，这与黄老师的鼓励是分不开的。

二、1958年，我们由苏联回国，正值国内大搞科研生产之时。当时任系主任的黄老师派我到哈尔滨飞机制造厂参加新型号设计。在工厂期间，他还经常来信给我们，对我们当时的工作情况表示了高度的关怀。

三、1987年1月，我赴美参加美国AIAA宇航科学年会。桃李满天下的黄老师得悉我将去美，在健康欠佳、行动不便的情况下，热情地主动为我亲笔写了两封介绍信。我在旧金山访问斯坦福大学时，承蒙黄老师当年在中央大学的学生、现在斯坦福大学任教的张以棣教授亲自驱车到机场相迎，这完全是黄老师的关系。

黄老师治学严谨，学术威望早已名扬于国内外，平时待人热情、和蔼可亲，他永远是我们学习的榜样。

敬爱的黄老师永垂不朽！

1987年7月于西安

---

① 陈士橹，中国工程院院士，飞行力学著名专家，西北工业大学教授，博士生导师。

忆黄玉珊老师二三事

◎ 王适存[①]

黄玉珊老师是1970年冬我调离西北工业大学后，每次出差西安必定登门问候的几位老师之一。

我是1952年到南京华东航空学院的，一直在黄老师当系主任的飞机系里工作，在黄老师的关怀和指导下成长起来。记得1956年夏，我考取了留苏研究生，当时学习方向还没有定。原来我搞的是一般空气动力学。黄老师高瞻远瞩，说直升机很有前途，学校即将办直升机专业，要我读直升机空气动力学。从此我就转入直升机研究的行列。

黄老师对我全家也很照顾。1962年暑假，我爱人带小孩来西安探亲，我们去华山旅游，就把六七岁的小女儿单独放在黄老师家里，住了好几天。

我和黄老师接触最多的时期，要算1970年春天到秋天。那时西北工业大学派出一批人（黄老师和我也在内）到南昌，支援工厂研制飞机。那时黄老师参加技术工作，心情较好，虽然任务很重。黄老师和我们都住在集体宿舍里，大家睡上下铺，整天在一起。黄老师学识渊博，思维敏捷，对此，我体会更深。关于螺旋桨旋转平面处的气流对机身强度的影响，就是那时他第一次指点我的。许多星期天，我陪黄老师上街吃一顿，沿南昌城东湖转一圈，闲谈中获益匪浅。

黄老师高尚的品德、清雅的风格，也在无形中熏陶着他的晚辈和学生。这

---
① 王适存，直升机技术专家，航空教育家，中国直升机技术界的先驱、直升机专业的奠基者之一和学术带头人。

几年我在南京航空学院飞机系任职，有意无意间学着黄老师的"宽松"方式主管系的工作。目前，我系基本上"政通人和"，这当然与上下左右的支持和配合等多种因素有关，但也多少与我学习黄老师的治系之道有关。

黄老师德高望重，受人尊敬。他的道德和学识无需我来细说。这里只不过记述了我个人受益的二三事，仅作为我对黄老师的深切悼念。

1987年7月于南京

功垂千秋　德传万代

◎ 李星学[①]　刘艺珍

结构力学权威，点滴灌溉五十载，桃李满天下，德传万代；
航空事业楷模，辛勤耕耘半世纪，硕果遍四海，功垂千秋。

1987年6月30日于南京

---

① 李星学，中国科学院院士，古植物学和地质学家。

颂　词

◎ 田方增[①]　晏成书[②]

黄玉珊教授少年英发，学业优异。负笈海外，科研前沿，卓有建树。

回国执教，广植桃李。今日海内外航空、力学界第一流学者曾列门墙者，不乏其人。

学术研究，素重基础理论。撰有多种专著和论文。

复根据国际学术发展新动向与国内实际需要，创建新专业，倡导新学科，开展新领域研究，发展新设计思想。

为我国航空、航天事业作出之重大贡献，使人永志不忘。

1987年9月15日于北京

[①] 田方增，数学家，致力于泛函分析基本理论及其应用研究，是在中国建立中子迁移数学理论研究组的主要学者之一，为发展我国的泛函分析研究作出了积极贡献。

[②] 晏成书，北京大学哲学系教授、著名逻辑学家。

深挚的怀念

——纪念黄玉珊教授逝世一周年

◎ 李克唐[①]

令人深切怀念的我国著名的航空航天科学家、教育家,尊敬的黄玉珊教授辞世已逾一周年了。今天,追忆起件件往事,先生之音容宛然犹在。

我第一次知悉黄先生这位年轻而有才望的教授之名,是1950年在沈阳某工厂工作期间从一位中央大学毕业的同事处。我第一次拜读黄先生的著文《直接设计法》,是20世纪60年代初期的事。在当时,那是一篇思路新颖、对工程设计富有启发性的专著。我第一次结识黄先生并就某新机结构的力学问题请教高见,是60年代中期的事。研讨之余,获益匪浅。先生的"不放过一个小的问题"的经验之谈,至今记忆犹新。

从1980年起直至先生逝世前的近八年当中,由于共商学术活动和合作开发课题等工作上的原因,这期间,几乎年年相晤。共事之中,深感先生平易近人,热心学术,治学严谨,造诣很深。

1980年12月,由航空部主持在西北工业大学召开过一次飞机损伤容限设计技术课题开发研讨会,先生因病留有后遗症,行动不便,仍坚持参加会议。会上,既发表明确观点,又善于倾听专业同行意见,使会议取得较好效果。

1981年在南京召开的第三次全国断裂力学学术会议期间,我访晤了黄先生,并就事先拟好的《飞机损伤容限设计指南课题研究大纲和实施计划草案》征求意见。先生当即表示原则同意,热情支持,并带走《草案》一份,答应再

[①] 李克唐,曾任611研究所主管强度副总师。

去研究。

1983年4月,由航空工业部主持在北京召开了《飞机结构损伤容限设计指南》方案和规划讨论会。会上,有专家、教授和专业同行数十人参加,在指导思想、总体方案、专题研究以及编著计划等重要问题上展开了热烈而充分的讨论。此时,黄先生已带病坚持工作五年,他以极大的热忱,冒着旧疾随时复发的风险,毅然赴京参加了会议,并作了重要的指导性的发言,提出了真知灼见。这次会后,先生被航空部聘请为《飞机结构损伤容限设计指南》一书的主审。此后近两年中,对100万字的文稿,先生不厌其烦认真审阅,提出许多重要和有益的意见,为此书之问世,作出了很大贡献。

1983年至1987年的五年当中,中国航空学会先后在福州、卧龙和九江召开过三次疲劳和断裂学术会议。我受命负责组织和参与主持这三次会议,得到了作为中航结构设计及强度专业委员会主任委员的黄先生的关注和支持。1987年5月九江会议之前,我还收到黄先生的亲笔信,表示很想参加会议,但力不从心;同时,对会议开法还提出了建议。万万没想到,这竟是他给我的最后一封信,之后不足一个月先生竟与世长辞了。当时噩耗传来,深感震惊和沉痛。

1985年11月,中航结构设计及强度专业委员会受航空部的资助和委托,由西北工大具体组织一项具有学术意义和工程价值的专题学术活动——疲劳寿命模型研讨活动,黄先生十分重视,尽管身体不适,还利用夜晚时间,在家里亲自主持召开了由教授、专家组成的五人领导小组首次会议,研究了全盘工作的方针、方向和具体方案。此后,对"活动"的进程,还给予及时的关注和指导。历时近三年,此项"活动"的原定目标就要实现了。

或许,可慰藉先生于九泉。

以上种种,仅为点滴,教授生前对我国科技教育事业的贡献,已汇成丰富的篇章:

先生的精神常在;

人们的怀念永存。

1988年9月10日于蜀蓉

悼念尊师益友黄玉珊先生

◎ 李克唐

开发科技,从严从难,出累累成果;
耕耘教坛,呕心沥血,育几代英才。

1987年7月14日于成都

回忆黄玉珊教授

◎ 解思适[①]　赵沛霖[②]

著名的航空航天科学家、教育家，优秀的共产党员，我们尊敬的老师、指导者黄玉珊教授与世长辞了。他的逝世是我国航空、航天科学和教育界的一大损失，也是我国飞机设计事业的重大损失。我们沉痛悼念黄玉珊教授，也永远不会忘记他对我国飞机设计事业的关心、指导和帮助。

我国的飞机设计事业是从设计歼击教练机起步的。1956年第二机械工业部航天工业管理局决定，在沈阳一一二厂成立飞机设计室，开始进行歼教-1飞机的设计和试制。设计这样一种量级的飞机，我国这支年轻的设计队伍是毫无经验的，迫切需要学习和取得专家、教授的指导和帮助。黄玉珊教授不辞辛苦，长途跋涉来到沈阳，对歼教-1飞机的设计给予了多方面的指导，特别是强度分析专业，黄玉珊教授介绍了用电子计算机求解高超静定薄壁结构的原理及国外发展状况。在黄教授的启发和指导下，我们开展了矩阵力法、矩阵位移法和直接刚度法在翼面分析中的工程应用研究，终于在新设计中采用这些方法进行了强度和气动弹性分析，减轻了结构重量。

1961年601研究所成立后，经几年的预研工作，开始了新型超声速歼击机的设计和研制。黄教授受聘为我所的技术顾问，对所内的结构强度研究工作予以更直接的指导和关注。1963年他来所参加了科技成果报告会，并对所内开展的小展弦比翼面强度研究、锥壳、柱壳强度和稳定性研究，热强度研究等课题做

[①]　解思适，曾任601研究所所长。
[②]　赵沛霖，曾任601研究所副总师。

了具体指导，提出了很多建设性的方案和意见。

1965年在歼-8机的结构方案设计期间，黄教授作为专家组成员莅临沈阳，对飞机的技术设计进行了审定，对设计中遇到的疑难问题，特别是振动强度、热强度等新课题，给予了热情指导和帮助，使飞机的结构强度工作得以沿着正确的技术途径进行。现在歼-8飞机已大批装备部队，在祖国的晴空每天都有矫健的银鹰在展翅飞翔，保卫着祖国锦绣河山，这里有黄教授的心血和贡献。

后面歼-8机需要努力解决飞机的定寿和确定返修期等问题，旧飞机也面临定寿和延寿等工作。黄教授及时地倡导对旧飞机疲劳定寿、损伤容限评定和对新机的损伤容限设计思想和方法，这对我们的工作再次起到了指导和促进作用。记得早在20世纪60年代，他在沈阳逗留期间，就预见到并提出了国内歼击机疲劳强度的发展问题，并着手组织翻译一套疲劳译文集，积极宣传和普及这方面的知识。70年代在国内掀起疲劳和损伤容限课题研究的高潮中，他所领导的西北工业大学飞机结构强度研究所，为我们提供了有力的支援。1987年还派出一名副教授作为歼-8机翼损伤容限评定的技术顾问，保证了歼-8飞机在部队的安全使用。

黄玉珊教授已经离开了我们，但是他忠诚于党的教育事业、热爱党、献身航空事业的一片赤诚之心，他对研制我国歼击机的热情支持，及时倡导新兴科学的开创性研究工作，深入生产科研第一线，理论联系实际的工作态度，以及循循善诱、诲人不倦的作风，始终铭记在我们心中，鼓舞我们前进。我们要永远学习他热爱祖国、热爱党、热爱社会主义、热爱航空事业的赤子之心，学习他坚韧不拔、奋斗不息、努力工作的献身精神及理论联系实际的工作作风，为祖国航空事业的振兴而努力奋斗。

1987年7月14日于沈阳

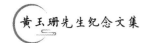

向黄玉珊教授学习

——忆黄玉珊老师在强度专业组的工作

◎ 魏信方[①]

1963年在国防部第六研究院唐院长和徐立行副院长的领导下，航空科学技术委员会成立了，聘请航空院校企业研究所和中国科学院力学研究所的一部分专家来京组成了空气动力专业组、结构强度专业组等。据我回忆，其任务是研究该专业的发展规划、大型试验基地和实验室的建设、开展哪些科研课题项目等，为领导决策提供建议。

黄玉珊教授被聘任为结构强度专业组组长，该专业组有各单位的知名教授专家，如北航王德荣（副组长）、清华杜庆华、哈军工陈百屏、南航张阿舟、哈工大黄文虎以及力学所的李敏华等，也有航空工厂、研究所一些中青年专家。当时我被聘任为该专业组的秘书，所以在这段时间内我接触黄老师更多一些。

黄老师对发展我国飞机结构强度研究工作是极其热心的，他处处时时全身心地在思考着发展的规模、途径和方法等。他不但同意而且坚决支持在国内尽快建立一个飞机结构强度研究基地。在多次专业会议上，他积极介绍国际上结构强度研究的发展情况，而且力促各单位用实际行动支持强度研究基地的建设。我印象较深的如：他认为在建设一个基地时需要一批人才，用何办法好？他主张用母鸡下蛋的办法，即由各单位调出一些技术骨干，带领新分配去的大、中专生一起干。事实证明这个办法是有效的，我国飞机结构强度研究所很

[①] 魏信方，曾先后担任航空工业直升机设计研究所总工程师，海军装备论证中心特种飞机研究所总工程师。

快建设起来了，承担了不少繁重任务，而且在业务上有很快的发展，做出了较大成绩。

在开展飞机结构强度研究方面，黄老师不但经常说明强度理论基础科研的重要性，而且特别强调研究工作要与航空科研型号发展以及航空产品的生产发展密切配合，并为之服务，使型号研制和生产发展尽早取得成效。在他的推动和促进下，西工大、北航、南航、哈军工、哈工大都分别承担了静、动、疲劳、热强度以及气动弹性等方面的课题任务。这些任务的上马和完成，不但对当时飞机结构强度研究所的发展给予了大力支持，促进了型号研制和生产任务的完成，而且也进一步推动了强度理论研究工作的进展，培养了一批强度研究和教学工作的骨干。

黄老师很关心强度基地的建设，尤其是实验室和大型试验设备的建设。他常告诫我要做到少花钱多办事，介绍了许多有益的经验和教训。他还从全局着眼，向上级领导建议集中力量重点建设强度研究基地，避免不必要的重复建设。例如他和许多老专家都曾多次提出全机静力试验室花钱多，任务又不太饱满，从全国来看，不宜多建，应集中统一于几处。

黄老师根据国际上的发展情况，也经常在专业组以及其他会议上强调要积极开展振动、疲劳、断裂、载荷谱以及气动弹性等方面的研究工作。在20多年后的今天看来，这些工作似已成常规。但据我回忆，在20世纪60年代初期，这些研究工作也是经过大声疾呼之后，才得到各级重视，在计划上、人力上、经费上给以安排。今天我国在这些学科方面取得的发展和成绩，亦决不应该忘却前辈们的远见。

回想与黄老师一起在专业组工作的短短几年，我深深地感到他作为一名中国飞机结构强度专家在全力推动与促进我国飞机强度事业的发展过程中是多么用心、多么努力！他的精神、他的工作态度、他的品质是值得我一辈子学习的。

1988年6月15日于上海

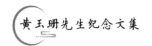

怀念黄玉珊先生

◎ 仇仲翼

1987年6月，我去西安开会，满怀信心地带了一份《北京晚报》准备给黄先生。晚报上报道了611所隔壁的解放军炮兵第二研究所门诊部专设了一个采用先进设备、技术治疗脑血栓后遗症的门诊。为了让黄先生能得到可靠、有效的治疗，我还特别作了详细了解。心想这次去西安能邀请黄先生来京治疗，以期他早日康复，为航空事业继续发挥光和热。但不幸的是，这次西安之行竟成了与黄先生遗体告别之行，令人悲痛至极！

黄先生的一生是为祖国航空教育、科研和生产不懈奋斗的一生。他是国内外享有盛誉的教育家和力学科学家。黄先生是把先进断裂力学和可靠性原理推广应用于我国飞机结构定寿和延寿的主要创始人。黄先生忠诚于教育事业，桃李满天下，许多弟子在国内外享有很高的名望。黄先生不仅忠诚于教育事业，热情培养人才，而且无私地教导、帮助和支持晚辈同行。

1977年，根据当时国内外断裂力学和我国航空技术的发展情况，为了把先进断裂力学技术推广应用到航空工业中去，我发起编写一本适合我国国情的《应力强度因子手册》（简称《手册》）。这个建议立即得到黄先生的热情支持，他曾两次专程来京讨论《手册》的编写大纲并审查稿件。在黄先生的热情支持和帮助下，我国自行编写的较完善的第一部《应力强度因子手册》于1981年由科学出版社出版，得到读者好评，第二年被评为航空工业部科技成果二等奖。这与黄先生的辛勤劳动密切相关。在这里我不禁怀念另一位航空界的老前辈、著名教育家、力学科学家王德荣先生。在编写这本手册的过程中，王先生同样给予了我们热情的支持和帮助。在和黄、王先生一起工作的过程中，他们那种对晚辈的爱护和帮助的真诚深深地印在我的脑海中。如当他俩在审稿过程中发现我们编写稿中的错误时，总是认真地帮助我们改正，从不指责，且热情而和蔼地对我们说："你看，这样是否更好些！"这种亲切教导的声音，经常在我耳边回响。

1982年，为了总结和进一步推广断裂力学技术在飞机设计中的应用，在航空工业部科技局的领导下，由611所牵头组织编写《飞机结构损伤容限设计指南》（简称《指南》），特邀黄先生任主审。在《指南》编写大纲审定会上，黄先生指出《指南》是一种指导性文件，一定要保证质量。凡《指南》中所编入的公式和数据必须正确，应经实践验证。黄先生的这一建议成了以后编写《指南》的指导思想。在黄先生的指导和把关下，经大家努力，《指南》于1985年出版，并获航空工业部1986年科技成果二等奖，国家1987年科技先进二等奖。

黄先生就是在病情加重、行动和说话都不方便的情况下，还为我们审定《应力集中系数手册》。这本手册将于1989年初由高等教育出版社出版。黄先生只能在九泉之下见到自己的这部作品了。

黄先生对工作严肃认真，不仅对重大的技术问题进行认真严肃的审查，而且对参考文献中的拼写、标点等小错误也从不放过。黄先生不仅工作效率高，而且时间也抓得很紧。1974年春，我和黄先生一起连续几天去北京图书馆查阅资料，为了利用中午的时间并节省下午重新提书的时间，黄先生留在阅览室看资料，我去图书馆门口的小卖铺买点儿点心给他当午餐。

黄先生工作严肃，但生活中却很风趣。1983年冬我去西安出差，黄先生请我和我儿子雁平去他家吃饭，黄夫人胡荫华教授曾亲自两次到我住处邀请，有一次她手里还拿着两只鸡。吃饭时，黄先生风趣地说："昨天请你吃饭是无稽（鸡）之谈，今天是见机（鸡）行事。"逗得大家哄堂大笑。

黄先生很好客，1978年春我们十来人去八达岭长城（游览）换换空气，他招待我们吃午餐，但黄先生反对用公款请客。1986年在西安召开第五届全国断裂力学会议，他对会务组提了两条意见：（1）会餐标准太高，不应用海参、鲍鱼；（2）不应发纪念品。

黄先生的这种怡静淡泊的精神，在提倡为政清廉的今天，我们仍可从中得到某些启示和教益。

黄先生离我们而去了，他留给我们的不仅有一笔可观的有形财富——他的各种著作、论文，而且有一笔巨大的无形财富——他的严谨治学的精神。在黄先生纪念文集即将出版之际，我带着深深怀念这位老前辈的心情，献上这篇拙文，作为黄先生墓前的一束小花。

1987年于北京

鞠躬尽瘁　精诚创业

◎ 常庚哲[①]

我刚从德国讲学归来，惊悉玉珊先生不幸逝世，这使我回想起几次到西安时见到黄先生的情景。特别是看了"讣告"，才知道黄先生在病中仍然做了大量的工作，真正做到了"鞠躬尽瘁，死而后已"。黄先生的学问、精神一直令我十分敬佩。他对科学和事业的执着追求将鼓励我前进！

1987年10月10日

[①] 常庚哲，中国科学技术大学数学系教授，博士生导师，安徽省数学会理事长，国内计算几何学科开创者之一。

忆玉珊教授

◎ 狄企良[①]

  黄玉珊教授离开我们已整整一年了。每当回顾祖国高等教育和科研事业不断发展的历程时，我们总是难以忘怀这位曾经为党、教育和科研事业终生孜孜不倦作出贡献的好老师。

  玉珊教授1917年10月15日出生于南京长江路24号。童年曾就读于塾师。10岁进入南京钟英中学，被破格录取从初中三年级学起，并成为班上成绩优异的学生，深受老师钟爱。1931年，入学中央大学土木系。1935年毕业，时年17岁。在大学的四年，正是日寇侵犯，全国同胞奋起抗战的救亡运动热情不断高涨的时期。玉珊为航空救国之声所感召，立志投身航空科学事业。大学毕业时，他放弃就业，报名投考并被录取为中央大学机械特别研究班第一期学员，改行研习航空学科。1937年初毕业，因成绩优秀，被选留系任助教。半年后考取第五届中英庚款留学生，1937年7月赴英深造，专攻飞机结构，在英国伦敦帝国理工学院航空系取得航空硕士学位。1939年转入美国斯坦福大学随著名学者铁摩辛柯求学，竟以一年的时间获得力学博士学位。1940年，全国同胞为抵御日寇而战，玉珊与留学海外的爱国青年一样，学毕旋即回国，为抗战贡献自己的力量。1940年夏，玉珊回国抵重庆，就职于中央大学航空系，受聘任教授。他的老师罗荣安教授是系主任，认为青出于蓝而胜于蓝，就把自己教了多年的飞机结构这门课交给玉珊，玉珊当时年仅23岁。翌年，航空系举办一期研究生

[①] 作者在本文中只记述了1964年以前的事，写此稿后不久作者不幸因病逝世。

教学，玉珊担任了两名研究生的指导老师，其中有如今享誉国际在美执教的冯元桢博士。1973年，冯元桢首次回国访问，专程来西安看望玉珊老师。

抗战期间，重庆不时有日寇飞机侵犯轰炸，重庆中央大学校舍均为临时建设，实验设备非常短缺，教学活动勉强维持，科学研究活动则更受限制，在这样的情况下，玉珊受聘为原航空研究院特约研究员。中央大学航空工程学会出版的《航工季刊》，共出了三期，每期都有玉珊的文章。载于1940年9月合刊的是译文"Design For Spot Welding"（《点焊连接结构设计》），载于1940年12月合刊的是论著《横条支持之薄平板的皱折》，1941年6月出版的是文摘《金属薄片构造之应力分析》。其中论著《横条支持之薄平板的皱折》一文，同时登载在英国航空学会期刊 Journal of Royal Aeronautical Society 上。1985年6月，玉珊回忆《航工季刊》："惜以财力物力不继，终于断刊，幸得收藏家保存至今，实足见当时早期航空创业者之辛勤努力。"

抗战胜利后，罗荣安主任在原中国航空公司兼职，系代理主任柏实义教授于1947年去美国。1947年下半年起，航空系代理主任由玉珊担任，供职一年。在这一年里，组织人员将五尺直流风洞从重庆搬回南京，并安装就绪。这项工程进行得非常艰苦，经多方努力，才告竣工。

1948年夏，玉珊迟至31岁时，才建立家庭，与胡荫华教授结成永好。那年，他趁执教轮休一年之便，受聘去杭州浙江大学航空系兼职。他在杭州迎接了1949年的解放，随即回到南京。

1952年，华东航空学院成立，玉珊担任飞机系系主任。自此他悉心投入建校建系工作。1953年初，学校委任他为新校舍基本建设工程处副处长，赴新院址中山门外卫岗，领导工程技术工作。首先要进行地形测量，提供校舍设计资料，他快速完成了任务，保证了基建设计工作的顺利进行。当年9月8日工程正式奠基开工。1953年下半年，学习苏联教学经验进行教学改革，为本系建立施工专业。玉珊承担多种苏联教材的翻译或稿件的校阅工作，1954年出版的译著有：与杨彭基教授等合译的《非金属材料施工法及其应用》，与许玉赞教授合译的《飞机结构力学》和他自己独译的《开口薄墙支干的弯曲扭转变形》。他于1953年下半年起编写《飞机构造和强度计算》讲义，以应当时开课的需要。

至1954年夏，翻译任务已告一段落，学校的工作重点转入全面铺开学习苏联教学经验，以进行教学改革时期。不久又转入提高教学质量以解决学生学习负担过重问题的时期。在这一学年当中，玉珊敏锐地看到，祖国建设事业的兴盛必然会推动科学研究的大发展。所以他于1954年下半年起就着手进行科学研究的准备工作。限于当时航院是新建院校，实验室尚不具备进行科学研究的实验条件，因此他就从搜集科学资料着手。从1954年年底起，每周工作计划中列入制作科学文献摘记卡片的项目。在一年多的时间内，玉珊把院图书馆中有关学术杂志阅读了一半以上，积累了卡片1000多张，从中提出有价值的题目十几个。这项工作一直延续到1956年。1954年下半年，他写下《平行四边形板的皱折》和《飞机前轮抖振》两个题目的文稿，为日后编著《结构稳定学》作准备。

1956年初，党号召"向科学进军"，学校制订科学研究规划。玉珊响应党的号召，拟订了自己个人两年内的科学研究规划：

1956年

修订《飞机构造及强度计算》教材（全）

编写《结构稳定学》（杆件系统）

编写《飞机构造及设计》讲义（构造）

完成卡片共1800张（已有1100张）

抖振示范试验

课程设计1套

修改构造试验3套

写论文2篇

1957年

编写《飞机构造及设计》讲义（全）

构造陈列室

构造试验2套

完成卡片2300张（已有1800张）

构造的形象设备

编写《结构稳定学》（薄片）

写论文2篇

20世纪50年代，学校强调结合教学开展科研，所以上列规划中的部分项目原是新安排的教学工作。另外，那时学校与新建的航空工厂在科学研究方面尚未开始联系。因此，在玉珊的两年规划中看不到与工厂有关系的项目。在那个时候，玉珊只能考虑博览群书，从事理论研究。

1956年7月，玉珊被批准加入中国共产党。这年他又被批准可以进入新建的航空工厂。所以这年的10月，玉珊与沈阳一一二厂飞机设计室徐舜寿同志取得了联系。徐是中央大学机械特别研究班三期毕业生，与玉珊是同学。自此以后，玉珊的科学研究内容同祖国航空工业建设事业直接挂钩。这是玉珊多年期望的为国效力机会。

1957年4月，飞机设计室提出了一系列待研究的课题，玉珊为之归纳为如下各项：

一、高速飞机新构造的强度分析问题

包括夹心饼构造、整体构造、变厚度钣、薄壳、厚壳的分析。

二、空气弹性学问题（振动）

包括颤振的分析与试验、前轮抖振、喷气对结构的影响。

三、疲劳问题

四、高温问题

包括高温应力问题、蠕滑问题。

这样的研究题目表与1956年初拟订的两年规划相比较，可以看出两者有实质性的差别。能解决新机种飞机设计上的实际问题，是玉珊的心愿，前几年所作理论上的准备找到了开花结果的园地。1957年8月7日至8月11日，玉珊应邀去沈阳一一二厂飞机设计室访问。访问期间，参观了工厂并与在厂校友聚会，重点讨论了机身疲劳问题和颤振问题，并确定了今后待联系的三个问题：机翼刚度，Flutter Model 和 Buckling of Upper Flange。

自从与新机种飞机设计有了联系之后，玉珊就感到了时间的紧张，所以他从1957年4月开始做个人每周时间利用统计。从4月15日至6月2日，7周，362

个小时的工作时间的分配为：开会、办公、政治学习、联系工作等占74%，备课、上课占17%，看书、看杂志占9%。每周平均仅有半天的时间看书、看杂志。接着，他又从8月16日起至年底继续做时间利用统计，4个半月总计分配比例分别是74%，15%和10.7%。使用在科学研究上的时间确实微乎其微。尽管这样，1957年11月初，他硬挤时间，把进气道的安排、尾翼的形状及相对位置和机翼的形状及其相对位置三个题目的意见拟就寄出。1962年玉珊被聘为第七机械工业部702所顾问，1964年兼任该所所长。

1988年5月17日 于西安

相识在建设专业的调查工作中

◎ 庞 展[①]

黄玉珊教授在我国航空航天事业和高等教育培养人才方面作出了重大贡献，不愧是我国著名航空航天力学专家与教育家。他的逝世是我党在科学技术和教育事业上的重大损失。我们将永远怀念他，学习他。

犹忆1986年3月18日我应邀到北京远望楼宾馆参加他全家团聚的家宴。故人重逢，倍感亲切，我们开怀畅叙真挚友情，往事就如昨天一样真切。党对知识分子是尊重的，尤其对他这样一位具有真才实学的教授更是关怀和信任的。记得我们是在建设专业调查工作中相识的，我了解他在科技和高校的教学等工作中是有建树、有威望的。他给予我工作上的支持和对我个人的帮助很大，我对他非常敬佩，至今我们还能保持这不平凡的友谊，使我无限欣慰！今天我又为失去了他感到极为悲痛。

1987年6月12日

[①] 庞展，曾任国防科委八局局长。

哀悼黄玉珊同志

◎ 王 恒[①]

荫华教授：

近悉玉珊同志不幸逝世，至为哀痛！1978年春，我来西北工业大学工作之时，住在三机部招待所，玉珊同志是西工大第一位来看望我和欢迎我的教授。他给我第一印象是和蔼可亲、谦恭热情。后来我们在西工大共事共处将近十年，他给我的印象是，治学严格，教书育人，认真钻研科学，工作积极负责。因工作过度劳累，曾病倒在北京的会议上，经医院治疗，还未完全治愈，又继续钻研科学，写作科学论文，带研究生。肩负重责，不知疲倦，玉珊同志为航空航天事业曾作出不少可贵的贡献。他不愧为我校的一位好教授，好干部。

清楚地记得去年4月你们去美国的那天早晨，我和老伴惠华同志到你家为你们送行，那时玉珊同志精神愉快，谈笑风生。我们一直目送你们而去，万万没有想到，这次送行，竟成永别！

人生古稀，不算夭寿。但玉珊同志学识渊博，经验丰富，他完全可以为教学科研工作，作出更多的贡献。他竟过早地与世长辞了，十分惋惜！

望您节制哀痛，注意身体，把玉珊同志的未竟事业持续下去，为教学科研做出新的成绩。我们不久即回学校，届时再去看望您及孩子们。谨祝您身体健康，并问孩子们好！

王恒
1987年7月10日于首都

---

① 王恒：曾任西北工业大学校长。

悼黄玉珊同志

◎ 赵康乐

学习他对党的教育事业忠心耿耿,学习他对工作极端负责,学习他对同志无限热忱。

1987年6月30日

致敬黄玉珊先生

◎ 荣克林[①] 贾 亮[②]

国家航天事业发展之初，在钱学森推荐下，1962年国防部第五研究院拟调黄玉珊先生到该院第五研究所（后改名航天702所）工作，由于黄先生在西工大学科建设和技术研究方面的任务较重，学校遂决定让他在西工大和第五研究院两边工作，同年兼任第五研究院一分院技术顾问。1964年5月8日，国务院总理周恩来签署命令，5月20日第五研究院领导下达任命书，任命黄玉珊为国防部第五研究院一分院第五研究所所长（兼）。此后几年间，他常常不辞辛苦地往返北京、西安两地，有时每年在北京工作近半年之久。

在担任技术顾问期间，黄玉珊先生负责专业理论技术支持、技术人员的指导。和铁摩辛柯教授的风格类似，黄先生主要围绕着解决火箭结构各种力学实际问题进行工作，在归档的答疑记录中可以看出，黄先生当时在静、热力学强度领域研究涉及加筋贮箱内压、轴压弹塑性稳定性、波纹管稳定性、蒙皮强度分析、带隔板容器强度、开口箱底弹性力学解处理、翼面强度和刚度计算、机身翼面桁条力的扩散、DF-2舱段热应力对轴压稳定性影响评估、尾翼热应力计算以及对蒙皮刚度影响等诸多方面，进行了具体理论和计算分析工作；在动力学方面，黄玉珊先生指导过振动理论、运输振动测量与计算、颤振分析等方面的技术发展。在1963年指导的运输振动项目中，不但涉及了振动叠加、阻尼、振型、托架载荷等具体问题的处理，而且提出了要进行随机振动研究，要求读

---

① 荣克林，航天一院702研究所高级专务，型号副总师。

② 贾亮，航天一院702研究所副所长。

经典、靠实践、补数学。黄先生说当时"国内没有人搞随机振动，你们先搞，走走看，摸清问题，运输作为随机考虑是一个方向，如需要也可以给疲劳提供数据"，后来一直到20世纪80年代中期航天702所的随机振动研究一直处于国内领先地位。但是由于当时都是特装火车运输火箭，测量应力较小，加上后来黄先生离开702所，运输振动的环境条件和振动疲劳载荷研究停滞下来，直到提出机动化和实战化以后，这个问题才重新引起重视，晚了几十年，实属遗憾，但是深感黄先生的远见卓识。另外，黄玉珊先生在导弹颤振分析方面开展了卓有成效的工作。在颤振技术发展方面，黄玉珊先生率先垂范，在兼任所长后，1964年10月亲自担任某型号颤振分析任务负责人，进行了全弹翼舵的模态试验、刚度试验、多轮刚度分析和最终的颤振临界速度计算，经过一年的工作，首次完成了在航天领域内的导弹颤振分析和刚度分配研究，当时的刚度指标分配的思想和技术，到现在仍然有相当重要的指导意义。

1964年，黄玉珊先生在正式兼职702所所长后，所里的事务工作多了起来，如1964年11月19日至12月19日在京工作期间，黄先生参与审阅了科研厂房工艺总结（振动实验室和机械实验室）。1965年1月7日，在京工作一周，审阅了当年一季度工作要点，包括了政治思想工作、保密教育、重点任务、技术管理与保障、作风培养与行政生活管理等方面。然而，黄先生最关心的是702所的发展，重视并支持当时李绪鄂副所长主抓的702所"强度与环境试验研究十八年规划"的制订。1965年5月18日—22日期间，黄玉珊先生向当时七机部副部长钱学森汇报并探讨了702所发展规划，钱学森明确表态肯定支持，并表示规划就应该带有前瞻性与跨学科的性质。该规划充分预计了未来航天系统的验证需求，拓展了强度的范畴，将静强度扩展到静、动、热三个强度；确立开展环境试验方面的研究，包括了力学环境、自然环境和空间环境三个方面，在力学环境方面全面开展振动、冲击、噪声、分离、高速撞击等试验方法和技术研究。以此次汇报作为标志，702所的专业领域发展方向正式地由单一强度研究试验发展为强度与环境的综合性研究试验。

黄玉珊先生在培养航天科技人才方面倾注了大量的心血，经常开展各类力学相关的培训和答疑，分别在702所一、二、三、四室和四支队开展集体答疑和个别答疑多次。张竞荣、董明德、陈奇妙、厉惠敏、韩德廉、史殿福、张骏华、李清源、倪惠生、李宪珊、刘敬智、吴家驹等人都得到黄先生的亲自指点。一方面是具体技术方面的指点，涉及火箭贮箱强度及稳定性分析，翼面稳定性及破坏强度计算，小展弦比翼面设计方法，加筋舱段结构力的扩散，低温贮箱后过渡段温度应力对屈曲强度的影响，翼前缘热屈曲的分析方法等。这些具体技术问题的回答直到现在来看都有指导意义，例如在某型号颤振分析通过实测尾翼扭转刚度，弹体法向、横向弯曲刚度和扭转刚度来开展刚度裕度的评估，对研究导弹弹体、舵面、翼面的刚度分配方法有重要启示。另一方面是治学方法的言传身教。1963年5月在回答青年技术人员张骏华关于"冲压加筋箱体轴压承载能力的计算方法是否有问题"时，黄先生答道："方法比较粗糙，若计算结果与比较实验接近，可以作为工程算法，作为对人家提出任务的一个答复。另外还应该用别的方法算一算，比较比较，如各向异性法，王德荣介绍的极限载荷法等。工作中不要怕走弯路，有关的东西要摸摸，科学研究要探讨，各种各样的假设要讨论，不要轻易否定。往往以前被否定的东西，后来看看又是对的。"1963年10月23日、10月25日黄先生亲自对刚入职的技术人员吴家驹关于"运输振动计算"的问题进行了两次答疑，对吴家驹进行了鼓励和指导："你的工作很有成效，要鼓干劲，把试验做的分析出来。经典著作一定要读的。""数学不一定要系统学，用什么，补什么，过几年也补得差不多了。具体的工作第一次要做的，但是不能陷在里面。""你们做计算一定要根据实践，不能空谈自己假设。试验要参加的，发现问题先记下来。"张骏华后来成长为结构强度专家，著有《导弹强度设计手册》《导弹与运载火箭结构可靠性设计指南》《导弹与运载火箭复合材料设计指南》《结构可靠性分析与计算》等四部著作；吴家驹后来成长为随机振动方面的专家，著有译著《随机振动》，发表论文多篇，在航天随机振动研究方面享有盛誉。

　　1965年，按照国家要求，国防部五院一分院（现航天科技集团一院）8700余名行政、技术人员集体转业，干部按照国家规定套改地方干部行政级别，其中唯一被确定为技术一级的就是黄玉珊先生，可见当时他在航天结构强度领域具有很高的技术权威。

　　致敬黄玉珊先生，永远怀念与先生共同奋斗的岁月！

2022年6月

二、桃李天下　师恩如海

嘉陵江边的黄老师

◎ 冯元桢①

我们这一班，是50年前进入中央大学的。那年，大学入学实行统考。各大学在几个地点联合招生，举行入学考试。我到上海交通大学报名处去报名，看见墙上贴着一张布告，说中央大学创办航空、水利两系，我觉得航空新鲜就报了名。考试的日子是7月7日—8日两天，正是全民族抗日战争开始的日子。后来录取了，到了重庆。在沙坪坝，嘉陵江边，重庆大学借给中央大学的松林坡地方，茅竹房中，开始了抗日战争时期的学习生活。

我们四年级的时候，柏实义、黄玉珊先生先后从美国回来，教我们空气动力学和飞机结构。他们年少英俊，神采飞扬，带来的不止是朝气，还有一股清风，吹入了沉闷的空动和结构课程。忽然间我们看见了基本守恒方程，忽然间我们学过的微分方程活了，从那里面流出了许多有用的结果。慢慢地，我们原来教本（Warner的《空气动力学》，Niles和Newell的《飞机结构》）里的无数曲线，有了根源，不再那么吓人或烦人了。春夏天暖的时候，我们学生每天夜里睡在教室桌子上以躲宿舍的臭虫。天一亮就上课，到上午10点钟就进防空洞，躲日本飞机的空袭，日子还是挺有意思的。

1941年我班毕业后，我留在校内，当了两年研究生，跟黄先生学铁摩辛柯的三本书，跟柏先生学Von Karman and Biot和Prandtl and Tiejens，跟胡旭之学

---
① 冯元桢，美籍华人，力学和生物力学家，中国科学院外籍院士，美国国家科学院院士，美国国家工程院院士，美国国家医学院院士，被誉为"世界生物力学之父"，系黄玉珊先生指导的第一个硕士研究生。

Goursat，跟孙光远学微分几何。我跟黄先生写硕士论文，题目是"微弯薄曲杆及薄曲板对侧压力之稳定性"。我现在还留着一份用钢笔写在土纸上的论文。50年后看看，觉得也还不必改什么。其主题是指出对称的曲杆或曲板，受对称的侧压力时，能因不对称的小扰动，而引起很大的失稳，使临界压力减少很多。这个主题久而不衰，目前非线性力学文献中还在大做文章。当时我哪里有本事想得出这样的题目，肯定全是黄老师教的。十年后，我在给NACA写的 *Technical Notes 2840* 中（1952年出版，第11页），就指出这一类问题的命题和解法是黄玉珊先生所创的。

黄老师带我们学生，平常不太管，由我们自己去。我们碰到难题，百思不得其解的时候，他就常常轻松地指出关键，也许难题就迎刃而解了，也许指出更深一层的困难，或更高一层的意义。在我的心目中，黄老师是智慧的结晶。我个人受益极深，以后我一生教书，就学他。

我和黄老师一别30年，到1973年7月，才在西安重见。当时只能在旅馆里谈谈。我看他气色还不错，私心窃喜。后来，知道他病了。我们最后在洛杉矶见面的时候，他的精神却很好，没想到竟成永诀。

黄先生的一生，处在全世界的大变动时代，苦难极多，但总的方面在好转。他在中国航空事业刚开始的时候，投入这一行。他是中央大学历史上入学最年轻的学生之一，也是后来出国留学最年轻的人之一。早熟、早学，真是迫不及待，早早学成，报效国家一生。黄先生这个时代，飞机从小型到大型，从螺旋桨到喷气机，从亚声速到超声速，从大气层到太空，从客机到洲际导弹，从地表到冥王星，中国从没有航空到世界一强。在这个过程中，黄先生不但贡献了个人学术著作和发明，还教出了一大批学生。他的学生们，也各有贡献。要是这些人，这些事，有一个较详尽的记载，将来看看，定是很有意义的。

1987年7月13日于美国加州

一日之师 终身事之

◎ 冯元桢 沈申甫 高永寿 等[①]

吾师黄玉珊教授不幸于6月9日逝世，噩耗传来，海内外震惊。我们是中央大学航空工程系1937年（入学）班同学，是第一批在黄老师学成归国任教后亲聆其教诲的学生。岁月驰骋，已届半个世纪。回忆黄老师谆谆教导和严格治学作风，终身受益匪浅。现我们部分同学聚会北京，特签名以志深切悼念。

附：高永寿给诸德培的信。

德培同志：

黄老师突然逝世，深为震惊。

黄老师于1940学年归国，我们班于1941年毕业，其间约有一年时间，能亲聆黄老师教诲。一日之师，终身事之。特写悼念文一纸，随函寄上。签名者中冯元桢、沈申甫来自美国，其余都在国内，但散布于全国各地。西自（至）成都，南自（至）广州，东自（至）上海、南京，北至长春。我们班原有30余人，除部分已先逝外，有的在（中国）台湾，尚有3人在美国，签名者共19人，已超过一半，实已非易事。

此致

敬礼

高永寿

1987年7月5日于北京

---

① 参加本文签名的作者还有陆元九、罗贤荣、程宝蕖、张庚统、骆雍、万鹤群、胡昌寿、吴文、赵世诚、吴礼义、张幼桢、徐友庶、陈锡禄、何加祥、丁钊、张阿舟。

怀念吾师黄玉珊教授

◎ 高永寿[①]

黄玉珊教授与世长辞了。一位著名的力学教育家、科学家、结构力学专家，曾为国家作出重大贡献的学者，长眠了。

黄先生自幼聪明过人，1940年学成归国执教中央大学，年仅23岁。我们是亲聆其教诲的第一班学生。他讲课时言简意赅，寥寥数语即能道出问题的本质。他是我最敬佩的老师之一，对我的一生起着重大的作用。我曾暗下决心，跟他走，向他学。但黄老师工作勤奋，学识渊博，思维敏捷又能高瞻远瞩，我跟不上他的步子，望尘莫及。

1973年，上海为设计大型客机"运十"召开了一个设计原则的讨论会。黄老师提出用断裂力学的损伤容限法来设计这架飞机，并作了一些原理性的讲演，认为原材料和加工过程中不可避免地存在一些原始损伤，只要能正确地运用检修周期，及时加以修复，安全是可以保证的。最后"运十"定下了一个设计原则：对使用中不可检的零部件用"安全寿命"的原则来进行设计，对使用中可检的零部件用损伤容限的方法来进行设计。这些方法无疑是非常先进的。从那以后，我与黄老师有多次的见面，有的是在会议上，有的是在共同的工作中。

当时，国内有为数众多的旧飞机已经使用了多年，这些飞机是根据什么规范、什么原则进行设计的，无从查考，连图纸也不全，甚至连是否考虑了旧疲劳观点的设计要求，也不知道，当然更说不上它们的设计寿命了。黄老师首

---

① 高永寿，南京航空航天大学教授，曾任中国第一架教练机的总工艺师。

先提出用损伤容限设计的方法来重新评估旧飞机的寿命，这就是所谓旧飞机的"定寿、延寿"问题。这真是快刀斩乱麻，为这样一个复杂、困难、茫无头绪的问题，指出了一条解决的途径，也只有黄老师这样的人才能提得出来。黄老师为具体解决这个问题，曾在北京西山、南京等处召开了多次会议。黄老师为广大的技术人员能应用断裂力学来解决这许多重要问题，想了许多办法，采取了许多措施，其中包括编了几本书，如《应用强度因子手册》《飞机结构损伤容限设计指南》等，这都是在黄老师创议和主持下进行的。

将近半个世纪以来，黄老师一直在大学执教，勤勤恳恳培养了一大批学生。他们目前散布在世界各地，真可谓桃李满天下。仅以我们一个班中的几个人为例，其中有美国科学院院士，世界著名的生物力学教授，某部总工程师、自动化工程的专家，中国科学院分院的院长，著名的飞机设计师，等等。当然，从黄先生的全部学生来说，成就巨大的还大有人在。

除了黄老师直接教过的学生外，还有一大批受他的影响，接受他的帮助因而学习、工作发展成长起来的人，其中有许多已成为各种工作岗位上的领导和专家。我们部有一支科研队伍，集合了部内一部分疲劳、断裂工作者，即有250人之多，其中60%以上的人有高级职称，主要的原因之一是黄老师创导在先，一呼百应，开始的时间早，建设的时间长。这支队伍不论从数量还是从质量来看在中央各部之间也是数得上的。

黄老师一生艰苦朴素，平易近人。晚年病魔缠身，在工作上给他增加了巨大的困难。脑血管病使他留有后遗症，说话和行动都感困难。1981年4月初在北京京西宾馆开了一次学位评审会议，他那时走路、上下楼梯都要把一只手搭在我肩上慢慢行动。即便这样他还是不顾一切，各种会议非要亲自参加不可，很多次是他的夫人陪着去的。记得在1983年，有一次为编大百科全书在北京北苑航空研究院开会，那时他连如厕下蹲都很困难，要带着一个特制的座椅才行，但他还是参加了。他总是把工作放在首位，不顾自己的一切，真是鞠躬尽瘁，死而后已。

黄先生逝世了，我失去了一位良师益友，国家失去了一位有重大贡献的学者。但黄先生留下的业绩，是永放光彩的。黄玉珊教授，安息吧！

1987年7月11日于南京

怀念黄玉珊老师

◎ 蒋君宏

1987年7月初，惊悉黄玉珊老师于6月9日因病长逝。我是黄玉珊老师早期在中央大学的学生之一。那是在1942年前后，他为我们讲授"飞机结构学"与"飞机构造学"。当时教授们都是亲自批改作业的。记得第一次黄玉珊老师将我们的作业发还后，同学们几乎都做错了。这对一些平日自视甚高的同学来说，无疑是当头棒喝。而我也自那时起，40多年来每做作业或批改作业，再也不敢掉以轻心了。

1943年我离校后，只曾在1945年底在重庆街头匆匆见过黄玉珊老师一面。此后即天各一方。虽然相隔近半个世纪，但黄玉珊老师治学与敬业的精神，长留我辈学子心中，永志不忘。

1987年9月12日于台湾

深切怀念黄玉珊老师

◎ 程宝蕖

黄玉珊老师生前执教47年，培养了许许多多学生。我是他所教的第一批学生中的一个，也是他第一次担任毕业论文指导老师所指导的学生之一。回忆黄老师46年前的亲切教诲，深感黄老师博学多才，思维敏捷，学风严谨，教人有方，待人热忱。一日受教，终身受益。

1941年上半年，我在重庆中央大学航空工程系四年级就学，那个学期有一门两个学分的实践课。每个学生对自己的毕业论文课题提出搞什么的倾向意见，由系里征求老师意见，分别分配指导教师。我报的课题是"薄壁结构的设计计算"，系理论性的计算题，分配由黄玉珊老师指导。当时黄老师是一位年仅24岁的教授，但才华横溢，工作练达。整个指导过程包括四次谈话。第一次谈话定题，范围缩小到适宜的程度。按黄老师的建议，定为"宽边梁的设计计算"。他阐明了这个课题的意义，给出了主要参考资料，给我的任务是阅读有关资料，提出毕业论文的大纲。这次谈话黄老师还提出另一个有意义的课题，即"多弹性支点柱的抗压稳定性"。1942年，我在南川第二飞机制造厂参加中运-1号运输机机体结构设计时，按黄老师的指导思想，做了必要的试验，得出实用的计算方法。

接受任务两周后，进行第二次谈话。我汇报了准备好的大纲，由黄老师提问，我回答后，黄老师表示同意做下去。在毕业论文中的计算工作（当时全部计算都是靠计算尺进行的）和数据处理工作完成之后，进行了第三次指导谈话。这次黄老师除了检查所得结果的合理性之外，还提出写论文的一些要求。

在黄老师的亲切指导下，我们的毕业论文写作进行得很顺利。交卷时进行了第四次谈话，这次是指导写篇幅约四五千字的论文详细摘要。

黄老师指导我进行毕业论文的四次谈话，虽然总共不超过4小时，但始终贯穿启发，概念明确，目标要求具体，所以效率高，使我受到一次很好的基本锻炼。这是对我毕业后从事教学、科研工作的一次很好的启蒙教育。我毕业后在专业上从事了8年的结构设计工作后，因工作需要转入制造工艺，但在应用数理基础和计算方法去分析研究和解决专业问题这一点上，始终没有忘掉黄老师的辛勤教诲。

黄老师以后不仅指导过许多在校的本科生、研究生和中青年教师，而且指导过有关厂、所的许多同志，在航空航天部内外培养了大量人才，并在科学研究上有许多卓越的成就，为祖国作出了巨大的贡献。他在晚年身患重病，仍坚持工作，忘我劳动，有无数感人的事迹。我的这点回忆，只是黄老师毕生工作中的一点一滴，权当深切怀念黄老师的一点感想。

1987年8月11日于南京

海外来鸿（一）

◎ 马明理

Dear Prof. Chu：

It was so sorrowful when the announcement of Prof Y. S. Huang passing away, due to relapse of his earlier-illness, is received. He had devoted to teaching airplane structure over 40 years, like Prof. A. S. Niles did at Stanford University. Both made appreciable contributions to the structures of civilian airplanes, particularly stress fatigue crack and stress corrosion crack of airplane structural components.

Please send my deep condolence to his wife and their children to suffer such losses of Prof. Y. S. Huang, called their daughter and son-in-law at the University of Iowa, Iowa City, they had moved in other apartment （unknown）. It is hoped that all of them are well and happy in the U.S.

Prof. Y. C. Fung and his family from San Diego, California is probably at Peking now. Prof. S. F. Shen, and his family from Cornell University through West Germany will arrive at Peking soon. Prof. S. I. Pa and his wife will visit your University and give lecture in the next fall.

Sincerely yours,
Benjamin M. Ma （signature）

1987年6月30日于美国衣阿华州

海外来鸿(二)

◎ 张以棣

荫华师母:惊悉玉珊老师突于6月9日病发逝世,心中实有无限悲痛,除列名在美国同学电文致唁外,特写此信向师母致哀。回想不久以前,玉珊老师及师母来美访问,路过Palo Alto在刘长庚兄嫂及舍下晤面、欢聚一堂。玉珊老师微笑之音容,恍如昨日。当时老师虽行走不便,但精神很好,不想数月之间,竟天人永隔,实无限之难过。惟老师一生,致力尖端科技之研究及人才之教育,为此其数代学生,在全球各地,传递老师之智慧,其被泽之桃何止中华儿女,实普及美英各国之子弟。而老师在航空航天之努力心血,更使中国之航空航天事业,鼎足于美苏之间,其带给中国之荣耀,将永垂不朽。故吾师之一生,实为无限光辉之一生。深盼师母节哀,以身体为重,实为在全球各地吾师门生所共盼也。又如师母下次来美,盼能来Palo Alto小游。

专此

即颂　　　夏安

生　张以棣　手上
1987年于美国加州

悼念黄玉珊老师

◎ 邓健鸿

黄玉珊先生是我20世纪40年代初期在重庆中央大学航空工程系学习时的老师，教过我们"飞机构造学"与"飞机结构学"两门课程。那时，他刚从美国留学回来，抗日激情很高，学识渊博，才华出众，对教学工作认真负责，关怀青年，深受学生们的爱戴。闻先生逝世，悲痛之至，特写此诗，悼念我师。

抗日硝烟震敌酋，嘉陵江畔忾同仇。

学生云集兴航业，教授纷归献计谋。

出众才华闻四海，坦诚胸境范同俦。

恩师后继群英起，"运七"[①]家鹰喜报稠。

---

① "运七"为国产支线客机。

回忆黄玉珊师二事

◎ 郑元熙

1985年3月下旬我去西安市出差时，曾偕黄琳同学一起探视黄玉珊老师，当时他坐在轮椅上接待我们，精神很好，脑子也很清醒，说起来还能记起我的名字，但因数十年未见面，人当然是不认识了。谁知道这一次的相见竟是诀别。音容宛在，而噩耗传来，黄老师已于1987年6月9日晨与世长辞了。

1946年夏，中央大学从重庆迁回南京，秋后我上航空系三年级，从那时起开始和黄老师在课堂上有所接触。他教我们飞机结构课，他讲课时态度从容不迫，对于基本概念和基本方法的讲解非常透彻又简明易懂，有些章节的内容虽然已隔三四十年的时间，犹深刻地印在我的脑海中。对于进一步发展的内容，他则提纲挈领地介绍，用以扩大学生的知识面，启发学生将来进一步深入钻研。他的教学方法给我的影响较深，我以后在清华、北航的教学生涯中所取得的成果，在一定程度上是与黄老师的教诲分不开的。

给我印象较深的第二件事是1948年初夏，我们临近毕业的时候，那时黄老师主持系务，他不遗余力地多方发信为应届毕业生谋求职业，当时解放战争已进入最后阶段，国民党政权岌岌可危，国统区民不聊生，我们面临毕业就是失业的严重威胁，而我当时身患肺结核病，内心充满忧虑。当我找到黄老师时，他安慰我并应允我，在系里助教出缺时可以考虑由我递补。后来清华大学航空系来信提出两校交换应届毕业生当助教，我被选中到清华航空系工作，解决了我的就业问题，也使我有机会走上为祖国的航空和航天教育与科研事业贡献力量的道路。今天回顾毕业后走过的路程时，我深深地感谢黄玉珊老师对我的培养和照顾，并且也正因为如此，我更深切地悼念我的老师。

安息吧，黄老师！

黄玉珊老师永垂不朽！

海外来鸿（三）

◎ 杨先垣　等

黄玉珊先生治丧委员会：

　　自《人民日报》海外版，惊悉玉珊老师不幸逝世，曷胜悲痛。我们是黄老师20世纪50到80年代的学生，曾亲聆黄老师教导。黄老师知识渊博，广采众长，对新技术十分敏感，在国内航空界连续率先开辟新领域，对航空事业作出了突出贡献。他平易近人，诲人不倦，桃李满天下。他的逝世是我国航空航天事业的巨大损失。我们现在在美国麦克唐纳·道格拉斯公司参加协作项目。我们一定化悲痛为力量，努力做好本职工作，为航空事业作出更大贡献。请代我们向黄师母及其家属转致深切的慰问，望他们止痛节哀，保重身体。

　　杨先垣　柏兆贵　钟楼荣　杨洵之　王家琳
　　孙惠敏　刘中和　马文彪　葛　森　倪俊生

1987年7月6日于美国加州

怀念黄玉珊老师

◎ 赵令诚

我认识黄玉珊老师是在1946年，那年秋季我转学到南京中央大学航空工程系，人生地疏，上课不久，就听说我们系有一位Baby Professor，20岁出头就当上了中央大学教授。出于仰慕，趁一次课间休息时机，在高年级教室窗口，看到了黄老师身影。后来到四年级上学期，黄老师才给我们班讲授"飞机结构力学"。这门课的课堂效果是我在中央大学听课中感受最佳的。黄老师在结构力学上根底很深，上课完全按自己的心得体会讲授，不刻板化抄黑板，更不照本宣科，因此上课时，非常吸引学生的注意力。我总是一面听一面记。下课后一翻教科书，很多章节不但讲过去了，而且还有不少书中没有的内容。我往往撇开那两本英文教科书，而只看自己的笔记，感到自己的知识又有增长。尽管这门课最后我只拿到95分的成绩，但那两本笔记本我一直珍藏着。想到这两本笔记，就想起黄老师在课堂上的精彩讲授。40年过去了，但此情此景历历在目，犹如昨日。

毕业后留校，我原来在空气动力学组。华东航空学院成立后，才改到结构力学教研室。1957年冬，我在北京俄语学院留苏预备部学满一年却落第还乡，回到西安，不免有些怅然若失。有一天，黄老师找我说："最近东北的飞机工厂在设计一架喷气教练机，涉及颤振问题。我给他们讲了几次，告诉他们如何计算，如何试验。他们是两个年轻人负责这项工作。我提出参加协作，做颤振模型试验工作。这事你来做合适，空气动力学、结构力学两方面你都知道一些……"黄老师随即给我指定一些资料文献，交代了任务。就这样，我开始了气动弹性的专业工作，这一做也有30年了。顺便说一句，黄老师那时说的两个年轻人，其中之一就是现任民航总局副局长的管德同志，是我国气动弹性力学的权威人士。这以后，到1963年，黄老师在七机部兼任所长，得知有一种飞行器新型号试飞失败，究其原因，可能是颤振失事，因此该部很重视这一技术问题。黄老师立即动员我们结构强度教研室，把1964届本专业学生全部转为气动弹性专门化班，改设课程，联系颤振分析的毕业实习与设计。这样，就培养出了我国第一批专攻气动弹性的本科大学生。自1957年我国自行设计第一架喷气飞机，提出颤振分析问题以来，在国内大、小、军、民各式飞机型号设计的颤振工作中，锻炼出的一批又一批气动弹性专业人员也有近百人之多了。另外由管德同志任组长的中国空气力研究会气动弹性专业组每年都会聚会，以检阅我们不断成长的队伍和科技成果。饮水思源，黄老师的启蒙倡导，是我们永志不忘的。

这以后，黄老师又为我们强度专业陆续指引开辟了热强度、疲劳、断裂等一系列新学科。

黄老师经常注意科学技术的新动态、新发展，善于联系我国工程实际，及时地提出新的研究方向，开创新的研究领域。黄玉珊老师对我国航空事业的卓越贡献，永载史册。

我们永远怀念黄玉珊老师！

1988年4月26日于西安

忆黄玉珊老师二三事

◎ 刘千刚

黄玉珊老师去世已近两年了。他的音容笑貌却常浮现在我的眼前，尤其是有几件事，使我很难忘怀。

我认识黄老师是在1947年在南京中央大学航空系读书的时候，那时黄老师教我们"工程数学"课。当时由于时局动荡，学校经常罢课，我们都无心念书，但对黄老师的课大家却非常重视。黄老师以其渊博的知识、精辟的讲解把大家吸引住了。记得有一次讲波动方程，他用弹琴时琴弦的振动和打鼓时鼓皮的振动结合数学公式来进行讲解，概念十分清晰，使得很抽象难懂的问题一下子都变得很清楚了。现在虽然时隔40多年，但当时讲课的情景仍然历历在目，好像不久前刚听过他讲课似的。

1950年我由航空系毕业，离开了学校，不久我又调去了遥远的东北，去从事教育工作。将近20年的时间我与母校没有联系，与黄老师也很少见面。1970年，由于院校调整，我又回到了西工大，与黄老师同在一个系（飞机工程系）工作。1973年，黄老师又被任命为飞机工程系的系主任，主持全系的教学科研等各项工作；我被确定为系副主任，协助黄老师处理一些日常的事务。这以后我和黄老师有较多的接触，对他的为人处世也有了较多的了解。当时黄老师担负着繁重的科研和教学任务，但他对系里行政领导工作却十分认真负责。在没有特殊事情的情况下，他每天早上八点钟就来到了系办公室，向系里的工作人员布置当天要做的事情，了解和检查昨天工作完成的情况，多年来一直如此。由于黄老师工作十分认真细致，又善于团结同志，在他的带领下，系机关工作做得井井有条，全系的教学和科研工作也得到较快的发展。黄老师在工作中还十分注意中青年教师的成长，不仅在业务上指导他们，在思想上也很关心他们。我自己曾有过这样的经历：1974年至1975年间，会议及行政工作均较多，让我这样一个想挤出一点时间多看点书的人常感到不胜其苦，因此有一度我曾想辞去系副主任的职务。黄老师得知这一情况后，就主动找我谈话，他向我指出：系里的行政工作总要有人来做，如果大家都不愿做，学校怎么能办好。在他的帮助和影响下，我逐步安心于系里的工作。

1978年，有一次在北京召开国防系统大专院校的教授座谈会，我和黄老师去参加了这次会议。会上大家围绕振兴我国的教育事业进行了热烈的讨论，黄老师发表了许多精辟的意见。会议开了一个月，由于劳累过度，有一天晚上黄老师突然患了脑血栓，被紧急送往医院去抢救，由于治疗及时，病情得到了控制。在他去医院后不久，有一次我和王培生等几位老师去看望他。当时他虽然脱离了危险期，但仍不能起床，然而一见到我们，就开玩笑调侃自己的病情，病房里的空气顿时轻松了起来。他就是这样用乐观的态度，来对待病魔的挑战，这使得我深受感动。

黄玉珊老师已经离开了人世，但他那严谨的治学态度，公而忘私为祖国四化大业努力奋斗的精神将永远记在我们心中，激励着我们不断地前进。

1989年5月15日于西安

"我跟你一起上天"

——纪念黄玉珊先生

◎ 薛国愿

1958年11月底,西北工业大学飞机系师生员工自己设计、制造的"延安一号"多用途飞机正在准备试飞。试飞员马福青同志已经熟悉飞机的设备和性能,并驾驶飞机在地面上滑跑过。在一次准备试飞的小会上,担任总工程师的黄玉珊教授对马福青说:"我跟你一起上天。"我听了以后,对黄先生万分崇敬。这简短的一句话,表达了黄先生高度负责的精神。他对"延安一号"的设计、制造负完全责任,对试飞员的生命负完全责任。这简短的一句话,表现了黄先生热爱飞机设计和制造事业的献身精神。从5月30日开始正式设计,到8月底完成全部设计图纸;从7月初开始制造,到11月底成功地通过地面滑跑试验,黄先生日夜辛劳,为"延安一号"的上天付出了大量心血。这简短的一句话,表现了黄先生崇尚实际、为人忠厚的长者风度。他只务实事,不尚空谈,忠于事业,忠于人民,一句重万斤。12月3日,在西安机场正式举行"延安一号"试飞典礼。试飞员马福青驾驶"延安一号"翱翔蓝天,首飞成功。全校师生员工无不欢欣鼓舞,省、市领导,兄弟院校的负责同志给予很高的评价。从1958年到现在,29年过去了。我离开飞机系也已28年了,每当我回忆起黄先生,耳朵里就响起了他的声音:"我跟你一起上天。"现在,黄先生不幸病逝,特把我印象很深的一句话写出来,一以纪念黄先生,一以勉励后来人!

1987年8月19日于南京

回忆黄玉珊老师

◎ 诸德超

1987年6月10日上午,下课回到办公室,突然收到黄玉珊教授仙逝的噩电,不觉惊呆了。仅仅两周以前,我出差去西北工业大学,本来知道黄老师近年来健康欠佳,难免忧心忡忡,听说黄老师住院,亟往拜望。但后来见老师精神很好,黄师母也说即将康复出院,才安心告辞。不料想此见竟成永诀,从此再也不能亲聆老师教诲了。

我初识黄老师,已是36年前的事了。当时在南京成立华东航空学院,我随浙江大学航空系迁宁,并继续在飞机系攻读。我们班的"飞机设计"课由黄老师主讲。他在年仅23岁时就受聘为中央大学教授,素被学生们尊称为"娃娃教授"。有这样一位名教授给我们开课,作为青年学子,自然十分欣幸。从此得其门墙,常常得到黄老师的指点和帮助,受益匪浅。

黄老师毕生致力于我国航空科技事业的发展和人才培育,贡献重大,桃李满天下,这是航空界和力学界人士有口皆碑的。他不仅以渊博的学识指导后辈,而且治学严谨,作风朴实,亦为后学之楷模。黄老师在给我们班上第一次课时,谆谆教导我们千万别学那"力能扛鼎而手无缚鸡之力"的人。当时,同学们多半涉世尚浅,其实不能很好理解,倒常常用来互开玩笑,戏谑地称某某同学所完成的飞机设计作业为"缚鸡号""扛鼎号"等等,以博一笑。后来阅历渐深,方慢慢悟出其中真谛,领会老师用心之良苦了,不由得将其作为座右铭牢记在心,至今犹未敢忘。

黄老师对同志真诚相待,对后进热情扶掖,也为人所共知。1983—1984年间，王德荣教授的一名博士生申请答辩，当时在固体力学界尚无先例，我作为副导师经管其事，心中甚觉惴惴。黄老师第一个寄回了亲笔写的论文评议意见书，这对我们真是很大的鼓励。不料在准备工作期间，王德荣先生不幸因癌症去世，并以未亲见答辩进行为憾事。眼见此事要陷入困境，我心想请黄老师来主持答辩会，但又知道黄老师因患脑溢血后遗症，多年来行动不便，更不宜长途跋涉劳累，怎敢轻易启齿。还是黄老师知道这一情况后，派人告诉我他可亲自来京主持答辩会。这个消息使我十分激动，又惊又喜。惊的是担心老师的健康，万一旅途劳累，出点儿差错，怎能担当得起。喜的是黄老师急公好义，亲临把关，必能保证质量，也可告慰王德荣先生在天之灵了。回忆黄老师抵京那天，由于飞机晚点，到北航已是掌灯时分了。这时黄老师已相当劳累，黄师母和我扶着他走过一段有点崎岖不平的小路，高一脚低一脚吃力地走进房间。此情此景，岂不是黄老师一生拼搏，鞠躬尽瘁，致力国家和人民的一幅小照吗？

1987年于北京

颂　词

◎ 崔振源

学识渊博著书立说声誉享中外，
春秋五十传道授业桃李满天下。

1987年6月26日于西安

怀念黄玉珊老师

◎ 常 璕

黄玉珊教授与我们永别了！黄老师是著名的航空科学家、力学家和教育家。30余年来黄老师对我的教诲、指导与关怀是难以忘怀的，但是今天我已失掉了这位尊敬的老师！

1952年，我在华东航空学院念书的时候，黄老师给我们讲"飞机设计"课程。当时正是学习苏联的年代，学校还没有苏联教材，只搞到了一份飞机设计的教学大纲。黄老师决定亲自编写教材，以他渊博的航空知识，按照苏联大纲中的标题，在我们开始上课前的很短时间内，编写出了观点全新的《飞机设计》教材。

1956年我从北京航空学院研究生毕业后回到母校，和黄老师在一个教研室工作。那时黄老师主持飞机系的工作，并且还担任讲课和科研工作。黄老师学识渊博，思路敏捷且开阔，待人热忱，特别是对我们这些刚走上工作岗位的青年教师的成长非常关心。因此，黄老师深受我们的尊敬和爱戴。例如，当时为了活跃教研室和高年级学生的学术气氛，在黄老师的建议和指导下，吸收了教研室里几乎全部青年教师，开展以飞机颤振为专题的学术报告会，组织高年级学生来听。黄老师除亲自承担报告外，还找来有关资料文献，帮助我们青年教师预备报告。记得在每次放暑假前，黄老师总是叮嘱我们青年教师要利用假期读两本书，并说明这是系统学习提高的好机会。后来我们知道，黄老师自己也是这样做的。

黄老师是知名的航空力学家，在力学方面的造诣极深，高瞻远瞩，能预估发展的前景。如在断裂力学兴起不久，黄老师就看到断裂力学在航空结构上应用的前景。1977年为了适应航空技术发展的需要，积极推动新兴的断裂力学应用到航空结构上，当时由中国航空研究院组织编写国内第一部《应力强度因子手册》。我有幸在黄老师的指导下，参加了此书的编写工作。当时我们参加编写三元裂纹问题，很快黄老师就写出了这部分章节的标题，也就是搭起了这部分的"架子"，我就按照此章节标题编写。黄老师一再嘱咐我：手册是使用者工作的依据，最重要的是不能有错，要使用方便，而且尽量要给出误差范围，使得使用者心中有底。在我编写时黄老师仍不断收集文献资料，不断充实和更新这部分的内容。我写出初稿后，黄老师仔细认真地作最后的修改定稿。黄老师对发展航空科学的热情、严谨认真的科学态度，深深地影响了我们这些晚辈。

当黄老师与我们永别的时候，不巧我正在国外，没有机会能见黄老师最后一面。当我从信中得知黄老师已经与我们永别时，过去几十年间，黄老师对我的关怀和教诲历历在目。

1987年于西安

运筹帷幄　决胜千里

——悼念吾师黄玉珊教授

◎ 顾松年

著名航空航天科学家、教育家黄玉珊教授不幸因病辞世，我失去了一位令人崇敬的老师，内心的悲痛实非笔墨所可描绘。

我有幸成为中央大学航空工程系最后一届的学生，直接受到黄老师的教诲；其后，作为黄老师的助教、黄老师领导下的一名教师，得到黄老师的指导、帮助，前后达40年之久。在这漫长的岁月中，黄老师的道德和文章对我有深深的影响，使我终生难以忘怀！

先师博览群书，学术思想十分活跃。由于他在力学方面的造诣极深，在繁花似锦、变化万千、众说纷纭的情况下，先师能居高临下，独具慧眼，及时抓住学科发展的关键。20世纪50年代中期，我在黄老师领导下负责筹建西北工业大学静动力试验室，当时，电子计算机兴起不久，有限元素法刚被提出，先师却已看到了它的发展前景。他要我向当时的三机部申请专款以购置电子计算机，并要我在试验室基建中安排机房。由于种种原因，先师的这一愿望未能实现。先师还对我们说，1952年教学改革时，发现苏联教材偏重力法来解静不定结构，与当时流行的英美教材中的力矩分配法、渐松法等大相径庭，现在看来是由于电子计算机的发展所致。他向我们指出，要大力学习矩阵知识。可见，老师早在20世纪50年代中期就预见到矩阵力学将得到发展，电子计算机将与力学发生密切的关系。今天，计算机科学已经渗入了各个领域，有限元素法作为一种工具也已渗入了许多学科，力学试验的计算机控制已经成为现实，这些都说明了黄老师的远见卓识何等正确！

先师在力学理论上的卓越成就是众所公认的，但在结构试验方面所具有的指导能力则鲜为人知。20世纪50年代初，先师曾指导我设计过一具以木制十字形断面柱体为试件的教具，用于演示扭转不稳定，效果良好。先师曾领导过我国第一架喷气式战斗机机翼颤振模型的设计与制造。可以设想，如果静动力试验室及早配置电子计算机，而我们又能在先师指导下运用计算机进行力学试验并取得相应的成果，那么我校，甚至我国在结构试验方面必将会处于领先地位。

运筹帷幄之中，决胜千里之外。学术上一位具有战略眼光的导师，其作用不可誉以一般。吾师黄玉珊教授正是这样一位学术导师。人们钦羡神童，但正如控制论的一代大师维纳所说，神童而成才者寥寥。吾师黄玉珊教授不仅以23岁之年成为"娃娃教授"，且在近半个世纪中，一直领导着一批又一批青年人战斗在学术前沿，取得累累硕果。这是黄老师一生严谨治学，终身坚韧不拔，勤奋不息的结果。

黄老师与我们永别了，但他热爱祖国、热爱党、热爱社会主义的赤子之心，他的治学态度，他在学术上勇于创新、勇于开拓的精神，将永远指引并鼓舞我们前进。敬爱的黄老师，安息吧！

1987年9月于西安

回忆黄玉珊老师

◎ 叶天麒

杰出的学者、教育家黄玉珊老师与世长辞了。他的音容笑貌经常浮现在我的眼前。我最后一次见到黄老师是在今年5月初的一个下午，他坐在家属区的花园里，沐浴着春天的阳光，精神很好。万万没想到，一个月后他会突然离开我们。

记忆把我带回36年前，南京大学（原中央大学）校园中一排简陋的平房，门口挂着"航空工程系"的牌子，门前停放着一架战利品——破旧的日本零式飞机。在老师与新同学见面会上，我第一次见到黄老师，对他的介绍是：英国帝国理工学院硕士，美国斯坦福大学博士，铁摩辛柯的学生，23岁被聘为教授。1952年院系调整，接着我们搬进了中山陵附近漂亮舒适的华东航空学院新校址，黄老师是我们飞机系主任。我毕业后留校在黄老师身边工作，共事数十载，往事萦回，思绪万千。

黄老师治学严谨，学识渊博，无论是讲课还是著书，他总是提炼出那些最本质的、最重要的内容，组成一个独创的体系。听他的课，看他的书，会把人带到一个新的境界。例如他写的《飞机结构力学》一书，打破了惯例，先归纳出结构力学的基本原则与计算形式，然后按静力平衡关系、变形协调关系这两条主线展开。这样，最核心的本质突出了，一切都变得井井有条了，这无疑是一个新的贡献。多年来，无论道路有多坎坷，黄老师始终站在固体力学发展的最前沿。他高瞻远瞩，对力学、飞行器结构强度在我国的发展有不可估量的作用。20世纪60年代初，我国制订第一个力学规划，他是主持人之一。同时，他组织并领导了飞机结构振动与气动弹性的研究工作。1958年，在抓热强度研究的同时，他指出飞机结构疲劳强度的重要性，接着在60年代初期，组织起一支研究疲劳强度的队伍。在1958年，国外第一篇关于"有限元素法"（当时叫"直接刚度法"）的论文刚问世一年多，黄老师就举行讲座，介绍这一新方法，并指导他的研究生进行这方面的研究。在有限元素法风靡世界，它的软件创造了数以亿计美元的今天，回忆往昔，怎能不钦佩黄老师的远见卓识。后来，在他的建议下，教研室成立了一个断裂力学研究组。那时，国内知道断裂力学是怎么回事的人也寥寥无几。他特别重视理论联系工程实际，在他的领导和提倡下，气动弹性研究与一一二厂、三二〇厂的型号设计相结合，结构疲劳的研究也结合型号的试验与设计。他成为旧机疲劳定寿、损伤容限评定和新机损伤容限设计的创始人之一。1964年起，他担任后来由周总理任命的国防部第五研究院第五研究所所长，一年中有几个月在北京为发展我国的运载火箭而工作。1965年我去该所参加一项试验的鉴定工作，所里同志告诉我，黄老师一到北京，就忙得不可开交，许多难题都在他的指导下解决了。至今仍然受人重视的"强度环境"问题，就是他当时提出并强调的。他在这一领域巨大的贡献，至今仍铭记人们心中。在我校建立一个第一流的飞机结构强度研究所，始终是他的夙愿。早在1958年，我曾陪他去北京第二机械工业部四局（航空工业局），请求建立西工大强度所。在他的奔走下，领导终于同意，拨款建起了现在的五系楼。他特别盼咐楼中要有一个资料室。后来由于种种原因，这一计划夭折了。1963年我从苏联回来，他在北京北海公园约见了我，又谈到了强度所。1964年强度所重新成立，但1966年又被冲垮。直到80年代初，他这一愿望才最终实现。1978年在北京国防科委规划会上，他积劳成疾，脑血栓并发，经抢救留下后遗症，但直至去世，一直坚持工作。他主持规划的制订，百科全书的编写，2000年飞机结构强度展望的研究，结构疲劳、断裂等多种文献、手册的编写和翻译，由他具体负责的那部分往往完成得比谁都快。在他具体掌握，其他人协助下，一批批研究生都成才毕业。他为祖国的教育事业作出了巨大贡献。

  一件小事我至今记忆犹新。1957年在北京，黄老师要买一个铃铛和钟壳合一的小闹钟,叫我陪他一起去东安市场找。我们在一个古老的市场里转了半天,终于在一个小店里发现了它,当时黄老师像小孩一样地高兴。似水光阴,在小钟的嘀答声中缓缓流逝,但黄老师巨大的贡献与功绩,永远留在祖国大地上。他活在我们每一个人心中。

1987年10月于西安

博学多才 聪慧过人

——忆导师黄玉珊教授

◎ 诸德培

我自幼就学于上海圣约翰,后转读南洋模范中学,1952年考入华东航空学院。那时年16,稚气未尽,既受母校学风的熏陶,憧憬着美好的未来,怀有强烈的求知欲,最崇拜名人学者。华航由南大、交大、浙大的航空系组成,三校教授云集,为一流水平。我们能聆听各位风格不同的教授的精辟讲解,实是一种享受。

大学生涯,稍纵即逝。然而最令人喜出望外的是,我幸运地提前毕业一年,转为系主任黄玉珊教授的研究生。黄玉珊老师博学多才,聪颖过人。早就听说他18岁大学毕业,23岁获博士学位,即被聘任为中央大学教授,人称"神童""娃娃教授",在航空界和力学界享有盛名。我对他久已钦仰至极。

当时华航飞机系第一批研究生共有七人。黄玉珊教授指导的还有朱思俞、张晓谷。朱思俞是大文豪朱自清之子,张晓谷是著名文学家胡风之子,他们都是才子。我们三人同一寝室。得此高师良友,真是梦寐以求,我的内心充满了自豪与幸福。在党向科学进军的号召下,在黄老师悉心指导下,我不久又通过考试,转为黄老师的攻读副博士的四年制研究生。得到黄老师的指导,似已在肥沃的土壤上生长的一朵花蕊,正受到园艺能匠的亲临培育。至今30多年过去了,往事朦胧,难以追寻,唯黄老师的渊博精微、聪慧敏捷、耿直坦荡、平易近人仍历历在目,给我留下一片鲜明记忆。

那是刚入大学不久的一天课余时间,我因班上的事情去找系秘书。当时航院没有自己的校园,寄居于南京工学院内,行政办公室设在两排简易的活动房子里。在走廊上，遇到一位身着蓝布中山装的老师，他操着略带南京口音的普通话，很随便地问及我的来意。他三言两语就作出了决定。有些事情，我只说了半句话，也得到他圆满、确切的答复。我惊奇地想："他是谁！竟如此干脆利索。"忽然，我心里一亮，恍然大悟，他就是那大名鼎鼎的系主任黄玉珊教授。

黄老师办事敏捷而果断，善于归纳问题的实质与关键，其意见和决定又往往经得起时间的考验。他这种炉火纯青的功夫，早为众所周知。这是他学术研究和工作作风的一大特点，也是他事业成功的一个重要因素。他是飞机系的奠基人，是航空院校的"台柱子"。他善于抓住新动向，使我国航空航天事业紧跟科技发展的前沿。20世纪50年代初期，我国刚刚能生产螺旋桨式低速小型飞机时，他南下工厂，普及推广动强度的知识。50年代中期，我国开始设计喷气式歼击教练机时，他北上研究所，指导现代电子计算机结构分析方法、热强度等关键技术问题。50年代末和60年代初，他倡导举办了强度专业、气弹专门化班、振动训练班，并抓紧结构疲劳强度研究。当时中国科学院力学研究所留英回国的张强星研究员就是在黄老师动员下，由研究振动转为研究疲劳。60年代后期，黄老师卓有远见地介绍引入有限元素法。70年代起，他又提倡并亲自致力于断裂力学及损伤容限设计研究，继而又积极指导和支持结构可靠性研究。可想而知，为了抓住和指导冒出来的这些新动向，黄老师付出了多大的心血。在他的带动下，西工大、航空部、航天部和力学界陆续建立起一支支新领域的技术队伍。

记得1952年一个秋高气爽的日子里，同学中有航模爱好者邀请教授答疑。会场由范绪箕副院长主持，黄玉珊教授主答结构问题，王培生教授主答气动问题。听众满聚一堂，我也挤在里面听。面对只有大学一年级程度的学生，两位教授似乎不假思索，对答如流，深入浅出，简明扼要地把问题交代得一清二楚，使大家顿开眼界，赞叹不已。

他一生刻苦治学，成果斐然，他把提携、扶掖青年教师当作自己责无旁贷的天职。40多年来，把全部精力倾注于党的教育事业和科研事业上，桃李满天下。其中知名人士如生物力学的创始人冯元桢教授，就是黄老师最早指导的研究生。此外还有沈申甫、蒋君宏、高永寿、张阿舟……当年都是他的学生。在黄老师辛勤培养下，许多学生已担负着国内外各种重要工作。原华东航空学院院长、西工大校长寿松涛同志，是一位重才爱德的领导。他经常在全院大会上称颂黄老师，赞扬他是航院的"宝贝"、学术界的"老母鸡"。早在20世纪50年代初期，黄老师就提倡在大学生中开展课余科研活动，建立学生科研活动小组。在我们这一届，林超强、朱思俞、杨先垣和我都参加了科研小组，研究应变电测技术。60年代初期，黄老师在系里建立了重点培养教师制度，并为各位老教授配备科研助手，朱思俞当时就被选为他的科研助手。1976年后，黄老师积极广泛联系，推荐人才出国进修。直到晚年患脑血栓康复后，在右手写字不便的困境下，他仍坚持指导研究生，主持学术活动，组织大百科全书的编写。

黄老师是个治学严谨、待人真诚、精力充沛而且责任心很强的人。我当黄老师的研究生时，我们约定每两三周答疑一次。前一天我用书面提出问题，答疑就安排在他家里或办公室里。黄老师回答这些问题总是十分简练，非常贴切，使人茅塞顿开。他博览群书，胸怀雄才。每次答疑，使人感到学无止境，更促进了广泛阅读及深入理解的欲望。答疑实效很大，时间也较长。答疑中，他常亲手为我沏一杯味香色浓的热茶，有时端来一盘削皮切成块并插有牙签的水果招待我。

一次，我在学习苏联教科书中А.Ф.ФЕОФАНОВ常剪流薄壁结构计算方法后，提出了一种力学的图解方法，与理论力学中桁架的力多边形与索多边形的对偶关系相当，但推广到薄壁结构，已写成一篇论文。黄老师阅后指出，在其他的一本著作中已提出了另一种图解法，效果一致。他是在一个不引人注目的地方找到这一内容的。黄老师总是这样仔细。他阅读面广且善于积累信息。

60年代初期，我跟随黄老师去当时的五院强度研究所，他兼任该所所长。每天都有不少技术人员向他提出一大串问题，涉及范围极广。黄老师逐一进行解决并为每个人指出研究方向。记得有一个问题是关于某型导弹安定面在飞行中破坏的原因，当时很多人一致认为是强度不足，黄老师在了解情况后指出是颤振引起的。黄老师在答疑中常常纠正工程技术人员的一些错误判断，但又热情地鼓励他们，肯定他们的工作。

1957年，六〇一所聘请黄老师任技术顾问，在他的工作日记中还记着工程技术人员提出的19个方面的问题，内容遍及静、动、热，结构形式有框、壳、机身、机翼、起落架，还包括设计、科研、试验以及科技人员进行提高途径等各个方面的问题。黄老师曾亲莅沈阳进行指导，他的足迹遍及祖国南北。

1978年我主写的《摆振理论及防摆措施》一书初稿完成，特请黄老师审阅。此时黄老师已年过六旬，但竟花了整整几周时间，耐心仔细地逐字逐句进行审核，并用工整的字体提出了许多页的宝贵意见，进而提高了该书最终出版的质量。在日常教学、科研中，黄老师就是以这种精神严格要求我们的。

黄老师的治学思想是广和深的结合，他强调求学问要广而深，深而再广，如此反复。他注重理论实践相结合，科学技术为工程应用服务。

黄老师的博学多才是与他几十年如一日勤奋好学、博览群书分不开的。他长期担任系主任工作，每天早上处理完系里的行政事务后都要去图书馆翻阅大量最新文献。他非常注意新版图书。我曾见到他1957年与当时六〇一所所长徐舜寿同志的来往信件中谈论的全是如何获得一些新书的事。为了能及时看到新书，黄老师经常与图书馆采购编目组联系。

黄老师的借书卡一厚叠，阅读范围非常广泛，包括中、英、俄、法、德、日各种文献。直到老年，他还坚持学习日语。有一次，我见他家中写字桌上端正地放着一本打开的练习本，在标题"日语复习"下，密密麻麻地用蝇头小楷记满了日文字。

黄老师阅读文献时随手做出文献卡片，成年累月，积有数千张，并专请木匠做了精巧的卡片抽屉匣，放在他书房中特大号的写字桌上，以便查阅。他常常把这些卡片借给别人，以利课题研究，我亦由此获益匪浅。

黄老师曾有多方面的写作计划。他所写的几本著作都很有特色，如《飞机结构力学》《飞行器板壳力学》等教材。20世纪70年代，他致力于解决航空工程中更迫切的问题，毅然取消在静强度方面的写作计划，集中搞疲劳、断裂的新方向，直到逝世。

黄老师胸襟坦荡，坚持原则。他办事公道，不讲权势关系，对是非爱憎分明。他尊重别人，在人们发生争执时，他总是求大同存小异。他有长者风度，能宽容待人，不计较个人恩怨。他在政治上、生活上也很体贴人，在经济上常帮助别人。他深藏若虚，从不骄矜自负，常教育我们要虚心学习各家长处。

  1987年6月9日0时6分，我刚入梦乡，急骤的电话铃声把我惊醒，电话里传来黄师母颤抖的声音——黄老师病危……我急忙披上衣服，直奔他家。他已经处于昏迷状态，校医正在抢救，刘元镛副校长和不少同志相继闻讯赶来，我们用担架把黄老师抬上汽车送进医院。医生诊断结果，是大面积脑溢血。经抢救无效，于1点47分逝世。

  我怀着悲恸与感戴的心情撰成此文，以寄托哀思。

1987年7月于西安

怀念黄玉珊教授

◎ 缪瑞卿

近悉黄老先生病故,实为悲痛。他老人家学问渊博,才智超人。他给我们讲授"飞机强度计算"课十分严谨,一丝不苟。我曾向他请教歼教五改的强度计算问题,他思路敏捷,令人佩服。黄先生的言行,堪为学生的楷模。短诗数行,以表怀念。

廿岁功名成就,
粉笔生涯,
五十春秋。
两袖清风而去,
学海无边,
桃李争渡。

1987年7月10日于无锡

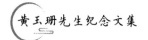

悼念黄玉珊导师

◎ 朱思俞

1987年6月，接电报惊悉黄玉珊老师不幸逝世，感到很突然。黄老师作为导师，对我培养教育多年，有些事至今仍历历在目。现仅将想到的几件事写出，以作为对黄老师的悼念。

1956年秋，学校迁至西安。我被确定为黄老师的研究生之一留校，以后就在他的指导下完成研究生学业。此后，和他的接触就多了起来。1959年他提出，要写一本新的《飞机结构力学》教材，不按原来的杆系、薄壁的次序，而是按理论体系来安排内容。这本教材由黄老师写稿，我参加了出版、试讲以及使用的各个过程。从实践中我感觉到，黄老师的观点在当时的确是一种打破旧框框的新颖想法，提出了一种新的结构力学教材的体系。后来这本教材和以之为基础改编的教材在西工大继续使用了多年。

诸德培同志和我是黄老师的第一批结构力学研究生。记得在1962年初的一天，我正在锅炉房短期劳动锻炼，黄老师在煤渣堆上找到我，提出要我当他的科研助手，当时我真有点觉得意外，但当然还是高兴地同意了。

在做科研助手期间，印象较深的一点是黄老师的学识面广，眼光放得比较远。他曾几次让我转向新的业务方向，如1963年偏向塑性力学，1964年后偏向气动弹性等。黄老师对我说，科学上要注意新的生长点和方向。有的传统的方向，目前已发展缓慢，即其上升曲线的斜率现已相当小。他要我们注意现在斜率最大的有关方向，把力量投到那里去。他的这种观点许多同志都知道，往往还称之为最大斜率理论。我觉得，它体现了在科学上不囿于已有的知识，敢于向新的领域前进的进取精神。1966年前后，他迅速转向断裂和疲劳，作为学术带头人之一在国内起了很大的作用，可以说就是这种观点的体现。1962年以后，黄老师兼任五院702所所长。作为一位高级学者，参加了航空及航天方面一些重大的决策。那几年，我们普遍的感觉是他的政策水平相当高。在当时，他能把各种事情处理得既能干实事，又符合政策精神。

1978年底我调离西工大，当时黄老师在北京发病住院，我在北京到医院中去看望了他并告别。哪知以后再也没有机会再见，那一次竟是最后一次会面了。

黄老师虽然逝世了，但他桃李满天下，他对祖国教育和航空航天事业所做的贡献必将长久地留在人们的心中。

1987年9月22日于天津

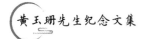

安息吧,敬爱的黄玉珊老师

◎ 田正非

惊悉我的导师黄玉珊教授不幸病逝,哀不自胜,万分悲痛。谨向黄玉珊老师致以崇高的敬意和深切的哀悼,并向黄老师的家属胡老师和黄其青同学等致以亲切的慰问。

黄玉珊教授学识渊博,业务精深,忠于党的教育事业,毕生从事教学科研,是国内著名的科学家和教育家,为祖国的航空航天事业作出了重大贡献。在我的长达七年的大学和研究生学习期间,黄玉珊先生一直是我的老师,他在思想、学习、生活各个方面给与我极大的关心、爱护和帮助。先生的高尚的思想品德、丰富的科学知识和严谨的治学态度对我的成长产生了重大影响。恩师功德,永志不忘。在此痛惜失去恩师之时,请允许我对先生毕恭毕敬,垂首鞠躬,遥寄哀思。铭记先生的教诲和恩泽,学习先生的高贵品质,继续先生的事业,以先生为楷模,为祖国的航空事业献出我的全部力量,以慰先生在天之灵。

1987年6月22日于美国盐湖城

深切怀念敬爱的黄玉珊老师

◎ 吕德鸣

4月中旬，我因公去西安，适逢寿校长女儿在江苏省委和南京市委的支持下到西安烈士陵园将寿校长骨灰搬迁回南京烈士陵园，我参加了搬迁仪式，并随车送上火车。在西安烈士陵园，我没有看到黄玉珊先生。其他同志告诉我，黄先生由于中风，行走不便，可能来不了。但当我们在西安火车站月台上等候由兰州来的快车时，却传来黄先生已来车站的消息。他由于行走不便，由季师母和黄师母送到车站来给寿校长送行。黄先生以抱病之躯还到车站来给寿校长的骨灰送行，我听了十分感动。19日上午，我去看望病中的黄先生，在他家里看到黄先生精神很好，除了说话有些不便和走路还需借助他由国外带回来的小车以外，其他一如常人。我总以为中风造成的后遗症，通过休息和诊治，可以逐步减轻以至全部恢复，以黄先生的智慧和丰富的经验，还可以为祖国的航空、航天事业继续作出更大的贡献。真没有想到这一别却成了永诀！

我最初认得黄玉珊先生是在1952年10月。当时正是院系调整以后成立华东航空学院的初创时期，我作为调干生进入华东航空学院。当时航院只设两个系，飞机系和航空发动机系。黄先生是飞机系的主任，我是飞机系的学生。虽然当时黄先生不上我们的课，但由于我负责一定的学生工作，因此有机会和黄先生接触。当时在年轻教师和同学中都传说黄先生年纪很轻就在航空技术上很有建树，他23岁就已经是正教授了，有"神童"的美称，因此我们同学对黄先生都很尊敬。黄先生十分平易近人，很善于听取同学们的意见，很快就把我们五系管理得井井有条，更博得了同学们的热爱。我由于"半脱产"，以后又提前离开学校参加中国科学院力学研究所和清华大学合办的工程力学研究班，没有能直接聆听黄先生的教诲，我一直引为憾事！但是我认为黄先生终究是我的好老师，好系主任！

从1972年起，我曾调到上海市国防工业办公室负责航空、飞机方面的工作，这一段时间正是"七〇八"大飞机设计和生产的关键时期。我们自己独立设计的大型客机会不会由于强度不够而在飞行中解体，或者强度设计太保守而造成浪费，或者在飞行中由于颤振而招致破坏，都是大问题。这些问题如果得不到确切的回答，大飞机还是上不了天。为此，当时的"七〇八"设计院把黄先生请到了上海帮助审查把关。我这时知道，黄先生还兼任七机部702所的所长，是我国突出的飞行器结构强度专家。后来"运十"飞机强度试验就在设计载荷100%刚出头一点时开始破坏，完满地实现了设计的要求。"运十"飞机的安全上天，凝聚着黄玉珊先生的心血。这一次，我专门到饭店去看望了黄玉珊先生，黄先生对于上海研制"七〇八"大飞机，也给了我们极大的关怀和支持。黄先生的支持激发了广大技术人员的积极性。

现在黄玉珊先生不幸离开我们了，我们都为黄先生的不幸去世而悲痛和惋惜。可喜的是由黄玉珊先生和与他同时代的我国老一辈航空技术专家所培养出来的一大批技术专家已茁壮成长，并已在我国的航空科学技术领域发挥重大的作用。我国人民，我国的航空、航天科学技术队伍将永远怀念黄玉珊先生！

我们敬爱的黄玉珊先生安息吧！

1987年8月20日于上海

以崇敬的缅怀作为花束
献给我们的黄老师

◎ 张晓谷 等[①]

我们几人都是黄玉珊先生的学生，又都曾是他的部属。这些年过半百、头发花白的老学生每谈起我们的黄先生，总是充满崇敬和缅怀之情。我们愿从对黄先生的珍贵记忆中捧出几朵小花，作为对自己老师的纪念。

黄先生的治学严谨是有口皆碑的。他不仅严于律己，而且言传身教，对学生严把质量关。30多年前，他教授结构力学课的情形至今仍记得清楚：考试中凡基本概念不清的学生，比如不懂得如何计算剖面惯矩的，一概不给及格。我们不仅从他那里学到了科学知识，在治学态度上也受益匪浅，至今在自己的教学工作中仍不忘以黄先生为榜样，力求像他那样治学和任教。

黄先生早已是著名学者，而始终为人宽厚，平易近人，毫无架子。记得当年在华东航空学院时，我们中的某人去系办公室，由于尚不熟悉这一新环境，一时未能找到，便向路上的一位老师打听，这位老师正是黄先生。黄先生一边带他同行，一边和蔼地问这问那，交谈起来。当路过飞机棚时，这位学生问，飞机放在大席棚内，是因为怕晒呢还是怕雨淋。黄先生并没有因为问题的幼稚而敷衍，而是认真地作了回答，这位学生则上了第一次航空知识课。到了系办公室，学生才知道这竟是我们的系主任、著名的黄玉珊教授！此情此景，印入脑中，每忆及此，感触良深。当我们是青年教师时，又实际体会到黄先生对青年教师的培养和关心。他不止一次说过，青年教师是办好学校的希望所在。他

[①] 参加本文撰写的作者还有沈梦山、徐桂祺、张曾锠、孙之钊、张林、刘守慎、郭士龙、张明珍、高正、朱于。

要求老教师多承担工作，使青年教师能有时间进修，都要学完研究生的课程。青年教师上讲台之前，必须在教研室试讲，经过检查合格，才可开始试教。如果在一个月内教学效果不能使学生满意，则应调离讲台，改做其他工作。这些措施增强了我们作为教师的职业责任感和荣誉感，莫不刻苦努力，不敢松懈，不甘落后。

黄玉珊先生在航空航天事业中的贡献是卓著的，其中有一件，即在20世纪60年代的困难条件下，他在独立自主发展我国直升机事业方面的贡献，却鲜为人知。他以渊博的知识和强烈的事业心，担任了我国自行设计制造的第一架直升机——"延安二号"的总工程师（这里我们以崇敬的心情怀念黄先生的两位好友，同时也是我们老师的另外两位负责人：总设计师许侠农教授已经作古；总工艺师杨彭基教授依然健在，并仍在航空教育事业中辛勤耕耘）。黄先生不仅有力地组织了"延安二号"的初期研制工作，而且亲自检查设计图纸，发现并解决了机身构架设计中的重要缺陷。"延安二号"直升机在1975年试飞成功，并于1978年获全国科学大会奖。在这之中黄先生的贡献为我们永志不忘，这也是黄先生留给我国直升机事业的一份宝贵财富。

我们谨以此短文纪念我们的老师，我们的榜样，略表我们对黄先生的崇敬和缅怀之情。

1987年于南京

缅怀导师黄玉珊教授

◎ 刘元镛　汤玄春

黄玉珊老师离开我们已有两年了。每当我们回忆起老师在讲台上的教学情景，在科研上的孜孜不倦的创新精神，在培养年轻一代进取开拓的豁达的作风时，往事历历在目，记忆犹新。老师虽逝，音容犹在，留下的不朽业绩，永为我们后人继往开来，奋发向前的动力。谨记述以下几事以志悼念。

黄玉珊老师对于教学和科研的关系有独特的观点和精辟的见解，他对我们年轻一代一直谆谆教导：作为一个好的教师，不但要当好一个"教书匠"，还要当一个"研究者"。他喜欢用"教书匠"这个词，意思是在教学上要勤勤恳恳，孜孜不倦；但要成为一个好的教师，如果没有科研成就，就不能提高教学水平，不能充实教学内容，更不能对这门学科有深邃的了解，有淋漓尽致的发挥。他是以这一思想来严格要求他的学生和年青一代的，对我们的成长有深远的影响。

黄玉珊老师在科研方面以他聪颖的天资、超人的效率，始终不懈地跟踪世界先进国家的发展动态，不断地以这种新动态、新思想引导年青一代向新的专业领域开发，并身体力行，积极应用于国防建设。黄玉珊导师不管工作多么紧张繁忙，每日必去图书馆。图书馆的每本新著他从不遗漏，一一阅摘。黄老师在他的专业领域里可称得上是"博览群书，满腹经纶"。他知识面之广，解决问题之迅速，以及对发展前景之洞悉程度，是国内同行所钦佩的。飞机结构强度专业之气动弹性、疲劳、断裂力学等学科的成长发展都有黄玉珊老师的卓著的功绩。

黄玉珊老师在学术上是十分严谨、一丝不苟的。记得20世纪70年代国内召开了一次盛大的断裂力学学术会议，与会的都是全国从事断裂力学的专家，他的胞弟是冶金学专家，从事材料的微观机理研究。在会上，他对他胞弟提出的一种新的论点有不同看法，在会上直率提出不同意见与之辩论，与会者无不钦佩黄老师这种严谨的学风。黄老师在学术上坚持真理，不讲情面，不讲关系，传为佳话，堪称楷模。

黄玉珊老师虽已长逝，我们跟随在黄老师身边学习和工作整整30余年，他的好思想、好作风，以及他留给我们的巨大业绩，永远是鼓励我们前进的动力。

黄玉珊老师安息吧！

1989年于西安

航空航天结构强度专家——黄玉珊

◎ 姜节胜

黄玉珊（1917—1987年），江苏南京人，中央大学土木工程系毕业后考入首届机特班，1940年获斯坦福大学博士学位，历任中央大学航空工程系主任，华东航空学院、西安航空学院、西北工业大学飞机系主任，航天部一院强度所所长，是我国航空航天界著名结构强度专家和教育家。

2013年11月7日，西北工业大学航空学院为纪念中国力学泰斗和西工大航空学院结构强度专业创建者黄玉珊建造的塑像初稿完成，他的四女儿黄其青教授（也是航院强度专业，女继父业）约我和傅祥炯老师第二天去塑像加工所在地——西安交大看看，毕竟我们是长期和黄玉珊相处过的同一教研室的成员，希望我们对初稿提点改进意见。

揭开蒙布，初看黄先生的塑像，给我的感觉只能用"又像又不像"来形容。这种复杂的感觉至今还想不出来该用什么文字表达。也可想象雕塑家单凭几张黄先生生前的照片来塑造他的铜像，既要貌似，又要神合，有多么困难！

黄先生的塑像初稿给我的印象就是貌似而不传神。这个意见可难倒了创作者，他反问我："怎么改可以传神？"当时问得我哑口无言！

回家路上我在想如果雕塑家读过我在下面要讲的黄先生的几个小故事，也许塑像就可以改得传神一点了。读者可以批我大言不惭，但是我心中的黄先生的的确确就是那么生动传神。

"神童"黄玉珊

老早就听说华航有个23岁的神童教授。1956年华航迁到西安成为西安航空学院,我们西迁飞机系第一届学生很幸运由黄玉珊教授来上"航空概论"课。算起来黄先生当年39岁还不到。第一节课大家静候在西平一大教室里,只见一位穿着灰色紧身西服、戴着樱红领带的青年教师小跑着上了台阶,站到了讲台上。当年西安也只有西北大学比较出名,所以上海的交通大学和南京的华东航空学院两所名校西迁西安,很受当年的省市领导重视。陕西省广播电台的记者和录音人员早已经递过话筒,等他开讲,准备报道。黄老师的第一句话是,"我是黄玉珊,今天给各位新同学讲'航空概论'。"台下一阵掌声,然后很快安静下来。"航空概论,首先要回答大家的是飞机为什么会飞的问题……"我就这样第一次见到了黄玉珊教授,第一个印象就是教授也可以这么年轻潇洒,不一定是胡子一把、步履蹒跚、戴着深度近视镜的样子。

魅力黄玉珊

1961年我毕业留校,到了黄先生的飞机结构强度教研室时才领略了他的真正魅力。

黄玉珊先生有着独特的作息习惯:每天清晨四点起床,读书看论文,九点钟到飞机系办公室处理公务。系秘书韦素恒非常敬业,早已把系主任要处理的公务文件准备妥当。他一般会将公务文件分成三类:第一类就是可以闭着眼睛叫黄先生签字的;第二类则是系秘书要对他稍作解释即可签字的;第三类则是比较重要的决策性文件,需要系主任仔细斟酌后签字的。黄先生将这些没签字的文件带回教研室处理业务问题,听取业务骨干汇报教学和科研进展,交代布置下一阶段任务,大概到中午下班回家。下午就一头扎进图书馆,主要是外文阅览室,翻阅最新学术动态,查阅有关强度方面的最新论文,做卡片(就是把论文摘要和理解心得写进去)。仅1954年春到1956年夏,他制作的文献索引卡片就达1600余张,尔后利用零碎时间坚持了这项工作。除了写下大量研究笔记之外，他从1953年8月开始写日记，直至逝世，35年未间断。日记共有42本，其中个人与家庭琐事甚少，多为工作考虑、学习心得与讨论纪要。在没有计算机的时代，黄先生用数以千计的读书卡片证明了他的勤学与毅力，逝世后也为我们留下了一笔巨大的财富。黄先生晚上九点钟上床睡觉，日日如此。办事效率非常高是他的一个特点。他很早就"发明"了教师定量考核方法，例如把教师工作安心程度、业务水平、教学效果等划分为10级（满分是10分），然后用一个大于1的加权系数乘以强调的那项，小于1的乘以次要的那项，然后代入一个"黄氏公式"（可能包含加减乘除甚至平方、开方运算），即可算得每人得分。高低排列，分数面前人人平等，大家无话可说，因为在决定加权系数的时候他是征求过大家意见的。他的行政领导能力可以用干脆利落来形容，彰显了他颇有个性的领导风范。

他早年从事结构力学、板壳力学、稳定理论方面的研究，造诣很深。后又根据发展需要，开展了结构振动、气动弹性、热强度、疲劳定寿、断裂力学、损伤容限和结构可靠性等学科的研究，为我国航空、航天教育和科研事业做出了开创性的贡献。黄先生还有个理论就是"最大斜率理论"：他希望大家去找学科中发展斜率最大的方面去努力，不要把力量放在发展势头已经平缓的方面去。结构强度教研室每个新领域都是他带头开辟的，而当新的学科点建立成长起来后，他就会根据学科发展和工程需要转移到更新的领域开辟新的研究。1962年，我国自行研制的第一代运载火箭进入大气层时发生摇摆，黄玉珊应邀参与故障诊断与质疑，产生了要加强气动弹性力学研究的想法。1963年，在黄玉珊指导下，赵令诚编著了国防工业院校统编教材《气动弹性力学》，这是我国有关气动弹性力学的第一本著作。并且西北工业大学飞行器结构强度专业1964届本科班改为气动弹性专门化班，培养了我国第一批气动弹性专业人才。随后在赵令诚教授带领下，朱思俞、姜节胜、缪瑞卿、张保法和杨智春等先后开展了歼教-1飞机颤振模型试验、导弹弹翼超音速风洞颤振试验，歼-6改型机机翼、歼-7改型机机翼、大型运输机的T形尾翼颤振和飞机壁板非线性的颤振分析与试验研究，在国内有较大影响。

黄先生重视从工程实际中提炼学科研究新方向的做法，至今还是值得倡导的。这些他创立的学科点一直发展壮大。

黄玉珊的治学思想是广与深相结合，他认为学问要在广的基础上求深，深而再广，广而再深。1959年他觉得应该写一本供教师任课和科研用的《飞机结构力学》，写成后印出。当时他的优秀学生朱思俞都说，初读这本书觉得尽是骨头，但是越读越觉得这本书提纲挈领，推演精练，概念准确，见解独到，的确是一本用华罗庚读书"厚薄法"才能读出它的味道来的好书！这也说明了黄玉珊的学问博大精深。

西工大一般力学学科（现在改名为"动力学、振动与控制"），当时是全国唯一的一个国家重点学科。它成功通过申请，与黄先生的"功劳"密不可分。他说，当时大家心里并没有数，都不敢申请，黄先生就在会上说"那么我们西工大来一个"，于是上报且申请成功了，可见他的影响和威望有多大。

诙谐黄玉珊

当年形势较好时，到了年终，教研室都要开一次茶话会贺新年，最后每人要表演一个自己的节目。轮到黄先生时，则是他年年不变的"笑话"——《我的名字叫黄玉珊》。说的是，他在英国伦敦帝国理工学院航空工程系学习，1939年获得硕士学位后乘轮船西渡美国，去斯坦福大学攻读博士学位。在漫长旅途中，去餐厅就餐，常遇见一位法国朋友，每次他餐毕均要用法语祝黄先生胃口好。黄先生不懂法语，以为是问他姓名，所以有礼貌地起身答"黄玉珊，黄玉珊"。后来两人就餐相遇都是这样问答，这引起了黄先生的怀疑，怎么那个法国佬记性那么差？问了懂法语的同舱朋友，才知道原来是个误会。一次两人又在餐厅遇见了，这次是黄玉珊先吃完，于是走到那位法国朋友面前用刚学会的那句法语祝他胃口好，不料，那位朋友却用中文回答："黄玉珊，黄玉珊！"回到船舱，黄先生笑了半天，并告诉邻友，大家也笑得流出眼泪。他年年重复这个笑话节目，后来除了新人外，我们听了是面无表情了。

再有，1978年夏天他和我去上海参加"运十"大飞机气动和结构强度项目评审，住在上海华东军区专属的"延安饭店"。一天晚上，上海交通大学杨檟教授（中国科学院院士，著名船舶与海洋结构设计制造专家，黄玉珊的妹夫）请他吃饭，时任上海交大党委书记邓旭初也在座，邓曾是华东航空学院筹建时的政治辅导处主任，参加学院筹建工作。黄先生去赴宴时，我叮咛他要把出入证带上，因为饭店管理很严，无出入证是不让进的。宴请后邓书记派车把他送回饭店，结果他一摸身上的出入证不见了，门卫要他打电话由我去接他进来，到了房间摸遍全身衣服口袋就是找不见证件，最后自己笑瘫在床上。原来天气太热（那时房间都没有空调），吃饭时大家都脱了短袖衬衫，临走时他把身材相似的邓旭初的衬衫穿走了。果然片刻后，邓书记派车把他的衬衫送回。出差快结束时，他高兴地说上海音乐厅有场音乐会要请我一起去听，原因是前一天我请他吃了一次冰砖。但是音乐会中间他却呼呼大睡，回来还问我后来演出了一些什么节目。时年黄先生60岁，还是像孩子一样不拘小节，大大咧咧。

父亲黄玉珊

黄玉珊有四个女儿，我最熟悉的莫过于他的二女儿黄其惠，因为1981年春我去美国马里兰大学做访问学者时，她已经早我一年在那里读物理系硕士。尽管我大她多岁，但因人生地不熟还是处处受她的照顾。我赴美临行前，问黄玉珊老师是否要带点什么，他回答是不需要了。黄其惠非常能干，从小就是优秀生，初二从北京师范大学二附中直接保送上高一，有过"上山下乡"的经历，1972年起在陕西师范大学物理系就读，毕业，工作。1976年后，她就重整旗鼓，不久就参加第一批出国留学。不能不说她的能力是受到黄老师的基因影响。记得出国要考英语，大家对口语关（当年还是面试的形式）十分头痛，她却顺利过关。从考场笑嘻嘻出来后，大家问她有何诀窍，她说："告诉你，口语考试每人就是十分钟，如果十分钟掌握在考官手上，那就死定了，所以考官问我一个问题我就主动掌控，滔滔不绝，不让他插话，把十分钟用完就行了。这样既掌握了主动权，又给了考官很好的印象。"因为她是最早到美国的留学生，加上又在华盛顿特区，大使馆把她作为留学生和使馆联络的纽带。她虽然学业紧张，还是对整个华盛顿地区的留学生都非常关心。

小女儿，老四，黄其青，也算是我熟悉的，"子继父业"，一直在航空结构强度战线奋斗，主要研究结构疲劳、断裂、可靠性分析。她在西工大航空学院当教授，还当过航空学院副院长，学问也做得很好。

黄玉珊先生身为我国航空结构强度的研究前驱，不仅留学英美学成后毅然回国，还毫不犹豫地远离富饶的故乡南京来到当时艰苦的西北创业，一辈子无怨无悔地把自己的学识贡献给西安航空学院和后来的西北工业大学。他离开我们快30年了，他是值得我们航空人心里永远铭记的一位长者，一位贡献突出的航空航天结构强度专家和教育家。

忆导师黄玉珊教授

◎ 刘雪惠

敬爱的导师黄玉珊教授离开我们已有两年多了，但他谦虚朴素、和蔼可亲的音容笑貌常常浮现在我们的眼前，他在学术研究方面的谆谆教诲，不时萦绕在我们的耳际。1961年，有幸考取黄玉珊导师的研究生后，我们就一直在他的指教和领导下学习、工作。黄玉珊教授是我们力学界的前辈、先驱，是我国航空航天结构设计，特别是疲劳断裂力学研究工作的奠基者和带头人。他为我国航空航天事业创造了不朽业绩，他在科学研究和教育工作的许多方面是我们学习的榜样。

理论研究紧密结合工程实际，是黄教授一生工作的最大特点。他是我们高等院校知识分子中理论联系实际的杰出代表。早在20世纪50年代他就担任一些飞机工厂、飞机设计所的技术顾问，定期去工厂、设计所接受技术人员的咨询，解决实际工程问题。1964年前后他兼任国防部第五研究院某研究所所长，每年以一定比例的时间直接在第一线工作。与航空航天工程界的广泛接触和他自己丰富的工作实践使他掌握了实际生产中工程问题的第一手资料，反过来帮助他指导学校专业发展和科学研究工作的发展。50年代末，在他的倡导下，西北工业大学初次办起了飞机结构强度专业，几十年来为我国的航空航天事业输送了大批急需的高级科技人才。1962年左右为满足航空航天工业的急需，在他的建议下，西工大曾办了一期颤振专修班。黄玉珊教授早在50年代初，就认定疲劳强度是飞机工业的一个突出问题，因此他自己一直坚持这方面的研究工作。随着我国航空工业的进一步发展，疲劳问题在飞机设计和使用中渐见突出。在黄玉珊教授的指导下，科学研究和专业建设中的疲劳问题得到了应有的重视。专业增设了飞机结构疲劳等课程，还多次举办了长期、短期的疲劳学习班。黄玉珊教授研究生的研究课题几乎百分之百地来自航空航天工程生产实际。诸德培教授当年的研究生毕业论文《前轮摆振问题》、刘元镛教授的研究生毕业论文《小展弦比机翼的刚度矩阵法》，都是如此。我当时的研究生毕业论文《聚交三角形盒式机翼的工程应力分析方法》，实际上是以一种歼击机三角形机翼的应力分析为背景的。王家琳高工当时的研究生论文《关于圆形筒壳的Donnell方程的研究》，则是导弹壳体分析中提出的理论问题。从50年代起在高等学校的专业建设和科研工作中，如此一贯、直接地面向工程实际，不能不说难能可贵。理论研究成果到工程实际应用需要有一座桥梁，在这方面至今有大量的工作要我们去做。在解决这一问题时，黄玉珊教授在理论研究中明确坚定的工程实际应用的观点是值得我们学习的。

广采博学，从而在学术上高瞻远瞩，及时掌握国内外学术研究发展趋势和动向，并努力赶超先进水平，是黄玉珊教授工作的又一特点。黄玉珊教授早有"神童""娃娃教授"的雅号，但了解他的人都知道，他的博学多才、胆大艺高也无一例外地来自于他的勤奋好学。黄老师自很早时候就有一个习惯：定期地去图书馆翻阅专业期刊，并把所得的信息做成卡片，以备查考。记得在50年代的（西安）航院学报上黄玉珊教授就曾专门发表过一篇文章，介绍他做文摘卡片的经验。学术会议上，他在答疑咨询中耳听手记，积累了一本又一本厚厚的笔记，这些都是他的信息仓库、知识源泉。航空工业部在疲劳断裂力学研究和工程应用方面有一支如此壮大的技术队伍，水平在各兄弟部之间处于领先地位，应该说有黄玉珊教授倡导组织和规划的一份功劳。西北工业大学的断裂力学、飞机结构损伤容限方面的研究工作更是直接在黄老师的倡导下才搞起来的。记得是在1974年四五月间，他从北京出差回来，立即召开了教研室工作会议，谈了关于力学新分支断裂力学的崛起和当时先进工业国家的研究以及工程实际应用情况。接着，就在学校组织力量，查阅资料，并进行国内实际工程问题调查研究，规划进一步的研究工作。按照规划，还在航空工业有关的一些工厂、研究所、设计所举办断裂力学短训班，开展相关的普及工作。其中空军修理厂和航空工业部飞机结构强度研究所的断裂力学短训班，黄玉珊教授亲自参加，并担任了一部分讲课任务，许多断裂力学、结构损伤容限方面的研究课题他都亲自参加，不但参加方案讨论，而且参加一些具体工作。轰六梁框的损伤容限分析课题从规划制订、载荷确定到应力分析他都自始至终和我们一起工作。运十飞机机翼寿命和检修间隔的工程估算方法和计算报告是他亲自提出的，并得到航空部有关领导的好评。在疲劳载荷的超载迟滞效应方面，黄老师有很深的研究，1982年发表的《半线性Willenborg迟滞模型》是以他为主提出来的。黄老师在一生的最后几天中，还为编译我国航空航天事业急需的飞机结构损伤容限分析手册而辛苦操劳着。黄老师在科研工作中高瞻远瞩的敏锐眼光令人钦佩，但他为振兴我国航空事业呕心沥血、切切实实的工作作风更值得我们后辈学习。

1989年9月11日于美国加州

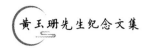

桃李满园　誉驰中外

◎ 胡建阳

黄老师是我平生最敬佩的老师。黄老师在47年的教授生涯中培养了众多的弟子，每代都不乏杰出的英才，可谓根深叶茂、影响深远，他们无一不受到了黄老师少年天才、学力深厚、造诣精纯而又自强不息、谦逊待人品格的熏陶和感染。我虽不是黄老师的嫡传弟子，而且是个资质愚鲁的不才之辈，但早在我15岁念高二时，我的物理教师（中大毕业）便对我们称颂黄玉珊教授的天才美名及业绩。我1956年秋进入西航飞机系，亲睹了黄老师的风采，系秘书又对我列举了黄老师的天才过人及学术上的种种造诣，那时我16岁的心灵中就对黄老师的治学为人产生了无比的崇敬。直到一三二厂设计科出现"歼五"大梁断裂事故后，我有幸直接聆听黄老师的教诲。黄老师过早地离开人世令人悲痛伤心！一个月来黄老师给我留下的记忆，一幅幅不断地掠过我的脑海，精神一直不能镇定下来。现录今年春节时寄黄玉珊老师的贺词作为怀念。

　　学坛领袖　一代宗师
　　桃李满园　誉驰中外
　　礼贤下士　泽及后昆
　　功成身退　欲罢不能
　　可敬可钦　当今完人

1987年7月16日于武汉

回忆黄玉珊老师

◎ 李亚智[①]

黄玉珊（1917—1987年），江苏南京人，中国航空教育家、力学家。1935年毕业于国立中央大学土木工程系，旋即进入该校机械特别研究班（实为我国第一个航空工程系），1937年毕业后去英国深造，于1939年在英国伦敦帝国理工学院获航空硕士学位，并转赴美国斯坦福大学，在世界著名力学教授铁摩辛柯指导下仅一年即获博士学位。

黄玉珊于1940年回国，在母校中央大学航空系任教授。后历任南京大学、浙江大学、华东航空学院、西安航空学院、西北工业大学教授，原国防部第五研究院一分院第五研究所（现为航天一院702所）所长，西北工业大学飞机结构强度研究所所长。黄玉珊多年从事航空教育和科研工作，早期从事飞机结构和薄壁板壳等理论研究，后又致力于疲劳与断裂的工程研究。他的主要著作、教材有十余部，单独或与他人合作在国内外发表论文七十余篇。黄玉珊是中国航空学会和中国力学学会理事，长期担任中国航空学会结构设计及强度专业委员会主任，《航空学报》《力学学报》和《固体力学学报》等刊物的编委。

人生经历

黄玉珊，1917年10月15日出生于江苏南京。1987年6月9日，逝世于陕西

---

① 该文刊登于科学出版社《20世纪中国知名科学家学术成就概览·力学卷》第一分册。

西安。

黄玉珊父亲黄奎，字峻崖，早年公费留学日本，追随孙中山参加同盟会，投入辛亥革命运动，曾在贵州省陆军学校任教；母亲倪端毕业于师范学校，曾任小学教师。他们有四子三女，黄玉珊为长子。

黄玉珊的幼年教育，父母极其重视。3岁时专聘塾师启蒙，后又有武术教席传授拳术，并备《芥子园画谱》等临摹学画。黄玉珊自幼聪慧过人，9岁已熟读《龙文鞭形》《论语》《孟子》《诗经》等古籍，打下咏诗、习武、绘画、棋弈等方面的基本功底。

黄玉珊于1927年由表兄陆宗藩指导短期补习数理课程后，进入南京钟英中学插班初三。当时他只有10岁，而班上同学都在14岁以上。黄玉珊第一次进学校，但学习成绩很快名列前茅，他做数学课作业正确、简捷、迅速，常省略好几道计算步骤，表露出超群的聪明才智。1931年夏考取国立中央大学工学院土木工程系，时年尚不足14周岁，实属罕见，一时沪、宁报纸誉为"神童"，传为美谈。黄玉珊幼年进入高等学府，成绩又居全级之冠，为全国莘莘学子特异人物。

1935年大学毕业，入中央大学机械特别研究班，研习航空工程。一年半的学习，成绩优异，但因病未能参加毕业考试。病愈补考，学校规定补考成绩以60分为上限，故失去一次保送美国公费留学的机会。1936年底从研究班毕业后留校自动工程系任教，1937年自动工程系正名为航空工程系。年初黄玉珊即以优异成绩考取第五届中英庚款官费留学生。1937年夏，黄玉珊赴英国伦敦帝国理工学院航空工程系深造，专攻飞机结构力学。1938年作为学生会员参加英国皇家航空学会。1939年7月，在R.考克斯（Cox）教授指导下获得硕士学位。当年9月转赴美国斯坦福大学，师从举世闻名的科学家S.铁摩辛柯（Timoshenko）教授，以力学为主科、航空为副科，仅经一年时间，便获得博士学位，是铁摩辛柯教授最得意的门生。黄玉珊毕业时，正值日本侵略军猖狂侵华，他意识到"天下兴亡，匹夫有责"，立下"中华儿女，学有所成，应报效祖国"的宏愿，毅然离美回国。从美国启程前夕，黄玉珊已接受中央大学的教授聘约，任国立中央大学工学院航空工程系教授，时年不足23岁，在我国学术界有"娃娃教授"的美称。

抗战时期，中央大学迁到重庆嘉陵江畔的沙坪坝，借居重庆大学的松林坡。黄玉珊身居竹庐陋室，就餐于公共食堂，还要经常躲避空袭，生活异常艰难，但他却处之泰然，心怀全国。一次他站在校内被日寇飞机轰炸过七次的瓦砾堆上，苦涩而诙谐地向老同学陈百屏提出上联求对："问老兄需几张膏药贴祖国百孔千疮？"爱国忧民之心，溢于言表。1942年，他开始兼任中国航空研究院特约研究员。抗战期间，在中国工程师学会三次年会上，他均宣读了学术论文，并多次获得优秀学术论文奖。他每年都有多篇论文在中、外学术刊物上发表。抗战胜利后，中央大学迁返南京，1947年9月他开始代理航空工程系主任职务，并兼南京市工务局公用科科长。同年，被选为中国航空工程学会南京分会副会长。此外，还兼任浙江大学航空工程系教授。1949年8月，国立中央大学易名为国立南京大学，次年又易名为南京大学。1952年，在南京成立华东航空学院。1956年，华东航空学院迁西安，易名为西安航空学院。1957年，西安航空学院和西北工学院合并改称西北工业大学。1952—1976年间，黄玉珊教授先后担任了华东航空学院、西安航空学院和西北工业大学飞机系系主任。

1962年，经著名科学家钱学森推荐，黄玉珊被任命为国防部第五研究院顾问；同年，被聘为国家科委力学专业组成员，并参加了我国十年科学技术发展规划中"技术科学"与"力学"规划的编制。1963年，国防部第六研究院聘请黄玉珊兼任该院技术委员会委员和结构强度组组长。1964年，经国务院周恩来总理任命，黄玉珊兼任国防部第五研究院结构强度与飞行环境研究所（后更名为航天工业部702所）所长，直接领导运载火箭飞行环境与结构强度的科研工作。

黄玉珊曾任中国力学学会、中国航空学会第一、二届常务理事，第三届理事，并长期担任中国航空学会结构设计及强度专业委员会主任，《力学学报》《航空学报》《力学进展》和《固体力学学报》编委。他是《中国大百科全书·航空航天卷》"设计、结构、试验"学科主编。

黄玉珊热爱祖国，热爱人民，热爱航空事业。1940年他在国外学成后，怀着"航空救国"的宏愿，立即回到祖国。中华人民共和国成立后，中国面临着创建航空工业与开展航空科研的艰巨任务。黄玉珊意气风发，深感有了用武之地，几十年如一日，忘我地投入工作，为祖国的航空、航天教育事业和科学技术发展呕心沥血，奉献出毕生精力。

在他精力旺盛时期，每天要去图书馆翻阅大量文献，包括英、德、俄、日外文文献。自1954年春到1956年夏，他制作了文献索引卡片1600余张，尔后利用零碎时间坚持了这项工作。他广博精深的学识和对力学与航空科学技术发展的远见卓识，就是这样几十年如一日，在坚韧不拔的工作、学习中积累起来的。除了大量研究笔记之外，他从1953年8月开始写日记，直至逝世，35年未间断。日记共有42本，其中个人与家庭琐事甚少，多为工作考虑、学习心得与讨论纪要。

1971年9月1日黄玉珊听了第三机械工业部传达的周恩来总理的讲话："我国可以制造轰炸机，也可以制造战斗机，但唯独直升机，研制了十年始终过不了关。"他马上感到责无旁贷，夜不成眠。他建议在科技工程人员中组织攻克直升机研制关的"突击部队"，并自荐解决直升机研制中结构强度和力学问题。

20世纪60年代初，体检中即发现他有高血压和青光眼症状。10年后病情加重，住院治疗。1975年突发脑血栓病。特别感人的是，自1970年5月起，他一直带病坚持工作了17个年头，即使在他健康每况愈下之时，他仍一如既往地忘我工作。仅1971—1978年期间，由国务院、国防科委、中国科学院、第三机械工业部等召开的国际和全国性会议，他就参加或主持了36次之多。1978年11月16日他参加国防科委规划会议时，脑血栓病复发，病情异常严重，经多方抢救才转危为安，但留下后遗症。此后，他仍坚持工作，指导研究生，开展科研，著书立说，并创立西北工业大学结构强度研究所，亲任所长。就在临终前三天，还完成了两种译稿的修订工作。

主要研究领域和学术成就

（一）高瞻远瞩的教育家，新中国航空高等教育的奠基人之一

黄玉珊毕生致力于我国航空科技教育事业，桃李满天下。

黄玉珊1940年任教中央大学后，当时的航空工程系主任罗荣安教授十分器重黄玉珊，认为"青出于蓝而胜于蓝"，把自己讲授多年的"飞机结构"课程让给他教。1944年他还在重庆大学机械系兼教"材料力学"课，在中央工业专门学校兼教"结构设计"课。至20世纪50年代在华东航空学院和西安航空学院，黄玉珊又相继开出"飞机设计""飞机强度""飞机结构力学""弹性稳定学""工程数学""航空概论"和"气球"等课程。他讲课内容新颖，讲解生动，见解精辟，阐释深入浅出，理论联系实际，深受学生欢迎。

黄玉珊亲自或指导编写、编译了多部著作、教材。他于1945年著成中等水利科、高级职业学校水利科教材《结构学》。50年代，与杨彭基等合译《非金属材料施工法及其应用》，与许玉赞、顾松年合译《飞机结构力学》《飞机各部分设计》，独译《开口薄墙支干的弯曲扭转变形》。60年代编写了《飞机构造和强度计算》讲义，撰著了《飞机结构力学》《板壳力学》等专著。

黄玉珊还计划并着手编写《飞机结构力学及强度计算》《结构稳定学》《飞机构造与设计》《空气弹性力学》《高等飞机结构力学》《应用弹塑性力学》《飞行器强度计算》等著作，后因繁重的事务工作等原因，这些编写计划未能完成。

黄玉珊从1941年便开始指导研究生，如今享誉国际的美国工程科学院院士、生物力学创始人冯元桢教授，便是他的第一位硕士研究生。1956年他被高等教育部批准为首批副博士研究生导师，次年改称为研究生导师，是新中国最早一批的研究生（1956）、博士生（1981）和博士后（1986）导师。

黄玉珊在工作中思维敏锐，观点明确，处事果断，效率很高。他襟怀坦荡，讲究原则，办事公正，任人唯贤。他对自己严格要求，对他人宽厚谦和，注意求同存异。他给共处者以宽松的环境。在人们争执不下时，他善于缓和矛盾，使人各得其所。他积极启蒙和放手发动年轻工程技术人员，要求他们不仅要有强的业务能力，而且要安心和热爱自己的工作。他善于解决问题，待人又诚恳热情，从高层领导到后辈学生，都愿意找他商讨或请教问题，所以经常有人不远千里而来。

作为著名的航空教育家，黄玉珊先生既有深厚的学科基础功底，也有对学科发展的高度洞察力、与时俱进的战略眼光和先进的教育理念。20世纪50年代，他在华东航空学院飞机系分别创建了飞机结构强度专业和飞机制造工程专业。在他的领导下，这两个专业迅速发展为（西北工业大学）六个专业和两个科学研究所（室），师资、教材、实验室建设都取得出色成绩，打造出一支基础雄厚、实践经验丰富的教职工队伍，并形成了"学术气氛活跃、教学要求严格、同志相处宽松谦和"的系风。他十分注重航空教育顺应国家航空科技与工程发展需要，紧跟科学技术发展，学习和应用最新科技成果。并根据航空和国防工业对人才需求的特点，坚持通才教育和专才教育相结合的人才培养模式。与此相适应，数十年来对本科生、研究生的课程体系、培养计划和教学内容不断进行调整和更新。

黄玉珊特别重视实践教学，他认为所培养的学生不仅要牢固掌握专业知识，也要在飞机设计与工程实践中得到锻炼。1942年中央大学航空工程系师生在黄玉珊教授主持下，曾为滑翔总会设计成一架初级滑翔机。他早在50年代初期就提倡在大学生中开展课余科研活动，建立学生科研小组，指导小组活动。1958年黄玉珊教授主持并亲任总工程师，组织师生试制成功"延安一号"飞机。1960年2月，又自行设计制造了一种小型气垫飞行器，亦试飞成功。

早在50年代初期的教学改革中，他就敏锐地观察到在结构力学领域，英、美的教材体系侧重位移法求解，与苏联教材偏重力法求解静不定问题大相径庭，电子计算机将在结构力学计算中发挥极其重要的作用。因此，他要求广大师生大力学习矩阵力学知识，做好足够的知识储备。1958年，国外第一篇关于"有限元素法"（当时叫"直接刚度法"）的论文刚问世一年多，他就举办讲座，介绍这一新方法，并指导他的研究生开展这方面的研究。也是在1958年，他在抓热强度研究的同时，指出飞机结构疲劳强度的重要性，接着在60年代初期，组织起一支研究疲劳强度的队伍。他倡导在西北工业大学将飞行器结构强度专业64届本科班改为气动弹性专门化班，培养了我国第一批气动弹性专业人才。以后在1966年又倡导和开办了以厂、所技术人员中大学毕业生为对象的结构振动训练班，培养了我国航空部门各厂、所振动专业的技术骨干。

几十年来，他为航空工业培养和输送了大批适应航空科技发展要求的合格的本科、硕士和博士毕业生。在我国航空航天界的结构强度领域,许多厂、所的中青年业务骨干、院校的骨干教师也是在他指导下迅速成长的。

(二)出类拔萃的力学家,航空航天科学家

黄玉珊的治学思想就是广与深相结合,他认为学问要在广的基础上求深,深而再广,广而再深。他学术思想活跃,一贯重视开创性的新兴学科的科研工作。他认为任何点滴的从无到有的开创性的工作,其意义是无限深远的。他的这些学术思想对国内航空、航天界和力学界颇有影响。新中国成立之初,他就提出:"飞机仿制中要考虑自行设计,设计中要重视基础科研,科研中要掌握国外先进技术。"从我国航空工业成败的历史经验教训回顾,更可见他的深谋远虑。他早年从事结构力学理论方面的教学与研究工作,从20世纪50年代起,先后开展和组织指导了结构分析的矩阵方法、结构振动、气动弹性、飞机结构疲劳、高温结构强度、气动弹性力学、断裂力学、结构耐久性损伤容限和结构可靠性等领域的研究工作。他是我国当时所用飞机疲劳定寿、损伤容限评定和新飞机损伤容限设计的创始人之一,在开创我国运载火箭强度结构事业上也取得了杰出成果。他自己或与人合作的专著、译著有10余部,在国内外学术期刊上发表了论文70余篇。

黄玉珊一贯重视产学研结合,强调科学研究与工程实际相结合,并身体力行。

20世纪50年代初期,我国刚刚能生产螺旋桨式低速小型飞机时,他南下工厂,普及推广动强度知识。60年代开始,他每年有一半以上时间是在各地航空、航天产品研制第一线度过的。

1961年我国第一个飞机设计所在沈阳成立,黄玉珊应聘兼任技术顾问。他结合当时正在设计的超声速歼击机,指导该所开展了小展弦比翼面强度、柱壳与锥壳稳定性和结构热强度的分析研究。1962年,我国自行研制的第一代运载火箭重入大气层时发生摇摆,黄玉珊应邀参与故障诊断与质疑。他还多次主持专家组审定了歼-8、轰-6、运-7、运-8、运-10等新型号飞机的结构设计方案。

1958年西北工业大学飞机系由黄玉珊教授主持并亲任总工程师,试制成功

"延安一号"飞机，试制过程不到半年，当年12月3日在西安机场首飞成功。

20世纪60年代后期，西北工业大学发起组织我国第一架直升机"延安二号"的设计工作，黄玉珊教授担任该型号总工程师，有力地领导了该机的初期研制工作。"延安二号"直升机于1975年试飞成功，并于1978年获得全国科学大会奖，黄先生功不可没。

黄玉珊在力学和航空学领域学术研究和技术推广方面取得了以下几项突出成果。

1. 板壳结构理论

飞机机体薄壁结构分析需用到板壳理论。1900年M.利维（Levy）在经典薄板理论中所获得的单三角级数解答，由于收敛性好，受到广泛引用。1940年，黄玉珊在"Bending of Rectangular Plates Having Forces in the Middle Planes of the Plates"（《具有中面力矩形板的弯曲》）的博士论文中，发展了一种降阶积分法，巧妙地导出这类薄板弯曲及稳定分析的利维解答。他又应用叠加原理获得在各种不同侧向外载作用下，具有固支边或自由边矩形薄板弯曲的利维解答。该成果于1942年在中国工程师学会第十一届年会上宣读，受到学会嘉奖。

1942年，黄玉珊指导的冯元桢的硕士论文《微弯薄曲杆及薄曲板对侧压力的稳定性》，论证了对称的曲杆或曲板，受对称的侧压力时，能因受不对称的小扰动，而使失稳临界压力显著减小。这个主题经久不衰，至今非线性屈曲研究仍在进行。冯元桢于1952年撰写的一篇NACA TN2840报告中指出，这类问题的命题和解法是黄玉珊老师所创立的。

黄玉珊根据航空、船舶等薄壁结构的特点，又提出一种探讨平板失稳分析的新命题。他考虑到加筋条间的板长小于板宽，根据横筋弯扭刚度比，简化成四种典型支持情况，求出相应的利维解答。

20世纪60年代初期，为适应航天结构分析的需要，黄玉珊进行了薄壁圆管受轴向压力失稳成菱形波后继续坍垮时的承载能力的理论分析和实验研究。他注意探索A.帕格斯利（Pugsley）等人的理论分析与试验结果符合性较差的原因，通过实验观察到失稳菱形波中三角平板再继续变形的情况，它并非像帕格斯利等人所认为的主要是剪切变形，而是沿纵向还存在很大的压缩变形。于是他同时考虑剪切与压缩变形，应用塑性极限分析的能量原理，导出了新的理论公式。新公式除了像帕格斯利等人的公式能求出平均坍垮载荷外，尚能进一步求出坍垮载荷的上下限，并与实验结果符合较好。

2.薄壁结构力学

在薄壁结构工程梁理论的某些著作中，结构的弯曲轴与剖面弯曲中心的轨迹常发生混淆。1939年黄玉珊的硕士论文《弯心轨迹与弯轴的区别》和他在1941年的论文，从物理概念上澄清了这一问题，并应用最小功原理得出弯心轨迹与弯轴相差甚为悬殊，弯心轨迹较为平直，而弯轴甚为曲折，但弯轴始终旋绕于弯心轨迹之两侧的重要结论。这一结论和对德哈维兰（Dehavilland）公司生产的一种机翼的实测结果符合较好。

静不定结构的直接设计法最早是由英国A. J. S. 皮帕德（Pippard）针对杆系结构而创立的（1922），苏联Й. M. 拉金诺维奇（Pабинович）（1933）和黄玉珊（1944）先后深入研究了这种方法的理论。60年代初期，黄玉珊首先把直接设计法推广到薄壁结构，发表了两篇论文（1961，1964），所用方法原理简明，计算迅捷，适宜于结构局部修改，也适用于优化设计。

隔框的强度分析是薄壁结构设计重要课题之一。H. 克罗斯（Cross）（1930）首先发现，具有三度静不定的单空刚框，由于数学关系式的类似，可借用偏心受压柱的方法求解。但一般认为不可能应用这种柱比分析法直接分析高静不定度的多空刚框。50年代末，黄玉珊首先推广此法直接求解多空刚框，获得成功。

1949年，J. E. 韦格诺特（Wegnot）等人首先从理论上探讨了弹性框的分析方法。1960年，黄玉珊基于最小能量法、柱比分析法等发展了一种变截面椭圆形弹性隔框的工程计算方法。

3.自激振动理论

早在第一次世界大战时期，英国的DH-9型与德国的D-8型两架飞机曾因尾翼颤振而失事，颤振成为飞机设计中的一个重要课题。1956年沈阳飞机制造厂研制歼教-1型喷气机，特邀黄玉珊去现场指导。他除了进行基本理论的讲解外，还拟定了利用电子计算机进行翼面强度和气动弹性分析的算法。1958年2

月在航空工业部召开的歼教-1飞机的设计定型会上，他又着重地讲解了颤振模型实验。1957年黄玉珊在他主持的西安航空学院飞机系建立了气动弹性力学课题组。50年代末60年代初，该课题组与各研究所密切合作，先后完成了歼教-1飞机颤振模型实验、导弹弹翼超声速风洞颤振实验等项任务。以后，又进行了歼-6改型机机翼、歼-7改型机机翼以及大型运输机的T形尾翼的颤振分析计算。在黄玉珊指导下，由赵令诚于1963年编著的国防工业院校统编教材《气动弹性力学》，是我国有关气动弹性力学的最早的著作之一。1962年黄玉珊在国家科委力学组编制我国十年科学技术规划时，撰写了规划中的《气动弹性力学与水动弹性力学》部分。不久，他又担任了中国力学学会气动弹性力学与水动弹性力学专业组的负责人。在黄玉珊主持下，西北工业大学还成立了飞机前轮摆振课题组，并于1960年建成了我国第一台可用于实际型号研制的摆振实验设备。它实际上是我国1984年以前新机研制与旧机改型中前轮摆振实验的唯一设备。在这台设备上做过实验的飞机型号有歼-5、歼-6、歼-7、歼-12、强-5、图-4、运-12和一种新农业机等。此外，我国飞机结构强度研究与实验中心于1984年建成的大型摆振实验设备，也曾请黄玉珊担任技术顾问。1984年出版的由前轮摆振课题组诸德培等编著、黄玉珊指导和审阅的专著《摆振理论与防摆措施》，至今仍是国内外全面阐述摆振理论、实验、设计和使用诸方面的唯一书籍。黄玉珊在自激振动领域的贡献主要体现在奠基工作和学科带头人的指导工作。

4. 飞机疲劳、断裂和可靠性

他是我国开展飞机疲劳定、延寿和损伤容限设计、评估的最早倡导者和开创者。

早在1957年，黄玉珊在《飞机设计中的疲劳问题》一文中，就以大量实例分析了疲劳问题的重要性。1957年他在沈阳飞机制造厂访问期间，就和该厂技术人员一起研讨飞机疲劳问题。60年代，他率领一批技术骨干进行疲劳研究，指导建设了我国第一个大型全尺寸飞机疲劳试验水槽设备。

20世纪60年代后期开始，他又在国内较早倡导并致力于断裂力学研究工作。他在西北工业大学成立了断裂力学研究组，根据国外航空技术的发展和国内实际需要，首先提出应用断裂力学来解决飞机的强度和寿命问题。70年代以来，现代飞机结构采用损伤容限及耐久性设计，疲劳、断裂力学、结构可靠性等学科迅速发展，黄玉珊一贯站在这些学科的前沿，对设计思想有很全面的考虑，并亲自组织力量，积极解决各种实际问题。他组织了疲劳及断裂问题的全国性调查，并亲赴航空工厂及研究所讲授断裂力学应用课程，致力于以疲劳力学和断裂力学为基础的耐久性和损伤容限设计方法在航空科技领域的推广和应用。他指导了歼-5主梁、轰-6梁框、歼-6机翼和歼-8机翼的损伤容限评定和定寿延寿科研。1973年，在上海召开的国产运十飞机的设计原则的讨论会上，他提出采用基于断裂力学的损伤容限设计方法的建议，并进行原理讲演，得到了积极响应。他对我国歼-5主梁断裂事故进行了精辟的分析，根据当时飞行载荷情况和主梁断口存在深度不到一毫米的孔壁裂纹，判断主梁发生了断裂力学中应力强度控制的脆断。他最早提议在大型锻件轰-6梁框上制造人工裂纹进行疲劳试验，并指导了我国首次对飞机结构部件进行的歼-6机翼的损伤容限评定工作。他指导和参与了《应力强度因子手册》《飞机结构损伤容限设计指南》和《美国空军损伤容限设计手册》的编著、翻译和出版工作，指导翻译了美国《军用飞机完整性大纲》和《损伤容限设计要求》。1982年和张相周翻译出版了由英国P.斯坦利主编的《断裂力学的工程应用》。1985年，他在全国范围内领导组织了具有学术意义和工程价值的专题学术研讨活动——疲劳寿命模型评比活动。他在逝世前才刚刚完成了专著《疲劳与断裂》的撰稿。

在"六五"和"七五"计划期间，黄玉珊教授领导的断裂力学应用研究工作成果丰硕，他主持并参与了"裂纹扩展及超载迟滞""应力强度因子手册""飞机结构损伤容限设计指南""裂纹检测概率""歼-6机使用寿命和检查周期""歼-5主梁裂纹"等六项课题。其研究成果对我国制定国家军用标准、编制飞机结构损伤容限设计指南等起了重要作用，共9次获得国家级和部、省级奖励，其中国家科学进步三等奖二次，航天部科技二等奖五次，国防工业重大技术革新奖一次，对我国飞机结构损伤容限设计和评定贡献突出。他提出的被誉为"黄氏模型"的半线性Willenborg模型，是工程结构疲劳寿命计算的一种新方法。80年代初期，黄玉珊在第三届全国断裂学术会议上提出"用可靠性原理修改美空军损伤容限规范"的建议，竭力推动可靠性研究和损伤容限、耐久性设计及评定相结合，并针对某些飞机典型构件进行了可靠性分析。

几十年来，由他亲手组织起来的结构疲劳、断裂与可靠性研究队伍始终站在国内该领域的学科前沿。

结语

黄玉珊是著名的科学家和教育家，毕生从事力学与航空、航天领域的教学、科研和学术领导工作，造诣很深。他的学术思想、科研成果、著作论述对国内航空界与力学界均有巨大影响，并且在长达半个世纪的教学工作中培养出几代高级科学技术人才，为国家航空、航天建设事业做出了重大贡献。

黄玉珊的一生，鞠躬尽瘁，功垂千秋，桃李遍地，誉满中外。他孜孜以求的学习态度、严谨的治学理念、坚忍不拔的毅力和高尚的人格魅力教育和持续影响着几代人。

主要参考资料

黄玉珊教授纪念专集[M]. 西安：西北工业大学出版社，1991.

曹大卫，胡荫华. 黄玉珊传[M]//中国现代科学家传记：第一集. 北京：科学出版社，1991.

我是黄玉珊先生的学生

◎ 薛景川

1965年初我大学即将毕业，通过研究生招生考试，有幸成为黄玉珊老师的门徒。但当时无法正常上课。此时，西工大正在研制"延安二号"，黄老师让我进行后机身结构强度计算。该结构本来是一个静定的桁架结构，但是又有两根长细管和前机身结构相连，以增强结构的安全性。很明显，成为两度静不定问题。我正在列表计算，工作量很大（当时都是手算）。黄老师来了，问了问情况后说，两根管既细又长，和桁架各段管的刚度相比，大约是几十分之一，不妨假设没有这两根管，这样结构强度满足要求了，计算也既简单又安全了。我当时非常高兴，按照导师的意见，很快完成了任务。我觉得导师的基础理论和工程观念太强了。这个相对概念对我后来的工作影响很大。

1968年离开西工大，分配到耀县兰字805部队（623所）从事疲劳强度（三室）研究工作。由于在学校没有学过，有时到西工大向老师请教。70年代初，黄老师要我重视新兴的断裂力学学科学习（当时623所无此专业），追赶和国外强度领域的差距（后来黄老师又到所内讲课）。遵照导师的教导，我读了好多美、英相关的论文、手册和书籍。恰巧，这时候所内接到编写强度手册的研究课题的任务，让我负责疲劳、断裂分册的编写和静强度分册的校对。我没少请教各位老师，终于在1976年北京的地震棚内和同志们一起完成了任务（尽管疲劳、断裂分册以翻译为主）。"学习"为疲劳、断裂研究打下好的基础。这时候，第一届断裂力学桂林学术会议收录了我的第一篇关于复合断裂判据的论文。

记得20世纪70年代后期，研究院在西工大召开断裂力学研讨会，会上我大胆地以似论文非论文的形式发言，在黑板上"胡写乱画"，得到黄老师的充分肯定。晚上黄老师携师母到招待所高兴地和我聊天，要我多读资料、认真思考、重视实践、眼睛向前看，还说："听说你想调回老家工作，可以理解，家内有困难吗？我的意思是，应该在强度所好好工作，那儿的条件难得，科学大会召开了，咬咬牙一定能挺过去。上学是为了什么？在自己专业领域努力工作，就是我们知识分子应做的贡献。"当时我真的热泪盈眶。

以二十世纪七八十年代的条件，我们得到了诸多学习和实践的机会。老师的谆谆教导在脑海内升华，为后期把疲劳、断裂、可靠性理论、全寿命观点应用于结构耐久性/损伤容限设计、分析、试验、适航、结构破坏分析及国军标制定打下了好的基础。

后来，623所设立了断裂力学专业（303组），我仍然被分配搞疲劳研究，断裂力学成为我的课外自修课。那个时候，黄老师身体欠佳，学术上偏于损伤容限，精力主要在重大研究规划的制定和审查，对于我这个"毛毛兵"来说，没有"资格"和老师共同工作。在学术会议上见面，我和刘老师常搀着他老人家上主席台、下主席台，总觉得这是一种自豪。

在623所的办公室和同志们工作了45年，现已年过80，过着幸福的生活。每每想到我的老师，黄老师、胡老师、吴老师、叶老师、诸老师……思绪万千。每到西工大，总要在老师的塑像前鞠躬默念，总为没有达到老师期望而内疚。

2022年（虎年初）

缅怀恩师

◎ 邢天安

我是恢复高考后的第一届研究生，1978—1981年就读于西北工业大学飞机结构力学与强度专业，研究方向为"断裂控制"，师从黄玉珊教授。

黄老是学校当年最著名的老教授之一，我对他仰慕已久，自1973年作为工农兵学员入校就读飞机结构设计专业时，就耳闻这位大名鼎鼎的"娃娃教授"，1978年能考上他的研究生，我感到无比自豪。

深厚的学术造诣

黄老不仅是位赫赫有名的学术权威，同时也是位深爱祖国的科学家。黄老早年曾赴英美留学，师从国际力学界名师铁摩辛柯教授，成为其得意门生。他23岁获美国斯坦福大学博士学位，学业有成后，毅然放弃美国优越的生活条件返回祖国。回国后任中央大学航空系教授，被誉为"神童""娃娃教授"。他是中国固体力学界泰斗、顶级科学家，是经周总理任命的国防部五院结构强度与飞行环境研究所所长，是我国航空航天界著名结构强度专家与教育家。

我国断裂力学科研起步晚，直到20世纪70年代，断裂力学才在国内形成一门热门科学。黄老作为飞机结构强度、疲劳强度及寿命方面颇有建树的学术权威，是国内断裂力学领域带头人。我在校读研期间，黄老在全国和陕西省共拥有十个学术头衔，其中领衔的就包括全国断裂力学小组组长。

黄老最难能可贵的是从不满足于已有成绩，而是活到老学到老，终身刻苦勤奋，他总能比他人站得高、望得远，成为航空航天界固体力学科研领域最前沿的领军人物。

言传身教

黄老一生培养了众多人才，可谓桃李满天下。与我同班的还有一位黄老的学生。入学头一年上大班课，主要研修工程数学、外语、计算机语言等公共课程。我们那时几乎每周都去黄老家里，向其汇报学习情况，聆听其教诲。在黄老身边学习，耳濡目染和受其熏陶，从他那里学到许多知识与方法，懂得了很多科学道理。给我印象最深的是，他让我们平时多看参考书籍和资料，并把阅读体会和灵感及时记录下来，积累起来就是日后撰写论文的素材。这一高效的学习方法和良好的习惯我一直沿用至今，终身受益。

一次，我们带着一本课外借阅的《线性代数习题集》去黄老家，问他需要做多少题才能学好这门课。他见了那本又厚又大的书说，你们只要把里面的题做完一半就可以了。回去后，我们竭尽全力去实现导师定下的"指标"，每天挑灯夜战，最后把书中所有习题都做了一遍。功夫不负有心人，那门课程我最终在全班50人中考试成绩名列第二。

黄老在传授知识和经验的同时，也很尊重学生自己的意愿与想法。在毕业论文选题、开题、研究途径与思路、实验方案制定、毕业实践内容以及公共课的选择等方面，学生都有发言权和选择权。通常黄老会同意和认可学生的意见或建议。例如，计算机语言公共课是一门知识点不多而主要靠死记硬背的课程，我认为没必要花时间去听大课讲解。请示黄老后，他欣然同意。但我并未因此放松对自己的要求，一方面自学这门课程，另一方面还主动加学了感兴趣的工程数学"变分法"，不仅未耽误现有课程，反而还拓展了知识面和技能。

黄老对学生的毕业论文质量很重视。那个年代没有个人电脑，论文全靠手写。每个人的毕业论文内容繁多冗长，写完交给黄老后，他都会仔细审阅，甚至连错别字都给挑出来。1981年我们毕业论文完成时，恰逢全国第三届断裂力学研讨会即将召开，黄老让再修改出一份缩减版论文，以投稿参加会议。是黄老给了我第一次参加全国性学术会议的机会，参会论文也受到与会专家好评。此次会议使我受益匪浅，增长了见识，开阔了视野，对日后工作颇有帮助。

和蔼可亲

在学生面前，黄老从来不摆架子，有种平易近人的亲切感。与黄老间的沟通与交流颇为轻松，丝毫不紧张，他总是笑眯眯地对待我们这些晚辈。

记得刚入学不久，黄老在北京参加会议期间因脑血栓住院，病得很重。当时我内心十分焦急，利用寒假回京探亲期间，特意去医院看望老人家。见他身体状况已有明显好转，可进行正常交流，一颗悬着的心才放下。假期结束返校后，我从其二女儿（也是同班同学）那里得知，黄老记得每一位前去医院探望他的人，并特意转达谢意，令我内心感动。自己只不过做了学生该做的事而已。

黄老对学生关怀体贴，入学第二年暑假，他得知我要回外地结婚，就特意送来红包表达真心的祝福。这样的事例还有不少，在此就不逐一赘述。

心中楷模

我毕业走上工作岗位后，曾先后在航空航天部三院和船舶系统工程部工作。在心中楷模黄老激励下，自己几十年如一日，脚踏实地、勤奋钻研和努力工作，事业上取得了可喜成绩。作为主要技术骨干和负责人，承担的型号研制和科研项目曾先后获得国防科工委科技进步一等奖、省部级或集团级科技进步一等奖和二等奖多次，2013年获单位个人特殊贡献奖。这些来之不易的荣誉和成绩都与黄老多年的教诲与培养密不可分，也是对老人家心血付出的最佳回报。

结语

我作为黄老的研究生，尽管与其接触只有短短三年，但老人家的爱国情怀、敬业精神、刻苦钻研和一丝不苟的科研作风，以及高效的学习方法等，我都铭刻在心中，时常激励着自己。

黄老离开我们已经三十多年了，时光虽逝，但停留在我心中的却是无尽的怀念以及深深的感激！

我国航空航天事业的开拓者——黄玉珊[①]

◎ 索　涛　李玉龙　郭万林

摘　要：黄玉珊先生是我国著名的力学家、航空航天科学家、新中国航空高等教育的奠基人。他不满14岁考入大学，不满23岁时师从国际著名力学大师铁摩辛柯获博士学位，随即义无反顾地回到战火连绵的祖国，受聘中央大学教授。中华人民共和国成立后，面对航空工业初建时期技术薄弱、人才储备不足、教育体系不完善的困境，他呕心沥血，鞠躬尽瘁，建立新学科，开创新局面，毕生致力于祖国航空航天教育和科技事业。他被认为是我国旧飞机疲劳定寿和延寿、损伤容限评定和新飞机损伤容限设计最早的创始人之一，也是我国飞机自激励振动研究和航天结构环境强度事业的开拓者。本文通过回顾黄玉珊先生在固体力学、航空航天结构强度领域的主要学术成果和卓越贡献，缅怀其坚定不移的报国情怀、严谨求实的治学态度、勇于开拓的创新精神、高瞻远瞩的学术视野以及求真务实的教育思想。

1. 引言

1917年10月15日，黄玉珊先生出生于江苏南京。他自幼聪慧过人，3岁起专聘私塾教师启蒙，先后学习《龙文鞭形》《论语》《孟子》《诗经》《左传》《大学》《中庸》等古籍，后又由武术教席传授拳术。9岁时，他已能熟读诸多

---

① 该文刊载于期刊《力学进展》2022年第52卷第4期。

古籍，并打下咏诗、习武、绘画、棋弈等方面的基本功底。黄玉珊先生自幼就有超乎常人的表现，10岁时由表兄指导短期补习数理课程后，即插班进入南京钟英中学初三学习，并很快学习成绩名列前茅。尤其在数学方面，他表露出超群的聪明才智，常能省略好几个计算步骤即给出正确解答。1931年夏，黄玉珊先生考入国立中央大学工学院土木工程系，时年尚不足14周岁，在当时实属罕见，一时间被上海、南京两地报纸誉为"神童"。大学期间，黄玉珊先生不仅学习成绩名列前茅，还常常登台表演武术，为全国莘莘学子特异人物。

黄玉珊先生自幼胸怀报国之心。1935年大学毕业时，尚不满18岁的他得知国家为发展航空技术而在中央大学专门设置机械特别研究班以资抗日，毅然放弃已联系好的去美国的读书机会，进入首届机械特别研究班学习，从此走上航空报国之路。首届机械特别研究班有许侠农、柏实义、李耀滋、陈百屏和詹果等共21人，黄玉珊先生为其中年龄最小者。

1931年黄玉珊考大学的报名照

1936年黄玉珊中央大学首届航空机械特别班毕业

机械特别研究班毕业考试时，黄玉珊先生因病未能参加。病愈后补考，又因学校规定补考成绩只能以60分为上限，从而失去一次保送美国公费留学的机会。但由于他学习成绩优异，被选拔留校任教。1937年，他以优异成绩考取了第五届中英庚子赔款留学生,并于当年8月乘船赴英国帝国理工学院航空工程系学习。一起同船赴欧学习的还有卢嘉锡、张维、陆士嘉、顾兆勋、徐钟济等人。旅途中,黄玉珊先生曾在船上给陆士嘉(我国著名流体力学家、教育家)的纪念本上题词:"故园忧乱正连年,执笔无言更黯然。留待杀将胡虏尽,依稀欣遇话同船。"1939年7月,黄玉珊先生师从帝国理工学院航空工程系R. Cox教授获硕士学位。在英期间,黄玉珊先生以学生会员身份加入了"英国皇家航空学会",并参加"中国中华自然科学社"。在英国期刊 *Aircraft Engineering* 上发表了第一篇学术论文 "Stiffness of Beams and Cables"。

启程赴英国前黄玉珊与同行的中英庚款留学生合影
(1937年,第二排左四,背后为淞沪战场)

黄玉珊与张维在伦敦街头
(1937年)

硕士毕业后,黄玉珊先生从英国乘轮船西渡美国斯坦福大学,师从世界著名力学家铁摩辛柯(S. Timoshenko)教授攻读博士学位。他在斯坦福大学以力学为主科、航空为副科,论文题目为 "Bending of Rectangular Plates Having Forces in the Middle Planes of the Plates",主要研究薄板弯曲及稳定性问题,这在当时是固体力学的前沿性难题。仅用一年,黄玉珊先生即通过学位论文答辩获博士学位,成为铁摩辛柯教授最得意的门生。

黄玉珊1940年时的照片　　　　　黄玉珊的博士毕业证

黄玉珊先生的博士论文

　　黄玉珊先生出国时就抱有科学救国的迫切心愿，早就立下"中华儿女，学有所成，应报效祖国"的宏愿。1940年博士毕业时，虽然国内正值抗日战争最艰难的时期，但他仍义无反顾地离美回国，接受了中央大学的聘约，任国立中央大学工学院航空工程系教授，时年尚不满23周岁，成为中央大学有史以来最年轻的教授，被冠以"娃娃教授"的美称。当时的中央大学虽然已经内迁至重庆以避战火，但正常的教学和科研活动仍频繁地受到日寇空袭的干扰，师生们经常工作、学习于残垣断壁之间。尽管生活异常艰苦，黄玉珊先生却泰然处之，并写出"卷地狂风挟雨来，柔枝飞舞栋材摧。客居幸得茅檐蔽，也有闲情听远雷"的诗句。在黄玉珊先生诞辰百年、逝世三十年之际，作为他的关门弟子的郭万林回忆起恩师的点点滴滴，不禁感慨道："究竟是什么样的精神才会让一个23岁的博士从美丽的斯坦福校园，义无反顾地回到战火连绵的祖国任教呀！"

1941年，黄玉珊先生加入中国工程师学会，受聘兼任中国航空研究院特约研究员。尽管身处抗战时期，黄玉珊先生仍刻苦勤奋、锲而不舍地钻研学问。仅1940至1941年，他就连续在《航空季刊》《工程》和《航空机械月刊》等发表论文近十篇。抗战胜利后，中央大学由重庆迁回南京，黄玉珊先生被聘为学校校务委员会委员。之后，又于1947年起代理航空工程系主任职务。同年，他还被选为中国航空工程学会南京分会副会长。其间，在他的主持下，我国第一座航空实验用风洞由重庆搬迁至南京中央大学校园。1949年，借在中央大学执教满七年轮休的时间，黄玉珊先生兼任浙江大学航空工程系教授，并在杭州迎来解放。

1952年，交通大学、浙江大学和南京大学（1949年8月国立中央大学改名南京大学）三校航空系在南京合并成立华东航空学院，设置飞机系与发动机系两个系，黄玉珊先生被任命为飞机系主任，并任华东航空学院院务委员会委员。1956年，华东航空学院5000余名师生员工响应党和国家号召，举校"西迁"西安，更名为西安航空学院。1957年西北工学院并入西安航空学院，成立西北工业大学（简称"西工大"）。1952—1976年间，黄玉珊教授先后担任了华东航空学院、西安航空学院和西工大飞机系主任，并长期担任学校校务委员会委员。这一时期，黄玉珊先生主持完成了教学改革、教育教学和科学研究发展规划等工作，并在华东航空学院成立飞机结构强度教研室，这是我国最早成立的专门从事飞机结构强度教学研究的机构。同时，为了解决专业课教材匮乏的问题，他亲自动手编写了《结构学》《飞机构造及强度计算》《材料力学》《结构稳定学》《壳体力学》《高等结构力学》《应力强度因子手册》和《飞机结构损伤容限设计指南》等十余部教材、专著手册，编译了《飞机结构力学》《飞机各部分设计》《非金属材料施工法及应用》《断裂力学的工程应用》《美国空军损伤容限设计手册》《美国军用飞机完整性大纲》和《损伤容限设计要求》等多部国外著作和科技资料，为我国航空教育事业的发展作出了重要的贡献。

新中国航空工业发展初期，面临着基础薄弱、人才短缺、技术积累不足、科研任务艰巨等问题，黄玉珊先生深感责任重大，数十年如一日地忘我工作，为祖国的航空、航天教育事业和科学技术发展呕心沥血，奉献出毕生精力。精力旺盛时期，他坚持每天清晨四点起床，读书看论文，然后到办公室处理公务，下午就一头扎进图书馆查阅有关强度方面的最新论文，包括英、德、俄、日外文文献，并把论文摘要和阅读心得写入自制的纸质卡片。他自创的文献索引卡以三位十进制数的方法排列，记录的内容以个人的专长和爱好出发，从教研室的课程和工作需要出发，对直接相关的学科门类重点收录，间接相关的选择重要的论文收录。在北航举行的教学展览会曾经展出过黄玉珊先生的文献索引卡，引起大家广泛的兴趣。他的经验也曾发表在《航院学报》（《西北工业大学学报》的前身）上。在那个计算机还未充分发展的时代，他用他的勤学与毅力制作的数千张卡片为科研和教学工作提供了极大的便利，也是他逝世后留给我们的一笔宝贵财富。

黄玉珊先生从1941年开始指导研究生。有着"国际生物力学之父"之称的美国国家科学院、工程院和医学院三院院士冯元桢教授就是黄玉珊先生最早指导的研究生。1956年，他被国家高等教育部批准为我国首批副博士研究生导师（次年改称研究生导师）。他还是我国最早一批博士生（1981）和博士后（1986）导师。黄玉珊先生非常重视学生科研兴趣和实践能力的培养。20世纪50年代起（以下涉及年代时将不再赘述20世纪），他通过积极倡导并亲自参与指导大学生课余科学小组、组织学生科学讨论会等多种形式的活动，鼓舞学生开展科研的积极性。同时，黄玉珊先生还主张学生毕业设计课题要结合生产实际。不仅他亲自指导的研究生论文选题都来自航空航天工程实际，而且飞机系绝大多数本科生的毕业设计论文选题也都出自工业部门的实际问题。正是在他的大力推动和亲自实践下，西工大飞机系为国家培养了一大批航空领域技术带头人。

黄玉珊先生永远站在学科的最前沿。他学术思想活跃，善于抓住国外新的学术动向，借以及时指导国内的研究工作，一贯重视开创新的学科研究方向。他的一生始终坚持广与深相结合的治学思想。他认为"学问要在广的基础上求深，深而再广，广而再深。任何点滴的从无到有的开创性的工作，其意义是无限深远的。"黄玉珊先生在科学研究中有个"最大斜率理论"：他倡导和鼓励大家去找学科中发展斜率最大的方面去努力，不要把力量放在发展势头已经平缓的方面去。西工大结构强度教研室的每个新领域都是他带头开辟的，而在新的学科点建立成长起来后，他又会根据学科发展和工程需要转移到更新的领域，带领大家开辟新的研究。早年，黄玉珊先生主要从事结构力学、板壳力学、稳定理论方面的研究，造诣很深。50年代中后期，他就首先开始在全国倡导在飞机设计时考虑疲劳、颤振问题，亲自研究并在设计院所积极推广有限元方法，主持成立了全国第一个飞机前轮摆振课题组，建成了我国第一台飞机前轮摆振实验设备。60年代初，在他的大力推动下，气动弹性力学研究被纳入了国家学科发展规划。他还在全国最早开设气动弹性力学专门化班，指导编写我国第一部气动弹性力学著作，培养了我国第一批气动弹性力学专业人才。70年代起，在国内率先建立断裂力学研究组，致力于将基于断裂力学的损伤容限设计思想引入飞机结构设计中。

黄玉珊先生一贯重视产学研结合，强调科学研究与工程实践相结合，并身体力行。他是我国航空航天领域多个结构强度相关问题研究的倡导者。50年代末起，他就开始频繁地受邀担任航空、航天领域多个研究院所的技术顾问或重要会议的召集人、审定组组长等，直接指导了多个型号飞行器结构设计和强度分析工作。60年代起，他每年有一半以上的时间是在航空、航天型号研制一线度过的。1964年，他经钱学森先生推荐，由国务院总理周恩来任命，兼任国防部第五研究院一分院第五研究所（现航天科技集团一院702所）所长，直接领导我国运载火箭飞行环境与结构强度科研工作。

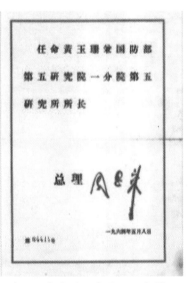

黄玉珊先生被任命为国防部第五研究院一分院第五研究所所长（1964年）

由于操劳过度，黄玉珊先生在60年代初就被发现患有高血压、青光眼等症。至1970年时，尽管身体已经明显衰弱，需要频繁住院治疗，但他仍然带病坚持忘我地工作。仅从他的日记统计，1971至1978年间，他参加或主持由国务院、国防科委、三机部等组织召开的各种会议近40次之多。会议内容涉及国家力学学科规划、航空强度专业发展规划、708工程方案审定等重大事项。1978年11月,黄玉珊先生在北京参加国防科委规划会议时,脑血栓病复发(1975年曾发作过一次),病情异常严重,经多方抢救才转危为安,但留下后遗症。此后,虽然较少亲临一线参与教学和型号科研活动,但黄玉珊先生依然抱病工作,建立西工大第一个博士后工作站,致力于教材编写、著作审定等工作。直至逝世前三天,他还完成了两本译稿的修订。

黄玉珊先生晚年带病坚持工作

1987年6月9日,黄玉珊先生因脑血栓再次复发,抢救无效,遽然辞世!《人民日报》(海外版)曾刊登《航空航天科学家黄玉珊逝世》的消息。1991年,科学出版社编撰出版了《中国现代科学家传记》(第一集)。该集收录了数学、化学、物理学、天文学、工程技术等8个领域共100位最重要的科学家。其中,工程技术领域收录的科学家包括詹天佑、钱学森、郭永怀等共20人,黄玉珊先生位列其中。

黄玉珊先生是我国著名的科学家和航空教育家。他毕生从事力学与航空、航天领域的教学和科研工作,成绩斐然。他曾任中国力学学会和中国航空学会第一、二届常务理事,《力学学报》《固体力学学报》《航空学报》和《力学进展》的编委。他的一生鞠躬尽瘁，功垂千秋，桃李遍地，誉满中外。他的学术思想、教育理念、科研成果在我国航空航天与力学界产生了巨大影响。他在长达半个世纪的教学和科研工作中培养了几代科学技术领军人才，为国家航空、航天事业做出了重大贡献。他热爱祖国的赤子之心，忘我的航空报国精神，广博精深的学识，孜孜以求的学习态度，严谨的治学理念，坚韧不拔的毅力，对力学和航空科学技术发展的远见卓识和高尚的人格魅力，持续激励和影响着后人。为了传承黄玉珊先生航空教育思想和文化精神，2020年西工大设立"黄玉珊航空班"，2021年成立"黄玉珊航空教育基金"。如今，值黄玉珊先生诞辰105周年之际，受《力学进展》主编邀请，撰文简要回顾黄玉珊先生的若干学术成就，以追忆先生坚韧不拔、鞠躬尽瘁、奋斗不息的报国精神，耿直忠厚、平等待人的高尚品德，一丝不苟的治学育人之道，缅怀其为我国航空航天事业做出的杰出贡献。

2. 深入研究板壳和薄壁结构理论，解决世界力学难题

随着30年代起飞机飞行速度越来越高，飞机结构设计时除了要求有光滑的空气动力学外形，还要求以较小的重量和较少的材料承受更大的载荷，由薄板、薄壳和细长杆件组成的金属薄壁结构逐渐取代了蒙布杆系结构，成为飞行器的主要结构形式。飞机机体薄壁结构分析需用到板壳理论，板壳弯曲及稳定性问题在很长的一个时期内一直是固体力学研究的前沿课题。自1938年在英国帝国理工学院航空工程系师从R. Cox教授攻读硕士学位开始，黄玉珊先生就开始了板壳结构稳定性问题的理论研究。在斯坦福大学师从铁摩辛柯教授攻读博士学位期间，他又继续选择该问题进行研究，并于1939年在英国期刊 *Aircraft Engineering* 上发表题为"Stiffness of Beams and Cables"的第一篇学术论文（Huang，1939）。1940年获得博士学位归国后，虽然当时中国的航空以修造为主，黄玉珊先生仍坚持从事板壳结构力学方面的理论研究工作。1941年起，连续在中央大学航空工程学会出版的《航空季刊》上发表论文《横条支持之薄平板的皱折》《金属薄片之应力分析》，在英国皇家协会杂志 *Journal of Royal*

Aeronautical Society 上发表论文 "Buckling of Plates with Lateral Stiffeners"，在中国工程师学会主办的《工程》杂志上连续发表《两端支撑杆的稳定》《具有固定边及自由边之长方形薄板》和《正方形薄板的平面应力》等关于薄板稳定性问题的学术论文十余篇，并在中国工程师学会贵阳、兰州和桂林年会上多次宣读。同时，他还指导首位研究生冯元桢研究了侧压力作用下微弯薄曲杆和薄曲板的稳定性问题，创立了该类问题的命题和解法（Fung等，1952）。

中华人民共和国成立后，随着国家大力发展航空工业，再加上学校与新建的航空工业在科研方面的联系越来越广泛，1957年黄玉珊先生在沈阳112厂飞机设计室（现航空工业601所的前身）主任徐舜寿的邀请下担任该厂顾问，进一步加强了自己的理论研究与祖国航空工业工程实践的结合。60年代末，在担任国防部五院一分院第五研究所顾问、所长以后，黄玉珊先生又及时针对导弹、火箭等典型薄壁结构设计中的稳定性问题开展学术研究，有力指导了型号设计工作。

由于在力学界的重要影响力和远见卓识，黄玉珊先生曾应邀担任过我国第一个力学学科发展规划编制组成员，负责固体力学方向的规划工作，并担任实验应用、力学分析组筹委会委员，担任中国力学学会气动弹性力学与水动弹性力学专业组的负责人，以及国家力学学科基础理论座谈会固体力学组召集人。1972年，在他的组织和领导下，国家力学规划组确定了之后一个阶段固体力学研究应该重点发展的三个方向：实验固体力学、强度理论、计算固体力学与最优设计。

2.1 从物理概念上澄清了弯曲轴和弯曲线的区别

在计算梁或机翼的扭转力矩时，需要先确定弯曲轴或弯曲线的位置。但在一些薄壁结构工程梁理论的著作中，或是工程计算时，人们常常容易混淆两者。为了从物理概念上澄清弯曲轴和弯曲线的区别，黄玉珊先生在其硕士论文"The difference between the bending center track and the bending axis"中对此进行了研究，并于1941年在发表于《航空机械月刊》第五卷的论文《弯曲轴与弯曲线》中进一步阐明了两者的区别（黄玉珊，1941）。

黄玉珊先生1941年发表于《航空机械月刊》的论文《弯曲轴与弯曲线》

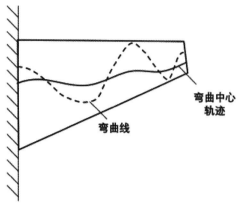

弯曲轴区别的示意图

在文中，黄玉珊先生指出：对一根不变截面、根部横截面与梁方向垂直的一端固支悬臂梁，当任意集中或分布载荷作用于任意横截面弯曲中心时，梁的任意截面均只发生弯曲变形而无扭转变形产生。此时，由于各截面弯曲中心的轨迹线为直线，故称之为弯曲轴。梁所受的扭转力矩就等于外力绕弯曲轴的力矩之和。然而，当梁的截面变化时，如飞机机翼，弯曲轴并不存在。这是因为，此时截面的弯曲中心无法满足"当任意载荷作用于该处时，所有截面都只发生弯曲位移，而不产生扭转位移"的要求。为此，需重新定义梁的弯曲中心为：当集中力作用于某截面弯曲中心时，该截面仅发生弯曲位移，不发生扭转位移。而此时对于其它截面，允许发生扭转变形。这种情况下，各截面弯曲中心轨迹的连线将是一条曲线。

与之容易混淆的弯曲线则定义为：给定的分布载荷作用于弯曲线上时，所有截面上只产生弯曲位移，而无扭转位移产生。比较弯曲线与弯曲中心轨迹线可知：弯曲线的位置与梁的材料和所受载荷的特性有关，计算比较复杂，且当梁承受一处或几处集中载荷或梁承受分布载荷时，由于不能满足整个梁只发生弯曲而不发生扭曲变形的要求，弯曲线并不存在。对于弯曲中心轨迹线，虽然与梁的材料及其分布有关，但其位置不受所受载荷大小和分布情况的影响，因此它只是一条几何曲线，尽管计算简单，但在实际的应力分析时并无作用。

在实际工程应力分析时，为了简单起见，考虑到弯曲中心轨迹线始终在弯曲线两侧，常用它代替弯曲线，以此计算出的最大应力与实际偏差并不大（黄玉珊先生曾对Dehavilland公司的一种机翼进行了计算，结果表明误差在1%以内），可以忽略。

2.2 提出了横向和纵向载荷作用下矩形板弯曲及稳定性分析方法

早期的板壳理论研究中总是假设板只承受横向载荷（外力垂直于板的中面）的作用。但在实际中，除了横向载荷外，如果作用于板的纵向载荷（外力平行于板的中面）足够大时，其对板弯曲也可能有很大的影响。直至30年代，大部分薄板弯曲问题的研究都没有考虑横向和纵向载荷同时作用对板弯曲的影响。黄玉珊先生在他的博士论文"Bending of Rectangular Plates Having Forces in the Middle Planes of the Plates"中，提出了一种可以解决这类问题的方法（Huang，1940）。

在1899年发表于《法国科学院通报》的文章中，利维（M. Maurice Lévy）提出了一种可以处理受任意横向载荷作用的两边剪支矩形薄板弯曲问题的单三角级数解法（Lévy，1899）。虽然该方法由于收敛性好而被广泛应用，但其只适用于求解只有一对边简支、仅受横向载荷作用的矩形板。为了充分利用该方法在计算应力时收敛速度快的优势，黄玉珊先生巧妙地将有面内纵向载荷N_x、N_y作用的方板弯曲挠度w展开为两个单三角傅里叶级数：

$$w=w_1+w_2=\sum_m (a_m+Y_m)\sin\frac{m\pi x}{a} \quad (1)$$

其中，$w_1=\sum_m a_m\sin\frac{m\pi x}{a}$，$w_2=\sum_m Y_m\sin\frac{m\pi x}{a}$，$a$是板$x$方向的长度。

当
$$D\nabla^2 w_1=N_x\frac{\partial^2 w_1}{\partial x^2}+N_y\frac{\partial^2 w_1}{\partial y^2}+q \quad (2)$$

和
$$D\nabla^2 w_2=N_x\frac{\partial^2 w_2}{\partial x^2}+N_y\frac{\partial^2 w_2}{\partial y^2} \quad (3)$$

均成立时，横向和纵向载荷同时作用下矩形薄板弯曲微分方程

$$\nabla^2 w=\frac{1}{D}(q+N_x\frac{\partial^2 w}{\partial x^2}+N_y\frac{\partial^2 w}{\partial y^2}) \quad (4)$$

自然满足。其中$D=Eh^3/12(1-\mu^2)$表示单位长度板的弯曲刚度，E为弹性模量，h为板厚，μ为泊松比，∇为拉普拉斯算子。

如果作用于板单位面积的横向载荷q只是x的函数，即$q=q_0 f(x)$，w_1也只随x变化，板$x=0$和$x=a$两条边简支，则式（2）被简化为

$$\frac{\partial^4 w_1}{\partial x^4} - \frac{N_x}{D}\frac{\partial^2 w_1}{\partial x^2} = \sum_m \left(\frac{m^4\pi^4}{a^4} + \frac{N_x}{D}\frac{m^2\pi^2}{a^2}\right) a_m \sin\frac{m\pi x}{a} = \frac{q_0 f(x)}{D} \quad (5)$$

因此有

$$a_m = \frac{2q_0}{aD} \cdot \frac{a^2}{m^2\pi^2\omega^2} \int_0^a f(x)\sin\frac{m\pi x}{a}\mathrm{d}x \quad (6)$$

其中，$\omega = \frac{N_x}{D} + \frac{m^2\pi^2}{a^2}$。

将式（3）展开，可写为

$$\frac{\partial^4 w_2}{\partial y^4} + 2\left(\frac{\partial^2}{\partial x^2} - \frac{N_y}{2D}\right)\frac{\partial^2 w_2}{\partial y^2} + \left(\frac{\partial^2}{\partial x^2} - \frac{N_x}{D}\right)\frac{\partial^2 w_2}{\partial x^2} = 0 \quad (7)$$

将 $w_2 = \sum_m Y_m \sin\frac{m\pi x}{a}$ 代入上式，可得

$$Y_m'''' - \left(2\frac{m^2\pi^2}{a^2} + \frac{N_y}{D}\right)Y_m'' + \frac{m^2\pi^2}{a^2}\left(\frac{N_x}{D} + \frac{m^2\pi^2}{a^2}\right)Y_m = 0 \quad (8)$$

如果式（8）的特征方程的四个根均为实数，则该四阶微分方程的通解可以表示为

$$Y_m = A_m \cosh\alpha_1 y + B_m \cosh\alpha_2 y + C_m \sinh\alpha_1 y + D_m \sinh\alpha_2 y \quad (9)$$

其中

$$\alpha_1 = \sqrt{\frac{m^2\pi^2}{a^2} + \frac{N_y}{2D} + \sqrt{\frac{m^2\pi^2}{a^2}\frac{N_y - N_x}{D} + \frac{N_y^2}{4D^2}}} \quad (10a)$$

$$\alpha_2 = \sqrt{\frac{m^2\pi^2}{a^2} + \frac{N_y}{2D} - \sqrt{\frac{m^2\pi^2}{a^2}\frac{N_y - N_x}{D} + \frac{N_y^2}{4D^2}}} \quad (10b)$$

根据板的对称性可知，Y_m必须是偶函数，因此$C_m=D_m=0$。式（8）中的其余两个待定系数A_m和B_m可根据板的两个边$y=\pm b/2$的边界条件求出。之后将a_m、A_m和B_m代入式（1）即可得承受纵向载荷方薄板的弯曲挠度。

在其博士论文中，基于该方法，黄玉珊先生分别给出了：①四边简支方板在均布纵向载荷、非均布载荷（线性变化、呈三角形变化、局部分布、集中作用）下的三角级数解法；②侧边（$y=\pm b/2$）固支、弹性支撑以及弹性固支等条件下的解；③相互垂直方向上作用有相等压缩载荷的方板在四边简支、侧边（$y=\pm b/2$）固支、弹性支撑及弹性固支等条件下的屈曲条件。该成果曾于1942年在中国工程师学会第十一届年会上宣读，受到学会嘉奖。

1942年，黄玉珊先生指导研究生冯元桢进一步研究了微弯薄曲杆及薄曲板在侧压力作用下的稳定性问题。结果表明：对称的薄曲杆或薄曲板受到对称的侧压力时，即使是在不对称的小扰动作用下，其失稳的临界压力也会显著减小。1952年，冯元桢（Fung等，1952）在给美国NACA（NASA的前身）撰写的一篇报告（TN2840第11页）中指出：这类问题的命题和解法是黄玉珊先生所创立的。他还在80年代撰文回忆说："这个主题，经久不衰。目前非线性力学文献中还在做文章。当时我哪里有本事想得出这样的题目！肯定是黄老师教的。"

2.3 建立了横向加筋板屈曲分析方法

40年代初，黄玉珊先生根据航空、船舶等的结构特点，提出了一种分析横向加筋平板失稳问题的方法。黄玉珊先生在其1941年发表于 *Journal of Royal Aeronautical Society* 的文章中，利用单三角级数方法，分析了横向加筋板的屈曲问题（Huang，1941）。

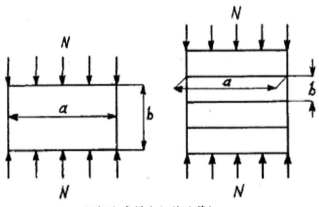

短板和多横向加筋的薄板

对于上图所示的短板（长度a<宽度b）或具有很多横向加强筋的加筋板，由于筋条间板的长度常常小于宽度，板侧边支撑条件对屈曲的影响不大，而两端的支撑条件影响很大，传统的长板屈曲分析方法不再适用。如果将板的弯曲挠度w写成傅里叶级数形式：

$$w = \sum_{m=1}^{\infty} F_m(y) \sin\frac{m\pi x}{a} \tag{11}$$

其中，$F_m(y)$只是y的函数。当两个侧边（$x=0$和$x=a$）简支时，在侧边上，w应满足边界条件：

$$\frac{d^2w}{dx^2}=w=0 \quad (12)$$

将式（11）代入板弯曲的微分方程，可得

$$\sum_m[F_m''''(y)-2(\frac{m^2\pi^2}{a^2}-\frac{N}{2D})F_m''(y)+\frac{m^4\pi^4}{a^4}F_m(y)]\sin\frac{m\pi x}{a}=0 \quad (13)$$

由于（13）式对任意$0 \leqslant x \leqslant a$成立，则有

$$F_m''''(y)-2(\frac{m^2\pi^2}{a^2}-\frac{N}{2D})F_m''(y)+\frac{m^4\pi^4}{a^4}F_m(y)=0 \quad (14)$$

解式（14）可得

$$w=\sum_{m=1}^{\infty}[c_1\cosh\alpha_m y+c_2\cosh\beta_m y+c_3\sinh\alpha_m y+c_4\sinh\beta_m y]\sin\frac{m\pi x}{a} \quad (15)$$

式中：

$$\alpha_m=[\frac{m^2\pi^2}{a^2}-\frac{N}{2D}+(\frac{N^2}{4D^2}-\frac{m^2\pi^2 N}{Da^2})^{\frac{1}{2}}]^{\frac{1}{2}} \quad (16a)$$

$$\beta_m=[\frac{m^2\pi^2}{a^2}-\frac{N}{2D}-(\frac{N^2}{4D^2}-\frac{m^2\pi^2 N}{Da^2})^{\frac{1}{2}}]^{\frac{1}{2}} \quad (16b)$$

当$\frac{N}{D} \geqslant 4m^2\pi^2/a^2$（$N$为单位长度的压缩载荷，$D=Eh^3/12(1-\mu^2)$为单位长度板的弯曲刚度，$h$为板厚，$\mu$为泊松比，$E$为弹性模量）时，$\alpha_m$和$\beta_m$是虚数；当$\frac{N}{D}<4m^2\pi^2/a^2$时，$\alpha_m$和$\beta_m$是实数。

值得注意的是，虽然式（15）中w的表达是无穷三角级数形式，但当外加载荷接近临界失稳载荷时，板将发生弯曲，此时式（13）中只有$F_m(y)\sin\frac{m\pi x}{a}$这一项起重要作用。根据经验，通常取$m=1$即可得板屈曲的最小载荷。如果考虑$y=a$和$y=b$边界支撑的影响，可以同时得到4个方程以求得$c_1$至$c_4$。当这4个方程的系数组成的行列式为0时，板发生屈曲，由此可确定屈曲载荷。在此基础上，黄玉珊先生还进一步讨论了板上、下两端简支、固支等四种不同边界条件下的屈曲问题。

2.4 发展了整体薄壁圆筒壳体的稳定性分析方法

50年代末至60年代初期，黄玉珊先生针对当时薄壳强度理论中关于加筋薄

壁圆筒壳体受局部径向载荷强度计算研究尚不充分的问题，结合结构设计的实际需要，以Donnell方程为基础，首先对短悬臂圆筒壳在边缘受径向集中力作用时根部的应力和位移进行了计算。之后，又给出了该问题的三角函数无穷级数解法，进一步提高了解的收敛性和代换性，从而在大为减少计算工作量的前提下获得了精度满足工程设计要求的结果。1963年，黄玉珊先生和他指导的研究生诸德培一起，又在上述工作的基础上，进一步考虑壳体较薄而局部加强不足时的计算方法，并讨论了解的收敛性和代换性（黄玉珊，1963）。在该方法中，黄玉珊先生等将只有边界受集中载荷时薄壁圆筒的位移用无穷级数的形式表示，其中一般项为

$$w = e^{px}\cos n\phi \tag{17}$$

式中，$n = 0,1,2,\cdots$，P是满足特征方程$P^2 \pm (1\pm i)kP - n^2 = 0$的八个根，$k = \sqrt[4]{3(1-v^2)}\cdot\sqrt{\dfrac{a}{h}}$（$v$为泊松比，$a$是圆筒半径，$h$为筒壁厚度）。

由特征方程得P值后，代入式（17）并展开可能位移无穷级数的一般项如下：

$$\begin{aligned}w = (&H_1\cosh\alpha_1 x\beta_1 x + H_2\cosh\alpha_1 x\sin\beta_1 x + H_3\cosh\alpha_2 x\cos\beta_2 x + \\ &H_4\sinh\alpha_2 x\sin\beta_2 x - H_5\sinh\alpha_1 x\cos\beta_1 x - H_6\cosh\alpha_1 x\sin\beta_1 x - \\ &H_7\sinh\alpha_2 x\cos\beta_2 x - H_8\cosh\alpha_2 x\sin\beta_2 x)\cos n\phi\end{aligned} \tag{18}$$

式中，α_1，β_1，α_2和β_2分别是特征方程的根$P = \pm\alpha_1\pm\beta_1 i;\pm\alpha_2\pm\beta_2 i$的实部和虚部。

将内力及位移函数代入边界条件并求得式（18）中的八个常数后，即可给出圆筒根部的最大弯矩、最大膜应力、剪应力分布，以及边缘集中力作用位置的最大径向位移的解析表达式。进一步分析表明，该方法与之前提出的方法相比，不仅具有更好的收敛性和代换性，在其它分布情况的边缘径向载荷作用下，只需将载荷展开为傅里叶级数形式，即

$$Q_{\text{eff}} = \dfrac{a_0}{z} + \sum_{n=1}^{\infty}A_n\cos(n\phi+\phi_n) \tag{19}$$

求得对应圆筒响应后，叠加各项结果即可得到圆筒在边缘径向载荷作用下的总位移。该项工作曾在中国力学学会第一次板壳理论学术研讨会上宣读，得到了广泛关注。

由于上述分析中没有考虑加强肋对面板弯曲的影响，而且Taylor给出的整体筒壳弯曲问题解法中由于假设泊松比为0而与实际不符，很难用于指导筒体设计和稳定性分析。1964年，黄玉珊先生将加强平板弯曲方程推导方法与Donnell简化圆柱筒壳方程的方法相结合，导出了比较严格的正交各向异性加强筒壳的八阶偏微分方程，为进一步研究整体筒壳弯曲和稳定性问题打下了基础（黄玉珊，1964a）。

在导出方程时，他首先假设壳体有泊松比影响，而肋条不考虑泊松比的影响。同时，考虑到纵横截面的形心轴可能不在一个平面，筒壳没有中性面，因此在建立方程时以壳体中面为基准面。在略去一些高阶小量后，建立内力和位移的关系：

$$\left.\begin{array}{l}N_x = D(\dfrac{\partial v}{a\partial \varphi} + \dfrac{w}{a} + \mu\dfrac{\partial u}{\partial x}) + E[F_\varphi(\dfrac{\partial v}{a\partial \varphi} + \dfrac{w}{a}) - S_\varphi \dfrac{\partial^2 w}{a^2 \partial \varphi^2}] \\ N_\varphi = D(\dfrac{\partial u}{\partial x} + \dfrac{\mu}{a}\dfrac{\partial v}{\partial \varphi} + \dfrac{\mu w}{a}) + E(F_x \dfrac{\partial u}{\partial x} - S_x \dfrac{\partial^2 w}{\partial x^2}) \\ T_x = T_\varphi = \dfrac{D}{2}(1-\mu)(\dfrac{\partial u}{a\partial \varphi} + \dfrac{\partial v}{\partial x}) \\ M_\varphi = -K(\dfrac{\partial^2 w}{a^2 \partial \varphi^2} + \mu \dfrac{\partial^2 w}{\partial x^2}) + E[S_\varphi(\dfrac{\partial v}{a\partial \varphi} + \dfrac{w}{a}) - J_\varphi \dfrac{\partial w^2}{a^2 \partial \varphi^2}] \\ M_x = -K(\dfrac{\partial^2 w}{\partial x^2} + \mu \dfrac{\partial^2 w}{a^2 \partial \varphi^2} +) + E(S_x \dfrac{\partial u}{\partial x} - J_x \dfrac{\partial^2 w}{\partial x^2}) \\ M_{x\varphi} = (1-\mu)K \dfrac{\partial^2 w}{a\partial \varphi \partial x} - C_x \dfrac{\partial^2 w}{a\partial \varphi \partial x} \\ M_{\varphi x} = -(1-\mu)K \dfrac{\partial^2 w}{a\partial \varphi \partial x} - C_\varphi \dfrac{\partial^2 w}{a\partial \varphi \partial x}\end{array}\right\} \quad (20)$$

式中，N_x、N_φ、M_x、M_φ、T_x和T_φ分别表示纵向和横向单位长度的力、弯矩和剪力，D为面板的拉压刚度，E是弹性模量，μ为泊松比，a和t分别为壳体半径和厚度，x和a分别为纵向和横向坐标，u、v、w分别为纵、横、径向位移，$F_x=f_x t$和$F_\varphi=f_\varphi t$分别是单位长度的纵向和横向肋条的横截面积，S_x和S_φ分别为单位长度纵向和横向肋条面积绕面板中轴面的面积矩，C_x和C_φ分别是单位长度肋条扭转刚度，K为面板弯曲刚度。

将式（20）代入内外力平衡关系，通过微分运算消元后即可得Donnell型严格的整体筒壳方程：

$$\frac{1-\mu}{2}\nabla^2\nabla^2 u+\frac{1-\mu^2}{2}[\,(1-\mu)f_x\frac{\partial^4 u}{\partial x^4}+(1-\mu)f_\phi\frac{\partial^4 u}{a^4\partial\phi^4}+\frac{2}{1-\mu^2}(g_x g_\phi-1)\frac{\partial^4 u}{a^2\partial x^2\partial\phi^2}]$$

$$=(1-\mu^2)\,t(S_x\frac{1-\mu}{2}\frac{\partial^5 w}{\partial x^5}+S_x g_\phi\frac{\partial^5 w}{\partial x^3\partial\phi^2}-S_\phi\frac{1+\mu}{2}\frac{\partial^5 w}{\partial x\partial\phi^4})]-$$

$$\mu\frac{1-\mu}{2}\frac{\partial w^3}{\partial x^3}+g_\phi\frac{1-\mu}{2}\frac{\partial^3 w}{a^3\partial x\partial\phi^2}$$

（21a）

$$\frac{1-\mu}{2}\nabla^2\nabla^2 v+\frac{1-\mu^2}{2}[(1-\mu)f_\phi\frac{\partial^4 v}{a^4\partial\phi^4}+(1-\mu)f_x\frac{\partial^4 v}{\partial x^4}+\frac{2}{1-\mu^2}(g_x g_\phi-1)\frac{\partial^4 v}{a^2\partial x^2\partial\phi^2}]$$

$$=(1-\mu^2)\,t(S_\phi\frac{1-\mu}{2}\frac{\partial^5 w}{a^5\partial\phi^5}+S_\phi g_x\frac{\partial^5 w}{a^3\partial\phi^3\partial x^2}-S_x\frac{1+\mu}{2}\frac{\partial^5 w}{a\partial\phi\partial x^4})+$$

$$\mu\frac{1+\mu}{2}\frac{\partial^3 w}{a^2\partial x^2\partial\phi}-g_x g_\phi\frac{\partial^3 w}{a^2\partial^2 x^2\partial\phi}-g_\phi\frac{1-\mu}{2}\frac{\partial^3 w}{a^4\partial\phi^3}$$

（21b）

$$\nabla^2\nabla^2 w+12\,(1-\mu^2)J_x\frac{\partial^4 w}{\partial x^4}+12\,(1-\mu^2)J_\phi\frac{\partial^4 w}{a^4\partial\phi}+6(1-\mu)\frac{1}{t^2}(b^2C_x+d^2C_\phi)$$

$$\frac{\partial^4 w}{a^2\partial x^2\partial\phi^2}-\frac{q}{K}-12(1+\mu)(1-\mu^2)[(1-\mu)\,S_x^{\,2}\frac{\partial^8 w}{\partial x^8}+(1-\mu)\,S_\phi^{\,2}\frac{\partial^8 w}{a^8\partial\phi}+$$

$$2S_\phi^{\,2}g_x\frac{\partial^8 w}{a^6\partial x^2\partial\phi^6}-2(1+\mu)\,S_x S_\phi\frac{\partial^8 w}{a^4\partial x^4\partial\phi^4}]+\frac{12}{a^2t^2}(g_x g_\phi-\mu^2)\frac{\partial^4 w}{\partial x^4}+$$

$$\frac{24}{at}(1-\mu^2)[\mu S_x\frac{\partial^6 w}{\partial x^6}+\mu S_\phi\frac{\partial^6 w}{a^2\partial x^2\partial\phi^4}]-(g_x g_\phi+g_\phi S_x)\frac{\partial^6 w}{a^2\partial x^4\partial\phi^2}=0$$

（21c）

式中，$g_x=1+(1-\mu^2)f_x$，$g_\phi=1+(1-\mu^2)f_\phi$。

2.5 提出了多空刚构弯矩计算的柱比分析法

隔框的强度分析是薄壁结构设计重要课题之一。通常把一个单独的框架或环称为单空刚构，其静不定次数一般不超过3。1930年，H. Cross首先发现具有三度静不定的单空刚构与偏心受压短柱的数学关系式类似，但后者的求解更为简单。因此他提出，可以利用数学上算式的相似性，把求解单空刚构静不定弯矩问题转化为求偏心受压短柱截面应力的问题，即先通过求解偏心受压短柱的方程，得到短柱截面上的应力后，再利用柱比关系式确定刚构杆件的弯矩。该方法被称为柱比分析法，并在工程中被广泛用。然而，当该方法用于求解由多个框架或环连接而成的多空刚构问题时，由于静不定次数过多，求解很复杂。因此，一般认为不可能应用于分析具有高静不定度的多空刚构问题。

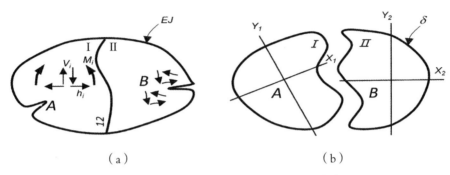

两空刚构（a）和比拟的偏心受压短柱（b）

50年代，黄玉珊先生首先给出了适用于求解多空刚构弯矩的柱比分析法（黄玉珊，1958）。他以两空刚构为例，通过研究相邻两空共用杆件的影响，并以厚度 $\delta = \dfrac{1}{EJ}$、断面形状与刚构中心线形状一样的两个短柱分别比拟刚构的两个空，从而得到两个短柱修正后载荷应满足的代数方程：

$$\left.\begin{aligned}
\overline{P}_1 + P_2 \frac{F_{12}}{F_2} + M_{X2} \frac{Q_{X2}}{J_{X2}} + M_{Y2} \frac{Q_{Y2}}{J_{Y2}} &= P_1, \\
\overline{M}_{X1} + P_2 \frac{Q_{X1}}{F_2} + M_{X2} \frac{I_X}{J_{X2}} + M_{Y2} \frac{H_{XY}}{J_{Y2}} &= M_{X1}, \\
\overline{M}_{Y1} + P_2 \frac{Q_{Y1}}{F_2} + M_{X2} \frac{H_{YX}}{J_{X2}} + M_{Y2} \frac{I_Y}{J_{Y2}} &= M_{Y1}, \\
\overline{P}_2 + P_1 \frac{F_{12}}{F_1} + M_{X1} \frac{Q_{X1}}{J_{X1}} + M_{Y1} \frac{Q_{Y1}}{J_{Y1}} &= P_2, \\
\overline{M}_{X2} + P_1 \frac{Q_{X2}}{F_1} + M_{X1} \frac{I_X}{J_{X1}} + M_{Y1} \frac{H_{YX}}{J_{Y1}} &= M_{X2}, \\
\overline{M}_{Y2} + P_1 \frac{Q_{Y2}}{F_1} + M_{X1} \frac{H_{XY}}{J_{X1}} + M_{Y1} \frac{I_Y}{J_{Y1}} &= M_{Y2},
\end{aligned}\right\} \quad (22)$$

式中，$\overline{P_1}$、$\overline{M_{X1}}$等是作用于静定刚构的载荷，可由静定弯矩求得；F、Q、J、I、H等为短柱截面相关参数，均为已知量。因此，方程只有P_1、P_2、M_{X1}、M_{X2}、M_{Y1}和M_{Y2}六个待求量，称之为修正载荷。解方程组（22）得到这六个修正载荷后，代入柱应力公式：

$$\sigma = \frac{P}{F} + \frac{M_X}{J_X}Y + \frac{M_Y}{J_Y}X \qquad (23)$$

即可得柱断面的应力。之后再利用柱比关系式

$$m_{i1} = -\sigma_1, \quad m_{i2} = -\sigma_2 \qquad (24)$$

得到静不定弯矩。最终，多空刚构上各点的实际弯矩可表示为$M = m_s - \sigma$（m_s为静定弯矩），而两环之间共用的杆件弯矩为$m_s - \sigma_1 - \sigma_2$。

3. 我国飞机疲劳定、延寿和损伤容限设计的倡导者和理论奠基人

自1954年彗星号飞机失事以来，疲劳问题开始受到重视，安全寿命的概念被广泛地在国外飞机设计中采用。在我国航空工业建立和发展之初，由于技术积累不足，早期飞机结构主要按静强度准则设计。50年代中期起，黄玉珊先生倡导在国内飞机设计时考虑疲劳问题。为此，他1957年在《航院学报》撰文以大量实例分析了疲劳问题的重要性（黄玉珊，1957），并多次就疲劳问题与沈阳飞机制造厂（112厂）的设计人员一起研讨。后来，他又被聘为该厂技术顾问，直接指导歼教-1飞机的结构疲劳计算。60年代，他率领西工大一批技术骨干深入开展疲劳研究，并直接指导西工大为航空研究院强度试验中心建设了我国第一个大型全尺寸飞机结构疲劳试验水槽装置，有力地支撑了疲劳试验工作。

但无论是国外还是国内，早期的飞机结构安全寿命设计中均是建立在结构无初始缺陷的基础上，即以结构出现宏观可检裂纹作为疲劳寿命的终点，认为结构已经破坏。按照这种设计思想，飞机到了寿命就要退役或转到二线使用。然而实际工程中，结构材料的初始缺陷、生产制造装配以及服役过程中引入的损伤难以避免，给飞机安全带来隐患。这种含裂纹物体的强度和裂纹扩展规律恰恰是断裂力学研究的内容。而按照早期的安全寿命设计思想，疲劳寿命几乎

和断裂力学没有关系。直到1969年，一架只有100多飞行小时的美国空军F-111战斗轰炸机因机翼枢轴断裂而坠毁，远远未达到结构设计安全寿命。以美国为首的西方国家70年代初逐渐开始将断裂力学的要求融入飞机设计规范，并最终在1974年废除了疲劳强度和安全寿命要求，代之以断裂强度要求，称为耐久性和损伤容限规范。国外设计规范的演变也推动了疲劳、断裂力学、结构可靠性等学科的快速发展。黄玉珊先生一贯站在这些学科的前沿，对设计思想有很全面的考虑。

现代断裂力学理论大约是在20世纪40至50年代形成，并在60年代快速发展成熟的。虽然70年代初断裂力学才广泛进入我国，但早在60年代黄玉珊先生就敏锐地察觉到断裂力学将会在飞机设计领域大有作为。他根据国外航空技术的发展和国内实际需要，在国内首先提出可以应用断裂力学来解决飞机的强度和寿命问题。他亲自组织力量，积极研究应用断裂力学理论解决飞机设计中的实际问题。1972年，黄玉珊先生主持了我国《飞机结构疲劳强度研究概况》调研报告的编写工作并亲自撰稿，积极推动应用断裂力学及损伤容限设计的研究。同年，他在西工大重新建立了疲劳、断裂、可靠性等研究组，并组织力量重点调查全国飞机疲劳事故及断裂力学在国内的发展情况。此后多年中，他还不辞辛劳，广泛深入高校、工厂、设计院所为技术人员讲授断裂力学应用课程，致力于以疲劳和断裂力学为基础的耐久性和损伤容限设计方法在航空科技领域的推广和应用。1973年，在上海召开的国产运-10飞机设计原则讨论会上，他建议采用基于断裂力学的损伤容限设计方法，并亲自进行了原理讲演，得到与会专家学者的积极响应。他曾对我国歼-5飞机主梁断裂事故进行了精辟的分析，根据当时飞行载荷情况和主梁断口存在深度不到1mm的孔壁裂纹，判断主梁发生了断裂力学中应力强度因子控制的脆断。他还最早提议在轰-6飞机大型锻件梁框上制造人工裂纹进行疲劳试验。

为了具体解决飞机定寿、延寿问题，60至80年代期间，国家有关部委曾在北京、南京等地召开了多次会议，黄玉珊先生不顾脑血栓后遗症的影响，几乎参加了每一次研讨并发表重要讲话。同时，为了使广大工程技术人员能应用断裂力学来解决这个重要问题，他还指导和参与了《应力强度因子手册》《飞机结构损伤容限设计指南》和《美国空军损伤容限设计手册》等编著、翻译和出版工作，指导翻译了美国《军用飞机完整性大纲》和《损伤容限设计要求》，和张相周一起翻译出版了英国P. 斯坦利主编的《断裂力学的工程应用》。1985年，他还在全国范围内领导组织了具有学术意义和工程价值的专题学术研讨活动"疲劳寿命模型评比"。直至去世前，他刚刚完成了专著《疲劳与断裂》的撰稿。

黄玉珊先生与他指导的学术梯队在疲劳、断裂和可靠性方面的部分著作

70至80年代期间，黄玉珊先生主持或指导过歼教-1、歼-5、轰-6、歼-6、歼-8以及运-10等多个型号飞机的定寿、延寿和损伤容限评定工作，先后主持或参加了"歼-5主梁裂纹""歼-6飞机使用寿命和检查周期""裂纹扩展及超载迟滞""应力强度因子手册""飞机结构损伤容限设计指南"和"裂纹检测概率"等六项重大课题。他所领导的结构疲劳、断裂与可靠性研究队伍始终站在国内该领域的学科前沿，在断裂力学及其应用领域取得了丰硕的研究成果，共9次获得国家级和部、省级奖励，其中国家科学科技进步三等奖2次，航空部科技二等奖5次，国防工业重大技术革新奖1次，对我国飞机结构损伤容限设计和评定工作的推广实施做出了突出贡献，也有力地推动了我国飞机结构损伤容限设计国家军用标准制定、指南编写等工作。

黄玉珊先生在这一领域的主要学术贡献包括以下几项。

3.1 深入澄清疲劳与断裂的区别

由于对损伤容限设计思想认识不充分，再加上实践积累不足，一直至70

年代后期,我国飞机设计中仍把安全寿命设计作为飞机满足设计使用寿命和可靠性要求的基本方法,基于断裂力学思想的损伤容限设计只是逐步开始在飞机设计中尝试,但并不是强制要求。考虑到我国在飞机寿命问题上,有按疲劳处理,也有按断裂力学处理,方法很不统一,为了加快耐久性和损伤容限设计方法在航空科技领域的推广和应用,黄玉珊先生认为帮助大家弄清疲劳和断裂的关系,以及安全寿命和损伤容限的概念是很有必要的。为此,他于1978年撰文(黄玉珊,1978),进一步对疲劳、断裂和损伤容限的认识进行了详细的阐述。在该文中,他将构件的疲劳寿命分为两个阶段,宏观裂纹出现以前的寿命为无裂纹寿命,裂纹扩展阶段称为带裂纹寿命。黄玉珊先生认为:从疲劳观点出发,开始时认为没有损伤,到一定时间以后,发展到损伤可用实验室中测试手段觉察时为疲劳寿命。断裂力学则认为开始就存在损伤,断裂力学主要研究裂纹扩展阶段直到最后破坏为止。从使用中可觉察的裂纹扩展,到临界损伤破坏则属于损伤容限的范畴。由于实验室内可觉察的损伤与实际使用中可觉察的损伤大小受测试手段和测试人员主观能力的影响,所以疲劳和损伤容限两者中间的过渡区是可变的,而且有时可能互相重叠。他还指出:在疲劳问题中,疲劳是断裂的起因,而断裂是疲劳的结果,但是疲劳裂纹仅仅是损伤的一个原因,损伤还包括材料的缺陷与制造和维修中的缺陷和错误,以及不能察觉的意外损伤。在破损安全和损伤容限中,断裂力学用于剩余强度和裂纹扩展寿命的

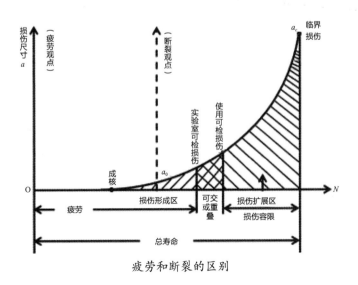

疲劳和断裂的区别

估算与分析。应用断裂力学的观点进行飞机的选材、设计、制造和维修以防止断裂，叫作断裂控制。对比分析损伤容限与安全寿命的设计思想后，他认为：相比安全寿命，损伤容限思想更为合理，是辩证唯物的观点，符合客观事实。损伤容限根据检查情况对使用情况不同的飞机进行筛选，分别处理。在役飞机的延寿采用损伤容限的概念更好一些，可以更快地确定飞机的寿命，更容易解决飞机不能大面积停飞的问题。当时，国内大量的旧飞机已经使用了多年，然而这些飞机是根据什么规范或者原则进行设计的，是否按照了安全寿命的思想设计，不但无从考证，有的甚至设计图纸也不全。如何确定这些旧飞机的寿命是当时的一大难题。黄玉珊先生首先提出用损伤容限方法重新评估这些旧飞机的寿命，这就是所谓旧飞机的"定寿、延寿"问题。快刀斩乱麻，为这样一个复杂、困难、茫无头绪的问题，指出了一条有效的解决途径，并给出了具体做法的建议。他指出：在役飞机的延寿用损伤容限思想更合适。通过调研，可以获得许多实际损伤的位置及其发展的经历，然后用统计方法求得必要的经验和数据，并对较新的机种做好方案准备和试验准备。虽然这些机型都不是按损伤容限设计的，不能按最新的准则来要求，但可以按照断裂控制思想，根据探伤的能力来确定适当的检修周期。黄玉珊先生提出的用断裂控制设计来代替疲劳寿命的这一思想，奠定了我国旧飞机定寿、延寿的基础。

鉴于损伤容限思想无论是对我国旧飞机定寿、延寿，还是对新飞机设计均具重大意义，黄玉珊先生对我国飞机疲劳和断裂工作提出一些具体的建议：首先，无论是对旧飞机延寿还是新机设计，应该考虑用损伤容限的设计思想代替安全寿命。对于所有的飞机，特别是军用飞机，都需要在静强度要求以外增加对损伤容限的考虑。开始可能没有统一的设计准则或规范可以遵循，但结构强度研究部门可以先提出损伤容限的强度及验证标准试用书，设计部门各自拟定考虑断裂控制的方案，积累经验后再考虑制定统一的设计规范。在有高温蠕变的环境下，还需要重视高温环境下损伤扩展的情况。同时，结构、材料和工艺都要有措施，设计中要注意采用从断裂角度对构件提出的要求。其次，我国断裂力学开展较晚，在航空方面断裂应用经验也还不够，和西方国家相比有较大差距，应该加强如弹塑性裂纹扩展机理，角、边裂纹的扩展规律，平均应力和负载荷对da/dN的影响，高载迟滞作用机理及其分析模型，以及如何运用统计理论解决裂纹扩展寿命等基本理论问题的研究。同时，应该尽早有计划、有组织地进行材料断裂特性数据的测定。测试时试件尺寸和试验方法应该统一，以保证数据能普遍采用。对于材料在腐蚀、高温环境下的断裂特性基本数据，以及复合材料的断裂特性也需要及早注意。另外，还需要关注损伤的监控工作，这是未来航空结构发展的发展方向之一。此外，黄玉珊先生还建议：可以在飞机上安装载荷记录仪对服役载荷进行监测，确定飞机的载荷谱，而载荷谱是断裂和疲劳问题的基本数据。然后按损伤折算办法计算损伤度，当飞机损伤度达到某一限额时停止使用。黄玉珊先生的这些宝贵建议为我国飞机耐久性和损伤容限设计的发展指明了方向。

1985年，受航空工业部委托，黄玉珊先生组织了一项具有重要学术意义和工程价值的专题学术活动——全国范围内的疲劳寿命模型评比活动。尽管身体不适，他还经常利用夜晚时间，亲自主持会议，研究制定全盘的工作方针、方向和具体方案，并对活动的进展情况及时进行指导。这项活动对推动疲劳、断裂力学在我国飞机结构设计中的广泛应用奠定了基础。

3.2 提出了工程结构疲劳寿命计算半线性Willenborg模型

半线性Wheeler迟滞模型虽然在估算裂纹扩展寿命时准确性较高，但由于其中的迟滞指数需通过实验测定，使用起来不太方便（Broek，1979）。80年代初，黄玉珊先生将半线性原则引入Willenborg模型，给出了一种被称为"黄氏模型"的半线性Willenborg模型（刘雪惠，1983）。

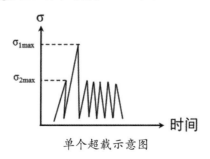

单个超载示意图

该模型中，将残余毛应力定义为

$$\sigma_{red} = \lambda (\sigma_{1max} - \sigma_{2max}) \quad (25)$$

其中，λ 为待定系数，σ_{1max} 和 σ_{2max} 分别表示超载最大应力和超载前最大应力。

将最大、最小有效应力表示为

$$\sigma_{2max,eff} = \sigma_{2max} - \lambda \sigma_{red} \quad (26a)$$

$$\sigma_{2min,eff} = \sigma_{2min} - \lambda \sigma_{red} \quad (26b)$$

同时，基于Elber（1971）闭合原理给出Paris（1963）形式的裂纹扩展公式

$$\frac{da}{dN} = C(\Delta K_{eff})^n = C(U\Delta K_2)^n \quad (27)$$

其中，$U = \dfrac{\Delta \sigma_{2eff}}{\Delta \sigma_2}$ 为裂纹闭合参数。

当 $\sigma_{2min} > \sigma_{red}$ 时，$\quad \Delta \sigma_{2eff} = \Delta \sigma_2 U = 1 \quad (28a)$

$\sigma_{2min} \leqslant \sigma_{red}$ 时，$\quad \sigma_{2min,eff} = 0 \quad (28b)$

则可将裂纹闭合简写为

$$U = \frac{\sigma_{2max,eff}}{\sigma_{2max,eff} - \sigma_{2min,eff}} \quad (29)$$

令超载比 $\gamma = \dfrac{\sigma_{1max}}{\sigma_{2max}}$，循环比 $R_2 = \dfrac{\sigma_{2min}}{\sigma_{2max}}$，可得

$$U = \frac{1 - \lambda(\gamma - 1)}{1 - R^2} \quad (30)$$

式中，待定系数 λ 通过试凑即可确定。与其他传统方法相比，该方法没有增加试验工作量，很适合在飞机打样设计阶段评估疲劳裂纹扩展使用。

3.3 指导开展动态断裂问题研究

70年代起，国外学者陆续开始关注裂纹动态扩展特性问题。直到80年代初期，该问题才引起了国内学者的重视。80年代中期，在黄玉珊先生和助手刘元镛的指导下，研究生李玉龙在国内较早地开展了材料动态断裂特性研究。他们利用实验测量和数值仿真相结合的手段，研究了金属材料双悬臂梁（DCB）模型动态裂纹扩展特性（李玉龙，1985）。

在该项工作中，应力强度因子根据有限元法计算，结果采用位移法求出。

他们在裂纹尖端采用六节点畸变奇异等参元,巧妙地利用这种单元能够反映裂纹尖端应力、应变$\gamma^{-1/2}$奇异性的特点。同时,为了准确测定裂纹动态扩展速率,他们将电阻断裂丝片沿试样的中心线方向并联粘贴在裂纹的前方,并使丝栅方向垂直于裂纹扩展方向。裂纹动态扩展会导致电阻断裂丝片的丝栅依次断裂,使得其两端电压呈现出台阶状的变化。两阶跃之间的时间差就是相邻两根电阻丝之间裂纹扩展所用的时间。由此,可以获得动态裂纹的扩展速率。他们的实验结果表明:由于实验机油缸活塞运动速率与裂纹扩展速率相比小得多,完全可以忽略不计,从起裂到裂纹滞止的大部分阶段内裂纹几乎以恒速扩展,而裂纹扩展速率的大小取决于起裂应力强度因子及材料本身的特性。当起裂应力强度因子K_{IQ}和材料的剪切波速G增大时,裂纹扩展速率增大;当材料的断裂韧性K_{IC}增大时,裂纹扩展速率减小。裂纹扩展速率与起裂应力强度因子、材料的剪切波速和断裂韧性之间的关系可近似表示为

$$\frac{V}{G} = \frac{K_{IQ} - (1+A)K_{IC}}{K_{IQ} + (1-A)K_{IC}} \quad (31)$$

式中,V为裂纹扩展速率,A为与实验条件相关的常数。与之类似,裂纹扩展长度也随着起裂应力强度因子的增大而增加,随材料断裂韧性的增大而减小。其与起裂应力强度因子和材料断裂韧性的关系可表示为

$$\frac{a_Q}{a_0} = \frac{K_{IQ}}{K_{IC}} - A \quad (32)$$

其中,a_Q为裂纹扩展长度,a_0为裂纹初始长度。

通过对动态裂纹扩展中耗散能量的分析,他们进一步指出:对于不同的起裂应力强度因子K_{IQ},动态断裂韧性K_{ID}总是大于静态断裂韧性K_{IC}。在裂纹滞止时,K_{ID}远大于此时的静态应力强度因子K_{IQ}。在裂纹扩展过程中,动能起着重要作用。此外,动态断裂韧性对起裂应力强度因子K_{IQ}的变化并不敏感。裂纹滞止时,动态应力强度因子总是大于裂纹滞止时的静态应力强度因子K_{IQ},并且与系统的动能相关。

同时,他们还对基于DCB模型的静态应力强度因子的各种近似表达式进行

了对比（Li1985），发现在恒力情况下，公式

$$K_I = \frac{P}{\sqrt{H}B}(3.46\frac{a_0}{H}+2.38) \tag{33}$$

具有较高精度。而在恒位移情况下，公式

$$K_I = \frac{\sqrt{3}E\Delta}{2\sqrt{H}(\frac{a_0}{H}+0.64)^2} \tag{34}$$

具有较高精度。式中 K_I 为静态应力强度因子，P 为外载荷，H 和 B 分别为梁的宽度和厚度，Δ 为销钉张开位移的一半。

80年代中后期，在黄玉珊先生和助手刘元镛的指导下，研究生李玉龙又进一步研究了DCB梁在阶跃载荷下的动态响应，并给出了一种测定材料动态断裂韧性 K_{ID} 的便捷方法（李玉龙，1987）。他们的研究结果表明，在阶跃载荷下，DCB模型的动载影响系数 $K_I(t)$ 可以近似用三角函数描述：

$$K_I(t) = 1-\cos\omega t \tag{35}$$

式中，ω 为圆频率。

当已知销钉力时，动态应力强度因子可表达为

$$K_I(t) = \frac{P}{\sqrt{H}B}(3.46\frac{a}{H}+2.38)(1-\cos\omega t) \tag{36}$$

已知销钉位移时，$K_I(t)$ 可表示为

$$K_I(t) = \frac{\sqrt{3}E\Delta}{2\sqrt{H}(\frac{a}{H}+0.64)^2}(1-\cos\omega t) \tag{37}$$

基于该结果，他们指出：如果在实验中测定了裂纹起裂时间 t_F，则可基于断裂判据

$$K_{ID} = K_I(1-\cos\omega t_F) \tag{38}$$

确定材料的动态断裂韧性。

他们在80年代中期完成的这项工作，为确定动态起裂韧性提供了一种简单可行的方法。

3.4 指导攻克三维断裂力学难题

80年代，损伤容限研究及其在飞机设计中的应用进入发展的黄金时期，然而早期的损伤容限设计是在比较成熟的二维断裂力学理论基础上发展起来的。大量的实验结果表明：含裂纹试样的承载能力、裂纹的疲劳扩展寿命显著依赖于试件的厚度，传统的二维断裂力学理论无法解释这一问题。在实际应用中，对于对性能和安全性要求越来越高的飞机损伤容限设计来说，这一问题无法回避。正在师从黄玉珊先生攻读博士学位的郭万林从一份国外的研究报告中发现这一现象后，产生了对关于三维疲劳断裂选题的浓厚兴趣。但是，他跑遍北京、西安等地的图书馆，尽可能搜遍各种文献资料，仍然没有找到任何可供使用的三维弹塑性断裂理论或者实验数据。这意味着这一问题的研究在数学理论、实验技术和当时的计算分析方面都面临巨大挑战。关键时刻，黄玉珊先生给予了他鼓励和支持，坚定了他攻克这一国际难题的信心和决心。

在黄玉珊先生和他的助手傅祥炯的指导下，博士生郭万林在仔细分析了三维裂纹尖端的三轴应力约束特性及造成二维理论不足的原因之后，建立了三轴应力约束下裂纹尖端应力场的基本假设，首次给出了三维弹塑性裂纹尖端应力、应变场的奇异性结构，并通过求解裂纹尖端局部场，得到了裂纹尖端应力、应变奇异性和角分布随三轴应力约束T_z的变化规律，得到了J–T_z的解析解。他还求解了三维线弹性裂纹尖端场，证明了在线弹性条件下裂纹尖端局部应力场与三轴应力无关，不仅澄清了理论界对该问题的争议，还为已有线弹性损伤容限分析方法在实际三维结构中的应用提供了理论依据。在三维问题解的基础上，他对平面裂纹问题进行了分析，首次发现在平面应变条件下裂纹尖端局部场不再独立于外部加载环境，并从理论上证明了HRR奇异解仅是平面应变裂纹尖端场的上限解，澄清了长期以来关于平面应变裂纹尖端场的争议；基于能量概念，建立了三维线弹性裂纹和弹塑性裂纹的双参数断裂准则，该准则不仅消除了厚度的影响，还初步实现了裂纹起裂与稳定扩展的统一。此外，他们还对三维疲劳裂纹扩展问题进行了深入研究，提出了三维裂纹向二维穿透裂纹等效的原则，建立了考虑三轴应力约束的半解析闭合模型和超载迟滞模型；构建了能够仅凭一种典型工况状态下疲劳裂纹扩展数据，精确预测各种三维应力状态下疲劳寿命的三维疲劳裂纹扩展统一模型，在很大程度上减少了寿命预估对实验数据的依赖性，提高了寿命预测的可靠性（郭万林，1991）。郭万林提出的被国际上称为"郭因子"的三维约束参数的有限特性，将难以求解的三维问题简化成可以求解的问题，从而在国际上率先获得了对三维弹塑性裂纹问题的理论解，受到国际学术界广泛认可和引用。

3.5 提出了一种考虑裂纹漏检概率的构件破断全概率计算方法

由于飞机结构损伤容限设计中，初始裂纹长度是计算结构裂纹扩展寿命的关键，工程上主要依据裂纹检测概率 $P(D/a) \sim a$ 曲线确定。80年代初期，黄玉珊先生不仅在第三届全国断裂力学学术会议上提出"用可靠性原理修改美空军损伤容限规范"的建议，竭力推动可靠性研究和损伤容限、耐久性设计及评定相结合，并针对某些飞机典型构件进行了可靠性分析。考虑到当时这种曲线测定无标准可循，他与林富甲一起提出了一种裂纹检测概率曲线的统计测定方法（林富甲，1982）。该方法通过对含不同长度预制裂纹实验件的检测，确定特定长度裂纹被检出概率P应满足的概率条件，并巧妙利用F分布函数表简化检出概率置信下限P_L的计算过程。在此基础上，根据各个裂纹长度区间内检测数据的统计结果作图，即可得到裂纹检测概率曲线和检测概率随裂纹长度a的变化曲线。

由于以断裂力学为基础的损伤容限设计方法对裂纹的漏检概率考虑不足，在黄玉珊先生的指导下，林富甲又进一步综合考虑了飞机构件疲劳与断裂两方面特性，提出了一种考虑裂纹漏检概率时任一检查周期内构件破断全概率的计算方法（林富甲，1983）。他们通过研究还发现，构件在一个检查周期内的破坏概率随检查序号增大而增大。对一定检查周期和累积破坏概率而言，较高的结构疲劳寿命或裂纹形成寿命对应较长的总使用寿命。检查周期越短，裂纹漏检对结构安全性的影响越小。这一工作被应用于某型后掠式飞机机翼主梁可靠性分析，并先后获航空航天科技进步二等奖和国家科技进步三等奖。

4. 我国航空航天结构强度事业的杰出学科带头人

4.1 中华人民共和国航空飞行器结构强度事业的先驱

中华人民共和国成立之初，黄玉珊先生就提出："飞机仿制中要考虑自行设计，设计中要重视基础科研，科研中要掌握国外先进技术。"他一贯重视产学研结合，强调高等学校的科学研究与工程实践相结合，并身体力行。虽然，他早年从事结构力学理论方面的教学与研究工作，但50年代中期起他的研究工作就与我国的航空航天事业建设密不可分了。1962年，国防科委召集召开了全国航空航天类专业教材编审委员会，黄玉珊先生应邀担任委员并负责飞机设计与制造组的工作。1963年国防部第六研究院航空科学技术委员会成立，黄玉珊先生受邀担任结构强度专业组组长，担任副组长的有清华大学杜庆华、南京航空学院张阿舟以及哈尔滨工业大学黄文虎等专家学者。1964年，中国航空学会成立，黄玉珊先生任成立大会执行主席，并被聘为飞机设计与强度专业组副组长。同年，在担任三机部（主管航空）和国防科委六院联合召开的强度组热应力试验设备会召集人期间，黄玉珊先生积极倡导并促成了航空研究院强度研究所的建立，这是我国第一所专门从事航空结构强度研究的科研院所。1972年，他还担任了国防科委飞机设计专业调查组副组长。

此外，黄玉珊先生还多次担任航空领域多个重要型号的结构强度审查审定工作专题会议的组长或召集人。例如：1972年，运-10方案审定会，他担任强度组组长，参加的还有张阿舟、王德荣、张桂联等人；1973年，他担任了三机部运-8飞机载荷审议会飞行载荷组组长，主持了三机部航空强度规划组组长会议，组织并主持708工程疲劳设计专题会议；1975年，在黄玉珊先生的组织下，我国召开了首次飞行器强度工作十年（1976—1985）规划会议；仅1978年一年，他就参加或主持了由国务院、国防科委、中国科学院等组织的全国性会议十余次之多。晚年，由于脑血栓后遗症的影响，黄玉珊先生虽然较少亲临一线参与型号方案审查或审定工作，但依然抱病为我国航空航天事业的发展不遗余力地工作。从他留下的日记中能够看到，他所承担的工作任务依然很繁重。1983年，他主持了《中国大百科全书·航空航天卷》中飞机设计、制造、试验分支的编写工作,并亲自主笔撰写条目;同年,他还带病主持了《2000年飞机结构强度展望》编写工作,该成果荣获教育部高等学校科技二等奖;1984年,兼任航空工业部强度中心理事长;1985年,又受邀担任由航空工业部科学技术委员会组织编写的《飞机结构损伤容限设计指南》一书的主审,该书后来获航空工业部科技进步二等奖、国家科技进步三等奖。此外,黄玉珊先生还担任过中国航空学会第一、二届常务理事,并长期担任结构强度分会主任。

在黄玉珊先生的领导下,华东航空学院飞机工程系的飞机结构强度专业和飞机制造工程两个专业,快速发展为西工大飞机设计、飞机工艺、直升机(1970年调整至南京航空航天大学)、空气动力、飞机仪表设备和导弹等六个专业以及飞机结构强度等两个研究所,聚集了包括陈百屏(固体力学专家,结构矩阵方法提出者)、罗时钧(钱学森先生的首位博士生,空气动力学专家)、王培生(空气动力学专家)、陈士橹(飞行力学专家,我国飞行器飞行力学的学术带头人)、叶天麒(计算力学专家)、赵令诚(气动弹性力学专家)、刘千刚(空气动力学与飞行动力学专家)、诸德培(飞机结构强度专家)等一大批国内力学、航空航天领域的著名专家学者,在教材和实验室建设等方面都取得出色成绩。

黄玉珊先生还担任过由西工大师生自主设计的"延安一号"和"延安二号"的总工程师。前者从开始设计到首飞成功,整个过程历时不到半年,后者是我国自主设计的第一型直升机(1970年由于西工大直升机专业调整至南京航空学院,"延安二号"转至南航继续研制,1975年9月4日在南京首飞成功)。在"延安二号"的初期设计阶段,黄玉珊先生不仅有力组织了研制工作,还亲自检查设计图纸,发现并解决了机身结构设计中的重要缺陷。

"延安一号"

"延安二号"

4.2 我国飞行器自激励振动研究的奠基人

飞机的机翼、尾翼，导弹的弹翼等很容易在高速飞行时发生颤振，对飞行安全构成极大的威胁。早在第一次世界大战时期，英国的DH-9型与德国的D-8型飞机就曾因为尾翼颤振而失事。之后随着飞机的飞行速度越来越高，颤振问题成为飞机研制中的一个非常重要的课题。50年代初期，当我国刚刚能够制造低速小型螺旋桨飞机时，黄玉珊先生就开始在各单位普及和推广动强度方面的知识。1957年，沈阳112厂受命研制我国第一款喷气式飞机"歼教-1"，时任该厂飞机设计室主任的我国著名飞机设计师徐舜寿就邀请黄玉珊先生担任顾问，指导歼教1的设计工作，并于当年请他在沈阳主持专题研究颤振问题达一周之久。当时参与研讨的还有力学所胡海昌、北大周光炯和南航陈基建等国内专家。研讨内容包括：①在飞机方案论证设计阶段，如何估计颤振问题及颤振的常规计算方法和试验项目？②今后112厂设计室如何针对颤振问题开展工作？如何取得国内科学研究机构的配合？这期间，除了进行基本理论的讲解外，黄玉珊先生还介绍了美、英、苏等国飞机设计时所采用的颤振计算方法，并指导了利用电子计算机进行翼面强度和气动弹性分析的算法。这一时期，他一方面多次亲赴112厂指导设计人员通过计算和试验解决歼教1飞机设计中遇到的颤振问题，另一方面积极安排西工大赵令诚与112厂技术人员一道专攻颤振问题，并负责颤振模型试验工作。1958年2月，在航空工业部组织召开的质量安全会上，他又着重地讲解了歼教-1飞机颤振模型实验。50年代末60年代初，西工大课题组与112厂密切合作，顺利完成了歼教-1飞机颤振模型实验。

1962年，由国家科委和科学院召集的编制"技术科学学科规划"会议在北京召开。黄玉珊先生参加了由钱学森、张维召集的力学学科组的研讨，并与周培源、杜庆华、钱令希、王仁、陆士嘉、林士谔等学者一起编制我国第一个力学规划。在这次规划会上，黄玉珊先生强调了气动弹性的作用，并承担了气动弹性力学和水弹性力学两部分的撰写工作。随后，他又主张西工大第一研究室重点搞气动弹性方向，并举办了气动弹性力学讲习班。不久，他又应邀担任了中国力学学会气动弹性力学与水动弹性力学专业组的负责人。他曾经倡导和组织的振动训练班学员中绝大多数人后来都成长为航空部各单位振动专业最早的技术骨干。

1963年，我国一种新型飞行器试飞失败，黄玉珊先生应邀参加了故障诊断与分析，随即产生了要加强气动弹性力学问题研究以及这方面专业人才培养工作的想法。1963年，在黄玉珊先生的指导下，赵令诚编著了我国有关气动弹性力学的第一本著作《气动弹性力学》，这本教材被作为当时国防工业院校统编教材使用。同年，时任西工大飞机系主任的黄玉珊先生还把西工大飞行器结构强度专业1964届本科班改为气动弹性专门化班。他亲自修改课程设置，为学生联系颤振分析的毕业实习和毕业设计，培养了我国第一批气动弹性专业人才。随后，在黄玉珊先生和赵令诚带领下，西工大先后承担完成了歼教-1飞机颤振模型试验、导弹弹翼超声速风洞颤振试验、歼-6改型机机翼、歼-7改型机机翼、大型运输机T形尾翼颤振和飞机壁板非线性颤振分析与试验等重大课题研究，为我国航空航天飞行器颤振问题的解决做出了突出的贡献。

除了积极倡导和指导气动弹性力学研究外，黄玉珊还是我国飞机前轮摆振领域的开拓者和领导者。在他的主持下，西工大率先成立了飞机前轮摆振课题组，并于1960年建成了我国第一台可用于实际型号研制的摆振实验设备。它实际上也是我国1984年以前新机研制与旧机改型中前轮摆振实验的唯一设备。歼-5、歼-6、歼-7、歼-12、强-5、图-4、运-12和一种新农用飞机等多个型号飞机的前轮摆动实验均是在这台设备上完成的。此外，我国飞机结构强度研究与实验中心于1984年建成的大型摆振实验设备，也是在黄玉珊先生的直接指导下设计和建造的。1984年出版的由诸德培等编著、黄玉珊先生指导和审阅的专著《摆振理论与防摆措施》，至今仍是国内外全面阐述摆振理论、实验、设计和使用方面问题的唯一书籍。

4.3 有限元方法在我国飞机结构设计中应用的倡导者

早在50年代初期，黄玉珊先生发现：英、美的结构力学教材体系侧重位移法求解，而我国普遍沿用的苏联教材则偏重于力法求解。这一时期，电子计算机技术快速发展，他敏锐察觉到电子计算机将会在结构力学计算中发挥非常重要的作用。因此，他要求广大师生积极学习矩阵力学方面的知识，提前做好足够的知识储备。

1956年，波音公司工程师M. J. Turner等人在航空科技期刊上发表了一篇题为"Stiffness and Deflection Analysis of Complex Structures"的论文，采用有限元技术计算飞机机翼的强度。当时把这种解法称为直接刚度法，这被认为是有限元法在工程学界应用的开端。这篇文章刚刚问世一年多，也就是在1958年，黄玉珊先生就广泛举办讲座，向科研人员介绍这一新方法，并指导他的研究生开展这方面的研究。

60年代初，黄玉珊先生指导的研究生刘元镛的毕业论文就是针对小展弦比机翼薄壁结构，给出了一种可用于工程应用的直接刚度法。此后，黄玉珊先生又先后提出了"小展弦比机翼薄壁结构的直接设计法"和"力法-应力设计法"，为推动有限元方法在我国航空工程中的应用做出了重要的贡献。

4.4 我国航天强度环境研究的卓越领导者

自50年代末担任国防部第五研究院顾问开始，黄玉珊先生就一直注重将所学知识用于解决航天结构强度实际问题，他在薄壁圆筒稳定性方面的一系列研究成果有力地指导了我国导弹、火箭事业的发展。60年代初期，他在实验观察到，薄壁圆筒在受轴压发生失稳时，除了失稳菱形波中三角板棱边弯曲变形和板自身的剪切变形外，其纵向边也会发生很大的压缩变形。他仔细分析了帕格斯利（A. Pugsley）等人的理论分析与试验结果符合性较差的原因后，提出应同时考虑剪切与压缩变形，并采用塑性极限分析的能量原理导出了新的理论公式。新公式除了能更准确地求出平均坍垮载荷外，还能够给出坍垮载荷的上、下限（黄玉珊，1964b）。

在该方法中，基于实验观察结果，黄玉珊先生认为：失稳后薄壁圆管的平均坍垮载荷应该包括棱的弯曲、斜棱的压缩以及三角板的塑性压缩三部分。基于能量守恒原理，这三部分可分别表示为（假设沿管周向菱形波的个数为3）

$$\frac{P_1}{P_0} = 1.72 \frac{t}{R}, \quad \frac{P_2}{P_0} = 2.48 \frac{t}{R}, \quad \frac{P_3}{P_0} = 0.13 \tag{50}$$

其中，P_1、P_2和P_3分别为棱弯曲、斜棱压缩和三角板的塑性压缩载荷，t和R分别为圆管壁厚和半径，P_0是圆管受单纯压缩时的屈服载荷（$P_0=2\pi tR\sigma_T$，σ_T为材料屈服应力）。

由此，圆管的平均坍垮载荷为三部分的叠加，即

$$\frac{P}{P_0} = 4.2\frac{t}{R} + 0.13 \tag{51}$$

这与试验值 $\frac{P}{P_0} = 5\frac{t}{R} + 0.13$ 吻合得较好。此前，Pugsley未考虑斜棱压缩给出的理论值 $\frac{P}{P_0} = 1.6\frac{t}{R} + 0.12$ 与实验值相比误差较大。

国家航天事业发展之初，在钱学森推荐下，1962年国防部第五研究院拟调黄玉珊先生到该院第五研究所（后改名航天702所）工作，但由于在西工大教学、科研和学科建设方面的任务较重，黄玉珊先生决定西工大和第五研究院两边工作，并于同年开始兼任第五研究院一分院技术顾问。1964年5月，国务院总理周恩来任命黄玉珊先生兼任国防部第五研究院一分院第五研究所（简称"第五研究所"）所长。此后几年间，他常常不辞辛苦地往返北京、西安两地，有时甚至每年在北京工作近半年之久。

在担任第五研究所技术顾问期间，黄玉珊先生围绕着解决火箭结构各种力学实际问题，为技术人员提供专业理论技术支持和指导。其中，在静、热力学强度方面涉及加筋贮箱内压、轴压弹塑性和波纹管稳定性、蒙皮强度分析、带隔板容器强度、翼面强度和刚度、机身翼面桁条力的扩散、DF-2舱段热应力对轴压稳定性影响、尾翼热应力计算及其对蒙皮刚度影响等方面的研究工作。在动力学方面，黄玉珊先生指导过振动理论、运输振动测量与计算、颤振分析等方面的技术发展，并率先提出运输振动研究中要关注随机振动问题。黄玉珊先生说当时"国内没有人搞随机振动，你们先搞，走走看，摸清问题，运输作为随机考虑是一个方向，如需要也可以给疲劳提供数据"。直到如今，这个问题依然受到重视，由此可见黄玉珊先生的远见卓识。另外，黄玉珊先生在导弹颤振分析方面开展了卓越成效的工作。在颤振技术发展方面，黄玉珊先生率先垂

范，曾亲自担任某型号颤振分析任务的负责人，组织开展了全弹翼舵的模态试验、刚度试验、多轮刚度分析和颤振临界速度计算，首次完成了航天领域导弹颤振分析和刚度分配研究。他提出的刚度指标分配的思想和方法，至今仍然有相当重要的指导意义。

1964年，在正式兼任第五研究所所长后，除行政管理工作外，黄玉珊先生最关心的是研究所的专业发展和人才队伍建设。在他的大力支持下，第五研究所制定了"强度与环境试验研究十八年规划"。1965年5月，黄玉珊先生向当时七机部副部长钱学森汇报并探讨了第五研究所的发展规划，钱学森先生高度肯定了规划的前瞻性与跨学科特点。该规划充分预计了未来航天系统的验证需求，将静强度拓展到静、动、热强度三个方面，确立了开展力学环境、自然环境和空间环境等三个方向的试验研究。自此，第五研究所的专业领域发展方向，正式地由单一强度研究试验发展为强度与环境的综合性研究试验。

黄玉珊先生在培养航天科技人才方面也倾注了大量的心血，在担任第五研究所顾问和所长期间，他经常开展各类力学相关问题的培训和答疑，第五研究所的很多专家都得到过黄玉珊先生的亲自指点。一方面，他对火箭贮箱强度及稳定性分析、翼面稳定性及破坏强度计算、小展弦比翼面设计方法、加筋舱段结构力的扩散、低温贮箱后过渡段温度应力对屈曲强度的影响、翼前缘热屈曲的分析方法等进行了具体的技术指导，这些具体技术问题的解答直到现在来看都有指导意义。另一方面，黄玉珊先生在指导青年科技工作者时，非常注重治学方法的言传身教，他常常强调："工作中不要怕走弯路，有关的东西要摸摸。科学研究要探讨，各种各样的假设要讨论，不要轻易否定。往往以前被否定的东西，后来看看又是对的。""经典著作一定要读的。""数学不一定要系统学，用什么，补什么，过几年也补得差不多了。具体的工作第一次要做的，但是不能陷在里面。""你们做计算一定要根据实践，不能空谈自己假设；试验要参加的，发现问题先记下来。"他指导过的张骏华后来成长为结构强度专家，著有《导弹强度设计手册》《导弹与运载火箭结构可靠性设计指南》《导弹与运载火箭复合材料设计指南》和《结构可靠性分析与计算》等四部著作；吴家驹成长为随机振动方面的专家，在航天随机振动研究方面享有盛誉。

1965年，按照国家要求，国防部五院一分院（现航天科技集团一院）8700余名行政、技术人员集体转业，干部按照国家规定套改地方干部行政级别，其中唯一一名被确定为技术一级的就是黄玉珊先生，可见当时他在航天结构强度领域具有很高的技术权威。

5. 高瞻远瞩的航空高等教育家

黄玉珊先生把一生精力倾注于党和国家的教育和科技事业。他自1931年考入中央大学之后，除了1937—1940年在中英庚款资助下赴英国和美国攻读硕士和博士学位外，一生中再没有离开过祖国的教育事业。中华人民共和国成立后，黄玉珊先生随南京大学航空工程系并入华东航空学院，1956年随华航举家"西迁"至西安，后又在西工大飞机工程系工作，致力于我国航空科技和教育事业，桃李满天下，为母校的人才培养和学科发展而倾尽毕生精力。作为著名的力学和航空教育家，黄玉珊先生不仅具有深厚的学科基础功底，还具有先进的教育理念、对学科发展的高度洞察力和与时俱进的战略眼光。

1940年，尚不满23岁的黄玉珊先生博士毕业之际，经时任中央大学航空工程系主任罗荣安教授的大力推荐，被聘为中央大学教授。罗荣安教授十分欣赏黄玉珊先生，认为其"青出于蓝"，于是把自己讲授多年的课程"飞机结构"交给他负责。黄玉珊先生讲课内容新颖，讲解生动，见解精辟，常常是以问题为导向切入，阐释深入浅出，理论联系实际，深受学生欢迎。他在回答学生问题时，从不摆架子，不怕麻烦，精心地一一解答，仔细解算，反复推演，简明扼要地把问题解答得一清二楚，总能给大家一种茅塞顿开的感觉，深受学生们的赞叹。中央大学1941届学生、后来师从黄玉珊先生获得硕士学位的冯元桢曾评价他授课："忽然间我们看见了基本守恒方程，忽然间我们学过的微分方程活了，从那里面流出了许多有用的结果。慢慢地，我们原来教本里的无数曲线有了根源，不再那么吓人或者烦人了。"我国著名空气动力学与飞行力学专家刘千刚教授曾回忆说："1947年我在中央大学航空系读书的时候，那时黄老师教我们'工程数学'课。当时由于时局动荡，学校经常罢课，我们都无心念书，但对黄老师的课大家却非常重视。黄老师以其渊博的知识、精辟的讲解把大家吸引住了。记得有一次讲波动方程，他用弹琴时琴弦的振动和打鼓时鼓皮的振动结合数学公式来进行讲解，概念十分清晰，使得很抽象难懂的问题一下子都变得很清楚了。现在虽然时隔40多年，但当时讲课的情景仍然历历在目，好像不久前刚听过他讲课似的。"

黄玉珊先生虽然平时科研任务繁重，但仍然坚持每年给本科生开一门专业课。他曾先后在中央大学、浙江大学、中央工业专门学校、重庆大学、华东航空学院、西安航空学院和西工大主讲过"飞机结构""材料力学""结构设计""飞机设计""飞机强度""飞机结构力学""弹性稳定学""工程数学""航空概论"和"气球"等课程十余门，亲自编写、编译了多部著作、教材，包括《结构学》《飞机构造和强度计算》《飞机结构力学》和《板壳力学》，独译《开口薄墙支杆的弯曲扭转变形》，与杨彭基教授等合译《非金属材料施工法及其应用》，与许玉赞、顾松年教授合译《飞机结构力学》和《飞机各部分设计》等专著。黄玉珊先生的治学思想突出"广"与"深"相结合。他认为学问要在"广"的基础上求"深"，深而再广，广而再深。这一点在他编写的教材中体现得很突出。例如，他编写《飞机结构力学》时就打破常规，首先讲解结构力学的基本原则和计算形式，然后再按静力平衡关系、变形协调关系这两条主线展开。当时使用过这本教材的教师和学生都说"初读这本书觉得尽是'骨头'，但是越读越觉得这本书提纲挈领，推演精练，概念准确，见解独到，的确是一本用华罗庚读书'厚薄法'才能读出它的味道来的好书！"他还用英文撰写《飞机结构学》讲义四大章近400页，所收集的材料丰富而精辟，可以和当时世界上该领域最新的教材相媲美。这也说明了黄玉珊先生学问的博大精深，不仅自己对知识的理解非常透彻，还善于用凝练的语言将复杂难于明白的知识点清晰明确地表达出来。

除了去世前完成的著作之外，黄玉珊先生还曾着手编写了《飞机结构力学及强度计算》《结构稳定学》《飞机构造与设计》《空气弹性力学》《高等飞机结构力学》《应用弹塑性力学》以及《飞行器强度计算》等教材或著作。

可惜的是，后来因为繁重的领导工作，再加上身体疾病的影响，直到去世前这些教材或著作也未能完成。察看他留下的手稿，很难想象一个脑血栓后遗症导致右手写字吃力的人是如何完成这些工作的。例如《疲劳与断裂》，全书共十章，已完成一至五章并送科学出版社审查。书稿近200页，完成于1984年，都是他一字一字亲手写的，字体异常工整。

黄玉珊先生善于启发和放手发动年轻工程技术人员，要求他们不仅要有强的业务能力，而且要安心和热爱自己的工作。他善于解决问题，待人又诚恳热情，从高层领导到后辈学生，都愿意找他商讨或请教问题，甚至经常有人不远千里而来，即使他卧病期间也无例外。许多知名人士在学习或工作过程中都得到黄玉珊先生的指导。力学、航空航天等领域的专家学者，如冯元桢（美国国家科学院、工程院和医学院院士，中国科学院外籍院士，黄玉珊先生指导的第一位研究生）、沈申甫（美国工程院院士，中央大学航空系1941届学生）、张阿舟（我国著名飞机结构强度专家航空工程专家、固体力学家、教育家，中央大学航空系1941届学生），虞光裕（我国第一代航空发动机专家，中央大学航空系1941届学生）、诸德超（计算力学和结构动力学专家，航空教育家）、诸德培（飞机结构强度专家，黄玉珊先生指导的研究生）、朱思俞（计算机专家，黄玉珊先生指导的研究生）、郭万林（中国科学院院士，力学专家，黄玉珊先生指导的研究生）、李玉龙（冲击动力学专家，黄玉珊先生指导的研究生）等都是他的学生。

黄玉珊先生还非常注重青年教师的培养。60年代初期，他就在西工大率先建立了重点培养教师制度，选派青年教师担任各位老教授的科研助手。像朱思俞、诸德培等都曾担任过他的助手。改革开放以后，他又广泛联系，亲自推荐青年人才出国进修。原华东航空学院院长、西工大首任校长寿松涛曾评价黄玉珊先生"不仅在学术上数一数二，而且是'学校的老母鸡，要多下蛋，多孵小鸡'"。除了积极为学校培养人才外，他还多次受三机部、国防科委等委托，组织全国范围内的学习班或培训班。在中国航空航天结构强度领域，许多厂、所的中、青年业务骨干，院校的骨干教师也是在他指导下得到迅速提高的。2017年，刚刚度过了98岁生日的冯元桢得知航空学会结构与强度分会要举办纪念黄玉珊百岁诞辰的学术活动时,微笑着说:"他是我的老师","我在重庆时是黄老师第一个研究生"。他仔细读着一些有关黄玉珊先生的简介和相片,在首页"You are forever in our hearts!!"一行字下面,签下了自己的名字。之后他反复对家人念叨着说:"我光签个名字是不够的,我应该多做些什么事情来纪念老师。""因为我和黄老师的关系,超出老师和学生,更像是父亲和儿子。"

98岁的冯元桢拍照纪念黄玉珊先生诞辰100周年(2017年)

黄玉珊先生在教育过程中非常注重学生实践能力培养。他认为培养学生不仅要教他们牢固掌握专业理论知识,还应该加强他们工程实践中的锻炼。早在1942年中央大学时,他就组织师生为中华滑翔总会成功设计了一架初级滑翔机。1958年,他亲任总工程师试制成功"延安一号"飞机。1960年,他主持设计、制造了一种小型气垫飞行器。他还一贯强调高等学校的人才培养、学科建设和科研工作直接地面向工程实际。他倡导要在大学生中开展课余科研训练活动,主张学生毕业设计课题要结合生产实际,选题全部来自工业部门。他所指导的研究生论文选题几乎百分之百地来自航空航天工程实际。例如:研究生诸德培的毕业论文《前轮摆振问题》、刘元镛的毕业论文《小展弦比机翼的刚度矩阵法》,选题都来源于我国自主设计的第一型歼击机结构设计中强度计算问题;研究生刘雪惠的毕业论文《聚交三角形盒式机翼的工程应力分析方法》是以歼击机三角形机翼的应力分析为背景的;王家琳的研究生论文《关于圆形筒壳的Donnell方程的研究》,则是针对导弹壳体分析提出的理论问题。他还推荐当时还是三年级本科学生的林超强(空气动力学专家)的论文在《航院学报》发表,极大地鼓舞了学生开展科研的积极性。他坚持人才培养必须紧紧围绕航空和国防工业对人才需求的特点,倡导通才教育和专才教育相结合的人才培养模式,注重学生实践能力培养,这些教育理念至今都不过时。

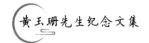

5. 结束语

黄玉珊先生是我国航空航天结构强度研究的先驱,一位杰出的力学家和教育家。他不满14岁考入大学,18岁成为我国最早的一批航空学子。抗战烽火正酣时,在美国学成却毅然回国,受聘中央大学航空系教授,时年不足23岁,被称为"娃娃教授"。50年代中期,毫不犹豫地举家远离富饶的故土南京,来到当时条件艰苦的西安创业。从此扎根西北,无怨无悔地把自己的学识贡献给祖国的航空事业,投尽毕生精力,直至生命的最后一刻。他从进入中央大学读书,至70岁离世于西工大,期间除在帝国理工和斯坦福大学学习外,从没有离开过他的母校;自进入中国第一届航空机械特别研究班开始,直至离世,从没有离开过他的热爱的航空力学领域。他始终站在科学阵地的前沿,为我国开拓了多个学科领域;他一生著书立说,为后人留下宝贵财富;他把满腔心血献给了人民教育事业,桃李满天下。他的行动就是"热爱祖国、顾全大局、艰苦创业、献身航空"的华航西迁精神的最佳写照。他以高尚的道德修养、远见卓识、无私的奉献精神和卓越的成就,让我们心里永远铭记!

致谢:作者受《力学进展》主编戴兰宏研究员邀请,撰写此文,纪念黄玉珊先生诞辰105周年。在论文的写作过程中,西工大刘元镛教授、黄其青教授、李亚智教授、殷之平副教授和航天科技集团702所荣克林研究员、贾亮研究员等提供了史料并对初稿提出了宝贵的意见,作者在此一并致谢。

参考文献

[1] Broek D, Smith S H. The prediction of fatigue-crack growth under flight-by-flight loading. Eng. Fract. Mech., 1979(11): 123–141

[2] Elber W. The significance of fatigue crack closure. ASTM STP486, 1971: 230–242.

[3] Fung Y C, Kaplan A. Buckling of low arches and curved beams of small curvature. NACA TN2840, 1952.

[4] Huang Y S. Bending of rectangular plates having forces in the middle planes of the plates. Palo Alto: Stanford University, 1940.

[5] Huang Y S. Buckling of plates with lateral stiffeners. J. Royal Aero. Society, 1941,

45（370）: 326-330.

[6] Lévy M M. Sur l'équilibre élastique d'une plaque rectangulaire. Comptes Rendus, 1899（15）: 535-540.

[7] Li Y L, Liu Y Y, Huang Y S. The calculation of stress intensity factor of DCB model using distorted isoparametric elements. Conference proceedings of the mechanism of fracture, ASM, 1985: 135-138.

[8] Paris P, Erdogan F. A critical analysis of crack propagation laws. J. Basic Eng. Trans. Am. Soc. Mech. Eng., 1963: 528-534.

[9] 冯元桢. 微弯薄曲杆及薄曲板对侧压力之稳定性. 南京: 国立中央大学, 1941.

[10] 郭万林. 三维断裂和疲劳裂纹扩展. 西安: 西北工业大学, 1991.

[11] 黄玉珊. 弯曲轴与弯曲线. 航空机械月刊, 1941（5）: 20-23.

[12] 黄玉珊. 飞机设计中的疲劳问题. 航院学报, 1957（1）: 62-66.

[13] 黄玉珊. 多空刚构的柱比分析法. 力学学报, 1958, 2（4）: 298-307.

[14] 黄玉珊, 诸德培. 边缘受径向集中载荷作用的短悬臂薄壁圆筒壳体. 西北工业大学学报, 1963（1）: 53-62.

[15] 黄玉珊. 整体圆壳筒的Donnell型方程. 西北工业大学学报, 1964（1）: 1-6.

[16] 黄玉珊. 薄圆管在轴压失稳后的极限载荷. 西北工业大学学报, 1964（1）: 7-14.

[17] 黄玉珊. 疲劳和断裂的关系. 航空学报, 1978（2）: 65-71.

[18] 李玉龙. 双悬臂梁模型动态裂纹扩展特性的实验研究和分析. 西安: 西北工业大学, 1985.

[19] 李玉龙, 刘元镛. 双悬臂梁模型在阶跃载荷作用下的动态响应及动态断裂韧性KId（σ）的确定方法. 西北工业大学学报, 1987（4）: 469-479.

[20] 林富甲, 黄玉珊. 裂纹检测概率曲线的统计测定. 航空学报, 1982（4）: 21-27.

[21] 林富甲, 黄玉珊. 成对使用的机翼主要构件可靠性分析. 航空学报, 1983（3）: 19-27.

[22] 刘雪惠, 黄玉珊. 半线性Willenborg迟滞模型. 西北工业大学学报, 1983, 1（1）: 71-78.

"导师会影响学生的人生道路"

——专访郭万林院士

◎ 刘建平

2022年6月15日，西北工业大学航空学院党委书记索涛、负责学院校友工作的傅金华老师与记者一行三人赴南京航空航天大学（简称"南航"）拜访了校友郭万林院士。

6月的南京气温已经很高了，我们进入南航的校园，来到郭院士的办公场所。郭院士放下手上的工作亲切地接待了我们。院士身着白色短袖衬衫、蓝色裤子，依然是非常的儒雅、和蔼，相比五年前第一次采访院士，院士增添了更多的白发。简单地寒暄之后，院士首先与索涛老师就撰写的黄玉珊先生纪念文章交流了意见，并对其中的一些细节问题提出了建议。随后，作为黄玉珊先生的弟子，郭院士接受了记者的专访，想起老师的点点滴滴，院士感慨良多。

"回想起先生在当时的时代背景下，义无反顾、心无旁骛地回到战火纷飞的祖国，这种爱国情怀，是我印象最深刻的一点……"

采访一开始郭万林院士就说到，自己做研究越久，研究越深入，就觉得老师对自己的影响越明显，在工作场合提及先生事迹的次数也越来越多。特别是自己近几年受邀去斯坦福大学，感受到了那里的学术氛围、校园环境，包括结合当时美国吸引人才的政策等，先生在当时的时代背景下，义无反顾、心无旁骛地回到战火纷飞的祖国的事迹，令自己深受教育。

黄玉珊先生1940年博士毕业时，正值国内抗日战争最艰难的时期，但他仍义无反顾地离美回国，接受了中央大学的聘约。当时的中央大学虽然已经内迁至重庆以避战火，但正常的教学和科研活动仍频繁地受到日寇空袭的干扰，师生们经常工作、学习于残垣断壁之间。尽管生活异常艰苦，黄玉珊先生却泰然处之，并写出"卷地狂风挟雨来，柔枝飞舞栋材摧。客居幸得茅檐蔽，也有闲情听远雷"的诗句。

"那时候的美国正处于吸引、集聚人才的时期，条件待遇都非常优厚，先生在那个年代毅然回到了祖国，而且并没有回到他的家乡南京，却去了重庆任教。当你真正站到斯坦福大学的校园里，再深刻感受一下那个时代，就会对先生产生一种万分崇敬的心情，这也是我受教育最大的一点。"郭院士感慨道。

"导师会影响学生的人生道路。"郭院士提到，回想到自己的工作经历，他感受颇深。郭万林院士曾经在澳大利亚工作过一段时间，当时国外的条件比国内好很多，最后他回国工作后，有人问他为什么要放弃国外的优厚待遇而选择在国内工作，他告诉别人当时根本就没考虑这方面因素，回国是理所应当的。郭院士对记者说："我当时根本不存在什么利益的权衡，所以我想黄玉珊先生当时考虑更简单，但事实上把他的简单放在那个环境下就是不简单了，潜移默化中我也受到了先生的影响。"

文化自信是更基本、更深沉、更持久的力量。郭院士谈到，大家说科学无国界，但文化是有国界的，科学家是有祖国的，国与国之间最大的不同就是文化差异。中华民族有着悠久灿烂的文化，是印在每一个中国人心底的，每一个中国人都要热爱自己的祖国，科学家更是如此，都有义务传承发扬好中华文化。

科学研究要面向未来，敢于开拓创新。

黄玉珊先生不满23岁时在斯坦福大学师从国际著名力学大师铁摩辛柯，仅用一年时间就获得了博士学位。对此，郭万林院士介绍说，纵观斯坦福大学历史，能用一年时间就获得博士学位是十分少有的。而且先生的导师铁摩辛柯对学生非常严苛，先生能用一年拿到学位，说明先生解决问题的方法一定是开创性的。郭院士说："同样的问题，也许你8年、10年也解不了，但先生突然就把它解了，尤其是涉及基础性数学理论的问题。"同时他提到，先生一年能拿到学位，一是体现了他的人生智慧、他的能力，二是突显出了先生敢于开拓创新的科学精神，这种品质值得每一位科研工作者去学习。

谈及我国目前的科学研究，郭院士说，近代以来在教育领域、科学研究领域我国一直在向西方学习。新中国成立后，特别是改革开放以来，我国在各方面的指标上都发生了质的提升，包括论文数、专利数等，很多指标在国际上已经是数一数二了，很多方面都有着巨大的优势。在目前这种形势下，我们是否仍然要局限于学习或者充当跟跑的角色，是我国每一个科研工作者需要思考的问题。

习近平总书记在两院院士大会、中国科协第十次全国代表大会上的讲话中强调，要拓展认识自然的边界，开辟新的认知疆域，我国广大科研工作者要努力构建中国特色、中国风格、中国气派的学科体系、学术体系、话语体系。郭万林院士坦言，总书记的讲话为我们科研工作者指明了方向，也是我们的使命。回想起黄玉珊先生的经历，以先生为代表的老一辈科学家就是一直向着这个目标奋进的。

谈及自己的科研经历，郭院士感言："当自己开辟了新的领域，开始独立做研究的时候，先生的这种精神、经历对自己的启发就变得越来越大，感悟也越来越深，对同事、学生谈及先生的事迹也愈来愈多。"郭院士对记者说，自己在40岁之前只做疲劳断裂，在35岁时就萌发了研究新领域的想法，一直在思考、寻找如何创新突破。所以在90年代后期，他就逐渐对纳米力学、纳米尺度科学开始了研究。事实证明，虽然艰难，极具挑战，但研究这个领域意义非常重大，目前团队研究取得的一系列成果在国际处于领先地位。所以说，科学研究始终要面向未来，要敢于开拓创新，这样才能推动人类文明进步。

作为黄玉珊航空班的班主任，郭院士十分关心黄玉珊航空班学子的培养。他强调，除知识的传授外，更重要的是对学生的文化熏陶，学院要在多方面引导师生深切体会在特定的时代背景下，黄玉珊先生的崇高精神品质和学术思想，能够在先生事迹的影响下加强对学生树立远大理想、勇于砥砺奋斗、练就过硬本领、锤炼品德修养等方面的教育引导，培养出致力于"航空报国、航空强国"的优秀人才。作为班主任，郭院士表示自己也将多抽时间采用线上线下结合的方式与同学多多交流座谈，助力同学们的成长成才。

记者感悟：采访院士前，本来作为记者事先已经准备了很多的问题要和院士进行交流，但和院士交流后，发现自己准备的问题远远不能与院士看问题的深度匹配。郭万林院士从时代背景、国际形势、科学研究发展演变、专业领域发展等多个维度剖析了黄玉珊先生的事迹在当下为我们带来的启示。作为教育工作者、科研工作者，郭院士结合自身经历诠释了"导师会影响学生的人生道路"，体现了郭院士对黄玉珊先生的崇敬、感恩、怀念之情，也寄托了他对后辈的殷切期望，特别是矢志于国家科研事业的广大青年一代，希望他们能够感悟先生之崇高精神品质和学术思想，能够从中受到教育与启迪。

郭万林（1960.10— ），力学家，陕西眉县人。1981—1991年间先后获西北工业大学学士、硕士、博士学位。现任南航纳米科学研究所所长，纳智能材料器件教育部重点实验室主任，2017年当选中国科学院院士。曾为澳大利亚国防科技组织专家中心专家及德国马普金属所、美国内华达大学访问教授。

面向飞行器安全和智能化的需求，长期从事飞机结构三维损伤容限和低维功能材料力电磁耦合和流固耦合的力学理论和关键技术研究，建立了三维弹塑性断裂理论和飞机结构三维损伤容限设计方法，构建了低维纳米材料结构力-电-热-磁耦合的物理力学理论体系，发现了一系列纳米材料的智能特性和能量转化新原理，拓展了动电理论，提出了水伏效应的概念。获国家自然科学二等奖、何梁何利基金科学与技术进步奖、徐芝纶力学奖和全国优秀科技工作者称号，因对宇航结构完整性、耐久性和纳米力学的持续贡献获ICCES Eric Reissner Award，2014—2018年连续入选爱思唯尔中国高被引学者榜单。已培养博士40多名，包括杰青、优青、全国（学科）优博获得者和提名获得者10多名。（摘自南航官网）

我心目中的黄玉珊先生

◎ 郭亚洲

自2000年考入西工大飞机系（现航空学院）以来，常常听年长的老师提到"黄玉珊"这个名字。印象中每次提及都称"黄玉珊先生"或"黄先生"。我想能够被这些德高望重的老教师称为"先生"的，应该是位了不起的人物。后来博士毕业后留校任教，先后参与了"纪念黄玉珊先生诞辰100周年""黄玉珊先生铜像揭牌仪式""黄玉珊航空班成立仪式""黄玉珊航空教育基金设立仪式"等系列纪念黄先生的活动，我本人还有幸成为第一届"黄玉珊航空班"的青年导师。在参与活动和资料整理过程中，对黄先生的生平事迹有了深入了解的机会。我心目中的黄玉珊先生，可以用几个关键词来概括。

第一个关键词是"师出名门"。黄先生1931年考入中央大学，入学时不足14岁，1939年9月赴美国斯坦福大学，1940年夏天毕业，不到一年时间即获得博士学位，堪称奇迹。黄先生的博士导师是力学泰斗铁摩辛柯（Timoshenko）教授，他是工程力学的奠基人之一。我的硕博士导师是李玉龙教授，李老师又是黄玉珊先生的研究生。因此，算起来我还是黄先生的徒孙、铁摩辛柯的徒曾孙，每每和同事朋友提起这一师承关系来，我都是引以为傲。

第二个关键词是"胸怀祖国"。黄先生1940年于斯坦福大学博士毕业，此时正是国难当头，日寇猖獗，整个中国都在枪林弹雨中。他本可以在美国过上舒适的生活，但是他却放弃优厚待遇，毅然回国。是什么促使他做了这样的选择？在我看来正是他对责任的担当和对祖国的热爱。2020年9月，习近平总书记在科学家座谈会提出"科学家精神"，其中最重要的一条是"胸怀祖国、服务人民的爱国精神",这在黄玉珊先生的身上得到了最真实的体现。

第三个关键词是"治学严谨"。黄玉珊先生23岁即被聘为中央大学教授,被称为"娃娃教授"。当时国内极度缺少力学和航空方面的教材和著作,黄先生为更好地培养学生,先后编著了《结构学》《飞机构造及强度计算》《航空概论》《结构稳定学》《空气弹性力学》《高等飞机结构力学》《壳体力学》《应用弹塑性力学》《断裂与疲劳》等教材和专著,译著了《飞机结构力学》《非金属材料施工法及应用》《飞机各部分设计》等国外教材。直到逝世前两三天,黄先生还在进行《军用飞机完整性大纲》和《损伤容限设计要求》的翻译和修改工作。给我印象最深刻的一点是,黄先生多年坚持制作文献索引卡片,自创分类索引的方法,三年制作索引卡片2300多张,形成了一个自己的"数据库"。这些卡片都是在"零碎"的时间完成的,体现了黄先生对于所从事的事业发自内心的热忱。

在黄玉珊先生诞辰105周年之际,我们可以从他身上学到一些东西,能够在教学和科研中起到一些积极作用,我想就是对黄先生最好的纪念了吧。

学习黄玉珊先生事迹感悟

◎ 周 杰

我是来自航空学院航空结构工程系的周杰，是一名2019年入职的青年教师。当年刚进学院报到，进入航空楼第一眼看到的就是一尊温文尔雅的老先生的铜像，铜像上写着黄玉珊先生，心想这位黄先生一定是很崇高的人，才能竖立铜像在这里。随着后来的工作，特别是成为2020级黄玉珊航空班的青年导师后，对黄玉珊先生的生平事迹有了深入的了解，对他的崇敬陡然而生，也深深地影响了我。

黄玉珊先生在美国斯坦福大学获得博士学位，他毕业时，正值日本猖狂侵华，他放弃国外优厚的待遇，毅然回国。新中国成立后，我国工业基础薄弱，百废待兴，特别是关系到国防的航空、航天事业。黄先生几十年如一日，忘我地投入工作，为祖国的航空、航天教育事业和科学技术发展呕心沥血，奉献出毕生精力。祖国哪里需要他，黄先生就到哪里。当听到华东航空学院要迁到西安时，黄先生非常支持西迁，举家来到西安。1971年，当听到周恩来总理说直升机研制了十年始终过不了关，他马上建议在科技工程人员中组织攻克直升机研制关的"突击部队"，并自荐解决直升机研制中结构强度的力学问题。

黄先生所在年代，国家一穷二白，工作和科研条件十分艰苦，即使在这种艰苦的条件下，他依然保持着高涨的热情与激情开展科学研究，克服重重困难，为祖国的航空航天事业、人才培养做出了巨大贡献。即使后来生病，也依旧带病工作了17年。黄先生处处体现了舍己为公的精神，作为一名回国工作3年的青年学者，我的心情难以平复。与他那个时代相比，我们国家从各个方面都得到了极大的发展，无论生活环境，还是工作环境，都是很优越的，很多地方都超越了国外的水平。虽然也会遇到一些困难，但与前辈相比，这哪里算得上是困难。应当向黄先生一样，祖国哪里需要我们，我们就到哪里，解决国家重大战略需求中的"卡脖子"问题，要迎难而上。

  黄先生治学严谨，对自己严格要求，对人宽厚谦和，能够求同存异。同时，他始终重视产学研结合，并在教学中也强调这一点，学生不仅要牢固掌握专业知识，也要在飞机设计与工程实践中得到锻炼，最终能学以致用。这些都深深影响了我，自己应当在努力做好本职工作，提升自己在教学与科研的业务水平，加强基础研究的同时，也要注重工程应用研究，推动自己研究成果的落地，真真正正地解决国家相关领域中的问题，应当在自己所在的航空研究领域，努力进行科学研究，提升我国的航空实力，打破国外的技术垄断，让我们的祖国更加繁荣昌盛！

黄玉珊先生精神认识

◎ 谢 伟

久闻黄玉珊先生被人们亲切地称为"娃娃教授"。出于好奇，我阅读了先生的纪念文集，其中对我影响最深的是他的创新精神。黄玉珊先生一直站在学科的最前沿，鼓励大家去做开创性的研究。20世纪60年代后期，黄玉珊先生首先提出了应用断裂力学来解决飞机的强度和寿命问题。1973年，上海为设计大型客机"运十"召开了一个设计原则的讨论会。黄玉珊先生提出了一整套用断裂力学的损伤容限法来设计这架飞机，并作了一些原理性的演讲，认为原材料和加工过程中不可避免地存在一些原始损伤，只要能正确地应用检修周期，及时加以修复，安全是可以保证的。最后"运十"定下了一个设计原则：对使用中不可检的零部件用"安全寿命"的原则来设计，对使用中可检的零部件用损伤容限的方法来进行设计。对于旧飞机的"定寿、延寿"问题，提出了用损伤容限设计的方法来重新评估旧飞机的寿命。他编著了《应力强度因子手册》《飞机结构损伤容限设计指南》。这些方法是非常先进的，目前在我国新机结构设计和老龄飞机延寿中仍然使用。他的创新思想一直引领着我们继续前进。

黄其青是黄玉珊先生的小女儿，传承了黄玉珊先生的学术思想，主要研究结构疲劳、断裂、可靠性分析。在我硕士入学时，黄其青教授为我选了三维断裂这个研究课题。在攻读硕士和博士学位期间，我开展了三维断裂数值计算方法和工程应用研究。在工作以后，仍然以三维断裂作为自己的主要研究方向，开展结构疲劳与断裂、飞机结构耐久性和损伤容限方面的相关工作。

学习了黄玉珊先生的事迹，我深深为老先生勤奋的敬业精神、与时俱进的创新精神、平易待人的品德所触动。作为一名新时期青年教师，我们站在新起点上，在以后教学科研中应以先生为榜样，时刻铭记"公诚勇毅"校训和"三实一新"校风，努力做好本职工作，上好每一节课，带好每一个学生，为"航空报国、航空强国"贡献力量！

三、家风似玉　德厚流光

怀念珊哥

◎ 黄玉岚

珊哥离我而去整整一年了。去年6月8日晚上我突然心痛难忍，呕吐不已，又发高烧，次日清晨住进医院。一个月后出院，家中人才婉转地告诉我，珊哥已在我住院当日，平静地逝世。生离死别，无限悲痛，回忆往事，以表我思念深情。

珊哥大我两岁，儿时我就觉得他的形象高大，知识丰富，是我崇拜的偶像。他不多语，默默地助人，事事埋在心中。幼小时常和我们玩，有时演历史剧，有次他演"唐明皇"，我头上披了花绸拖得很长跟着跑，大家口中还作锣鼓声。后来我才知我扮的是"杨贵妃"。冬天南京奇冷，他就领我们踢皮球，他又喜欢打台球和乒乓球，前者他到弹子房去打，后者在家中用两张饭桌中间两旁放些书，上面放一个棍子就打开了。他有时还要我陪他骑车出去玩。当时买不起自行车就租，既破且旧，又仅有男车。我穿长旗袍，上车很困难，不小心就摔跤，往往还未出发就怏怏而归。

当时，珊哥在南京钟英中学读书。该校是以数学有名。有名的数学家余介侯、余介石等都是该校老师。他们认为珊哥有奇才，常亲自指导。有好几次，珊哥因病不能到校，就将习题做好，要我送至离我家很远的城南余家。

珊哥因聪明过人，母亲特别喜爱。幼小时，家中曾请了一位私塾老师，母亲常躲在门外探望。当老师发怒打骂珊哥，母亲就在门外哭泣。友人送的东西，母亲首先想到的是给珊哥，珊哥也事母至孝。他的同学与朋友外出，也总是托人带些母亲喜爱吃的如镇江肴肉之类，他自己却什么也不要。母亲40岁左右时，胸前患大块湿疹蔓延很快，到处求医不愈，已有危及生命的危险。珊哥到处设法，后来领母亲到中央大学附属医院治疗，擦了几次药水，很快就好了。

关于吃的方面，珊哥也爱吃零食。我家住长江路，离新街口很近，附近糖食店很多，经常买些刚出炉的酒酿饼吃，也常去新街口吃豆腐花。家中做菜他最爱吃白水煮猪肉，他说这是他的个性，不加作料修饰，表示他自己表里一致，性情爽朗。

1937年珊哥考取第五届中英庚款留英研究生出国。当时我家住上海，正值日军侵略上海，在炮火轰炸声中，我们都很担心他是否能平安乘船赴英。离家时他说了一句："不回家来就是到英国学习去了。"1938至1942年，我去西北就读农学院，一切靠国家，无其他经济来源，日子过得很苦。珊哥也曾汇过钱给我，珊哥的一个赴英国留学生朋友回国到西安，他就请此人专程到农学院去看望我，给我物质上的支援和精神上的安慰。

1942年我毕业后到重庆。当时珊哥在沙坪坝中央大学任教授。该地尚有其他高等学校如重庆大学等，所以有文化城之称。宿舍是一排排简易平房，教授每人一间，如有爱人、孩子，也是仅此一间，讲师以下则是两三人一间。屋内有一书桌、一书架、一张床和一把椅子。家具都是白坯，没有漆过。大家生活很清苦，根本不能进重庆城，因为进城得花钱。沙坪坝到城里公共汽车很少，拥挤不堪，车来时，大家一哄而上，乱挤、乱抢、乱爬，车顶上也坐着人，在公路上依山疾行，有时不幸翻车，有时又遭敌机轰炸，生命太无保障了。我时常住在沙坪坝，常和教授们往来，也尝过小灶，那也只是一点炒肉丝、炒鸡蛋之类。八人一桌基本上人是固定的，有时大家轮流加一菜。我未见珊哥买过一件衣服，也未见他上过馆子，最多是吃"山西削面"。朋友之间来往就用瓜子、花生、清茶接待。珊哥的好友涂长望也就是这样接待我的。最大最多的娱乐是打桥牌，珊哥桥牌打得很妙。有一次，在英国一个中国留学生聚会中，他在桥牌比赛得到冠军。另外，有外地的音乐会到沙坪坝演出时，我们也去听。

1942年，我在重庆滑翔机厂工作。厂长是珊哥的朋友李寿同教授。厂内工程技术人员都是1942年中央大学航空系毕业生，也是珊哥的学生。珊哥兼该厂设计课长。我们的主要收入是每月领100斤米，工资是不值钱的。后来李寿同又重用了一批非中大的人。中大的毕业生经常开会，二派之争很激烈。但珊哥从不过问，他给我的印象是他只靠技术吃饭，别的与他无关。

从滑翔机厂到中大，大约有五里路，我们从不坐车，都是走来走去。有一天早晨走在途中，我和他说："我已同意与杨櫄的婚事。"他可能感到突然，停了很久不作声，最后说"恭贺你"。当时老杨也是穷教授，一无所有。订婚、结婚用钱都是我向珊哥借的，以后再慢慢地还他。我与老杨有争执时，珊哥都是做我的工作。记得最清楚的一句话是"我们男人都是如此"，我只好不作声，算了。

婚后我去成都工作，1946年又去青岛，之后又去东北大连。1955年初，我们调回上海，但珊哥于1956年去西安以后见面就很少了。珊哥去西安前有一天，忽然来上海，据说是想找陈维新去西安任教。当时，他不但自己愿意离开南京老家去千里以外的西安，还千方百计找人去，为学校增加力量。珊哥的口头语是"就是"，三句话不离"就是"，此口头语已为三侄女继承。

解放后，他对新中国的一切都是积极拥护的。很快就入了党。我常年患病，但一直想去西安探望我敬爱的珊哥和荫华嫂，一直也未能如愿。我想后会总有期，谁知竟成永诀。如今人间天上，何日相聚。

祖国改革的步伐已迅速展开，大家为四化而努力，您的美好愿望，必将实现。珊哥啊！愿您安息吧！

1988年6月9日于上海

楷模　榜样　动力

◎ 黄玉珩

大哥玉珊不幸逝世，噩耗传来，万分悲痛。当天我和家芬即从北京赶到西安，与大哥——我最尊敬的兄长作最后的告别。在短短的几天里，来家悼念的人络绎不绝，逾数百人，他们中有老教授、老专家、老干部、老工人，还有年轻的学生和工作人员。他们惋惜、流泪，有的痛哭失声，久久不肯离去，一直沉浸在深深的悲恸之中。我在西工大校园里散步，一些工作人员、商店售货员，也有在路旁叫卖冰棍的老妪，他们见我与大哥面貌相似，主动上前与我攀谈，叹息英才早逝，这一切都使我感到大哥仍然活在人们的心里。

父亲年轻时东渡日本，追随孙中山先生参加推翻清朝统治的革命运动，但在军阀混战时期即退出政界，与官廷无任何联系；母亲毕业于师范学校，通日语，曾任小学教师。1917年秋，大哥出生在南京，从小就聪慧好学，在父母精心培育下，自幼即有"神童"称号，受到人们的赞爱。我们弟妹在天资上远不如大哥，因之父母对我们很少过问。但大哥从不以兄长自居，更没有骄娇之气。

我11岁时就失去了父亲，因此，在我一生中无论是思想上还是学业上，对我影响和帮助最大的就是大哥。记得小时候他常讲故事给我听。他知识广博，历史典故知道得特别多。他通过故事讲解给我以熏陶。大哥未满14岁就上了大学，那时我才刚刚上小学，我们之间的共同语言和在一起的活动时间少了一些，但大哥还是常常抽出一些时间与弟妹踢皮球、打乒乓、划船、爬山、戏耍。虽然大哥仅比我长五岁，从社交年龄来看，他却要比我大十多岁。大哥与同学们谈得来，处得好，并在母亲帮助下，常邀他们来家聚会。大哥年纪小，个儿又不高，运动场上三大球无他立足之地。但大哥是小皮球的爱好者，对棋弈、桥牌也颇精通，在大学的一次射击比赛中还取得过金牌。

童年的大哥曾学过拳术，并着黑缎拳服登台表演，受到喝彩。大哥善习国画，文学根底很好，幼时爱咏诗、作诗。他最爱咏岳飞的《满江红》和陆放翁的作品，这可能对大哥后来的性格产生了不少影响。

在学习上、工作上，大哥也常给我指点，多以实际行动教导我们。我崇拜他、尊敬他。大哥是我努力向上的动力。由于天资的差异，我不能达到他那么高的境界，但我学习他的品质，并结合自己的具体情况来攀登高峰。

在我进入高中的时候，大哥已赴英、美留学。他虽远在国外，但仍关心我的学业，不断寄些英文数理书籍让我阅读。大哥在国外常穿中国长袍以表示自己为华人，并以之为荣。1940年取得博士学位后，大哥放弃了美国的高薪待遇和优越的物质生活，毅然归国，报效国家，回到中央大学任教。两个教授住一间陋室，生活相当艰苦。那时大哥还未满23岁，是中央大学有史以来最年轻的教授。刚到职时，因其年纪过小，长得又年轻，常常出现一些误会，造成好多笑话。不久被冠以"娃娃教授"的美称，传播于校园内外。当时，我已在中央大学学习，这个称号也给我这个教授弟弟带来一些荣誉和鞭策。我总觉得在品德上我要学习他，在学业上我也要力争好成绩。另外，大哥在中大任教也为我的学习带来一些方便和优越条件，工学院图书馆允许我以大哥的名义几乎无限制地借阅图书，在获得广博知识方面，我成为一个幸运儿。

在我进入社会以后，大哥的名声还时时影响着我，我到处都会遇到他的友人和学生，他们无形地给我以关照、鼓励以及鞭策和监督。

1944年抗日战争后期，我被征调当译员，提前离开了中大。抗战胜利后，我赴台接收日军雷达。1946年归来后，回到中央大学任教，又与大哥在一起三年多。我们目睹物价暴涨，民不聊生，感到愤然不满。大哥思想进步，倾向学生运动，抵制国民党大会代表竞选。

1948年下半年，大哥去杭州浙江大学任客籍教授。1949年春，南京、杭州相继解放，共产党带来了政治廉洁、人民生活安定的局面，我们欢欣鼓舞，相互拍电庆祝解放。

不久，我响应号召去东北，参加老解放区的建设，大哥积极支持我。旋即，我又被指派南下负责招聘专家、教授。大哥为我提供信息，向海内外进行了宣传，动员他们参加老解放区的建设。在他的帮助下，取得不小收获。

1956年，党发出向科学进军的伟大号召，我被派到中国科学院参加计算机事业的创建。当时我住在西苑旅社。大哥也致力于发展我国航空事业的新技术、新科学，每次出差到北京，都特意来看望我，向我了解计算机情况，并嘱托我代购一些新技术，如有限元、疲劳、断裂等方面书籍，孜孜不倦地为建立新学科、开创科技发展的新局面而努力工作着。

1958年，我领导着一支队伍走上了计算机磁心存储器自行设计的道路。西北工业大学飞机系师生员工也在自行设计自行制造"延安一号"多用途飞机，大哥任总工程师。我们都能重视质量，狠抓可靠性，顺利地完成了任务。

1961年，我国开始设计和研制新型超声速歼击机，大哥为之奔波，常路过北京与我相会。

1962年，大哥兼任国防部第五研究院某研究所所长，风尘仆仆来往于北京和西安之间。这时我也已调到国防部第五研究院的另一个研究所工作。我们为发展我国航空事业又走到一起来了。

在大哥投身于航空事业的半个世纪里，他始终密切关注着科学技术发展的新动向，他的专业领域也随之不断发展、扩大，从一般结构到薄壳力学，又发展到疲劳强度、断裂力学等方面。他呕心沥血为航空航天事业各种新专业、新技术培养了一批又一批出色的专业人才。如今有的是国防上的学术权威，有的是我国航空事业建设前沿的技术骨干或者正处在领导岗位。在我国上空翱翔的喷气式歼击机、大型民航机及航空事业的某些发展中，都饱含着大哥和他的一些学生的心血。

后来，大哥和我都病魔缠身，多次住院治疗，我们彼此勉励，与疾病作斗争。在这期间，大哥经常克服疾病的磨难，坚持工作，来北京开会。我也多次出差西安，差不多每年都能借此机会相聚一两次。大哥一直忘我地工作着，直到生命的最后一息。大哥的一生，是不断追求真理的一生，他不为名，不为利。虽然他思想活跃，结识甚广，但往来不多。他一心扎在教学和研究上，甘为人梯。他在学术思想上，重视理论研究与工程应用相结合，注意开拓专业新领域，促进学科发展和学术交流，善于集思广益，求同存异。在技术上，他毫无保留地把自己的知识贡献给他人。但在原则问题上，大哥绝不随声附和，绝不徇私情给以迁就，对亲人、对友人均是如此。记得1977年底，大哥与二哥玉璞在天津由全国科协组织的一次大型学术会议上，展开了不同学术观点的热烈争论，这也成为该会佳话。所有这些都令我十分敬佩。

大哥和我从事的专业不同，我们的个性又都是不善言，不多语，他的原则性很强，从不将他的一些工作与我交谈，所以我们之间也很少交换意见和切磋。如今回顾既往，我发觉虽然我的才识、贡献远不如他，但是我们所走的道路，对工作的指导思想和态度却是何等相似，何等一致。我们都热爱本职工作，都以能够本着求实精神和开拓精神，为发展我国新技术、新学科贡献出自己的力量而感到快慰。我们之间如此相似，大哥是我的楷模，这实际上是榜样的力量。

大哥永远活在我的心中。

1987年于北京

怀念玉珊

◎ 胡荫华

我和黄玉珊1947年冬开始交往，1948年8月组织家庭。论年龄他长我六岁半，论学识、才华和成就，他长我更多。我是先尊他如兄长，敬他如师辈而进入为妻角色的。玉珊乐观豁达，我们夫妻恩爱三十九载，有一个融洽愉快的家。

1970年4月底，我高烧40度在家，而第二天玉珊要出差南昌，他骑车进城说是购置旅行用品，直到天快黑了才回家。我等急了，责问他为何回来这么晚，他提上一袋又硬、又小、石头似的梨对我说："为了满街寻找这'唯一'梨。"亏得他想到我水果中最爱吃梨，何况在病中；也亏得他在四月季节里能够在当时物资匮乏的市场上寻觅到梨。次日，玉珊把我送进医院即动身南去了，这次是参加某型号飞机的设计与制造，一去就是整五个月，而我是患病毒性角膜溃疡住在医院独自混过了两三个月。此后，下工厂，去农村，不是他就是我，很长一段时间聚少离多。玉珊喜欢编号码两三天发出一封"电报式"家信，靠频繁家书慰藉彼此的思念，体验着相濡以沫的夫妻那份真实情感。玉珊善于宽慰人，但对他自己遭受到的困难都轻描淡写。他这种为妻着想的思想感情，在我们相依为命的长期生活中获得沟通和理解，使我时时享有一种幸福感。

玉珊在60年代初就开始患高血压，导致了1975年和1978年的两次脑血栓，这又是一段让我提着心过日子的岁月。两次发病时我们都不在一起。1975年6月那次我出差北京，他发病我赶回西安直奔医院，玉珊竟用心和女儿设计了一个"骗局"，他只把左脸朝我，以掩盖他右脸的麻痹歪斜。1978年11月第二次发病是在他参加北京的一个会议上，我从西安赶到北京，医生初期的判断是危及生命或全瘫，他危在旦夕，还固执示意赶我回北京他的弟弟玉珩家休息。庆幸适逢祖国迎来"科学的春天"之时，玉珊病情受到各方应有的重视，奇迹终于出现，玉珊双腿能站起来行走了！这奇迹要归功于医生的精心治疗、患者的乐观配合和家人的用心付出和爱了。

自这两次大病之后，我们再也不要分离了。他参加沪、宁、北京等等多次会议，我都陪伴他去；我出差外地不论多远都变着法儿不出一周尽快赶回他的身边。我们同游青岛，陪他在临潼疗养，还有香港半年及美国五个月的探亲访友之旅，都是他余生中甚感快乐之事，也是每当想起往事让我没有歉悔，略感宽慰的事。

我们育有四个女儿，其苓，其惠，其全，其青，她们都赶上了"上山下乡"的年代，在农村待了三到五年不等，但后来都接受了高等教育，专业分别为机械、物理、微生物、飞行器结构与强度，虽谈不上成大器，但与同龄人相比，能有这样的机遇是很幸运的了。

在玉珊六十岁时，我们家添了第一个外孙女赵欣，和玉珊同属蛇；在我六十岁时，我们家又添了三个外孙女严如玉、陆叶和金瓯，和我同属鼠，玉珊戏谑说我们是"蛇鼠之家"。我们盼望家中添一个男孩子，1987年12月，玉珊去世半年后姗姗来迟的外孙在美国诞生，真是"旭日东升"，冲破了我们家中的"蛇鼠"清一色和三代保持四个女孩的局面（我生母亦生我们姐妹四个）。外孙取名严旭，寓意有"延续"谐音，且"旭"乃"九日"，是玉珊忌辰，以此永恒纪念未曾见面的外公。

玉珊疼爱儿女，宠爱外孙，女儿们小时候犯错误，他顶多说一声"自己敲一下小屁股"。他落下脑血栓后遗症，步履维艰，仍喜欢坐着抱外孙女。记得有一次他为了哄住嗨哭的陆叶，竟抱起一岁多的她站起来行走，牙牙学语的陆叶总是说"爷爷最喜欢我"。当三岁的陆叶得知外公离世时，哭着问大人："人死了会不会再来一次？"而在美国三岁的严如玉也用孩子的话说出她的哀思："小玉不想爷爷死掉，好Sorry，小玉好想好想爷爷。"

玉珊终究是离我而去了，最后的诀别竟那么突然和毫无征兆。那时，家中的厨房正在修缮，只差一天的油漆就竣工。因为得悉机特班老友实义、崑山兄嫂先后要来西安。6月2日我们还刚与来西安开会的城金兄小聚，并邀请他携嫂夫人再来西安小住，邀请百屏兄嫂一起来玩。我们还一起憧憬着有一日能接待老朋友。我们计划着更换一些家具，迎接嘉宾。6月8日我白天还为购置装饰厨房壁灯进城，晚上两人还一同看了一会儿电视。我回房睡觉约在晚上11时半，习惯早睡的玉珊那时已一觉醒来靠床坐着，他两次叫我起来帮他扶正坐好。我问："心脏不舒服？"他摇摇头，随后他自己起来解手又自己躺下。我迷糊中听到轻轻的呼鸣声音，我问："什么声音响？"他忙关掉收音机音乐声。我说："我不是指这个，是你在发出什么声音，像是哮喘痰鸣，轻轻咳掉。"他试了几下说："去不掉。"我说："那我给你喝点儿水？"他说："好。"我起床去取水，他还替我开灯照明，喝了几口水后说："没事，睡觉。"瞬间就听鼾声大起，再也叫不应了。一个多小时后的6月9日凌晨，玉珊心脏停止了跳动。"没事，睡觉"是玉珊说的最后一句宽慰我的话。他就和我永别了。

犹记1985年初冬在西工大欢送实义兄嫂的校友座谈会上，玉珊站起来发言，他特别怀念机特班同班好友们，他情绪激动，几度哽咽。他盼望加强联系。现在他的愿望真的实现了。惜玉珊已不能享其欢乐，尽其职责，令我感慨万分。

玉珊离开我们的家快二十个月了，我仿佛生活在无他而又似有他的境界中，每一抬头、每一伏案就见他在一张张照片中望着我，他那舒畅开怀的笑容，在宽慰我对待生活，支持我工作。他不会离开我，他会回来。他怎能不归来呢？这里有他的家人、朋友、学生、同事和他奉献了一生的事业。

注：此稿是应《机特通讯》之邀而写。《机特通讯》是中央大学创办的中国第一个航空班——"机特班"班友们之间，在20世纪80年代后期自发编辑的书信往来及信息交流汇集。

1989年4月

慈父　良师　益友

◎ 黄其全

转眼已到了2022年，是父亲诞辰的105年了。我们永生难忘1987年6月9日，那天凌晨父亲突发脑溢血，永远离开了我们，享年70岁。至今已经过去35年。

回忆爸爸的一生，颇有难度。因为与爸爸生活在一起的时间有限，对爸爸的了解多来自童年和青年时期，恐难以用准确的语言表达出爸爸的精神世界。

回忆爸爸的一生，又令我很骄傲。作为黄玉珊的女儿，一直为有这样一个爸爸而自豪。爸爸虽然离开了我们，他留下的宝贵精神财富让我们受益一生，不仅是基因血脉，更有精神遗产。爸爸是我一生成长的楷模和榜样。回顾我自己，从只接受了初中一年级初级教育即离校成为中医学院的工农兵大学生，再从考研究生进入医学免疫学研究领域到成为美国西北大学医学院的教授，一步步走过来，爸爸一直与我同在。在深深感谢他多年的养育教导之恩的同时，我一直在以行动告慰爸爸的在天之灵。

无关于爸爸的学术造诣，在我们眼里他就是一个好爸爸，是一个慈祥可亲、幽默风趣、自信聪敏的好爸爸。从小就知道爸爸以"爱孩子"著称。爸爸是我们心中的天，不论外面的气候怎样，我们家的天空从不下雨，更无风暴。他关心每个女儿的健康成长、学习和工作。不论是他繁忙工作，身兼数职地奔波于西安和北京，还是在常年患病的情况下，爸爸都尽其所能，给我们一个温暖的家，给我们无限温馨和快乐。爸爸陪我们一起度过了欢乐的童年，我们也陪伴着他一起度过他最后十多年患病的日日夜夜。爸爸是在看到我们姐妹四人长大成人、成家立业之后，放心地离开了。

爸爸和妈妈很注重家庭。我们家一直保持着良好的家庭气氛，一家人相处时总是其乐融融。只要条件许可，一日三餐都是一家人一起围桌而坐。任何人出远门，都尽可能有家人在火车站接送。爸爸幽默风趣，喜欢开玩笑。和我们在一起的时候，更像我们的大朋友。我们若做错了事，他也会用几句幽默的话，使我们既明白了道理，又接受了批评。他经常鼓励我们敢想、敢做，不要怕犯错。记得我五六岁的时候，因为好奇用针在家里鼓囊囊的热水袋上扎了一下，当时就是想看看水会怎么样冒出来，会不会"喷"。可当真的看到水溢出来以后，就知道闯祸了，只好马上向爸爸妈妈坦白。在纠正了错误后，爸爸表扬并肯定了我在这件事中有好奇心，以及能够主动承认错误的行为。这件小事让我记忆至今，可见其对我人生道路的意义。

爸爸在家里奉行民主、平等、公平的原则，不偏不袒。小时候家里许多事情，爸爸都要我们每人发表意见，培养了我们凡事用自己头脑思考的能力。生活中的物品人均有份。记得在困难时期，爸爸每天拿一个馒头，自己舍不得吃，由我们四个孩子平分。爸爸一直保持给每个家人过生日的习惯，那是他一直重视的事情。妈妈还记得爸爸用过的一个小日历，上面就标注着我们每个人的生日和一些重要纪念日。爸爸去世后，这个传统由妈妈一直延续至今。按妈妈的话是"接替你们爸爸，做他喜欢做的事"。当年离西安钟楼不远的东亚饭店和楼上的照相馆，是爸爸妈妈常带我们全家去的地方，留下了浓浓的美味记忆，以及一年年、一张张的全家合影，直至1979年底。其后家里各种照相机的出现，相片内容就更丰富多彩了。

爸爸重视家信。他每次外出，都会定时往家里写信。我们在外，他更是时时牵挂。如果是爸妈同在一起，我们收到的家信总是爸爸先开始写，短短的从不超过半页纸，后面再附有"妈妈又及"，通常比前面的部分长多了。爸爸写信的开头很讲究，称呼里总要包括当时在家的所有人员，连不满2岁的外孙女都是"收信人"。记得1982年我硕士毕业后去科学院上海细胞生物所学习半年，那时我也正在准备与金建平结婚。爸爸定期给我写信，告诉我家中各项趣事：阳台上的花差强人意了，妈妈又为我们准备了哪些结婚用品，希望建平哪天去和他们共进午餐，"我们食堂有香酥鸡和鱼，就想等他来"，等等，字里行间，父爱满满。当时我住在二叔家，有一天家中不幸遭窃，包括我随身的一些钱物也都被盗。我当时很沮丧，不知道该怎么告诉爸妈，就没有按时写信。不久爸爸来信询问，我只好如实"交代"。随后就收到爸爸的回信，安慰我损失的这点东西不算什么，"久不写信比丢失百来元钱更使人焦虑，所谓'家书抵万金'也"。此类教导，我终生铭记。1986年建平先我而去了美国读博士，爸爸也经常给他写信，开头总是"建平如晤""建平爱婿"等，告诉他放心当时还在西安的我和我们的女儿，叮嘱他努力学习、注意身体，等等。至今再读这些家信，仍温暖无限。

爸爸热爱科学、一丝不苟。我虽然至今仍不懂他的专业，对他在教学和事业中的投入是通过日常生活中的潜移默化而感受的。小时候就知道爸爸常要参加的一项教学活动叫"答疑"。记得有一次爸爸病了，一位老师来看望他，临走前出于对爸爸的关心，悄悄对我说："你爸爸就是凡事太认真了。有时遇到一个他一时不能准确回答的问题，他马上会说'我明天回答你'。然后就要查阅很多资料，搞清楚后按时给出答案。这搞得他很累，其实他是可以不给自己限定时间的。"我听后更认为这是对爸爸的赞扬，这正体现了爸爸严谨治学、认真负责的一贯学风。任何时候，爸爸最高兴的也莫过于他的知识能对社会有贡献。记得在70年代初，西安煤矿机械厂有个技术问题通过西工大找到了爸爸。他多次骑自行车去该厂研讨，提供技术帮助。从位于西安西南郊的学校去位于东北郊的工厂，骑车单程要用一个多小时，这对于体弱多病的他很不容易。问题圆满解决后，他高兴又风趣地说："我一辈子与上天的飞机打交道，这还是第一次和下地的挖煤机器接触呢！"正是爸爸的这种对科学的热爱，对事业的执着，一丝不苟和严谨治学的精神，不计名利和个人得失的工作态度，感染着我，至今指引我在科学研究领域中前行。

60年代初爸爸开始在航天702所兼职，常年奔波于北京和西安之间，更辛苦了。大学的寒暑假，都是他去北京工作的时间。记得1965年我小学毕业，初中入学考试早于其他正常学校放假时间。刚一考完，爸爸就带着我先行去了北京。到北京后爸爸每天要上班，留下我一个人在当时分配给我家的又大又空荡的房间里，没有认识的小朋友玩，比较寂寞。机关里有个食堂，我每天负责为我们俩打饭，被大家称为"司务长"。有时我白天到食堂里去玩，看着一位管理员老爷爷用抽剩下的烟头里的烟丝重新卷成烟，并以小大人的身份与老人谈天。晚上就对爸爸讲我白天的见闻，爸爸告诉我要更多地接触了解社会。我从小生活在西工大这个独立的"小社会"里，单纯天真地长大。那一段与爸爸在一起度过的时光，对我后来走向社会，走向世界，挑战困难，挑战自我，无疑是极好的锻炼。

1968年底，我作为知青"上山下乡"去农村时，爸爸却不能回家来送我，妈妈一个人送15岁的我离家。之后爸爸去耀县（今铜川市耀州区）劳动，我们好久没有见过面了。有一次好像是有两天假他没有回西安，而是坐了四五个小时的慢车，直接到泾阳我插队的地方来看我。爸爸冒着酷暑，下火车后要走八里路，两手还抱着一个大西瓜，这些对于"头脑发达，四肢不勤"的他来说很不容易。尽管多种病患，爸爸心中对女儿深深的爱和思念彰于此行。生产队长听说"其全爸爸来了"，特别给我们知青户送来了两根葱和两个茄子（这在当时是很特别的照顾了，因为老乡们每户一年也只能分到几个茄子）。那天爸爸很高兴地和我们知青户十名同学一起吃了一顿茄子葱油煮汤面，虽然葱和茄子都是爸爸平时不喜欢吃的东西。当天我安排他与两位男知青在窑洞里住了一晚，第二天一早我送他再走八里路上火车返回耀县养猪。虽然时间很短，但那次与爸爸在乡下的团聚，给了我永生难忘的温暖。这不仅体现了浓厚的父女情，爸爸的探望也给年幼的知青们送上了长辈的关怀，好久以后一位同学还说好想吃那天其全爸爸来时的面条。

爸爸对我们最关注之一固然是我们的学习。特别是我，只上到初一就下乡了。1971年我被一家医院招收当护士，从此进入医疗这一行业。回城后利用工作之余，爸爸妈妈在我身上倾注了大量精力，一点点地给我补上了从初中到高中阶段的知识。爸爸教的是数学、物理和英语，妈妈教的是化学，那是我直接从爸爸妈妈那里接受文化教育的一段时间，他们亲自指定并批改我做的每一道习题，使我受益匪浅。爸爸扎实的基础知识和敏捷的思维每每令我叹服，印象深刻，更为我之后50年的学术发展之路打下了文化基础。当时，爸爸坚持要我们读书学习，体现了他对国家及人类文明前途的坚定信念和对科学教育的挚爱，以及在任何挫折和打击下都不放弃的情怀。他自己更是以身作则，全身心地投入到重振教育、重振科学的努力之中，成为我们的榜样。我们姐妹四人在爸爸妈妈的身体力行、言传身教之下，分别考上了大学、研究生，之后又在各自岗位上努力工作，有所贡献，虽晚仍成器。这种传承，亦体现在我们家每一个下一代的孩子们身上。

爸爸常年身体不好，早年的青光眼、高血压，之后的两次脑血栓及后遗症等。我从小印象中的很多事情都和他生病、住医院有关。到了我在四医大上学、工作后，许多与爸爸的团聚就是在病房里，病床上，包括第一次带着建平去见爸妈。1975年，爸爸还不到60岁时就第一次发作脑血栓。1976年之后，爸爸义不容辞地全身心投入到工作中，完全忘记了自己的疾病。他奔波于全国各地，参加一个又一个的会议，作为特邀代表参加第一次全国科学大会。有一次为了参加一个重要会议，他中止了正在青岛的疗养。1978年在北京参加国防工办会议期间，爸爸不幸再次发生了严重脑血栓。我当时在医院工作，爸爸指定要我去北京帮忙。我赶到时他已经严重语言障碍，行动困难，大小便都要人帮助，我和妈妈两人日夜轮班陪护。妈妈说不让我一个小姑娘在夜间陪护，她自己一人坚持每晚睡在病床边的躺椅上陪伴着，整个爸爸住院期间妈妈就没有睡过一个完整觉。我主要是白天在医院里陪着爸爸，照顾他饮食、起居、活动肢体、洗漱剪指甲等等。我强忍着眼泪不让他看见，尽可能和他讲话，想办法使他开心。我听说听音乐有助于恢复，他也顺从地去听。我对爸爸疾病恢复尽了一切努力，同时也经常得到爸爸的称赞。等他病情稍好，我就开始设法让他多练习讲话。让他给我和同室病友们讲故事，讲笑话。此时爸爸就又能回到他顽童的状态。有一天他讲了那个"著名"的"我的名字叫黄玉珊"的笑话，说的是1939年他从英国伦敦帝国理工学院获得硕士学位后，乘轮船东渡美国去斯坦福大学读博士。在船上餐厅就餐时遇见一位法国旅客，每次餐前这个法国人均要用法语说'祝你胃口好'。爸爸不懂法语，以为是问姓名，便礼貌地回答"黄玉珊，黄玉珊"，如此多日。爸爸终于搞清楚这句话的意思以后，下一次在餐厅又见面时，便主动用刚学会的那句法语祝那位旅客胃口好。不料，那人却用中文回答"黄玉珊，黄玉珊！"据说这是爸爸自己改编且早年在教研室的茶话会等场合多次讲过的笑话，可我还真是那次在医院的时候第一次听到。当然博得了我和病房内所有人的大笑，给沉闷的病房带来一点儿欢乐。

现已不记得我那次在北京待了多久，当爸爸病情稍有稳定，他就催我回西安上班了。那年全国恢复研究生招考，爸爸鼓励我好好准备功课，再拼搏一下。全凭几年来由爸爸妈妈辅导的自学，在1979年参加研究生入学考试时，我以高分通过了基础科目及专业内容的考试，被四医大录取，从此进入了生命科学的研究领域。1982年春，我在准备硕士论文答辩，有一篇参考文献国内查不到。当时爸爸妈妈正在香港探望我的外祖父，得知后不但在香港找到了文献，还一字一句地把那篇德文文章翻译了出来，及时送到我手中。我硕士毕业后留校当助教，结婚生子，爸爸一直关心我的进步，支持我继续求学及出国深造，从未中断。爸爸早年说过："任何数除以零等于无穷大。你只要能在未知领域中做出哪怕是一点点成绩，你对科学的贡献就无穷大。"近年来，这句话已经多次被我引证于我的工作中，鼓励着我不断地探索和前进。

爸爸是个乐天派，很少看到他有发愁的时候，好像什么困难都能从容应对、解决。我也一向认为爸爸永远是乐观、豁达的。但有一次在闲谈中我问他，什么是他一生中最不喜欢的。他回答说："我现在的身体。"这让我心里一阵难过。他是隐藏着自己的悲伤而不影响别人。的确，那次病后爸爸再也没能完全恢复。在病床上他还写了一首打油诗："六十如今算少年，忽撄恶疾困都前。感谢良医施妙手，四化能添一见缘。"道出了他多么希望能够康复，渴望能再回到他热爱的工作岗位上的心声。我也更体会到爸爸的坚强，他传递出的总是快乐和积极的正能量，坚持与疾病斗争的顽强信念。那次病后的9年间，爸爸语言障碍，行动不便，但他却从未停止过工作，以惊人的毅力培养出多名研究生，建立了西工大第一个博士后工作站，完成了多篇专业著述和手稿……在他热爱的航空和教育事业中发热发光，直至生命的最后一天。

1987年入春后，我因为忙于自己的教学、科研及准备出国等事，回家的次数更少了。爸爸和我的联系就限于简短几句话的电话中。他还常让妈妈转告我安心工作，不必常回家，并多次要妈妈来看我，给我送来我爱吃的东西。1987年5月，一位医学专家从美国到西安讲学，因为是同行，我参加接待。她也是爸妈认识的朋友，最后行程之一是去我家拜访，不料爸爸因身体不适几天前住进了西工大医院。行前爸爸在电话里告诉我他已经恢复，近日会回家，不必去医院看他。我记得当时我是遗憾地选择了"服从"，没有坚持去医院看望。万万没想到，这使我失去了与爸爸最后相见的机会，让我终生追悔莫及。数周后的6月9日，爸爸因突发脑溢血，永远地离我们而去了。1987年初我还和爸爸开玩笑问他七十大寿时想要什么礼物。爸爸回答，送一个你自己的论文册子。爸爸没有等到他70岁的生日，就永远离开了我们。多少年来，这句话却一直是鞭策我学习和上进的动力。至今我已经完成了多项科研课题，发表了几十篇高影响因子的文章。每当我的工作做出成绩，成果在顶级专刊上以铅字出现，就是我告慰爸爸之时。爸爸始终与我同行！

在学期间，有一次爸爸对我说："你走上这一行，我们都帮不了你。要靠你自己去努力。我认识的人中，只有一个人与你的专业有点儿接近，他的名字叫冯元桢。他开创了生物力学这一新学科。今后如果有机会，你要向他学习。"冯元桢这个名字大家不会陌生，1941—1943年他是我爸爸的第一名研究生。后来去了美国，转行并成为现代生物力学的鼻祖。美国科学、工程、医学三院院士，国家荣誉科学奖章获得者，中国科学院外籍院士。虽然荣誉等身，他一直对爸爸非常敬重。中国改革开放后他多次回国参加重要会议，每次尽可能与爸爸见面。爸爸去美国探亲时，他们又专程安排在洛杉矶相聚。爸爸去世后，他组织并亲自撰写文章悼念。爸爸的第一本纪念文集出版后，他主动将文集带去台湾，送给在那里的爸爸当年的老同学、老朋友们。之后又多次与在美国的柏实义教授联系，制定再出一本纪念文集的计划及具体方案。2012年2月，我和建平去圣地亚哥参加学术会议，又一次见到冯教授夫妇，并共进午餐。当时93岁高龄的冯叔叔已患有严重的老年性认知障碍。入座时我自我介绍道："我是黄玉珊的三女儿其全。"他慈祥地笑着与我握手说："其全你好！"然后和平时招待来客一样，大家都坐下。在吃饭聊天过程中，有人提到了我母亲"胡荫华"的名字，他马上扭头问坐在身边的我："胡荫华和你什么关系？""那你认不认识黄玉珊？"我回答："胡荫华是我的妈妈，黄玉珊是我的爸爸。"他客气地说"好，好"，然后沉思，无语。午餐结束，冯叔叔接过我们留下的名片，读到上面手写的"黄其全"三个字时，猛地抬起头，凝视着我，再问："你和黄玉珊什么关系？"当听到我再次回答"他是我的爸爸"时，他一下子老泪纵横，紧紧握着我的手，久久不放。此情此景，在场所有人无不为之感动！此时此刻，我们心中的情感走向了一个共同的名字——"黄玉珊"。老人家年事已高，已经忘记了许多事情，但"黄玉珊"这三个字深深地铭刻在他心中70年。2017年，已经98岁高龄的冯叔叔得知航空学会结构与强度分会主办了纪念黄玉珊百岁诞辰的学术交流会，高兴地说："他是我的老师。""在重庆时我是黄老师的第一个研究生。"为表心意，他在一份黄玉珊简介及相片的材料上签下自己的名字，并反复对家人念叨："我还应该多做些什么来纪念他，因为我和黄老师的关系超出老师和学生，更像是父亲和儿子。"这份情感，由他的儿女传递给了我们。

顺便提一下，爸爸1940年于斯坦福大学获博士学位的博士论文原件，现在仍保存在该校图书馆。上面有他的博士导师铁摩辛柯及学术委员会成员的签名。文章由老式打字机打印，但所有数学计算公式都是父亲的亲笔笔迹。见字如见人，爸爸那一笔笔清晰的小字体，引人思绪万千。

回忆爸爸的一生，有太多想说想写的。他广采博学、思维敏捷、语言简洁、办事干练、效率超人。他短暂的一生，半个世纪都投身于祖国航空航天事业中，鞠躬尽瘁。他幽默乐观、平易近人、诲人不倦，桃李遍天下，是我们和大家的好朋友。回忆爸爸的一生，又好像他从未有过什么豪言壮语和光彩耀人的事迹，从未做过什么惊天动地的大事。这些恰恰正是爸爸的高贵品质所在。他一生兢兢业业，勤勤恳恳地耕耘于教育和科研第一线，淡泊名利，在平凡的工作和生活中做出了不平凡的贡献。也正是这样，爸爸在他生前身后都深得大家的敬重。我相信，他还活在许许多多家人、朋友及所有爱他、敬他的人的心里。

漫长的三十五年，包含了一代人的成长。我自己也从初出茅庐，开创事业的而立之年，到了职业生涯的终顶。三十五年，亦是弹指一挥间，和爸爸在一起的日子好像就在昨天。爸爸经常出现在我的思念里，与我在梦中相会。他活在我的心中！他永远是我们的好爸爸！

2022年4月

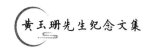

风范永恒　思念长存

◎ 黄其青

爸爸离开我们已经三十五年了，在他一百零五岁诞辰来临之际，谨以此文缅怀亲爱的爸爸，寄托无尽的哀思。

和蔼慈祥

爸爸和蔼可亲，幽默风趣，不是严父是慈父。从小到大，脑海里完全没有爸爸对我进行"严教"的记忆，也不知道什么是我们的家规家训。民主、宽松、身教重于言传，这些或许就是我们家的家风⋯⋯

爸爸的工作一直那么忙，他对于女儿们当然做不到经常陪伴，但是在我们成长的每一天，他给予我们的浓浓父爱从来没有缺席过。

小时候我眼中的爸爸，是会奖励个布娃娃来"物质刺激"我克服娇气的爸爸；是每当我过生日会送我喜欢的生日礼物的爸爸；是带我出去玩，我玩累了可以趴在他背上睡觉的爸爸⋯⋯爸爸从来没有"家长威风"，他在女儿们面前扮演的"角色"一直就是"朋友"。

学生时期我眼中的爸爸，是从来不会给女儿的学习加码的爸爸；是没有对女儿成绩提过任何"指标"的爸爸；是只有女儿学习遇到问题需要"答疑"时才会感受到他知识渊博的爸爸⋯⋯爸爸可谓"上知天文，下知地理"，更不要说他拿手的"数理化"，什么问题也难不倒他，问啥答啥，是一本活的"百科全书"，令我敬佩不已。

工作后我眼中的爸爸，是对女儿的工作默默支持的爸爸，是对女儿的每一点儿进步都会看在眼里，勉励女儿继续努力的爸爸……爸爸不会"望女成凤"，不会要求"青出于蓝"，不会为女儿做"向导"，却在女儿前行的道路上，不论何时回头，都会出现在我们身后。

记得小时候，第一次和小伙伴一起坐公交车去距离家七八公里的炭市街菜市场，爸爸给了我五元"买菜"钱，不指望我能买什么菜，目的就是训练我"独当一面"的能力。当时的五元钱可谓"巨款"，没想到一上公交车这五元钱就被小偷偷走了。我空着手回到家，见到爸爸就大哭起来。爸爸问明缘由后说了两点他的"看法"：第一，钱丢了是小偷的错，不是我的错；第二，我也有错，我的错就是不该动不动就哭……

一九七三年至一九七八年，我高中毕业曾经在西安市草滩农场当了五年知青。农场距离家不算远，每两周可以回家休息两天，但是常常会在两周之间，收到爸爸的"家书"。爸爸的信息是简明扼要，字里行间充满家的气息、父母的关爱，使我在艰苦的环境中感受到家的温暖，学会努力，学会坚强。

爸爸不擅长家务，但他始终有良好的"态度"，在繁忙的工作情况下也会力所能及地分担家务。我婚后前几年是住在家里和爸爸妈妈一起生活的。那时刚参加工作不久，由于中间有五年的知青经历，大学毕业已经到了晚婚晚育的年龄，结婚、生孩子、带孩子一段时间成了生活的"主题"，常常搞得手忙脚乱。爸爸当时自己已经行动不便，还是尽可能伸出援手减轻我们的负担。那时候没有煤气没有电饭锅，在家办公的爸爸就主动承担了每天用蜂窝煤炉煮米饭这一"超高难度"任务。尽管爸爸常常会把米饭烧成顶层生底层糊，我们吃到嘴里却是那么香甜……爸爸还会抽出时间搭手帮我们照看孩子，拖着病体的爸爸抱孩子、哄孩子样样能行，戏谑自己是"保（姆）爷爷"。他把宠爱女儿们的"精力"无缝衔接转移到了溺爱孙辈上，以至于当时还是牙牙学语的外孙女总是说："爷爷最喜欢我。"

母校情结

在纪念爸爸诞辰一百周年的活动中,妈妈曾对爸爸的一生用两句话总结:"自十四岁进入南京中央大学至七十岁离世于西安西北工业大学,这期间除三年在国外学习,五十三年没有离开过他的母校;自十八岁进入中国第一届学习航空的机械特别研究班,直至离世,五十二年没有离开过他的航空(力学)领域。"这高度的概括不仅体现了爸爸对航空、对母校的热爱,也体现了爸爸一生以祖国需要为己任的情怀。

翻开爸爸的履历,历任中央大学、浙江大学(兼职)、南京大学、华东航空学院、西安航空学院和西北工业大学教授,国防部第五研究院一分院第五研究所所长(兼职),看似很多次"跳槽",其实除了两个兼职,其余均是随着母校的变迁而变化。无论学校迁到哪儿、发生如何变化,爸爸都是思想上坚定支持,行动上紧紧相随,真正是从来不计个人得失,"哪里需要哪里去"的典范……

一九五六年的华航西迁,对于土生土长"南京人"的爸爸来说,"西迁"意味着要放弃南京优越、舒适且熟悉的生活环境,奔赴水土不服、条件艰苦的西安;对于作为家属的妈妈来说,"西迁"还意味着要放弃她自己正在上升的事业。但是爸爸妈妈均没有犹豫,婉拒了妈妈工作单位的真诚挽留,克服重重困难,带着最大七岁,最小才九个月的四个女儿举家离开南京奔赴西安,投身西部建设。

一九六四年,钱学森推荐爸爸担任北京航天702所(五院一分院第五研究所)的所长,那个时候首都北京无论是工作条件、生活环境,还是子女的教育资源都远在西安之上,吸引力不能说没有。北京方面也做好了接收我们全家的各种准备,已经在考虑妈妈的工作安排,还分配给爸爸了一套很大的单元房以迎接我们全家的到来。只因当时西工大校长寿松涛的执意挽留以及对母校、对航空事业的不舍,爸爸还是选择放弃了这个全家一起去北京的机会,只是兼任了702所的所长。在702所的协助安排下,已上中学的大姐二姐被转入北京的中学就读。这一方面是可以让爸爸在北京工作的时间里不会太"孤独",一方面也是为了子女能有更好的成长机会着想。这一次，虽"固守"了爸爸的母校、航空情结，却令爸爸多年在西安与北京之间来回奔波，一家人不得不分为两地生活……

情系航空

一九三五年，爸爸中央大学家土木系毕业，已联系好去美国IOWA大学深造，却经当时中央大学工学院卢恩绪院长的动员，改考中大机械特种技术研究班（简称"机特班"）。

中央大学机特班是我国第一个航空技术研究班，也是我国第一个航空工程系——国立中央大学航空工程系的前身。当时由于日寇虎视眈眈，搞国防教育不能公开，才起了这么一个奇怪的名字。可以说，机特班是中国航空教育的起点，爸爸是该班第一届学员，应该算是中国最早的"航空人"之一。

爸爸选择航空，正是国难当头，日寇猖獗之时，他是抱着同仇敌忾、仔肩任重的热情投身航空救国行列的。也正是从那时起，爸爸就与航空事业结下五十二年的不解之缘。

爸爸的一生是为祖国航空教育、航空科技、航空生产不懈奋斗的一生。我也是在翻看了一些科技、生产一线上的前辈们回忆爸爸的文章，才了解到爸爸对祖国航空事业的贡献不单单是"桃李满天下"。他经常被邀"亲临一线"解决科研生产实际问题，是我国旧飞机疲劳定寿、损伤容限评定和新飞机损伤容限设计的创始人之一。爸爸为祖国的航空事业鞠躬尽瘁，奉献终生，应该说，他的这份"坚守"，不仅仅是一份"热爱"，还饱含着他深深的爱国赤子之心。

清楚地记得一九七三年我下乡前的那个夜晚爸爸和我之间的一段"闲聊"，对女儿学业上没有具体要求的爸爸这次却说出了他的一个心愿。他希望我将来能有机会上大学，并"建议"我学航空，他说西工大、北航、南航三所航空院校任何一所都行。

一九七七年，下乡五年的我迎来了高考制度的改革，我在农场辛苦工作的同时投入复习，爸爸在身体欠佳和工作繁忙的情况下也亲自"助阵"。他抽空为我和我农场的朋友一起做了一次数学辅导。据我朋友的回忆，爸爸的讲解方法很独特，问他一道题，"一眼看穿"的爸爸直接写结果，然后写中间的一步，看我们不懂就加一步，还不懂就再加一步……高考成绩下来，爸爸打听到我的成绩超出重点线了，非常高兴。那时候没有电话，爸爸在交通且身体行动均不便的状况下专程和妈妈一起来农场，给我带来这个好消息。

没想到下乡五年后，我作为恢复高考后的第一届大学生，真的走进了西北工业大学的大门。我的第一志愿就是西工大飞机结构强度专业，终于实现了爸爸和我的共同理想，成为爸爸的学生、爸爸的同行。爸爸很高兴，专门请我和同年考入西工大季文美教授研究生的二姐去西安饭庄吃烤鸭，那是我记忆中第一次吃烤鸭，尽管因为吃不惯几乎没吃几口鸭子，但还是很开心。

人生楷模

爸爸淡泊名利，只讲奉献，不求回报，感觉他奋斗一生所获得的最大的"荣誉"就是在他去世三十三年后，西北工业大学航空学院设立了以他的名字命名的"黄玉珊航空班"。爸爸的故事很多，但是我没有亲耳聆听过爸爸的"炫耀"，以至于爸爸的故事我一直都是从别人口中听说的。记得听到"娃娃教授"的故事后我曾经好奇地问爸爸，跳了那么多级是不是因为学习成绩在班上一直领先，低调的爸爸平和地说，正因为总是跳级，常态就是班上的差生，因为好不容易撵上大家，就又跳级了。

爸爸克己奉公，从来不搞特殊。当年学校搬到西安时，住的都是学校分配的公寓。起初，学校根据综合条件分给我们家一套位于二楼的六居室，这在当时是西工大最好最大的两户之一。那时我们家有七口人，除爸爸妈妈和我们姐妹四人，还有爸爸的继伯母和我们一起生活，爸爸却总觉得我们不应该住这样大的房子，主动要求换小一些的。在继伯母去世后，爸爸再一次向学校提出强烈要求换为四居室，虽然学校相关部门为难地告知爸爸只剩下顶层的四居室，爸爸也欣然接受。

爸爸平易近人，没有一点儿架子。他的朋友包括家中曾经的保姆、学校的清洁工。晚年我陪他出门走路锻炼，他会和每一个与他打招呼的人握手、攀谈，不管是教授还是学生，不管是年长还是年轻，不管是领导还是工人，甚至不管是否认识，都像是遇到了老朋友。

爸爸善解人意，很会做"思想工作"。有一次爸爸的一个研究生向爸爸汇报学业，说他有一门课成绩不够理想，本来是准备挨批评的，没想到历来不是分数挂帅的爸爸反过来安慰他，考试如跳高，横杆放在给定的位置，跳过去就行，超出多了也没有用。

爸爸勤奋敬业，不论是教学还是科研，工作起来总是那么忘我。他一九七五年及一九七八年两次脑血栓，特别是第二次留下了行动不便的后遗症。但他却没有停止过工作，他只是把"上班"的地点挪到家中。他在家中伏案工作，指导研究生，主持工作会议，召集学术讨论……就连几位研究生的毕业论文答辩会也是在我家举行的。他翻阅国内外大量技术资料，思维始终处于科技前沿，不断开拓新的研究方向，为学科发展积极献计献策。他在妈妈的陪伴下奔赴全国各地，参加一个又一个学术会议、专家会议。

爸爸为人师表，家里家外都贯穿着"用行动带动行动"。一九八二年初，我毕业留校工作，和爸爸的关系又多了一层，爸爸成了我的同事。曾经担心过父女同一单位工作的尴尬，但很快就发现我"多虑"了，爸爸依旧扮演着"后盾"的角色，仅仅用自己"榜样的力量"鼓舞着我。我虽没有从工作上得到爸爸多少"指教"，却由于有更多机会近距离、全方位地与爸爸接触，学到了很多……和爸爸"同事"的五年多里，亲身感受和见证了爸爸的人格魅力，爸爸坦率真诚、光明磊落、大公无私、廉洁自律、胸怀博大……潜移默化地为我指明了做人、处世的原则和道理。他的一言一行都积淀在我的脑海里，令我终生难忘。

都说四个女儿中我长得最像爸爸，我不但"复制"了爸爸的急性子、早睡早起及不吃葱姜蒜等生活习惯，更成为爸爸航空事业的同行。爸爸的母校也是我的母校，爸爸的事业也是我的事业，我只有时时刻刻想着是爸爸的女儿，爸爸的榜样就是自己的行动指南，必须要求自己在工作中恪尽职守，踏踏实实，兢兢业业，这些我应该是做到了。虽然我没有遗传好爸爸的"大脑"，在学术上、事业上与爸爸差的不是一个量级，但我相信如果爸爸能看到我的努力和付出，会露出欣慰的微笑……

热爱生活

爸爸是一个非常有情调，非常热爱生活、懂得生活的人，他喜欢聚会、旅游、玩棋牌、听音乐、看足球……种种爱好感觉放到今天都不"落伍"。

二十世纪八十年代中国女排鼎盛时期，爸爸每当看到奏国歌、升国旗时都会热泪盈眶，激动万分。因为血压高且青光眼，妈妈担心他的身体，总是限制他看比赛，有时候只允许他背对电视"听"，他听也能听出"水平"，对场上的即时赛况比用眼睛看的我们还清楚。

一九八七年五月，爸爸住院打吊针，恰逢有一场中国足球奥运预选赛，那时医院里没有电视，没有电话，没有办法及时知道结果，爸爸就"派"陪伴他的妈妈"帮"他回家看足球。记得那场球中国队是一比零胜，妈妈看完球又以最快的速度赶到医院去把这个好消息告诉爸爸，可惜爸爸没有等到那年中国队冲进奥运会的那一天。

爸爸的"仪式感"在那个年代绝对少有，妈妈说，她是和爸爸结婚后才知道要过生日且有人记着为她"过生日"，而我们从记事起就知道过生日会有爸爸妈妈的礼物及美味佳肴。翻开家中的影集，爸爸妈妈的合影及我们的全家福很多会摄在爸妈的结婚纪念日或爸爸的生日，而元旦、春节、儿童节、国庆节等各种节日都会有家庭欢聚庆祝的活动，就连三月八日，爸爸都不忘开着玩笑说要过爸爸和女儿们的"父"女节。

爸爸非常注重亲情，喜欢热闹，也很好客，那个年月没有手机，没有电话，爸爸的一个"家务活"就是用简短的书信和遍布四面八方的亲朋好友保持联络，甚至连给妈妈的亲友的信也由爸爸"承包"了。爸爸接近三百元的月薪在当时就是"大款"，所以他常常大方地用"私款"请客，喜欢在家中"设宴"请外地来访的同事，请女儿们的朋友……我北京的姨妈给我讲：有一次爸爸要去北京开会，事先答应北京的亲友们去了请大家吃烤鸭，可是他们没有等到爸爸，却等到爸爸寄去的当年足够吃"大餐"的十元钱和附言的一句话——"会议取消，烤鸭不取消"……

传承弘扬

爸爸离开我们三十五年了。三十五年中我们家发生了许许多多的变化，可以告慰爸爸在天之灵的是：

我和爱人陆山一直在西北工业大学从事航空领域的教学与科研，为爸爸一生所热爱的事业贡献了我们的力量。而爸爸的长外孙女就职于航海部门，长外孙女婿就职于航天部门，他们均硕果累累，业绩斐然。由此也"构建"了我们一家三代的"三航世家"（航空、航天、航海），是爸爸奉献航空事业的"薪火相传"。

我们四个姐妹个个努力工作，家庭幸福。一家有十一人从事或曾经从事教师工作（爸爸、妈妈及三个女儿、四个女婿、两个外孙女），其中有九人是工作于国内外知名大学的教授或副教授，由此也"形成"了我们一家三代的"教育世家"，是爸爸妈妈热爱教育事业的"承前启后"。

爸爸的六个孙辈个个品学兼优。美国的四个孙辈全部毕业于世界顶级大学［两个麻省理工学院（MIT）的本科，均为美国西北大学的博士；一个哥伦比亚大学的本科和一个芝加哥大学的本科，均为约翰霍普金斯大学的硕士］。国内的两个孙辈也都毕业于名牌大学（一个西安电子科技大学的本科，一个北京大学的本科和硕士）。

不知道是受外公潜移默化的"家风"熏陶还是外公的"基因"作用，爸爸去世时已经出生的四个外孙女（当年最大的只有九岁半、最小的还未满三岁）或多或少都被外公"传染"。一个外孙女与外公是"同行业"（三航），一个外孙女与外公是"同职业"（大学），一个外孙女与外公是"同专业"（力学），更有一个外孙女在斯坦福大学读博士后，成为外公的"校友"。

爸爸目前已有的五个重孙辈个个天资聪颖，朝气蓬勃。目前就读于北京101

中学高中人文实验班的长重外孙女曾两次当选北京市海淀区三好学生，德智体全面发展，并入选国家英才计划，初露锋芒。

二〇二一年教师节前夕，西北工业大学航空学院决定成立以爸爸的名字命名的"黄玉珊航空教育基金"，妈妈听说后毫不犹豫地捐赠一百万元。事实上，一九八七年爸爸去世时留给妈妈的"夫妻共有财产"只有五万元，一百万元可以说就是妈妈这几十年来省吃俭用的全部个人积蓄。如今，妈妈倾其所有把这笔钱捐赠到了"黄玉珊航空教育基金"，其原因一是因为妈妈对爸爸的深厚情感，认为"能有机会为黄玉珊做点儿事情会感到很欣慰"，二是因为妈妈希望爸爸一生奉献的事业能够繁荣兴旺，认为"国家强大需要航空，把这笔钱用在培养航空新人上非常值得"。

爸爸正直、善良、豁达、宽厚，爸爸谦虚、好学、勤奋、坚韧，爸爸认真、务实、自强、坦荡，爸爸是我们后代工作、学习、生活的楷模。爸爸留给我们的精神财富和人生的启迪是最珍贵、最厚重的礼物，必将代代传承与弘扬。爸爸的音容犹在，风范永恒！

2022年4月

回忆岳父黄玉珊教授

◎ 陆　山

说起我和岳父的"缘分"还真"源远流长"。进大学前,岳父与家父陆颂善因共同的航空事业相识相交,是我父亲的朋友;进大学后,岳父是我所学专业的知名教授,我崇拜的老师;结婚后,他的身份又一次"转换",成为我敬爱的爸爸,我的亲人。

我于1977年考入西北工业大学飞机结构强度(54)专业攻读本科学位,与黄其青是同班同学。1983年与黄其青结婚,之后就一直与岳父母一起生活,直至1987年6月9日岳父逝世。

初到西工大就耳闻西工大54专业的传奇式教授黄玉珊,留美师从著名教授铁摩辛柯,仅用一年时间就获得美国斯坦福大学的博士学位,回国后年仅23岁就在国立中央大学任教授,享有"娃娃教授"的美誉。我第一次见到岳父是本科期间我们班请他做过一次"特邀报告",有幸面对面聆听了一次我心中"偶像"的生动且颇受鼓舞的"演讲";而近距离的接触始于1981年与黄其青谈朋友以后的府上拜访。岳父给我的最初印象就是待人谦和、平易近人,完全没有大教授的架子,在家里也没有那些繁文缛节。岳父母家里陈设简朴,家具基本都是1956年伴随华航西迁从南京举家搬过来的,而特显"气派"、引人注目的是一张超大的旧办公桌和用学校配发的简易书架改制的一组两米多高超大书架,书架上摆满了中外文专业书籍及期刊。20世纪60年代,岳父月工资收入近300元,在当时虽然够得上"大款",但他在生活上从不"讲究",一贯崇尚简约,却自1957年华航西迁开始,一直自费陆续从西安市新华书店直接订阅多套的外文期刊，如1957年开始的 *Aircraft Engineering*，*Int. J Applied Mechanics*，20世纪60年代的 *J of AIAA*，到20世纪80年代的 *Int. J Fracture*，*Engineering Fracture Mechanics* 等。在当时订阅这些外文期刊相对工薪收入来说价格不菲，但岳父却常年订阅，直至他去世。特别是岳父20世纪70年代经历过二次脑血栓后已行动不便，他仍每天除了坚持在家里来回走路锻炼身体，就是花费大量时间坐在大书桌前阅读外文期刊，并自己制备了一抽屉资料卡（像图书馆早期的图书资料检索卡）以便于科研资料信息分类管理检索，密切跟踪欧美等国家航空科技及断裂力学发展动态。正因为此，他才能为在中国飞机结构强度设计中率先开展损伤容限分析与设计技术，开启前瞻性的方向。这些好的科研方法我在攻读博士期间及早期的科研工作中也学习使用过。

岳父待人和蔼可亲，对子女怜爱有加。1981年底，我们大学本科四年学业结束后，黄其青留在54专业任教，我则师从陈百屏教授继续攻读硕士学位。这期间不是没有考虑过跟随我未来的岳父读研，这样业务发展或许会更好些，但想到将会面临岳父做导师带来的不便和尴尬还是避嫌了。岳父很理解我的想法，也非常支持我报考陈百屏教授的研究生。1983年我与黄其青结婚后就与岳父母一起生活。1984年7月我们的女儿陆叶出生，家里更加热闹，岳父母不仅没有嫌我们麻烦吵闹，还尽可能分担家务，帮我们照看孩子。记得有一次为了哄住我们大哭的女儿，自己已经行动不便的岳父竟抱起外孙女站起来摇哄，溺爱孙辈之情满满，也给我们忙碌的生活平添温馨。1984年我硕士研究生毕业后，再次面临人生的重要选择。本来我也可以留在飞机系，但岳父在得知西工大航空发动机系需要人后就鼓励我去应聘，因为他认为中国的航空发动机更需要大力发展，从此也开启了我长达37年的航空发动机结构强度专业的教师职业生涯。留校工作后，岳父又鼓励我在职攻读博士学位。在岳父母及黄其青几乎包揽了全部家务的大力支持下，我于1986年又考取了西工大固体力学博士研究生。回顾这些年我走过的路，取得了一定的成绩，在国内外学术期刊上发表论文近130篇，培养指导硕、博士研究生110多名，并作为航空发动机行业内专家常受邀参加评审……无愧于父辈们的教导。

岳父淡泊名利，对生活条件也从不计较，而对事业及工作却始终抱有极高的热情，对同事及身边需要帮助的普通人也总是给予尽可能的帮助。20世纪70年代，岳父曾接济过单位的一位年轻同事，事隔很多年，岳父去世后，当这位同事专程上门感谢并执意要还这份人情时，我们家里人才了解了事情的原委。

  转瞬间，我与岳父接触及生活的那些日子已过去近40年了，许多往事仍历历在目。岳父在航空航天领域所做的开创性贡献是有目共睹的，他的无私奉献精神也将不断激励我们及后来人为祖国的航空航天事业不负韶华、砥砺前行。

2022年4月

怀念敬爱的珊舅

◎ 方鸿生

1987年我在美国卡内基梅隆大学任客座教授期间,于6月10日晚,惊悉珊舅于6月9日溘然长逝,不胜悲痛,当夜向国内西北工业大学的校方及舅母胡荫华教授发出唁电。

我幼年丧母,得珊舅教益极多,终不能忘,现追记数事,以表怀念深情之一二。

一、热爱祖国+聪颖过人+勤奋+高效率=人民的奇才

珊舅18岁大学毕业,考取中英庚款留英,后留美。22岁得博士学位,于抗日战争民族危难之际,怀赤子之心毅然回国,报效人民,辗转赴渝,在中央大学航空系任教授,时年仅23岁,人称"Baby Professor"。

抗战胜利后,外祖母全家自渝返宁。我因丧母,1946年自沪去宁跟随外婆,和珊舅相处朝夕,他身教言教良多。珊舅聪颖过人,令人为之瞠目。如多位数心算,当众脱口而出无误;读书奇快,博览群书;谈话幽默,简明而无废话;书写一函,仅需数分钟;虽已是名教授,但长年终日勤奋,生活工作极有规律,有条不紊。我那时还不太懂事,某日我问珊舅,"你怎么每天在忙,总是又看又写?"他说:"我简直想象不出一个人如果要闲着,该怎么办?"这句话使我一生得益。

珊舅一生热爱祖国,并为祖国的航空事业呕心沥血,鞠躬尽瘁。他为人正

直，光明磊落，并以此教育我，所用教育方法也是既聪敏又讲效率。例如为了帮助我提高写作水平及品德，他从不讲很多道理，而是不断出题，让我写作，写前先给我讲一个上述内容的故事。又如他也不多讲热爱劳动的道理，而是让我每星期天种菜和大扫除。

我青少年一段时期与珊舅在一起，我感到他是一位人民的奇才，原因是他热爱祖国，聪颖过人，勤奋而又高效率。

二、"你不要读那个高三了"

珊舅对我关怀备至，仅举一例。1949年春，我在读高二。某日，他对我说："你不要读那个高三了，何必慢慢读，那些课可以自己念，我可以指点你。"他虽为名教授，但常在周末于百忙中给我讲高三数学课程，尔后我随珩舅北上（黄玉珩——计算机领域著名专家）学习，没有读高三就考上了大学。至今我怀念珊舅的深情，使我在人生道路上多为祖国服务一年。

三、始终站在本科学领域的前沿

1978年，我在北京看到珊舅，使我十分惊讶的是，他对国际上20世纪50年代开始发展的跨学科新领域——断裂力学已造诣很深了。他说："我们科学上落后了。要抓紧时间努力赶，我从来都是站在本科学领域的前沿开展工作。"

结语

珊舅作为我国航空科学事业的奠基者之一，做出了杰出的贡献，人民将永远怀念他。同时，他对我个人的成长、品德、治学、工作，也起了极重要的作用，令我终生难忘。

安息吧，一代奇才——敬爱的珊舅！

第三篇 传承弘扬 航空报国

一、黄玉珊航空班、黄玉珊航空教育基金会有关新闻报道

新时代、新使命、新征程，黄玉珊航空班扬帆启航

——记黄玉珊航空班班主任受聘仪式和新生见面会

西工大新闻网2020年9月12日电（杨扬 白怡暄 摄影记者 付延）9月10日下午，西北工业大学首届黄玉珊航空班班主任受聘仪式和新生见面会在长安校区启真楼110会议室举行。校党委书记张炜，中国科学院院士郭万林，副校长张卫红、杨益新，党委学工部部长代富平，教务处副处长王克勤，航空学院院长邓子辰，民航学院院长李玉龙，黄玉珊先生女儿黄其青，校友代表彭亮文，航空学院其他院领导和优秀青年教师，黄玉珊航空班授课教师代表张莹、潘璐璐、都琳，以及首届黄玉珊航空班全体学生出席了此次会议。会议由航空学院党委副书记（主持工作）索涛主持。

张卫红首先致辞，他代表学校对郭院士的到来表示热烈欢迎，向入选首届黄玉珊航空班的30名同学表示衷心祝贺。他在讲话中指出，我校在人才培养方面具有优良传统，为国家航空航天事业培养了一批杰出人才。黄玉珊航空班的设立，旨在传承黄玉珊先生的治学思想，培养航空领域未来的学术大师或总设计师，是学校培养拔尖创新人才的新举措。学校为黄玉珊航空班聘请了由郭万林院士、唐长红院士、杨伟院士等大师、大家领衔的豪华班主任团队，希望同学们始终怀揣航空报国梦想，珍惜难得的学习平台和机会，只争朝夕、不负韶华，力争成为具有家国情怀、追求卓越、引领未来的领军人才，续写人才培养领域的"西工大现象"新篇章。

邓子辰简要介绍了黄玉珊航空班的办学初衷与目标，他指出要秉承黄玉珊先生的航空报国情怀和西迁精神，坚持"大师引领、开放式、国际化"的办学理念，培养航空领域未来的学术大师或总设计师。

张卫红分别为与会的首届黄玉珊航空班班主任中国科学院院士郭万林教授，西北工业大学杨益新教授、邓子辰教授、李玉龙教授、黄其青教授和执行班主任徐绯教授颁发了聘书。

◆ 第三篇 传承弘扬 航空报国

郭万林院士在致辞中表示，非常感谢学校和学院的信任，并深情表达了对恩师黄玉珊先生的思念、怀念、崇敬和感佩之情，表示将为黄玉珊航空班的建设尽职尽责。他同时谈到，黄
玉珊航空班的建设要"谋科学引领，树教育自信"，坚守航空报国情怀，不辱

使命和重托。

杨益新在总结发言中指出，建设黄玉珊航空班对学校教育教学改革面临着挑战，勉励大家一定要直面挑战、勇于担当、有所作为，并相信班主任团队、学院

一定可以带领黄玉珊航空班走向航空领域最前沿，将学生培养成为具有家国情怀、追求卓越、引领未来的高素质人才。

随后举行了首届黄玉珊航空班新生见面会，会议由执行班主任徐绯教授主持。邓子辰院长详细介绍了黄玉珊航空班的基本情况。

郭万林院士、邓子辰院长、黄其青教授和万方义副院长向黄玉珊航空班的8位青年导师颁发了聘书。

郭万林院士作为班主任，为全体30名同学送上了寄语，他非常感谢大家能够选择黄玉珊航空班，并坚信这一定将会是大家人生中做出的最好的决定。同时，郭院士对全体学生提出了

期望，他希望大家能够珍惜机会和父母给予的天分，主动学习，抓紧时间打好基础，充分利用学校丰富的图书和网络资源，始终心存大志，满怀使命感和航空情怀，努力前行。

黄玉珊先生女儿，航空学院原副院长黄其青教授表示，此次学校设立黄玉珊航空班，是父亲最大的荣誉，先生一生只在一个学校，在自己平凡的岗位上默默奉献，孜孜不倦教书育人。她勉励学生一定要秉承西工大几代航空人的思想和理念，爱航空，爱学校，爱祖国。

◆ 第三篇 传承弘扬 航空报国

青年导师代表、航空学院副院长张伟伟教授在发言中希望，每一位学生能够强壮体魄，学活知识，长真本领。

西工大航空学院67届校友彭亮文老师代表老一辈航空人期望黄玉珊航空班的同学们茁壮成长、学业有成，成为国之栋梁。他同时代表校友向首届黄玉珊航空班的学生代表赠送了书籍。

随后，首届黄玉珊航空班学生高世瑾、张钰博代表全体学生对学校、学院及各位班主任和青年导师表达了感谢。高世瑾同学在发言中以卓越、实干和逐梦3个关键词表达了心中的感想，他非常感谢学校和学院为黄玉珊航空班配置的卓越师资阵容，并且表态会着眼未来，坚持不懈地追逐自己心

中的航空梦。张钰博同学在发言中表示,自己被西工大老一辈航空人的报国情怀深深吸引,毫不犹豫地选择了黄玉珊航空班,也表态一定会不忘初心、砥砺前行,将这种航空报国情怀传承下去,全力以赴,不负韶华。

新生见面会结束后,郭万林院士、邓子辰院长、黄其青教授、徐绯教授、万方义副院长及全体青年导师对黄玉珊航空班的培养方案进行了深入研讨,并对培养环节落实提出意见和建议。

至此,首届黄玉珊航空班系列会议圆满结束。相信在学校和学院的大力支持下,在郭万林院士、杨伟院士、唐长红院士班主任团队的带领下,在全体同学的共同努力下,黄玉珊航空班定会扬帆远航,共创辉煌。新时代、新使命、新征程,黄玉珊航空班踏步前行,将努力创造新时期的"西工大现象",续写西工大新的光荣与辉煌!

黄玉珊航空教育基金启动暨捐赠仪式举行

西工大新闻网2021年9月10日电（陆宇鹏）赓续百年初心，担当育人使命。在第37个教师节之际，9月10日下午，西北工业大学"黄玉珊航空教育基金"启动暨捐赠仪式在友谊校区国际会议中心第一会议室举行。

捐赠人胡荫华教授（黄玉珊先生夫人），黄玉珊女儿黄其青，安徽羲禾航空科技有限公司总经理刘传超，西北工业大学党委副书记万小朋，校长助理、教育基金会理事长王宇波出席仪式。航空工业第一飞机设计研究院党委书记尚忠弟，中国飞机强度研究所党委书记王育鹏，航天一院702所型号副总师荣克林，中国航空学会常务理事、陕西省航空学会理事长翁志黔，中国航空学会副秘书长兼西安站站长向河，航天一院702所瑞莱公司西北地区总经理贺译贤，中

船重工（海南）飞船发展有限公司总经理石亚军，西北工业大学教育基金会秘书长张英群、副秘书长徐伟侠、航空学院院长邓子辰，以及航空工业第一飞机设计研究院、中国飞机强度研究所、航天一院702所的校友代表，航空学院教师代表，2021级黄玉珊航空班全体学生等共同见证了这一重要时刻。航空学院党委书记索涛主持仪式。

邓子辰院长介绍了"黄玉珊航空教育基金"的设立背景、黄玉珊生平、捐赠人情况。

张英群代表学校教育基金会感谢胡荫华女士和安徽羲禾航空科技有限公司的慷慨捐赠，介绍了西北工业大学教育基金会资助学子成才、鼓励师生创新、扶持学科建设、改善教学设施、支持学校发展等情况，配合学校向建设中国特色世界一流大学不断奋进。

随后，校长助理王宇波与黄其青教授签订捐赠协议并颁发捐赠证书。

教育基金会秘书长张英群与安徽羲禾航空科技有限公司签订捐赠协议并颁发捐赠证书。

刘传超代表捐赠方发言。他表达了对母校在自己人生每一步成长过程中给予的精心培养和专业知识传授的感恩，同时鼓励学弟学妹们要继承

"以黄玉珊先生为代表的老一辈西工大人求真务实、航空报国的精神",为实现航空梦想奠定坚实基础。

2020级黄玉珊航空班张钰博同学在发言中表示,作为第一届黄玉珊班学生,定将牢记航空报国初心,不负母校和祖国期望。

荣克林副总师代表航天一院七〇二所,向学校捐赠了关于黄玉珊先生的珍贵历史资料。

万小朋表示,学校培养了一大批行业精英、国之栋梁。2020年学校设立黄玉珊航空班,是学校培养拔尖创新人才的新举措。希望"黄玉珊航空教育基金"的成立,能够进一步助推航空学院人才培养工作,续写人才培养"西工大现象"新篇章。希望黄玉珊航空

班的同学们始终怀揣航空报国理想,珍惜难得的学习平台和机会,只争朝夕、不负韶华;航空学院能够管好用好"黄玉珊航空教育基金",推动学院更快更好发展;校友能够一如既往地关注母校的发展,共同促进学校各项事业内涵式高质量发展。

出席捐赠仪式的校友和师生还进行了"同心谱写人才培养新篇章、同力助推母校'双一流'建设新局面"主题座谈交流会。

黄玉珊航空班同学赴一飞院与唐长红院士座谈

西工大新闻网2021年7月12日电（汪俊霖 麻宇成 高世瑾）7月8日下午，在中国共产党百年华诞及运-20列装部队5周年之际，2020级黄玉珊航空班师生20余人，乘车前往阎良一飞院，与中国工程院院士、运-20总设计师、黄玉珊航空班班主任唐长红座谈。

黄玉珊航空班执行班主任助理杨扬向唐长红院士汇报了黄玉珊航空班培养理念及一年来班级的建设情况。唐长红院士从人类工业发展史的角度谈了飞机对世界的改变和创新对人类生活方式的改变。他结合自己的人生奋斗历程，勉励同学们要努力奋斗以担大任，鼓励大家要丰厚基础，熟读飞机，兴趣创新，不辱使命，沉静身心，顽强拼搏。唐长红院士、一飞院人力资源部副部长王银虎校友还和同学们一起交流了学习工作生活中的一些问题。

座谈会后，同学们参观了一飞院展厅并观看了宣传短片，了解了一飞院的发展历史及对我国航空事业做出的卓越贡献，对我国航空工业从弱到强的发展有了更加深刻的理解。

此次阎良之行使同学们备受鼓舞，深感振奋，深化了对航空强国的理解，对未来的学习和发展方向有了更深的认识、更清晰的定位，进一步激发了同学们航空报国的责任感、使命感以及时不我待的紧迫感，激励同学们向成长为勇立时代潮头、担当强国大任的栋梁之材努力奋斗。

航空学院党委副书记宣建林、黄玉珊航空班执行班主任徐绯、班主任助理杨扬随行参加了此次活动。

央视报道我校黄玉珊航空班

西工大新闻网2020年7月27日电（赵毓梅）近日，CCTV-13报道了我校"黄玉珊航空班"，航空班是我校匠心打造、强势推出的一个致力于培养未来学术大师和型号总设计师的特色班。

"黄玉珊航空班"由西北工业大学与航空工业集团共建，以著名航空航天科学家、力学家、教育家黄玉珊先生命名，依托"航空宇航科学与技术"国家A+学科和"飞行器设计与工程"国家一流专业的优势资源，由郭万林院士、歼-20总师杨伟院士、

运-20总师唐长红院士、直-20总师邓景辉等院士/飞机型号总师组成豪华班主任团队，传承老一辈航空教育思想和文化精神，培养具有航空报国情怀、扎实的数理基础与专业知识、自我革新的学习能力、勇于担当的创新精神，以及国际竞争力的拔尖总师型人才。创造新时代"西工大现象"，续写西工大人才培养的光荣与辉煌。

"黄玉珊航空班"搭建"大师引领、开放式、国际化"的培养方式，采取"个性化培养、完全学分制、理论实践双导师"的培养模式。实行班主任团队负责制，全程指导航空班的建设、培养和管理，根据每一位同学的特点定制"一人一策"培养方案，三分之一以上课程聘请国内外著名专家学者授课，在校期间2次不少于6个月的境外学习研究经历和飞机设计研究所工程实践经历，在3年或4年内修完学分要求和毕业设计即可毕业。

毕业授予"飞行器设计与工程"专业工学学士学位和毕业证书，同时授予黄玉珊航空班荣誉毕业证书；本研直通，毕业生100%深造，优先推荐到国际一流大学攻读硕士或博士学位，优先推荐到院士/飞机型号总师博导团队攻读博士学位。

黄玉珊航空班赴阎良623研究所、试飞院参观实习

西工大新闻网2020年11月17日电（杨扬 黄欣宇 高世瑾）11月8日，航空学院黄玉珊航空班全体学生赴阎良中国飞机强度研究所（下称"623所"）和中国飞行试验研究院（下称"试飞院"）开展了参观实习活动。航空学院党委副书记（主持工作）索涛教授、航空学院副院长万方义教授、黄玉珊航空班执行班主任徐绯教授、黄玉珊航空班班主任助理杨扬副教授随行参加了上述活动。

上午9点，实习团队首先到达623研究所开展活动，人力资源部副部长闫斌雁、何冀婷代表623所进行了热情接待。闫部长首先向全体师生介绍了强度所的

基本情况,并就所里的相关主研方向与学生进行了充分探讨。座谈会后,在闫部长引导下,实习团队先后参观了强度所全机静力实验室、疲劳实验室、结构冲击动力学实验室和气候环境实验室,聆听了各个实验室负责人的详细介绍,并与工程师进行了深入交流。

下午1点半,实习团队来到本次参观学习的第二站——中国飞行试验研究院。大家首先来到展厅,通过了解试飞院发展历史及对我国航空事业发展的卓越贡献,同学们受益匪浅。接着,全体师生来到机场开展了实地参观,并有幸登上飞机参观了机舱内部结构,聆听了工作人员的讲解,极大地增长了知识,开阔了眼界。随后,双方进行了深入交流。在交流中,同学们就下午参观中产生的疑惑向研究人员进行了提问,各研究所负责人从专业层面热情详细地给予了解答。最后,段部长向黄玉珊航空班全体同学未来的学习生活提出了建议,也表达了对同学们未来的希冀。

◆ 第三篇 传承弘扬 航空报国

此次阎良之行，极大地丰富了同学们的见识，拓宽了视野，使得同学们对未来发展和学习有了更清晰的定位，对未来人生目标有了更明确的方向。通过此次活动，黄玉珊航空班的全体同学必定能够树立更加坚定的航空报国志向，明确航空报国使命，做未来航空事业的领军人。

黄玉珊航空班走进中国飞行试验研究院

西工大新闻网2022年7月1日电（刘建平　摄影 司哲）6月27日，在阎良中国飞行试验研究院，中国飞行试验研究院试飞员学院党委书记丁团结受邀为师生讲授题为"伟大事业孕育伟大精神，伟大精神引领伟大事业"的校友思政课。党委宣传部、黄玉珊航空班等师生代表共同聆听了思政课。

在课程开展前，中国飞行试验研究院"功勋飞行员"、我国著名的试飞英雄黄炳新为师生们讲述了中国试飞事业背后的故事，"感谢西北工业大学为国家试飞事业培养了大批的优秀人才……"黄老先生对大家的到来表示欢迎。随后，在飞豹飞机下，师生们认真倾听了黄老先生讲述试飞背后的故事，精彩之处师生们不时报以热烈的掌声。

◆ 第三篇　传承弘扬　航空报国

在黄老先生近40年的试飞生涯中遇到过数次危险，都没有跳伞。他曾经试飞过多种新型飞机，也担任过多种新型飞机的首席试飞员。每次登机他都有必胜的信心，宁可自己遭遇险情，也要把试飞飞机飞回来，把国家财产放在首位是他的使命。通过黄老先生讲述，大家也为试飞员们为国奉献、大无畏的精神所感动，也更加坚定了自己"航空报国，航空强国"的信心与决心。

在试飞院报告厅，中国飞行试验研究院试飞员学院党委书记丁团结校友首先从中国试飞必须领先、未来试验鉴定的发展两个方面介绍了我们试飞事业的起源与发展。"新机研制的最终成功，在于试飞的验证；试飞是航空科研的生命线，是灵魂；航空科研之魂，画龙点睛之笔；试飞铺就通天路。"丁团结校友通过引用行业内对试飞事业重要意义的描述，突出了试飞事业在整个航空事业的重要地位。接着，丁团结校友从试飞理念变革、装备的试验鉴定、体系化、LVC在试验鉴定中的作用和价值等几个方面，从专业角度讲述了试飞事业的前沿发展趋势。

随后，在培养情怀提升认知和能力，热爱自信干事创新等两方面的内容中，丁团结校友分享了自己的求学经历和工作感悟。校友深情谈道："航空情怀、报国意识、能力与认知，母校的培养为我的人生目标奠定了基础。"结合工作感悟，丁团结校友为同学们的成长成才提出了希望与寄语：要正确认知大学对于个人成长的意义和价值；要积极融入，拓展多方面能力；学校就是用来学习的，要努力掌握本领；要形成良好习惯，制定目标，制订计划，落实计划。

课后，同学们围绕行业发展、专业学习、就业研究方向等与丁团结校友展开交流。面对同学们的问题，丁团结校友耐心为同学们解答，同学们收获满满。课程结束后，师生还共同参观了试飞院展室。

21级黄玉珊航空班胡航程课后谈道："本次的校友思政课我有幸聆听了试飞英雄黄炳新老师的分享与丁团结学长的讲课，收益颇丰，久久难以忘怀。在黄老先生的讲述中，他为了保留飞豹黑匣子中的数据记录，决定如若出现意外，自己尽可能不跳伞，使飞机迫降，为此他还在第一次试飞飞豹时留下了遗书。正是有黄炳新老师一样'苟利国家生死以，岂因祸福避趋之'英勇伟大的试飞员，才换来我国当今的蔚蓝天空。在丁团结学长的讲课中，我了解了国家试飞事业的发展历程，从当初的筚路蓝缕到现如今的蒸蒸日上，变化的是日渐进步的试飞事业，不变的是试飞院人员的初心。"

课堂最后，航空学院党委书记索涛向丁团结校友颁发了西北工业

◆ 第三篇 传承弘扬 航空报国

大学校友思政课主讲人聘任证书。

本次校友思政课由党委宣传部主办,航空学院承办,航空学院党委书记索涛在主持活动时,对丁团结校友关心母校发展、支持人才培养工作表示感谢,并介绍了丁团结校友的基本

情况。索涛说,学校持续推动并开展"校友思政课"系列活动是为深入贯彻落实习近平总书记关于教育的重要论述,加强对学生军工报国专题教育,切实将思想政治工作融入教育教学全过程,充分发挥思政理论课在立德树人、铸魂育人中的关键作用,切实推进思政课改革创新,培养具有家国情怀、追求卓越、引领未来的领军人才的重要举措。他勉励同学们要坚定理想信念,努力坚持高水平科技自立自强,勇担强国使命,将个人理想自觉融入国家发展伟业当中,努力成长为担当民族复兴大任的时代新人。学院后续也将按照学校部署安排,持续做好校友思政课工作。

校友简介:

丁团结,2002年8月毕业于西北工业大学飞行器设计专业,获得学士学位,2005年4月毕业于中国飞行试验研究院,获得硕士学位,现在中国飞行试验研究院工作,主要从事飞行控制与仿真及试飞员培训工作。曾先后担任中国飞行试验研究院飞机所仿真室副主任、飞机所副所长、试飞员学院教学部部长和副院长,现任试飞员学院党委书记。航空工业集团公司一级技术专家。曾先后荣获多项国防科技成果奖、中国航空学会科学技术奖、陕西省科技成果奖、航空工业集团公司成果奖等科技成果。并荣获集团公司二等功、三等功,陕西省科技新星,陕西省国防系统十大杰出青年,西安青年五四奖章等荣誉。

二、黄玉珊航空班学生感悟文章

纪念黄玉珊先生

◎ 张昊博

今年是黄玉珊先生诞辰105周年，从入校以来，我就听到了许多关于黄玉珊先生的事迹，最近也翻读了《中国科学技术专家传略》中有关黄玉珊先生的部分，对先生的事迹有了大致的了解，也对先生越发地敬佩。

我是2020级黄玉珊航空班的张昊博，来自河南洛阳，现在正在读二年级，除了日常的课程学习，平时喜欢涉猎一些数学和计算机方面的知识。在刚刚入学时，我对科研抱有许多幻想，之后却被慢慢地拉回现实，但读过黄玉珊先生的事迹，我又渐渐充满了信心。

黄玉珊先生幼年即在父母的教育下学习了许多古籍，也练习了武术绘画。之后凭借惊人的天赋，14岁便考取国立中央大学，23岁便取得博士学位并回国任教，并立下"中华儿女，学有所成，应报效祖国"的宏愿。在新中国成立后，先生解决了许多技术问题，也培育了一大批技术骨干，为我国航空事业的建设做出了巨大的贡献。在国家有难时，他放弃安稳的生活，毅然回国；在国家需要时，他主动请缨为国家建设补上短板。而我们作为新时代的青年，作为黄玉珊航空班的第一届学生，更应传承这份精神，以身许国，投入到祖国需要的地方去。

黄玉珊先生虽然天资聪颖，但平常仍发奋读书，在精力旺盛时每天都要去图书馆翻阅大量文献，包括英、德、俄、日等外文文献，这让平时常常抱怨的我自愧不如。他认为学问要在广的基础上求深，深而再广，广而再深，这给了我很大启发。黄玉珊先生学识广博精深，也坚持科学研究与工程实践相结合，常常出现在产品研发的第一线，也不分领导与后辈，待人热情，为他人解决问题。这给我树立了一个很好的榜样，理论结合实际，理论知识与实践能力缺一不可。

黄玉珊先生热爱祖国，热爱航空事业，作为黄玉珊航空班的我们也要学习前辈的精神，努力学习，航空报国！

吾辈应追随先生的脚步

◎ 孙柯楠

我叫孙柯楠,是西北工业大学2020级黄玉珊航空班的一名大二学生,学习了黄玉珊先生的一生后,我收获颇丰、获益良多。

"为天地立心,为生民立命,为往圣继绝学,为万世开太平。"初听这句话时的感觉是敬畏,觉得这该是那些伟人、圣人才能够做的,距离我们这些普通人很遥远。但结合在西工大两年的所见所闻、在黄玉珊航空班两年的学习生活,结合黄玉珊老先生奉献结构强度、奉献祖国的一生想来,圣人之所以为圣,正是因为他们有着立心立命的志向并为此不懈奋斗终生才换来太平盛世,而并非他们天生就是圣人而才有此志。

1939年,黄玉珊先生在英国伦敦大学帝国理工学院航空工程系学习,获得硕士学位后乘轮船西渡美国,1940年获美国斯坦福大学博士学位。在读书时黄玉珊先生便立下了"中华儿女,学有所成,应报效祖国"的宏愿,1940年获得博士学位后立马回国任国立中央大学工学院航空工程系教授,时年不足23岁,在我国学术界有"娃娃教授"的美称。1952年黄玉珊先生进入新组建的华东航空学院任教。20世纪50年代,华航西迁,黄玉珊先生非常支持。他那扎根西北、无私奉献、弘扬传统、再度创业的精神,正是吾辈青年应当继承和弘扬的。青年需要有一腔热血,需要正确思想的引领,需要坚定的理想信念,黄玉珊先生这样无私奋斗、报效祖国的故事,立志图强、开拓奋进的精神,正是我们最好的阳光雨露,滋润着我们不断成长。

还有他那勤奋的敬业精神、创新的前沿研究、严格的强度试验、良好的家风家教等，让我感受到了老一辈新中国建设者的使命担当、坚韧执着、敢于突破、持续奋斗。我们应当学习黄玉珊先生那样胸怀国家的赤子情怀，敢于担当的精神气概，求真务实的人格风貌和大爱至善的执着追求，敢于有梦、勇于追梦、勤于圆梦，汇聚起磅礴力量，"为往圣继绝学，为万世开太平"。

黄玉珊先生做人、做事、做学问的方法和精神，是吾辈青年的不竭动力和源泉，也是我们强大的精神激励。我们的追求应当是从黄玉珊先生那样的前辈手中接过大笔，一点点感悟、一步步学习、一辈辈传承，书写吾辈之责任与担当！

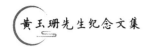

先生之风　山高水长

◎ 管启鸣

我是管启鸣，是黄玉珊航空班的大二学生，学习黄玉珊先生的事迹后，我感触颇深。

黄玉珊先生在中央大学土木系毕业后考入首届机特班，1940年获斯坦福大学博士学位，是我国航空航天界著名结构强度专家和教育家，为我国航空事业的发展鞠躬尽瘁，做出了巨大贡献。

"筚路蓝缕，以启山林"，先生一生，攻坚克难，开拓创新，做出了许多重大研究成果，有力推动了我国航空事业的发展。他深入研究薄壁结构力学以解决工程问题，是我国自激振动理论的学科带头人，为解决飞机的疲劳、断裂和可靠性做出了突出贡献。黄玉珊先生最早提议在大型锻件轰–6梁框上制造人工裂纹进行疲劳试验，并指导了我国首次对飞机结构部件进行的歼–6机翼的损伤容限评定工作。他的研究成果对我国制定国家军用标准、编制飞机结构损伤容限设计指南等起了重要作用……"高山仰止，景行行止"，科学之高峰层峦叠嶂，技术之难题层出不穷，我们更应勇于迎接挑战，向先生学习，以无我之心态融入有我之事业，投身富有开创性的工作中，勇攀高峰，再图发展。

"桃李不言，下自成蹊"。除去学科事业的奉献，先生一生，亦投身教育，为培养后来者倾注心血，以求航空事业薪火相传。黄玉珊先生从1941年便开始指导研究生，是中国最早一批的研究生、博士生和博士后导师。在中国航空航天界的结构强度领域，一批批厂、所的中青年业务骨干也是在他指导下迅速提高。1961年中国第一个飞机设计所在沈阳成立，黄玉珊先生应聘兼任技术顾问，他结合当时正在设计的超音速歼击机，指导该所开展了小展弦比翼面强度、柱壳与锥壳稳定性和结构热强度的分析研究。黄玉珊先生培养了冯元桢教授、郭万林教授、李玉龙教授等一大批知名的专家学者。先生为后来者举起灯火，引领后来之人在科研道路上勇往直前。站在巨人的肩膀上，能看得更远。先生则愿意做托起后人的肩膀，让后来之人，也让我国航空事业更上一层楼。

"云山苍苍，江水泱泱，先生之风，山高水长。"我感慨于先生少年天才，23岁即接受中央大学聘约，作为"娃娃教授"立于三尺讲台；钦佩于先生心系祖国，留学英美毅然归国，又不辞艰苦毅然西迁；叹服于先生开拓创新，为祖国航空事业做出许多开创性的工作；仰慕于先生桃李春风，言传身教，俯首为后来者点起前行之光。

向黄玉珊先生学习

◎ 李怡林

作为西北工业大学黄玉珊航空班的一名大二学生,对黄玉珊先生早就有所了解。近些天,我重新查阅和黄玉珊先生相关的文章,更是为黄玉珊先生的事迹而赞叹,被先生的人格魅力所折服。

这次查阅之前,我只知黄玉珊先生对我国航空和力学的发展贡献很大,只惊叹于他一年取得斯坦福博士学位的传奇事迹。各种事迹简介中生硬冰冷的文字,使我觉得先生距离我们很遥远。但姜节胜先生执笔写下的黄玉珊先生,有血有肉而富有人格魅力,他的文章使我"重新认识"了黄玉珊先生。

黄玉珊先生的勤学无疑是值得敬佩学习的。除去处理业务的时间,他往往是在读书或看论文。上午下班后,先生更是一头扎进图书馆,翻阅最新学术动态并制作读书卡片。数以千计的读书卡片既是他留给后人的巨大财富,也是他勤学与毅力的证明。此外,黄玉珊先生对待学术的"$\delta/0$"理论和"最大斜率理论"对我很有启发。"$\delta/0$"理论借"$\delta/0=\infty$"指出一个领域开创性理论的重要意义,"最大斜率理论"鼓励人们寻找学科中发展斜率最大的方向去努力。这两种理论正与现在鼓励创新的大趋势不谋而合,却显得更加具体。它们使我明白,做学问也许不该被人为划分的专业束缚住,而应根据实际寻找最合适和最需要的方向学习努力以取得突破。

黄玉珊先生最打动人的,是工作中体现的刻苦与爱国,博士毕业后便回国任教,积极著书立说,身患疾病也不曾停下前进的脚步。阅读他的事迹,很难不升起一种钦佩之情,很难不从中获得一些奋进报国的动力。

黄玉珊先生虽离我们远去，但他的精神品质仍需我们传承学习。我们要学习他热爱祖国的一片赤诚之心，学习他奋斗不息的奉献精神，学习他刻苦奋进的勤学态度，为祖国的航空事业作出更大的贡献。

以黄玉珊先生为榜样 迸发属于自己的青春力量

◎ 麻宇成

两年前，我以一名准大学生的身份第一次得知黄玉珊先生的生平和相关事迹。但仅仅停留在略有耳闻的程度，并未深入了解。志愿填报之际，怀揣着航空报国志向的自己，最终选择了西北工业大学，想要在这里一展宏图。而今天，我不仅如愿以偿考入了黄玉珊航空班，还与班里的同学、老师共度了两年。其间，无论是耳濡目染，还是通过主动学习了解，自己逐渐对黄玉珊先生有了更加深刻的认识，愈发能体会到我们的班集体能以黄先生的名字命名是我们的荣幸以及学校对我们的殷切期盼。

黄玉珊先生1931年夏考取国立中央大学土木工程系，时年不足14周岁。1937年夏，黄玉珊先生赴英国伦敦帝国理工学院航空工程系深造，专攻飞机结构力学。1939年夏获得硕士学位。当年9月转赴美国斯坦福大学，师从举世闻名的科学家铁摩辛柯（Timoshenko）教授，以力学为主科、航空为副科，仅一年时间，便获得博士学位，是铁摩辛柯教授最得意的门生。回国后，黄先生接受中央大学的教授聘约，时年23岁，享有"娃娃教授"的美称。

在逐步深入了解黄玉珊先生的过程中，最让我动容的不是他天才般的才华和辉煌的学术成就，这些距离我们都太过遥远。我最钦佩的，是他在中央大学以及西北工业大学任教期间所贯彻秉承的爱国精神和师德师风。这些品质播洒到校园中，在学校范围内形成了良好的学术氛围，进而带动整个西北工业大学飞机系的发展。从当初毅然决然离开美国回归祖国投身于航空事业建设，到之后以身作则推动新中国航空工业人才培养体系建立，忧国忧民之心溢于言表，他始终将祖国的利益置于工作中最优先的位置。从教数十载，桃李满天下，黄玉珊先生培养了一批又一批高技术人才，为祖国的航空事业做出了不可磨灭的贡献。

  我想，如果能生在黄先生的时代，并且成为他的学生，那该是多么荣幸的际遇。而如今，我有幸考入了黄玉珊航空班——这个以黄先生之名命名的班集体，纵然无法当面聆听黄玉珊先生的教诲，但是他的品质、他的信念一直激励着我们班的每一位同学，并将作为永恒的精神财富传承下去。目前大学时光还剩两年，自己仍需努力奋斗，用知识武装自己，不断提升自我，成长为祖国需要的航空人才。将来毕业，黄先生的精神品质也会一直铭记在心中，指引自己在接下来的人生旅途中继续发光发热，为中国航空事业建设添砖加瓦，迸发出属于自己的青春力量。

玉佩响世　珊珊倾耳

◎ 李　航

身为西北工业大学第一届黄玉珊航空班的一员，我倍感荣幸和自豪。在中学时代，我便久闻黄玉珊先生的大名，在得知西北工业大学开办了黄玉珊航空班后，我便决定了我的第一志愿。在收到录取通知书时，我的心情已无法用言语形容。在入学后，我也一直不忘黄老先生的精神和品质，一心求学，只为继承黄老先生之志，为我国航空事业奉献自己的一分力量。

黄玉珊先生在23岁时便成为国立中央大学工学院航空工程系教授，获得了"娃娃教授"的美称。拥有如此成就的黄玉珊先生却不曾止步，在接下来的30年中，黄老先生发表了多篇论文，并且不断地在为我国的航空工业奔波，为我国的国防事业呕心沥血。在黄老先生的一生中，他不仅为我国的航空工业打下了坚实的基础，也为我国的航空工业培育了一大批的人才，西北工业大学李玉龙教授，南京航空航天大学郭万林院士，美国工程科学院院士、生物力学创始人冯元桢教授都师从黄玉珊先生。可以说，黄玉珊先生的一生是中国航空向前发展的缩影。

正所谓"天工开物者，不与圣贤殊"，黄玉珊先生便是我心目中的那位"圣贤"。在不幸患病后，黄玉珊先生并没有选择在病床上养病延寿、安享晚年，而是选择继续带病忘我地工作。即使身体状况每况愈下，他仍然没有放弃自己的事业，内心不忘自己的使命，为我国的航空事业奉献自己的一切。1987年，黄老先生安详离世，但"新竹高于旧竹枝，全凭老干为扶持"，在黄老先生一生的奉献下，中国的航空事业蓬勃发展，他的弟子们也继承了他的意志，活跃于各个领域，为我们的祖国奉献着自己的点点滴滴。

在了解了黄玉珊先生的事迹后，我的第一感觉是感动，我为黄玉珊先生的爱国情怀和无私奉献的精神所震撼和触动；第二便是自勉，今后我会像黄玉珊先生一样为祖国奉献自己的一份力，为我国的航空事业努力奋斗。虽然我们属于不同的时代，但是黄玉珊先生的精神永存，我们需站在巨人的肩膀上，去奋斗，去继承，让我们的祖国越来越好，越来越强。

三、黄玉珊航空班、黄玉珊航空教育基金会简介

黄玉珊航空班

"黄玉珊航空班"以中国著名航空航天科学家、力学家、教育家"黄玉珊"之名命名，由郭万林院士、杨伟院士、唐长红院士等组成班主任团队，以大师引领、开放式、国际化培养模式，传承老一辈航空教育思想和文化精神，面向"航空强国"和"创新型国家"建设，专注于培育胸怀理想信念、传承航空文化精神，具有坚实数理基础、融通航空专业知识，具备国际化大视野的航空领域未来学术大师和型号总设计师，创新人才培养的新时代"西工大现象"。

黄玉珊航空班以航空学院为办学主体，自2020年开始实施单独招生培养。每年面向全国在普通一批次招生30人。

深造与就业前景：

黄玉珊航空班本科阶段学制四年（可提前至三年），按照学分制管理，前两年实行动态流动机制，达到毕业要求将授予毕业生"飞行器设计与工程"专业工学学士学位和毕业证书，同时授予黄玉珊航空班荣誉毕业证书，100%升学深造，并优先推荐到国际一流大学攻读硕士或博士学位或班主任团队博导名下攻读博士学位。

黄玉珊航空教育基金

2020年西北工业大学航空学院启动以黄玉珊之名命名的"黄玉珊航空班",由郭万林院士、杨伟院士、唐长红院士、邓景辉总师等组成班主任团队,以大师引领、开放式、国际化培养模式,传承老一辈航空教育思想和文化精神,面向"航空强国"和"创新型国家"建设,专注于培育胸怀理想信念、传承航空文化精神,具有坚实数理基础、融通航空专业知识,具备国际化大视野的航空领域未来学术大师和型号总设计师,创造新时代"西工大现象"。

为追忆黄玉珊治学育人之道,缅怀其为我国国防事业作出的杰出贡献,航空学院、校教育基金会、校友会联合发起设立"黄玉珊航空教育基金",面向海内外校友、慈善机构及爱心人士、各企事业单位募集资金,旨在弘扬西北工业大学航空学院在人才培养、学术创新和社会服务上的优良传统,传承以黄玉珊先生为代表的老一辈教育家的事业和精神,促进西北工业大学航空学院建设具有中国特色的世界一流航空学院。

一、募捐对象

企事业单位、校友、在校教职工和学生、社会爱心人士等。

二、资金用途

捐赠款项将用于支持西北工业大学航空学院人才培养、教育科研事业发展、奖励优秀学生和教师等,推动航宇、力学学科的发展。

第四篇 学术成果(部分)

◆ 第四篇 学术成果（部分）

[编者按] 因黄玉珊先生的学术成果发表的年代久远，及出于原貌展示以作纪念之考虑，本篇内容以影印形式展示。

黄玉珊博士论文

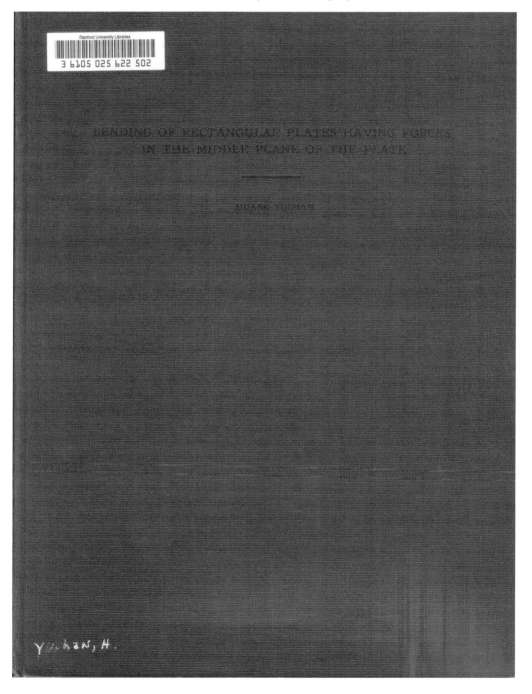

BENDING OF RECTANGULAR PLATES HAVING FORCES IN THE MIDDLE PLANE OF THE PLATE

---oOo---

A DISSERTATION
SUBMITTED TO THE DEPARTMENT OF MECHANICAL ENGINEERING
AND THE COMMITTEE ON GRADUATE STUDY OF STANFORD UNIVERSITY
IN PARTIAL FULFILLMENT OF THE REQUIREMENTS
FOR THE DEGREE OF DOCTOR OF PHILOSOPHY

---oOo---

By

Huang Yushan

May 1940

I certify that I have read this thesis and that
in my opinion it is fully adequate, in scope and
quality, as a dissertation for the degree of
Doctor of Philosophy.

Stephen P. Timoshenko

I certify that I have read this thesis and that
in my opinion it is fully adequate, in scope and
quality, as a dissertation for the degree of
Doctor of Philosophy.

Lydik S. Jacobsen

Approved for the Committee on
Graduate Study

The author wishes to express his grateful appreciation to Dr. S. Timoshenko, under whose generous guidance the present work is accomplished.

CONTENTS

Notations   vi

INTRODUCTION   1

CHAPTER I.   GENERAL DIFFERENTIAL EQUATION AND VARIOUS METHODS OF ATTACK

1. Foundamental Equations   5
2. Double Infinite Series Method   7
3. Strain Energy Method   8
4. Reduced Order Method   10
5. Single Infinite Series Method   13
6. Difference Equation Method   15

CHAPTER II.   SIMPLY SUPPORTED PLATES UNDER UNIFORMLY DISTRIBUTED LOADS

1. General Equations   17
2. Limiting Conditions   20
3. Uniform Forces in the Middle Plane   23
4. Non-Uniform Forces in the Middle Plane   26
5. Moments and Shears   31

CHAPTER III.   SIMPLY SUPPORTED PLATES UNDER VARIOUS LOADING CONDITIONS

1. Hydrostatic Pressure   34

- v -

2.	Triangular Loading	39
3.	Partially Loaded	43
4.	Concentrated Load	48
5.	Plates of Infinite Length	51

CHAPTER IV. PLATES WITH VARIOUS BOUNDARY CONDITIONS

1.	Built-In Edges at $y = \pm b/2$	55
2.	Elastically Supported at $y = \pm b/2$	59
3.	Elastically Built-In at $y = \pm b/2$	65
4.	Non-Symmetrical Cases	69

CHAPTER V. BUCKLING OF PLATES UNDER EQUAL THRUSTS IN TWO PERPENDICULAR DIRECTIONS

1.	Simply Supported Plates	72
2.	Built-In Edges at $y = \pm b/2$	74
3.	Elastically Supported (Free to Rotate) at $y = \pm b/2$	77
4.	Elastically Supported (No Rotation) at $y = \pm b/2$	80
5.	Elastically Built-In at $y = \pm b/2$	84

NOTATIONS

(Their dimensions are shown in bracket where "L" stands for length, "F" for force, and "O" for dimensionless)

A	(L)	cross-sectional area of a supporting beam in terms of thickness of plate, or half of it in case of a continuous plate.
B	(FL^2)	flexural rigidity of a supporting beam $(= EI)$, or half of it.
C	(FL^2)	torsional rigidity of a supporting beam, or half of it.
D	(FL)	flexural rigidity of a plate per unit length $= Eh^3/12(1-\mu^2)$.
A_m, B_m, C_m, D_m	(L)	coefficients.
E	(FL^{-2})	modulus of elasticity.
M_x, M_y	(F)	bending moments per unit length.
M_{xy}	(F)	twisting moment per unit length.
N_x, N_y	(FL^{-1})	forces in middle plane of a plate per unit length, positive always for tension.
N_{xy}	(FL^{-1})	shearing force in the middle plane of a plate per unit length.
P	(F)	concentrated load.
Q_x, Q_y	(FL^{-1})	shearing forces per unit length.

V	(FL)	strain energy.
X, Y	(FL^{-2})	body forces in the middle plane of a plate per unit area.
Y_m	(L)	arbitrary function of y.
a_m	(L)	arbitrary constant.
a	(L)	length of a plate measured in x-direction.
b	(L)	length of a plate measured in y-direction.
c	(L)	distance between a load and y-axis.
h	(L)	thickness of a plate.
k	(0)	$= -N_{cr}b^2/D\pi^2$, in which $-N_{cr}$ = critical compressive load per unit width of a plate.
m, n	(0)	integers, number of half-waves (m usually being odd integers except in Chapter 5).
q	(FL^{-2})	lateral load per unit area.
r	(0)	ratio of b and a.
s	(0)	ratio of N_y and N_x.
t	(0)	$= a \cdot \sqrt{N_x/D}$.
u	(0)	$= m^2\pi^2/t^2$, ratio of N_e and N_x, where N_e = Euler load $= m^2\pi^2 D/a^2$.
v	(L)	$= -(D/N).\Delta w$.
w	(L)	deflection of a plate.
x, y, z	(L)	rectangular coordinates (see Fig. 1).
μ	(0)	Poisson's ratio.

$$\Delta \quad (L^{-2}) \quad = \left(\frac{\delta^2}{\delta x^2} + \frac{\delta^2}{\delta y^2}\right), \text{ or difference. } (0)$$

$$\theta \quad (0) \quad = m\pi\left\{\frac{B}{Da}\left(\frac{m\pi x}{2}\right)^2 - \frac{A}{a}\left(\frac{k\pi^2}{4}\right)\right\}.$$

$$\phi \quad (L^{-1}) \quad = -ia_2.$$

$$\omega \quad (L^{-1}) \quad = \sqrt{\frac{m^2\pi^2}{a^2} + \frac{N_x}{D}} = \frac{t}{a}\sqrt{1+u}.$$

$$a_1 = \sqrt{\frac{m^2\pi^2}{a^2} + \frac{N_y}{D} + \sqrt{\frac{N_y - N_x}{D}\frac{m^2\pi^2}{a^2} + \frac{N_y^2}{4D^2}}} = \frac{t}{a}\sqrt{s/2 + u + \sqrt{s^2/4 + (s-1)u}}$$

$$a_2 = \sqrt{\frac{m^2\pi^2}{a^2} + \frac{N_y}{D} - \sqrt{\frac{N_y - N_x}{D}\frac{m^2\pi^2}{a^2} + \frac{N_y^2}{4D^2}}} = \frac{t}{a}\sqrt{s/2 + u - \sqrt{s^2/4 + (s-1)u}}$$

$$a_3 = \sqrt{\frac{1}{2}\left(\frac{m^2\pi^2}{a^2} + \frac{N_y}{2D}\right) + \frac{1}{2}\sqrt{\frac{m^4\pi^4}{a^4} + \frac{N_x m^2\pi^2}{Da^2}}} = (t/a)\sqrt{(s + u + u\omega)/2}$$

$$a_4 = \sqrt{\frac{1}{2}\left(\frac{m^2\pi^2}{a^2} + \frac{N_y}{2D}\right) + \frac{1}{2}\sqrt{\frac{m^4\pi^4}{a^4} + \frac{N_x m^2\pi^2}{Da^2}}} = (t/a)\sqrt{(s + u - u\omega)/2}$$

All "a"s are in terms of (L^{-1}).

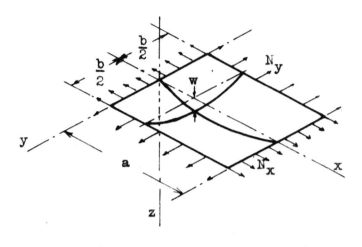

Fig. 1.

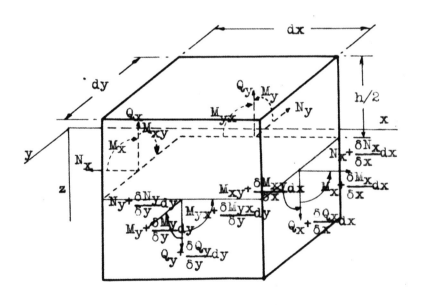

Fig. 2.

INTRODUCTION

The problem of bending of thin plates by lateral loads, when the plate deflections are assumed to be so small that the stretching of the middle plane of the plate can be neglected, has been exhaustively studied during the last century. If in addition to the lateral loads the plate experiences forces of considerable magnitude acting in its middle plane, for instance, due to temperature change or due to external loads acting in the plane of the plate, these forces may have an important effect on the bending of the plate. The differential equation of the deflection surface of the plate found by including this effect of forces in the middle plane is similar to that of plates under lateral loads alone and can be solved in the same manner, although a solution certainly involves complicated calculations.

So far as the author knows, the problem of plates under the combined action of bending and tension or compression has drawn little attention in the field of applied mechanics, except for a few fundamental cases that are discussed mainly for the purpose of solving buckling problems of plates. No thorough research on the deflections of the plates under such combined loads seems to have been made.

In the present paper, the author introduces at first a condensed sketch of the general differential equation for the deflection surface of plates subjected to forces in their middle plane as well as lateral loads and of the different methods of solving this general equation. For the sake of simplicity, the following assumptions are made throughout his treatment:

(a) It is assumed that there is no shearing force acting in the middle plane in x- and y-directions. As a result of this assumption, the normal forces in the middle plane should be uniformly distributed across any section parallel to either one of the edges of the rectangular plate.

(b) The deflection of the plate is assumed to be so small that the forces in its middle plane are not affected by the deflections of the plate, moreover, they are constant from one end of the plate to another end.

Secondly, by using a single infinite series, which converges very rapidly, a detailed discussion is given of the results obtained for simply supported rectangular plates under uniformly distributed loads.

Thirdly, solutions for other kinds of loading such as hydrostatic pressure, triangular loading, partially loaded, and concentrated loads are given. In these solutions all the four edges of the rectangular plate are assumed to be simply supported.

Fourthly, the question of other kinds of boundary conditions is dealt with. Again, for simplification, the boundary conditions of two opposite edges of the plate are assumed to be due to simple supports and those of the remaining two edges are variable but symmetrical supports. Attempts to handle non-symmetrical cases have been abandoned because of their complexity.

Numerical values of the maximum deflection for most of the above cases have been calculated and are given in the form of a dimensionless quantity $(w_{mx}N_x/q_o a^2)$. Values of moments and shears are not given since the series for determining them are less rapidly convergent. However, for their determination approximate formulas which are found to be satisfactory in certain particular case are recommended.

Finally, the equations derived hold whether the forces in the middle plane of the plate are tension or compression. Numerical calculations for the case of compressive forces are not worked out because the series again converges very slowly. However, for a particular case of compressive forces in the middle plane, the buckling condition of plates under thrusts of equal intensity in two principal directions of the plate is discussed; this discussion is also limited to symmetrical plates.

In conclusion, it must be admitted that the present study of bending of plates loaded laterally and submitted to the action of forces in their middle plane is by no means complete. The author believes that some details as

    (a)   Cases of all four edges being not simply supported,

    (b)   Cases of non-symmetrical boundary conditions,

(c) Buckling of plates under unequal thrusts in two perpendicular directions, and

(d) Moments and shears by exact formulas,

are waiting future development. To make a further and more complete study of this problem, it seems to the author that it is possible to apply the methods used in this paper to the above four cases.

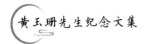

CHAPTER I

GENERAL DIFFERENTIAL EQUATION AND VARIOUS METHODS OF ATTACK

1. **Fundamental Equations**

In considering the bending of a plate subjected to both lateral loads and forces in its middle plane, it is assumed that the deflection of the plate is comparatively small and that the stresses in the middle plane are large enough to produce a considerable effect on the bending of the plate. Taking a small element cut out from the plate by two pairs of planes normal to the deflected surface of the plate and parallel to the x- and y-axis respectively (see Fig. 2, p.ix), a static equation can be written based on the fact that the vertical components of all forces acting on the element must be in equilibrium. From theory of elasticity[‡] the following well-established equations are introduced:

$$M_x = -D\left(\frac{\partial^2 w}{\partial x^2} + \mu \frac{\partial^2 w}{\partial y^2}\right), \quad M_y = -D\left(\frac{\partial^2 w}{\partial y^2} + \mu \frac{\partial^2 w}{\partial x^2}\right) \tag{1}$$

$$M_{xy} = -M_{yx} = D(1-\mu)\frac{\partial^2 w}{\partial x \partial y} \tag{1'}$$

$$Q_x = -D\frac{\partial}{\partial x}\Delta w, \quad Q_y = -D\frac{\partial}{\partial y}\Delta w \tag{2}$$

---

‡ see, for example, S. Timoshenko, "Theory of Elastic Stability", Chap. VI, pp. 287-297; McGraw-Hill, New York, 1936.

$$\frac{\partial N_x}{\partial x} + \frac{\partial N_{yx}}{\partial y} + X = 0, \quad \frac{\partial N_y}{\partial y} + \frac{\partial N_{xy}}{\partial x} + Y = 0 \tag{3}$$

$$N_{yx} = N_{xy} \tag{3'}$$

where M, Q, and N are moments, shears, and forces in the middle plane of the plate respectively (see Fig. 2, p.ix), $D = \frac{E}{1-\mu^2}\int_{-\frac{h}{2}}^{\frac{h}{2}} z^2 dz = \frac{Eh^3}{12(1-\mu^2)}$ is the flexural rigidity of the plate and Δ stands for $\left(\frac{\partial^2}{\partial x^2} + \frac{\partial^2}{\partial y^2}\right)$. Substituting them into the static equation, neglecting the small quantities of higher than second order, and dividing with D dxdy; we obtain

$$\frac{\partial^4 w}{\partial x^4} + \frac{2\partial^4 w}{\partial x^2 \partial y^2} + \frac{\partial^4 w}{\partial y^4} = \frac{1}{D}\left(q + N_x \frac{\partial^2 w}{\partial x^2} + N_y \frac{\partial^2 w}{\partial y^2} + 2N_{xy}\frac{\partial^2 w}{\partial x \partial y} - X\frac{\partial w}{\partial x} - Y\frac{\partial w}{\partial y}\right) \tag{4}$$

If there is no shearing force acting in the middle plane and also no body force, Eq. (4) becomes

$$\Delta\Delta w = \frac{1}{D}\left(q + N_x \frac{\partial^2 w}{\partial x^2} + N_y \frac{\partial^2 w}{\partial y^2}\right) \tag{5}$$

which is the general differential equation for the deflection surface of the plate subjected to both lateral loads and normal forces in the middle plane of the plate.

Eq. (5) differs from that of plates under lateral loads alone only by two additional terms in its right-hand side. If the forces in the middle plane, N_x and N_y, are constant with respect to the deflection w and the coordinates x and y; the solution for this partial differential equation is rather simple and is similar to that for plates under lateral loads alone. Provided that the loading and boundary conditions are known, the deflections of the plate can be determined analytically from Eq. (5) by methods described in the next few articles. From the determined expression of deflections other important properties of the plate such as moments, shears, and reactions can be found by making use of the fundamental equations given in this article.

2. <u>Double Infinite Series Method</u>‡

Any kind of lateral load q, which is a function of x and y (see Fig. 1, p. ix), can be expressed in the form of a double trigonometric series,

$$q = q_0 f(x,y) = q_0 \sum_{m=1}^{\infty} \sum_{n=1}^{\infty} a'_{mn} \sin\frac{m\pi x}{a} \cos\frac{n\pi y}{b} \qquad (a)$$

where q_0 is a constant having the same dimension as q. The dimensionless coefficients a'_{mn}, in accordance with the theory of Fourier series, are given by the relation:

$$a'_{mn} = \frac{4}{ab} \int_0^a \int_{-\frac{b}{2}}^{\frac{b}{2}} f(x,y) \sin\frac{m\pi x}{a} \cos\frac{n\pi y}{b} \, dx \, dy \qquad (b)$$

Supposing the rectangular plate to be simply supported along four edges, the deflection surface may be assumed to be

$$w = \sum_m \sum_n a_{mn} \sin\frac{m\pi x}{a} \cos\frac{n\pi y}{b} \qquad (c)$$

where m and n should be odd integers 1, 3, 5, ----, ∞ because of symmetry. All boundary conditions, that is no deflection and no bending moment along four edges, are automatically satisfied by this assumption. Substituting both

---

‡ This solution is due to C. L. Navier, 1820.

expressions for w and q into the general differential equation (5), we obtain

$$a_{mn}\left[\pi^4\left(\frac{m^2}{a^2}+\frac{n^2}{b^2}\right)^2+\frac{N_x m^2 \pi^2}{Da^2}+\frac{N_y n^2 \pi^2}{Db^2}\right]=\frac{q_0 a'_{mn}}{D} \qquad (d)$$

Hence, by combining Eqs. (b), (c), and (d), the expression of the deflection surface is

$$W=\frac{4q_0}{D\pi^2 ab}\sum_m\sum_n \frac{\int_0^a\int_{-\frac{b}{2}}^{\frac{b}{2}} f(x,y)\sin\frac{m\pi x}{a}\cos\frac{n\pi y}{b}dxdy}{\pi^2\left(\frac{m^2}{a^2}+\frac{n^2}{b^2}\right)^2+\frac{N_x m^2}{Da^2}+\frac{N_y n^2}{Db^2}}\sin\frac{m\pi x}{a}\cos\frac{n\pi y}{b} \qquad (6)$$

where m, n = 1, 3, 5, ----, ∞.

This method is rather simple and straight forward, but as we can see from Eq. (c), it cannot be applied to other complicated boundary conditions.

3. <u>Strain Energy Method</u>

From the discussion of the previous article it is seen that the deflection of a simply supported rectangular plate can always be represented in the form of a double trigonometrical series as given in Eq. (c) of the previous article. The coefficients a_{mn} can be considered as the coordinates defining the shape of the deflection surface and for their determination the principle of virtual displacement may be used. The strain-energy of the plate is

$$V=\frac{D}{2}\int_0^a\int_{-\frac{b}{2}}^{\frac{b}{2}}\left[\left(\frac{\partial^2 w}{\partial x^2}+\frac{\partial^2 w}{\partial y^2}\right)^2-2(1-\mu)\left\{\frac{\partial^2 w}{\partial x^2}\frac{\partial^2 w}{\partial y^2}-\left(\frac{\partial^2 w}{\partial x\partial y}\right)^2\right\}\right]dxdy$$

$$+\frac{1}{2}\int_0^a\int_{-\frac{b}{2}}^{\frac{b}{2}}\left[N_x\left(\frac{\partial w}{\partial x}\right)^2+N_y\left(\frac{\partial w}{\partial y}\right)^2+2N_{xy}\frac{\partial w}{\partial x}\frac{\partial w}{\partial y}\right]dxdy \qquad (a)$$

Substituting Eq. (c) of Art. 2 for w, we have

$$V = \frac{ab\pi^2}{4}\sum_{m=1}^{\infty}\sum_{n=1}^{\infty} a_{mn}^2 \left(N_x \frac{m^2}{a^2} + N_y \frac{n^2}{b^2}\right) + \frac{abD}{8}\sum_{m=1}^{\infty}\sum_{n=1}^{\infty} a_{mn}^2 \left(\frac{m^2\pi^2}{a^2} + \frac{n^2\pi^2}{b^2}\right)^2 \quad (b)$$

The virtual work produced by a concentrated load P_0 perpendicular to the plate and applied at a point $x = x_0$, $y = y_0$ is equal to

$$P_0 \delta a_{mn} \sin\frac{m\pi x_0}{a}\cos\frac{n\pi y_0}{b}$$

where δa_{mn} denotes a small increment of the generalized coordinate a_{mn}. By equating this work and the change in potential energy (b) due to the variation of a_{mn}, we obtain

$$a_{mn} = \frac{4}{abD}\frac{P_0 \sin\frac{m\pi x_0}{a}\cos\frac{n\pi y_0}{b}}{\pi^4\left(\frac{m^2}{a^2}+\frac{n^2}{b^2}\right)^2 + \frac{N_x m^2 \pi^2}{Da^2} + \frac{N_y n^2 \pi^2}{Db^2}} \quad (c)$$

If there are several concentrated loads acting on the plate, by substituting expression (c) into the trigonometric series of w, the deflection of the plate is then

$$W = \frac{4}{Dab\pi^2}\sum_{m=1}^{\infty}\sum_{n=1}^{\infty}\frac{\sum P_0 \sin\frac{m\pi x_0}{a}\cos\frac{n\pi y_0}{b}}{\left(\frac{m^2}{a^2}+\frac{n^2}{b^2}\right)^2\pi^2 + \frac{N_x m^2}{Da^2} + \frac{N_y n^2}{Db^2}}\sin\frac{m\pi x}{a}\cos\frac{n\pi y}{b} \quad (7)$$

This method is particularly suitable for cases of concentrated loading and may be extended to other loading conditions by integration or summation. If the plate is loaded by distributed loads, by changing P_0 into $\iint q_0 f(x,y)dxdy$, Eq. (7) is identical with Eq. (6). Consequently Eq. (7) is also limited to simply supported plates.

4. **Reduced Order Method**

In case of equal forces in the middle plane per unit length in both x- and y-directions which, in consequence, means uniform forces in all directions, the general differential equation (5) can be reduced into a second order partial differential equation by using the following substitution. For a simply supported plate, when $N_y = N_x = N$, Eq. (5) can be written in the following form:

$$\Delta\Delta w - \frac{N}{D} \Delta w = \frac{q}{D} \qquad (a)$$

Let $v = (-D/N) \Delta w$, it becomes

$$\Delta v - (N/D) v = -(q/N) \qquad (8)$$

which is a second-order partial differential equation. Since the second term in the right-hand side of the equation vanishes when D approaches infinity,

$$\lim_{D\to\infty} \Delta v = -(q/N) = \Delta v - (N/D) v \qquad (b)$$

or

$$\Delta w = -(N/D) v = \lim_{D\to\infty} \Delta v - \Delta v \qquad (c)$$

This relation holds only if

$$w = \lim_{D\to\infty} v - v \qquad (9)$$

After v being determined from Eq. (8), the deflection w can be determined without difficulty.

Eq. (8) can be solved either by making use of a double infinite series as it is used in Art. 2, or using a single infinite series. In the latter method, it is assumed that

$$V = \sum_m (a'_m + Y'_m) \sin\frac{m\pi x}{a} \qquad (d)$$

where $m = 1, 3, 5, \cdots, \infty$ because of symmetry. Eq. (8) can be satisfied if

$$\sum_m \left[\Delta(a'_m \sin\frac{m\pi x}{a}) - \frac{N}{D}(a'_m \sin\frac{m\pi x}{a}) \right] = -\frac{q}{N} \qquad (e)$$

and

$$\Delta(Y'_m \sin\frac{m\pi x}{a}) - \frac{N}{D}(Y'_m \sin\frac{m\pi x}{a}) = 0 \qquad (f)$$

Since Eq. (e) contains only functions of x, it may be simplified into the following form:

$$\sum_m \left(\frac{N}{D} + \frac{m^2\pi^2}{a^2} \right) a'_m \sin\frac{m\pi x}{a} = \frac{q}{N} \qquad (g)$$

Provided that the lateral load q is also only a function of x, say $q_0 f(x)$, the coefficients a'_m can be determined by

$$a'_m = \frac{2q_0}{aN\omega^2} \int_0^a f(x) \sin\frac{m\pi x}{a} dx \qquad (h)$$

in which $\omega^2 = (N/D) + (m^2\pi^2/a^2)$.

Next, for the determination of Y'_m, since they are arbitrary functions of y alone, we have from Eq. (f)

$$\frac{d^2}{dy^2}(Y'_m) - \omega^2(Y'_m) = 0 \qquad (i)$$

which gives

$$Y'_m = A'_m \cosh\omega y + B'_m \sinh\omega y \qquad (j)$$

Here B'_m must vanish because of symmetry and for simply supported plate A'_m can be determined by the boundary condition that $v = \frac{d^2w}{dy^2} = 0$ at $y = \pm b/2$. From Eq. (e), we have

$$A'_m = -\frac{a'_m}{\cosh\frac{\omega b}{2}} \tag{k}$$

Combining Eqs. (c), (h), and (k), the expression of v is

$$v = \frac{2q_0}{aN}\sum_m \frac{1}{\omega^2}\int_0^a f(x)\sin\frac{m\pi x}{a}dx\left(1-\frac{\cosh\omega y}{\cosh\frac{\omega b}{2}}\right)\sin\frac{m\pi x}{a} \tag{10}$$

Substituting into Eq. (9), since $\lim \omega = m\pi/a$, we obtain

$$W = \frac{2q_0}{aN}\sum_m \frac{a^2}{m^2\pi^2}\int_0^a f(x)\sin\frac{m\pi x}{a}dx\left(1-\frac{\cosh\frac{m\pi y}{b}}{\cosh\frac{m\pi b}{2a}}\right)\sin\frac{m\pi x}{a}$$

$$-\frac{2q_0}{aN}\sum_m \frac{1}{\omega^2}\int_0^a f(x)\sin\frac{m\pi x}{a}dx\left(1-\frac{\cosh\omega y}{\cosh\frac{\omega b}{2}}\right)\sin\frac{m\pi x}{a} \tag{11}$$

This reduced order method is suggested by Dr. Barta[‡]. It is certainly simple and gives a rapidly converging series. However, this method is applicable only when

(a)   The lateral load q is not a variable function of y, so it can be represented in the form $q = q_0 f(x)$;

(b)   The plate is simply supported not only along the edges $x = 0$ and $x = a$ because of Eq. (c), but also along the edges $y = \pm b/2$ in order that the boundary condition $v = 0$ can be applied;

(c)   The force in the middle plane of the plate is uniform in all directions, that is, $N_y = N_x$.

Regarding the last two restrictions, the method discussed in the next article is preferable to all methods given above.

[‡]   J. Barta, "Über die gleichmässig gespannte und beliebig belastete Platte", Ingenieur-Archiv, Bd. X, n 3, pp. 222-226, June 1939.

5. **Single Infinite Series Method**[‡]

Since any function $f(x,y)$ can be divided into two Fourier series as shown in the previous article, the deflection of the plate can be represented by

$$W = W_1 + W_2 = \sum_m (a_m + Y_m) \sin \frac{m\pi x}{a} \qquad (12)$$

The general differential equation can be satisfied if

$$D \triangle \triangle W_1 = N_x \frac{\partial^2 W_1}{\partial x^2} + N_y \frac{\partial^2 W_1}{\partial y^2} + q \qquad (a)$$

and

$$D \triangle \triangle W_2 = N_x \frac{\partial^2 W_2}{\partial x^2} + N_y \frac{\partial^2 W_2}{\partial y^2} \qquad (b)$$

As both w_1 and q are not varying with y, Eq. (a) becomes

$$\frac{\partial^4 W_1}{\partial x^4} - \frac{N_x}{D} \frac{\partial^2 W_1}{\partial x^2} = \sum_m \left(\frac{m^4 \pi^4}{a^4} + \frac{N_x}{D} \frac{m^2 \pi^2}{a^2} \right) a_m \sin \frac{m\pi x}{a} = \frac{q_0 f(x)}{D} \qquad (c)$$

which gives, remembering that $\omega^2 = N_x/D + m^2\pi^2/a^2$,

$$a_m = \frac{2q_0}{aD} \cdot \frac{a^2}{m^2 \pi^2 \omega^2} \int_0^a f(x) \sin \frac{m\pi x}{a} dx \qquad (d)$$

Next, Eq. (b) can be written as

$$\frac{\partial^4 W_2}{\partial y^4} + 2\left(\frac{\partial^2}{\partial x^2} - \frac{N_y}{2D} \right) \frac{\partial^2 W_2}{\partial y^2} + \left(\frac{\partial^2}{\partial x^2} - \frac{N_x}{D} \right) \frac{\partial^2 W_2}{\partial x^2} = 0 \qquad (e)$$

or substituting for w_2, it becomes

$$Y_m^{IV} - \left(2 \frac{m^2 \pi^2}{a^2} + \frac{N_y}{D} \right) Y_m'' + \frac{m^2 \pi^2}{a^2} \left(\frac{N_x}{D} + \frac{m^2 \pi^2}{a^2} \right) Y_m = 0 \qquad (f)$$

If all four roots of its supplementary equation are real, say,

---

[‡] see Levy's paper in Comptes Rendus, v. 129, pp. 535-539, 1899.

$\pm \alpha_1$ and $\pm \alpha_2$, the general solution of this fourth order differential equation is

$$Y_m = A_m \cosh\alpha_1 y + B_m \cosh\alpha_2 y + C_m \sinh\alpha_1 y + D_m \sinh\alpha_2 y \qquad (13)$$

where

$$\alpha_1 = \sqrt{\frac{m^2\pi^2}{a^2} + \frac{N_y}{2D} + \sqrt{\frac{m^2\pi^2}{a^2}\frac{N_y - N_x}{D} + \frac{N_y^2}{4D^2}}}$$

$$\alpha_2 = \sqrt{\frac{m^2\pi^2}{a^2} + \frac{N_y}{2D} - \sqrt{\frac{m^2\pi^2}{a^2}\frac{N_y - N_x}{D} + \frac{N_y^2}{4D^2}}} \qquad (g)$$

Because of the symmetrical conditions, we have

$$C_m = D_m = 0 \qquad (h)$$

The remaining two coefficients depend upon the boundary conditions along the edges $y = \pm b/2$. Solutions for various loading and boundary conditions will be given in detail in Chapters 2, 3, and 4. After α_m and Y_m are determined, by substituting them into Eq. (12) we obtain a rapidly converging single infinite series for the deflection of the plate.

Owing to its applicability to cases having boundary conditions along $y = \pm b/2$ other than simply supported and owing to its rapidly converging series, this single series method is more successful and is used in this paper. However, three important limitations are still existing, namely;

(a) The expression for w as given in Eq. (12) satisfies automatically the boundary conditions at both

$x = 0$ and $x = a$ that $w = \text{\_\_\_} = 0$, which are evidently the edge conditions for a simply supported edge. In order to fulfill the boundary conditions other than simply supported along these two edges, the complete expression for w should be written in the form

$$W = a_0 + \sum_m \left[(a_m + Y_m)\sin\frac{m\pi x}{a} + (a'_m + Y'_m)\cos\frac{m\pi x}{a} \right] \qquad (i)$$

but this will make the solution very much complicated. Therefore, the edges along $x = 0$ and $x = a$ are always assumed to be simply supported in the present paper.

(b) The coefficients C_m and D_m are equal to zero in case of a symmetrical plate. For the sake of simplicity, only symmetrical cases are discussed in this paper.

(c) The lateral load q should be a variable function of x only, i. e., constant along the y-direction.

6. Difference Equation Method

Besides the above analytical methods, the finite difference equation can be also employed to solve this problem. The second differences of deflection are known as

$$\begin{aligned}
\Delta_{xx} W_{m,n} &= W_{m+1,n} - 2W_{m,n} + W_{m-1,n} \\
\Delta_{yy} W_{m,n} &= W_{m,n+1} - 2W_{m,n} + W_{m,n-1} \\
\Delta_{xy} W_{m,n} &= W_{m,n+1} - W_{m,n} + W_{m-1,n} - W_{m-1,n+1}
\end{aligned} \qquad (a)$$

and the differential equation (5) can be replaced by the following difference equations:

$$\frac{\Delta_{xx}M}{\Delta x^2} + \frac{\Delta_{yy}M}{\Delta y^2} = -q + \frac{N_x}{D}M + \frac{N_y}{D}M$$

$$\frac{\Delta_{xx}W}{\Delta x^2} + \frac{\Delta_{yy}W}{\Delta y^2} = -\frac{M}{D} \tag{14}$$

where Δ denotes the difference. Although the method of difference equation is applicable to simply supported plates, it is not used in this paper because tedious computation is involved in this method, especially when an accurate result is required.

CHAPTER II

SIMPLY SUPPORTED PLATES UNDER UNIFORMLY DISTRIBUTED LOADS

1. General Equations

Plates having simply supported edges and uniformly distributed loads, $q = q_0$, are to be considered at first. Making use of the double infinite trigonometric series, we have

$$\int_0^a \int_{-\frac{b}{2}}^{\frac{b}{2}} \sin\frac{m\pi x}{a} \cos\frac{n\pi y}{b} dx dy = \frac{4ab}{mn\pi^2}(-1)^{\frac{n-1}{2}} \qquad (a)$$

where m and n are both odd numbers. Substituting into Eq. (6), p.8, the expression of w is obtained

$$w = \frac{16q_0}{D\pi^4} \sum_{m=1}^{\infty} \sum_{n=1}^{\infty} \frac{\sin\frac{m\pi x}{a} \cos\frac{n\pi y}{b} (-1)^{\frac{n-1}{2}}}{mn\left[\pi^2\left(\frac{m^2}{a^2}+\frac{n^2}{b^2}\right)^2 + \frac{N_x m^2}{Da^2} + \frac{N_y n^2}{Db^2}\right]} \qquad (15)$$

The same result can be reached from strain energy method by integrating Eq. (7), p.9, over the entire plate. It may be seen that to calculate numerical values from Eq. (15) is quite cumbersome.

Next, the single infinite series method is employed. From Eq. (12), p.13, we know that the deflection of the rectangular plate may be divided into two parts, w_1 and w_2. The former part, w_1, satisfies the following equation:

$$\frac{d^4 w_1}{dx^4} - \frac{N_x}{D}\frac{d^2 w_1}{dx^2} = \frac{q_0}{D} \qquad (b)$$

By integration, the general solution of Eq. (b) is found to be:

$$w_1 = A + Bx - \frac{q_0}{2N_x}x^2 + C\cosh\frac{tx}{a} + D\sinh\frac{tx}{a} \qquad (c)$$

where $t = a\sqrt{N_x/D}$. Since $w = d^2w/dx^2 = 0$ at $x = 0$ and $x = a$, these constants are determined as:

$$A = -\frac{q_0 D}{N_x^2}, \quad B = \frac{q_0 a}{2N_x}, \quad C = \frac{q_0 D}{N_x^2}, \quad D = -\frac{q_0 D}{N_x^2}\tanh\frac{t}{2} \qquad (d)$$

Or using the Fourier series, $w_1 = \sum_m a_m \sin\frac{m\pi x}{a}$, we have

$$\int_0^a \sin\frac{m\pi x}{a}dx = \frac{2a}{m\pi}, \quad a_m = \frac{2q_0}{aD}\cdot\frac{a^2}{m^2\pi^2\omega^2}\cdot\frac{2a}{m\pi} = \frac{4q_0 a^2}{D\pi^3}\cdot\frac{1}{m^3\omega^2} \qquad (e)$$

Turning to the determination of w_2 which can be represented in the form of $\sum_m Y_m \sin\frac{m\pi x}{a}$, we have from Eq. (13)

$$Y_m = A_m \cosh\alpha_1 y + B_m \cosh\alpha_2 y \qquad (f)$$

in which two hyperbolic-sine terms vanish because of symmetry. The simply supported boundaries at $y = \pm b/2$ give us that

$$\begin{aligned} w &= 0, & A_m\cosh\frac{\alpha_1 b}{2} + B_m\cosh\frac{\alpha_2 b}{2} + a_m &= 0 \\ \frac{d^2w}{dy^2} &= 0, & A_m\alpha_1^2\cosh\frac{\alpha_1 b}{2} + B_m\alpha_2^2\cosh\frac{\alpha_2 b}{2} &= 0 \end{aligned} \qquad (g)$$

Solving these two simultaneous equations, we obtain

$$A_m = \frac{a_m \alpha_2^2}{(\alpha_1^2 - \alpha_2^2)\cosh\frac{\alpha_1 b}{2}}, \quad B_m = \frac{-a_m \alpha_1^2}{(\alpha_1^2 - \alpha_2^2)\cosh\frac{\alpha_2 b}{2}} \qquad (h)$$

Finally, by combining Eqs. (c), (e), (f), and (h), the total deflection of the plate is

$$w = \frac{q_0}{2N_x}(ax - x^2) - \frac{q_0 D}{N_x^2}\left(1 - \cosh\frac{tx}{a} + \tanh\frac{t}{2}\sinh\frac{tx}{a}\right)$$

$$- \frac{4q_0 a^2}{D\pi^3}\sum_m \frac{1}{m^3\omega^2(\alpha_1^2-\alpha_2^2)}\left(\frac{\alpha_1^2\cosh\alpha_2 y}{\cosh\frac{\alpha_2 b}{2}} - \frac{\alpha_2^2\cosh\alpha_1 y}{\cosh\frac{\alpha_1 b}{2}}\right)\sin\frac{m\pi x}{a} \qquad (16)$$

The maximum deflection at the center of the plate ($x = a/2$, $y = 0$) is then given by

$$w_{mx} = \frac{q_0 a^2}{8 N_x} - \frac{q_0 D}{N_x^2}\left(1 - \frac{1}{\cosh\frac{t}{2}}\right)$$

$$- \frac{4 q_0 a^2}{D \pi^3} \sum_m \frac{1}{m^3 \omega^2 (\alpha_1^2 - \alpha_2^2)} \left(\frac{\alpha_1^2}{\cosh\frac{\alpha_2 b}{2}} - \frac{\alpha_2^2}{\cosh\frac{\alpha_1 b}{2}} \right)(-1)^{\frac{m-1}{2}} \quad (17)$$

Introducing the following notations,

$$r = \frac{b}{a}, \quad s = \frac{N_y}{N_x}, \quad t = a\sqrt{\frac{N_x}{D}},$$

$$u = \frac{m^2 \pi^2}{t^2} = \frac{m^2 \pi^2 D}{N_x a^2},$$

we get

$$\alpha = \frac{t}{a}\sqrt{\frac{s}{2} + u \pm \sqrt{\frac{s^2}{4} + (s-1)u}}$$

$$\alpha_1^2 - \alpha_2^2 = \left(\frac{t}{a}\right)^2 \sqrt{s^2 + 4(s-1)u}$$

and

$$\omega = \frac{t}{a}\sqrt{1+u}$$

Eq. (17) then becomes

$$\frac{w_{mx} N_x}{q_0 a^2} = \frac{1}{8} - \frac{1}{t^2}\left(1 - \frac{1}{\cosh\frac{t}{2}}\right) - \frac{4}{\pi^3} \sum_m \frac{(-1)^{\frac{m-1}{2}}}{m^3(1+u)\sqrt{s^2+4(s-1)u}} \cdot$$

$$\left[\frac{\frac{s}{2}+u+\sqrt{\frac{s^2}{4}+(s-1)u}}{\cosh\frac{rt}{2}\sqrt{\frac{s}{2}+u-\sqrt{\frac{s^2}{4}+(s-1)u}}} - \frac{\frac{s}{2}+u-\sqrt{\frac{s^2}{4}+(s-1)u}}{\cosh\frac{rt}{2}\sqrt{\frac{s}{2}+u+\sqrt{\frac{s^2}{4}+(s-1)u}}} \right] \quad (18)$$

For any given values of r, s, and t the dimensionless quantity $(w_{mx} N_x / q_0 a^2)$ can be calculated from Eq. (18).

2. Limiting Conditions

When the flexural rigidity D of the plate is very small in comparison to the force N_x in the middle plane times the square of the length of the plate a^2, we have that t approaches infinity and u approaches zero. Thus Eq. (18) becomes

$$\frac{W_{mx}N_x}{q_0 a^2} = \frac{1}{8} - \frac{4}{\pi^3} \sum_m \frac{1}{m^3 \cosh \frac{rm\pi}{2\sqrt{s}}} (-1)^{\frac{m-1}{2}} \quad (19)$$

which represents the maximum deflection of a membrane. Numerical values of $(w_{mx}N_x/a^2 q_0)$, which are dimensionless quantities, are calculated for different values of $r/\sqrt{s}$. The result is given in Table 1 and also plotted as shown in Fig. 3, p. 21.

Table 1. Numerical Values of $(w_{mx}N_x/q_0 a^2)$ for Membrane Deflections

$\frac{r}{\sqrt{s}} = \frac{b}{a}\sqrt{\frac{N_x}{N_y}}$	0	0.50	0.667	0.833	1.00	1.20	1.50	2.00	∞
$\frac{W_{mx}N_x}{q_0 a^2}$	0	.0285	.0448	.0603	.0737	.0869	.1009	.1139	.1250

It may be concluded from Eq. (19) that the deflection at the center of the membrane remains unchanged if the force N_x varies in inverse proportion to the square of the length a and N_y to the square of the width b. Moreover, it can be seen from Eq. (19) also that in the case of an infinitely wide plate ($r = b/a = \infty$) or no force in the middle plane in the y-direction ($s = N_y/N_x = 0$) the maximum membrane deflection

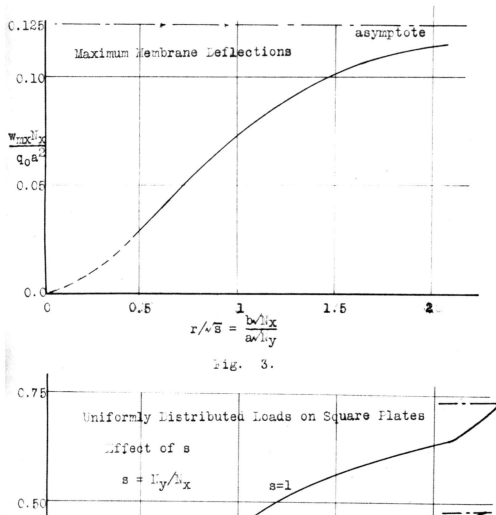

Fig. 3.

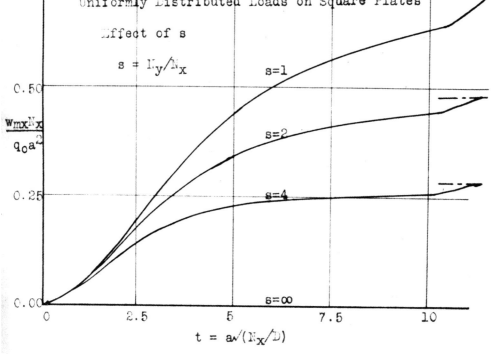

Fig. 5.

is then equal to $q_0 a^2/8N_x$ which is a well-known result for the maximum deflection of a parabolic cable.

On the other hand, when the quantity $(N_x a^2)$ is comparatively smaller than the flexural rigidity of the plate, we have $t = 0$ and $u = \infty$. To find the maximum deflection at this limiting condition we take differentiation on both sides of Eq. (18) with respect to t and divide them with $2t$. Thus we obtain

$$\frac{w_{mx} D}{q_0 a^4} = -\frac{\tanh\frac{t}{2}}{4t^3 \cosh\frac{t}{2}} + \frac{1}{t^4}\left(1 - \frac{1}{\cosh\frac{t}{2}}\right)$$
$$- \frac{4}{\pi^3} \sum_m \frac{(-1)^{\frac{m-1}{2}}}{m^3 \cosh\frac{rt\sqrt{1+u}}{2}} \left[\frac{ru}{4t(1+u)^{\frac{3}{2}}} \tanh\frac{rt\sqrt{1+u}}{2} + \frac{m^2 \pi^2}{t^4(1+u)^2}\right] \quad \text{(a)}$$

Expanding then into infinite series and then neglecting small terms of higher order, we obtain

$$\frac{w_{mx} D}{q_0 a^4} = \frac{5}{384} - \frac{4}{\pi^5} \sum_m \frac{(-1)^{\frac{m-1}{2}}}{2m^5 \cosh\frac{m\pi r}{2}} \left[\frac{m\pi r}{2} \tanh\frac{m\pi r}{2} - 2\right] \quad (20)$$

which coincides with the known result for plates under uniformly distributed lateral loads alone. It is found that when $t = a\sqrt{(N_x/D)}$ is less than 0.3 the discrepancy between the results obtained from Eq. (20) and those obtained from Eq. (a) is less than one per cent (1%). Therefore, the effect of the forces in the middle plane on bending of the plate can be neglected from practical point of view if the forces are less than $0.1 D/a^2$.

3. **Uniform Forces in the Middle Plane** ($N_y = N_x$)

If the plate is subjected to uniform forces in the middle plane in all directions, i. e., $s = N_y/N_x = 1$, Eq. (18) can be simplified into

$$\frac{w_{mx}N_x}{q_0 a^2} = \frac{1}{8} - \frac{1}{t^2}\left(1 - \frac{1}{\cosh\frac{t}{2}}\right) - \frac{4}{\pi^3}\sum_m \frac{(-1)^{\frac{m-1}{2}}}{m^3}\left[\frac{1}{\cosh\frac{m\pi r}{2}} - \frac{u}{(1+u)\cosh\frac{r\sqrt{t^2+(m\pi)^2}}{2}}\right] \quad (21)$$

which is the same result as Dr. Barta gave in his paper. Numerical values of $(w_{mx}N_x/q_0 a^2)$ are computed for different values of r and t. The infinite series converges so rapidly that the first two terms alone will give sufficiently accurate results. They are given in Table 2, p. 25, and are also drawn in Fig. 4, p. 24.

The values of $(w_{mx}N_x/q_0 a^2)$ for $r = b/a = 0.5$ in Table 2 are computed directly from Eq. (21). If we divided those values of $(w_{mx}N_x/q_0 a^2)$ for $r = 2$ in the same table by 4 and multiply their corresponding values of t by 2, we find the same results. However, since the infinite series converges less rapidly when the ratio r is less than unity, in the case of uniform forces in the middle plane only cases of $r > 1$ are needed to be considered. Either we agree to put the x-axis parallel to the shorter edges of the rectangular plate or we use this 'reducing method'.

$$\left[\frac{w_{mx}N_x}{q_0 a^2}\right]_r = \left[\frac{w_{mx}N_x}{q_0 a^2}\right]_{\frac{1}{r}} \times r^2, \quad [t]_r = [t]_{\frac{1}{r}} \div r \quad (a)$$

Curves for $r = 5/6$ and $2/3$ as shown in Fig. 4 are constructed in this manner.

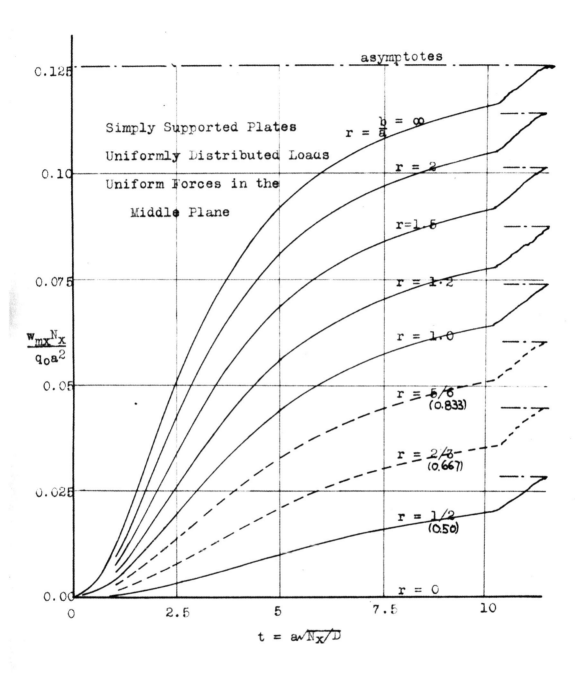

Fig. 4.

Table 2. Numerical Values of $(w_{mx}N_x/q_0a^2)$ for Simply Supported Plates under Uniform Lateral Loads and Uniform Forces in Their Middle Planes

$r = b/a =$ $t=a\sqrt{N_x/D}=$	0	0.5	1.0	1.2	1.5	2.0	∞
0	0	0	0	0	0	0	0
0.5	0	.0002	.0010	.0015	.0021	.0025	.0032
1.0	0	.0006	.0039	.0054	.0072	.0093	.0118
1.5	0	–	.0085	.0112	.0150	.0193	.0238
2.0	0	.0023	.0134	.0182	.0240	.0303	.0370
2.5	0	–	.0192	.0256	.0333	.0415	.0497
3.0	0	.0048	.0249	.0329	.0421	.0522	.0611
3.5	0	–	.0304	.0385	.0502	.0609	.0710
4	0	.0076	.0355	.0456	.0571	.0686	.0792
5	0	.0104	.0440	.0556	.0685	.0806	.0916
6	0	.0131	.0505	.0627	.0761	.0889	.1000
7	0	.0152	.0554	.0683	.0818	.0947	.1059
8	0	.0172	.0591	.0720	.0858	.0988	.1099
10	0	.0201	.0639	.0771	.0910	.1040	.1152
20	0	.0260	.0712	.0844	.0984	.1114	.1225
100	0	–	.0736	.0968	.1008	.1138	.1249
∞	0	.0285	.0737	.0969	.1009	.1139	.1250

As shown in Fig. 4, for a plate having a width-length ratio (r) larger than 2, the curve comes very close to that of an infinitely wide plate $(r = \infty)$. When $r = \infty$, which is the case of a plate bent to a cylindrical surface or the case of a strip, the infinite series in Eq. (16) vanishes; we have

$$W = \frac{q_o}{2N_x}(ax-x^2) - \frac{q_o D}{N_x^2}\left(1 - \cosh\frac{tx}{a} + \tanh\frac{t}{2}\sinh\frac{tx}{a}\right) \tag{22}$$

which is an ordinary deflection formula of a beam under combined bending and axial tension. For a very narrow plate, which certainly has no practical meaning, Eq. (21) gives

$$\frac{w_{mx} N_x}{q_o a^2} = \frac{1}{8} - \frac{1}{t^2}\left(1 - \cosh\frac{t}{2}\right) - \frac{4}{\pi^3}\sum_m \frac{1}{m^3}\frac{(-1)^{\frac{m-1}{2}}}{1 + \frac{m^2\pi^2}{t^2}} = 0 \tag{b}$$

as we expected.

4. <u>Non-Uniform Forces in the Middle Plane</u> $(N_y \ne N_x)$

The effect of the ratio $s = N_y/N_x$ on the deflection of the plate is now taken into consideration. As we can see from the expressions of α_1 and α_2, these two roots become complex numbers when N_y is less than N_x ($s < 1$). To avoid this trouble, in case of unequal tensile forces in two perpendicular directions, we should agree to put the x-axis parallel to the direction along which the force in the middle plane of the plate is smaller. Using Eq. (18), numerical values of $(w_{mx} N_x/q_o a^2)$ of square plates are computed for $s = 2$ and $s = 4$. Results are given in Table 3 and also plotted in Fig. 5, p. 21. It may be seen by comparing Figs. 4 and 5 that the effect of the ratio s on the deflection is rather small when t is small and is about the same as that of $(a/b)^2$ for large

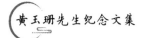

values of t. The same tendency is observed for rectangular plates ($r \neq 1$) although numerical values for other combinations of r, s, and t are not computed because of the cumbersomeness of Eq. (18).

Table 3. Numerical Values of ($w_{mx}N_x/q_0 a^2$) of Square Plates under Uniform Lateral Loads and Non-Uniform Tensions in the Middle Plane $s = N_y/N_x$

t =	0	0.5	1	2	3	4	5	7	10	∞
s = 1	0	.0010	.0039	.0134	.0249	.0355	.0440	.0554	.0639	.0737
2	0	.0010	.0038	.0124	.0221	.0287	.0341	.0404	.0446	.0485
4	0	.0009	.0035	.0106	.0168	.0208	.0230	.0241	.0256	.0285
∞	0	0	0	0	0	0	0	0	0	0

The method of keeping the x-axis in the direction of smaller force in the middle plane fails when this smaller force becomes zero, because an indeterminate form of 0/0 for the maximum deflection is obtained. However, our general equation (17), p. 19, is correct notwithstanding that a_1 and a_2 are complex numbers or imaginary numbers. The complex numbers a_1 and a_2 may be written in the form $a_3 + a_4 i$ and $a_3 - a_4 i$ respectively where both a_3 and a_4 are real numbers and $i = \sqrt{-1}$. We find that

$$\alpha_3 = \sqrt{\frac{1}{2}\left(\frac{m^2\pi^2}{a^2} + \frac{N_y}{2D}\right) + \frac{1}{2}\sqrt{\frac{m^4\pi^4}{a^4} + \frac{N_x m^2 \pi^2}{D a^2}}}$$

and

$$\alpha_4 = \sqrt{\frac{1}{2}\left(\frac{m^2\pi^2}{a^2}+\frac{N_y}{2D}\right)-\frac{1}{2}\sqrt{\frac{m^4\pi^4}{a^4}+\frac{N_x m^2 \pi^2}{Da^2}}}$$

Substituting them into Eq. (17) and using the following relations:

$$\cosh(\alpha_3 \pm \alpha_4 i) = \cosh\alpha_3 \cos\alpha_4 \pm i\sinh\alpha_3 \sin\alpha_4,$$

$$\cosh 2\alpha_3 + \cos 2\alpha_4 = 2[\cosh^2\alpha_3 \cos^2\alpha_4 + \sinh^2\alpha_3 \sin^2\alpha_4],$$

and
$$\alpha_1^2 - \alpha_2^2 = 2\alpha_3 \alpha_4 i;$$

we obtain

$$\frac{w_{mx} N_x}{q_0 a^2} = \frac{1}{8} - \frac{1}{t^2}\left(1-\frac{1}{\cosh\frac{t}{2}}\right)$$

$$-\frac{4}{\pi^3}\sum_m \frac{(-1)^{\frac{m-1}{2}}}{m^3(1+u)}\left[\frac{2\cosh\frac{r t \alpha_3}{2}\cos\frac{r t \alpha_4}{2}+\frac{\alpha_3^2-\alpha_4^2}{\alpha_3 \alpha_4}\sinh\frac{r t \alpha_3}{2}\sin\frac{r t \alpha_4}{2}}{\cosh r t \alpha_3 + \cos r t \alpha_4}\right] \quad (23)$$

If there is only force acting in the x-direction, $N_y = 0$, we have

$$\alpha_3 = \frac{t}{a}\sqrt{\sqrt{u^2+u}+u}, \qquad \alpha_4 = \frac{t}{a}\sqrt{\sqrt{u^2+u}-u}$$

Numerical values of $(w_{mx}N_x/q_0 a^2)$ for square plates $(r = 1)$ under tensile force in the middle plane in the x-direction only $(s = N_y/N_x = 0)$ are computed as given in Table 4 and plotted in Fig. 6, p. 30. In the same figure the following curves are also shown for the purpose of comparison:

(1)　　Uniform forces in the middle plane of an infinitely wide plate,

(2)　　Uniform forces in the middle plane of a square plate,

(3)　No force in the middle plane of a square plate, which is computed from the known result:

$$w_{mx} = 0.00406\, q_0 a^4/D, \text{ thus } w_{mx} N_x/q_0 a^2 = 0.00406\, t^2 \quad (a)$$

Table 4.　Numerical Values of $(w_{mx} N_x/q_0 a^2)$ for Simply Supported Square Plates under Uniform Lateral Loads and Plane Force in Y-Axis Only

t =	0.5	1.0	1.5	2.0	2.5	3.0
s=0, r=1	.0010	.0040	.0090	.0147	.0210	.0296
(2) s=1, r=1	.0010	.0039	.0085	.0134	.0192	.0249
(3) N=0, r=1	.0010	.0041	.0091	.0162	.0254	.0365

t =	3.5	4	5	7	10	∞
s=0, r=1	.0360	.0450	.0615	.0873	.1124	.1250
(1) s=1, r=0	-	-	-	.1059	.1152	.1250

It may be concluded that for small values of t the deflection of a plate having force in its middle plane in one direction only lies about midway between that of a plate having uniform forces in all directions and that of a plate having no force acting in its middle plane. Furthermore, when t approaches infinity, the supporting effect of the sides $y = \pm b/2$ gradually diminishes and then the square plate, which has no force in its middle plane in the y-direction, has a maximum deflection about the same as an infinitely wide plate having uniform forces in all directions.

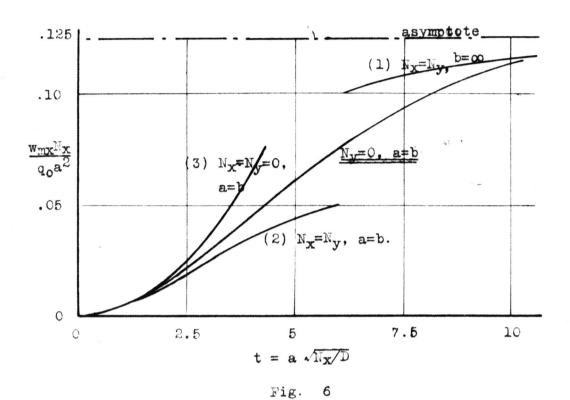

Fig. 6

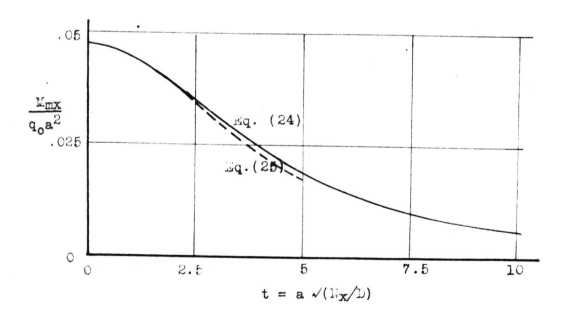

Fig. 7.

5. Moments and Shears

After the expression of the deflection of the plate has been determined, expressions of moments and shears in the plate can be obtained by making use of Eqs. (1) and (2), Chapter I. Taking double differentiation of the deflection expression, Eq. (16), with respect to x and y respectively and substituting them in Eq. (1), the general expression of the moment in the plate is then given by

$$\frac{M}{q_0 a^2} = \frac{1}{t^2}\left[1 - \frac{1}{\cosh\frac{t}{2}} - \frac{4}{\pi^3}\sum_m \frac{\sin\frac{m\pi x}{a}}{m(1+\mu)(d_1^2 - d_2^2)}\left(\frac{d_1^2 \cosh d_2 y}{\cosh\frac{d_2 b}{2}} - \frac{d_2^2 \cosh d_1 y}{\cosh\frac{d_1 b}{2}}\right)\right.$$
$$\left. + \frac{4\mu}{\pi}\sum_m \frac{\sin\frac{m\pi x}{a}}{d_1^2 - d_2^2}\cdot\frac{t^2}{a^2}\left(\frac{\cosh d_2 y}{\cosh\frac{d_2 b}{2}} - \frac{\cosh d_1 y}{\cosh\frac{d_1 b}{2}}\right)\right] \qquad (24)$$

The maximum moment at the center of the plate can be obtained by putting $x = a/2$ and $y = 0$ in Eq. (24) for square plates ($r = 1$) under uniform lateral loads and uniform forces in the middle plane ($s = 1$). Numerical values of a dimensionless quantity ($M_{mx}/q_0 a^2$) are given in Table 5 and also in Fig. 7, p. 30.

Table 5. Numerical Values of ($M_{mx}/q_0 a^2$) of Square Plates under Uniform Lateral Loads and Uniform Forces in the Middle Plane ($\mu = 0.3$)

$t =$	0	0.5	1	2	3	4	5	7	10	∞
Eq.(24)	.0479	.0472	.0453	.0390	.0317	.0249	.0194	.0119	.0064	0
Eq.(25)	.0479	.0472	.0453	.0385	.0305	.0230	.0171	–	–	–

For rough determination of the maximum bending moment of the plate the following method may be employed. The total bending moment M_x is assumed to be composed of:

(a) M_{xo} bending moment of the plate under lateral loads alone, ($N_x = N_y = 0$)

(b) $-N_x w$ bending moment of a unit strip in the x-direction produced by the axial force N_x and the deflection w, and

(c) $\mu N_y w$ bending moment on that strip due to the force N_y and the deflection w, with the assumption that the strip in the x-direction does not deform under the action of this lateral bending moment $-N_y w$.

Thus, we obtain

$$M_x = M_{xo} - (1 - \mu s) N_x w \qquad (a)$$

For the maximum bending moment, Eq. (a) may be written in a non-dimensional form as follows:

$$\frac{M_{xmx}}{q_o a^2} = \frac{M_{xomx}}{q_o a^2} - (1-\mu s)\frac{N_x w_{mx}}{q_o a^2} \qquad (25)$$

Since M_{omx} for a square plate is known as $0.0479 \, q_o a^2$ from theory of elasticity and $(w_{mx} N_y / q_c a^2)$ can be found in Table 2, p. 23, or Fig. 4, p. 24; numerical values of $(M_{mx}/q_o a^2)$ for this particular case - square plate under uniform lateral loads and uniform forces in the middle plane - are computed by using Eq. (25) also. As shown in Table 5 and Fig. 7, it is interesting to see that results obtained from Eqs. (24) and

(25) agree with each other fairly well except for large values of t, at which the bending stress will be no longer important in the design of the plate. Therefore, this approximate formula seems to be permissible for practical purposes.

To find the shear in the plate, the expression obtained by taking third derivatives of the deflection surface, Eq. (2), is much more complicated and converges slowly. Again, an approximate method is recommended. For shear along the edge $x = a$, we have

$$(Q_x)_{x=a} = (Q_{xo})_{x=a} - N_x (dw/dx)_{x=a} \quad (26)$$

where Q_{xo} represents the shear in the plate under lateral loads alone. Similar equations can be written for other edges. By differentiating Eq. (16) with respect to x and y respectively, we obtain

$$\frac{N_x}{q_0 a}\left(\frac{dw}{dx}\right)_{\substack{x=a\\y=0}} = -\frac{1}{2} + \frac{\tanh\frac{t}{2}}{t} + \frac{4}{\pi^2}\sum_m \frac{1}{m^2(1+u)(d_1^2-d_2^2)}\left(\frac{d_1^2}{\cosh\frac{d_2 b}{2}} - \frac{d_2^2}{\cosh\frac{d_1 b}{2}}\right) \quad (b)$$

$$\frac{N_y}{q_0 a}\left(\frac{dw}{dx}\right)_{\substack{x=\frac{a}{2}\\y=\frac{b}{2}}} = -\frac{4}{\pi^3} t^2 \sum_m \frac{d_1 d_2 (-1)^{\frac{m-1}{2}}}{m^3 \omega^2 (d_1^2-d_2^2)}\left(d_1 \tanh\frac{d_2 b}{2} - d_2 \tan\frac{d_1 b}{2}\right) \quad (c)$$

Numerical values of these two functions are not given here.

CHAPTER III

SIMPLY SUPPORTED PLATES UNDER VARIOUS LOADING CONDITIONS

1. **Hydrostatic Pressure**

Let the plate be subjected to a hydrostatic pressure as shown in Fig. 8, p. 37, which may be represented by

$$q = q_0 x/a \tag{a}$$

Using the single infinite series method, we have from Eq. (c), p. 13,

$$\frac{d^4 w_1}{dx^4} - \frac{t^2}{a^2}\frac{d^2 w_1}{dx^2} = \frac{q_0 x}{Da} \tag{b}$$

which gives

$$w_1 = A + Bx - \frac{q_0 x^3}{6 N_x a} + C\cosh\frac{tx}{a} + D\sinh\frac{tx}{a} \tag{c}$$

The coefficients are determined by the boundary conditions as

$$A = C = 0, \quad B = \frac{1}{a}\left(\frac{q_0 a^2}{6 N_x} - \frac{q_0 a^2}{N_x t^2}\right), \quad D = \frac{q_0 a^2}{N_x t^2 \sinh t} \tag{d}$$

And if w_1 is expressed in a Fourier series, the coefficients a_m are

$$a_m = \frac{2 q_0 a^2}{D m^3 \pi^3 \omega^2} \qquad \left[\because \frac{1}{a}\int_0^a \sin\frac{m\pi x}{a} x\, dx = \frac{a}{m\pi}\right] \tag{e}$$

Since the boundary conditions are the same, the solution for w_2 is just the same as that in the previous chapter for the uniformly distributed loads (p. 18). The total deflection of the plate is therefore

$$W = \frac{q_0}{6N_x a}(a^2 x - x^3) + \frac{q_0 a^2}{N_x t^2}\left(\frac{\sinh\frac{tx}{a}}{\sinh t} - \frac{x}{a}\right)$$

$$- \frac{2q_0 a^2}{D\pi^3} \sum_m \frac{1}{m^3 \omega^2 (\alpha_1^2 - \alpha_2^2)} \left(\frac{\alpha_1^2 \cosh \alpha_2 y}{\cosh\frac{\alpha_2 b}{2}} - \frac{\alpha_2^2 \cosh \alpha_1 y}{\cosh\frac{\alpha_1 b}{2}}\right) \sin\frac{m\pi x}{a} \qquad (27)$$

Same result can be obtained by using the reduced order method for the case of uniform forces in the middle plane. The deflection of the plate along the x-axis (y = 0) is then equal to

$$(W)_{y=0} = \frac{q_0}{6N_x a}(a^2 x - x^3) + \frac{q_0 a^2}{N_x t^2}\left(\frac{\sinh\frac{tx}{a}}{\sinh t} - \frac{x}{a}\right)$$

$$- \frac{2q_0 a^2}{D\pi^3} \sum_m \frac{1}{m^3 \omega^2 (\alpha_1^2 - \alpha_2^2)} \left(\frac{\alpha_1^2}{\cosh\frac{\alpha_2 b}{2}} - \frac{\alpha_2^2}{\cosh\frac{\alpha_1 b}{2}}\right) \sin\frac{m\pi x}{a} \qquad (f)$$

and the deflection at the center of the plate (x = a/2, y = 0) is

$$W = \frac{q_0 a^2}{16 N_x} + \frac{q_0 D}{2 N_x^2}\left(\frac{1}{\cosh\frac{t}{2}} - 1\right) - \frac{2q_0 a^2}{D\pi^3} \sum_m \frac{(-1)^{\frac{m-1}{2}}}{m^3 \omega^2 (\alpha_1^2 - \alpha_2^2)} \left(\frac{\alpha_1^2}{\cosh\frac{\alpha_2 b}{2}} - \frac{\alpha_2^2}{\cosh\frac{\alpha_1 b}{2}}\right) \qquad (g)$$

which is one-half of the maximum deflection of a uniformly loaded plate, Eq. (17), p. 19, as it should be.

For equal forces in the middle plane in both directions, $N_y = N_x$, Eq. (f) can be written in the following form:

$$\left(\frac{W N_x}{q_0 a^2}\right)_{y=0} = \frac{1}{6}\left(\frac{x}{a} - \frac{x^3}{a^3}\right) + \frac{1}{t^2}\left(\frac{x}{a} - \frac{\sinh\frac{tx}{a}}{\sinh t}\right)$$

$$- \frac{2}{\pi^3} \sum_m \frac{1}{m^3}\left[\frac{1}{\cosh\frac{m\pi r}{2}} - \frac{u}{(1+u)\cosh\frac{r t\sqrt{1+u}}{2}}\right] \sin\frac{m\pi x}{a} \qquad (28)$$

and if there is no force in the middle plane in the y-direction, $N_y = 0$, (see Eq. (23), p. 28) it becomes

$$\left(\frac{wN_x}{q_0 a^2}\right)_{y=0} = \frac{1}{6}\left(\frac{x}{a} - \frac{x^3}{a^3}\right) - \frac{1}{t^2}\left(\frac{x}{a} - \frac{\sinh\frac{tx}{a}}{\sinh t}\right)$$

$$- \frac{2}{\pi^3}\sum_m \frac{\sin\frac{m\pi x}{a}}{m^3(1+u)}\left[\frac{\sqrt{u}\sinh\frac{rt\alpha_3}{2}\sin\frac{rt\alpha_4}{2} + 2\cosh\frac{rt\alpha_3}{2}\cos\frac{rt\alpha_4}{2}}{\cosh rt\alpha_3 + \cos rt\alpha_4}\right] \quad (h)$$

where $\alpha_3 = \frac{t}{a}\sqrt{\sqrt{u^2+u}+u}$ and $\alpha_4 = \frac{t}{a}\sqrt{\sqrt{u^2+u}-u}$

The position of the maximum deflection of the plate, although it lies roughly between $x = 0.5a$ and $0.6a$, is difficult to find directly from Eq. (f) and so is the maximum deflection. However, the deflection at several points along the x-axis are computed. Results for $N_y = N_x$ are given in Table 6 and those for $N_y = 0$ and $a = b$, in Table 7. Their maximum deflections found by interpolation for both cases are drawn in Fig. 8, p. 38.

Values of moments and shears in the plate are not given. The approximate method used in Art. 5, Chapter II, may be also applied.

Table 6. Numerical Values of $(wN_x/q_0 a^2)$ along the X-Axis of Simply Supported Plates under Hydrostatic Pressure, $q = q_0 x/a$, and Uniform Forces in the Middle Plane.

	t =	0.5	1	1.5	2	3	4	5	7	10	∞
r=	x/a=										
0.5	0.5	.0001	.0003	–	.0011	.0024	.0038	.0052	.0076	.0101	.0142
	0.6	.0002	.0004	–	.0015	.0030	.0049	.0063	.0093	.0125	.0175

to be continued

Table 6.   continued

r=	x/a=	t= 0.5	1	1.5	2	3	4	5	7	10	∞
1.0	0.25	.0003	.0012	.0026	.0041	.0076	.0107	.0131	.0162	.0184	.0209
	0.50	.0005	.0019	.0042	.0067	.0125	.0177	.0220	.0277	.0320	.0369
	0.60	.0005	.0019	.0043	.0068	.0128	.0183	.0226	.0290	.0338	.0396
	0.75	.0004	.0016	.0035	.0055	.0105	.0153	.0193	.0252	.0300	.0363
1.2	0.25	.0005	.0017	.0036	.0058	.0103	.0143	.0172	.0207	.0231	.0256
	0.50	.0007	.0027	.0056	.0091	.0164	.0228	.0278	.0341	.0385	.0434
	0.60	.0008	.0027	.0056	.0091	.0165	.0230	.0281	.0252	.0400	.0458
	0.75	.0006	.0022	.0045	.0063	.0133	.0189	.0234	.0298	.0346	.0412
1.5	0.25	.0007	.0024	.0049	.0078	.0137	.0183	.0217	.0255	.0280	.0305
	0.50	.0010	.0036	.0075	.0120	.0210	.0285	.0342	.0409	.0455	.0504
	0.60	.0010	.0036	.0074	.0118	.0209	.0285	.0343	.0416	.0467	.0525
	0.75	.0008	.0028	.0058	.0093	.0166	.0229	.0280	.0346	.0395	.0461
2.0	0.25	.0008	.0031	.0064	.0100	.0172	.0224	.0260	.0301	.0326	.0351
	0.50	.0012	.0047	.0096	.0152	.0261	.0343	.0403	.0474	.0520	.0569
	0.60	.0012	.0046	.0094	.0149	.0257	.0341	.0400	.0477	.0529	.0587
	0.75	.0009	.0035	.0073	.0114	.0202	.0271	.0325	.0392	.0442	.0507
∞	0.25	.0011	.0040	.0081	.0125	.0204	.0261	.0299	.0341	.0366	.0391
	0.50	.0015	.0059	.0119	.0185	.0306	.0396	.0458	.0529	.0576	.0625
	0.60	.0016	.0057	.0116	.0181	.0300	.0390	.0452	.0530	.0582	.0640
	0.75	.0012	.0044	.0090	.0140	.0234	.0308	.0361	.0431	.0481	.0547

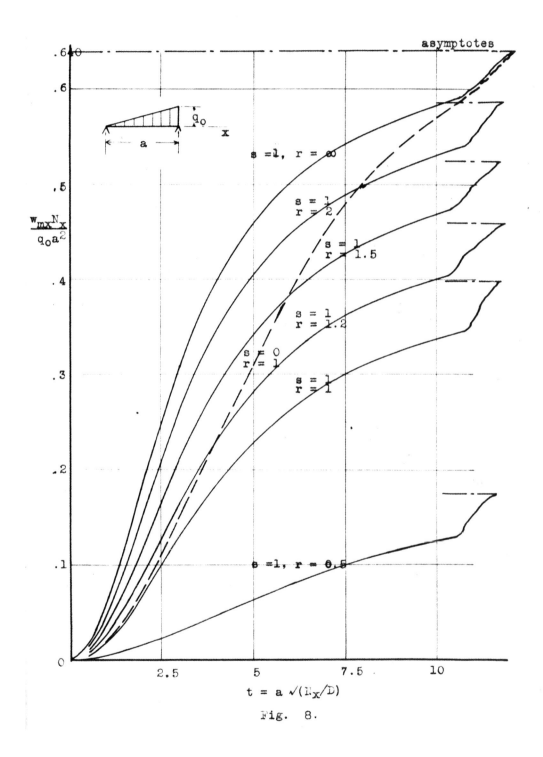

Fig. 8.

Table 7. Numerical Values of (wN_x/q_0a^2) along the X-Axis of Square Simply Supported Plates under Hydrostatic Pressure and Force N_x in the Middle Plane, $(r = 1, s = 0)$

t =	0.5	1	1.5	2	3	4	5	7	10	∞
x/a =										
0.25	.0003	.0012	.0028	.0046	.0092	.0144	.0192	.0294	.0356	.0390
0.50	.0005	.0020	.0045	.0074	.0147	.0230	.0308	.0440	.0562	.0625
0.60	.0005	.0020	.0046	.0075	.0149	.0232	.0310	.0453	.0568	.0640
0.75	.0004	.0016	.0037	.0061	.0121	.0190	.0255	.0384	.0471	.0547

2. **Triangular Loading**

Assume that the intensity of the load may be represented by an isosceles triangle as shown in Fig. 9, p. 42. For $0 < x < a/2$, we have $q = 2q_0 x/a$, and for $a/2 < x < a$, $q = 2q_0(a-x)/a$. The deflection surface can again be represented in the form:

$$w = w_1 + w_2 \qquad (a)$$

in which w_1 represents the deflection of a simply supported strip parallel to the x-axis and w_2 has the same form as in the previous articles. To represent the deflection w_1 in the form of a trigonometrical series we observe that the deflection produced by a concentrated force q applied at a distance x' from the left end of the strip is ‡

---

‡ see "Strength of Materials" by Timoshenko, v.2, p.410, 1930.

$$\frac{2q\,a^3}{D\pi^4} \sum_m \frac{1}{m^2(m^2 - \frac{N_x a^2}{D\pi^2})} \sin\frac{m\pi x'}{a} \sinh\frac{m\pi x}{a} \tag{b}$$

The deflection produced by the total load on the strip is obtained by integration.

$$W_1 = \frac{4q_0 a^2}{D\pi^4} \sum_m \frac{\pi^2}{m^2 \omega^2 a^2} \sin\frac{m\pi x}{a} \left[\int_0^{a/2} x' \sin\frac{m\pi x'}{a} dx' + \int_{a/2}^a (a-x')\sin\frac{m\pi x'}{a} dx' \right]$$

$$= \frac{8q_0}{D\pi^4} \sum_m \frac{1}{m^2 \omega^2} (-1)^{\frac{m-1}{2}} \sin\frac{m\pi x}{a} \tag{c}$$

The deflection w_1 may be also found by making use of the known formulas for the deflection of a beam under combined bending and axial tension. Since $w = (M - M_0)/N$, where M is the actual bending moment of the beam-tie and M_0 is the bending moment of a pure beam under the same lateral loads, we have ‡

$$W_1 = \frac{q_0}{N_x}\left(\frac{2a^2 \sinh\frac{tx}{a}}{t^3 \cosh\frac{t}{2}} - \frac{2ax}{t^2} + \frac{ax}{4} - \frac{x^3}{3a} \right) \tag{d}$$

when $0 < x < a/2$, and

$$W_1 = \frac{q_0}{N_x}\left[-\frac{2a^2 \cosh t \sinh\frac{tx}{a}}{t^3 \cosh\frac{t}{2}} + \frac{4a^2}{t^3} \sinh\frac{t}{2} \cosh\frac{tx}{a} \right.$$
$$\left. + \frac{2a^2}{t^2}\left(1-\frac{x}{a}\right) + \frac{a(a-x)}{4} - \frac{(a-x)^3}{3a} \right] \tag{e}$$

when $a/2 < x < a$. The solution of w_2 is similar to those given in the previous articles and then the total deflection of the plate can be given as

---

‡ see Niles and Newell "Airplane Structures" v.2, p.102, 1938.

$$W = W_1 + \frac{8q_0 a^2}{D\pi^3} \sum_m \frac{(-1)^{\frac{m-1}{2}} \sin\frac{m\pi x}{a}}{m^3 \omega^2 (d_1^2 - d_2^2)} \left(\frac{d_2^2 \cosh d_1 y}{\cosh\frac{d_1 b}{2}} - \frac{d_1^2 \cosh d_2 y}{\cosh\frac{d_2 b}{2}} \right) \quad (29)$$

The maximum deflection at the center of the plate ($x = a/2$, $y = 0$) is

$$\frac{W_{mx} N_x}{q_0 a^2} = \frac{1}{12} - \frac{1}{t^3}\left(1 - \frac{2}{t}\tanh\frac{t}{2}\right) - \frac{8}{\pi^4} \sum_m \frac{1}{m^4 (1+\omega)(d_1^2 - d_2^2)} \left(\frac{d_1^2}{\cosh\frac{d_2 b}{2}} - \frac{d_2^2}{\cosh\frac{d_1 b}{2}} \right) \quad (30)$$

Numerical values of ($W_{mx} N_x / q_0 a^2$) are computed as given in Table 8 and drawn in Fig. 9.

Table 8. Numerical Values of ($W_{mx} N_x / q_0 a^2$) of Simply Supported Rectangular Plates under a Load in Form of Triangular Prism

t =	0.5	1	1.5	2	3	4	5	7	10	∞
r =				s = N_y/N_x = 1						
0.5	.0001	.0004	—	.0016	.0028	.0052	.0073	.0107	.0146	.0215
1.0	.0007	.0025	.0054	.0088	.0162	.0231	.0288	.0366	.0426	.0506
1.2	.0010	.0035	.0072	.0118	.0212	.0296	.0362	.0448	.0510	.0590
1.5	.0012	.0046	.0096	.0154	.0271	.0369	.0444	.0534	.0599	.0679
2.0	.0016	.0060	.0123	.0195	.0336	.0443	.0522	.0617	.0682	.0762
∞	.0021	.0076	.0152	.0237	.0395	.0510	.0591	.0687	.0753	.0833
				s = N_y/N_x = 0						
1.0	.0007	.0026	.0058	.0095	.0191	.0298	.0400	.0585	.0735	.0833

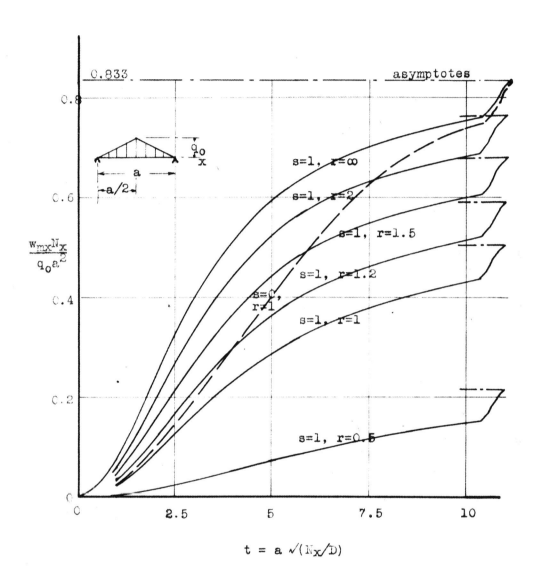

Fig. 9.

3. Partially Loaded

Let us consider a plate loaded only over a portion of the plate from the line $y = y_1$ to $y = y_2$. Then the general expression of the deflection surface for the loaded portion of the plate is

$$W = \sum_m (a_m + A_m \cosh d_1 y + B_m \cosh d_2 y + C_m \sinh d_1 y + D_m \sinh d_2 y) \sin \frac{m\pi x}{a} \quad (a)$$

and that for the unloaded protions, when $0 < y < y_1$, is

$$W' = \sum_m (A'_m \cosh d_1 y + B'_m \cosh d_2 y + C'_m \sinh d_1 y + D'_m \sinh d_2 y) \sin \frac{m\pi x}{a} \quad (b)$$

and when $y_2 < y < b$,

$$W'' = \sum_m (A''_m \cosh d_1 y + B''_m \cosh d_2 y + C''_m \sinh d_1 y + D''_m \sinh d_2 y) \sin \frac{m\pi x}{a} \quad (c)$$

Here a_m are numerical coefficients depending on the load distribution in the center portion of the plate, which have been determined for several simple cases as shown before. Expressions (a), (b), and (c) satisfy the general differential equation (5) and, moreover, all three expressions satisfy the boundary conditions $w = 0$ and $\partial^2 w/\partial x^2 = 0$ along the edges $x = 0$ and $x = a$. Since at $y = y_1$ we have $w = w'$, $dw/dy = dw'/dy$, $d^2w/dy^2 = d^2w'/dy^2$, and $d^3w/dy^3 = d^3w'/dy^3$ representing the continuities of deflection, slope, moment, and shear at that boundary respectively; we obtain

$$(A_m - A'_m)\cosh d_1 y_1 + (B_m - B'_m)\cosh d_2 y_1 + (C_m - C'_m)\sinh d_1 y_1 + (D_m - D'_m)\sinh d_2 y_1 + a_m = 0$$

$$d_1(A_m - A'_m)\sinh d_1 y_1 + d_2(B_m - B'_m)\sinh d_2 y_1 + d_1(C_m - C'_m)\cosh d_1 y_1 + d_2(D_m - D'_m)\cosh d_2 y_1 = 0$$

$$\alpha_1^2(A_m-A'_m)\cosh\alpha_1 y_1 + \alpha_2^2(B_m-B'_m)\cosh\alpha_2 y_1 + \alpha_1^2(C_m-C'_m)\sinh\alpha_1 y_1 + \alpha_2^2(D_m-D'_m)\sinh\alpha_2 y_1 = 0$$

$$\alpha_1^3(A_m-A'_m)\sinh\alpha_1 y_1 + \alpha_2^3(B_m-B'_m)\sinh\alpha_2 y_1 + \alpha_1^3(C_m-C'_m)\cosh\alpha_1 y_1 + \alpha_2^3(D_m-D'_m)\cosh\alpha_2 y_1 = 0 \quad (d)$$

Four similar equations can be written for the conditions at the boundary line $y = y_2$. Solving these eight simultaneous equations, we obtain

$$A'_m - A''_m = -\frac{a_m \alpha_2^2}{\alpha_1^2 - \alpha_2^2}(\cosh\alpha_1 y_1 - \cosh\alpha_1 y_2)$$

$$B'_m - B''_m = \frac{a_m \alpha_1^2}{\alpha_1^2 - \alpha_2^2}(\cosh\alpha_2 y_1 - \cosh\alpha_2 y_2)$$

$$C'_m - C''_m = \frac{a_m \alpha_2^2}{\alpha_1^2 - \alpha_2^2}(\sinh\alpha_1 y_1 - \sinh\alpha_1 y_2) \quad (e)$$

$$D'_m - D''_m = -\frac{a_m \alpha_1^2}{\alpha_1^2 - \alpha_2^2}(\sinh\alpha_2 y_1 - \sinh\alpha_2 y_2)$$

For the boundary conditions at $y = \pm b/2$ where $w' = w'' = 0$ and $d^2w'/dy^2 = d^2w''/dy^2 = 0$, the following four equations are added:

$$A'_m\cosh\tfrac{\alpha_1 b}{2} + B'_m\cosh\tfrac{\alpha_2 b}{2} + C'_m\sinh\tfrac{\alpha_1 b}{2} + D'_m\sinh\tfrac{\alpha_2 b}{2} = 0$$

$$A''_m\cosh\tfrac{\alpha_1 b}{2} + B''_m\cosh\tfrac{\alpha_2 b}{2} - C''_m\sinh\tfrac{\alpha_1 b}{2} - D''_m\sinh\tfrac{\alpha_2 b}{2} = 0$$

$$\alpha_1^2 A'_m\cosh\tfrac{\alpha_1 b}{2} + \alpha_2^2 B'_m\cosh\tfrac{\alpha_2 b}{2} + \alpha_1^2 C'_m\sinh\tfrac{\alpha_1 b}{2} + \alpha_2^2 D'_m\sinh\tfrac{\alpha_2 b}{2} = 0 \quad (f)$$

$$\alpha_1^2 A''_m\cosh\tfrac{\alpha_1 b}{2} + \alpha_2^2 B''_m\cosh\tfrac{\alpha_2 b}{2} - \alpha_1^2 C''_m\sinh\tfrac{\alpha_1 b}{2} - \alpha_2^2 D''_m\sinh\tfrac{\alpha_2 b}{2} = 0$$

The solutions of Eqs. (e) and (f) are:

$$A'_m = -\frac{a_m \alpha_2^2}{2(\alpha_1^2-\alpha_2^2)\cosh\frac{\alpha_1 b}{2}}\left[\cosh\alpha_1(\tfrac{b}{2}+y_1)-\cosh\alpha_1(\tfrac{b}{2}+y_2)\right]$$

$$B'_m = \frac{a_m \alpha_1^2}{2(\alpha_1^2-\alpha_2^2)\cosh\frac{\alpha_2 b}{2}}\left[\cosh\alpha_2(\tfrac{b}{2}+y_1)-\cosh\alpha_2(\tfrac{b}{2}+y_2)\right]$$

$$C'_m = \frac{a_m \alpha_2^2}{2(\alpha_1^2-\alpha_2^2)\sinh\frac{\alpha_1 b}{2}}\left[\cosh\alpha_1(\tfrac{b}{2}+y_1)-\cosh\alpha_1(\tfrac{b}{2}+y_2)\right]$$

$$D'_m = -\frac{a_m \alpha_1^2}{2(\alpha_1^2-\alpha_2^2)\sinh\frac{\alpha_2 b}{2}}\left[\cosh\alpha_2(\tfrac{b}{2}+y_1)-\cosh\alpha_2(\tfrac{b}{2}+y_2)\right]$$

$$A''_m = \frac{a_m \alpha_2^2}{2(\alpha_1^2-\alpha_2^2)\cosh\frac{\alpha_1 b}{2}}\left[\cosh\alpha_1(\tfrac{b}{2}-y_1)-\cosh\alpha_1(\tfrac{b}{2}-y_2)\right]$$

$$B''_m = -\frac{a_m \alpha_1^2}{2(\alpha_1^2-\alpha_2^2)\cosh\frac{\alpha_2 b}{2}}\left[\cosh\alpha_2(\tfrac{b}{2}-y_1)-\cosh\alpha_2(\tfrac{b}{2}-y_2)\right]$$

$$C''_m = -\frac{a_m \alpha_2^2}{2(\alpha_1^2-\alpha_2^2)\sinh\frac{\alpha_1 b}{2}}\left[\cosh\alpha_1(\tfrac{b}{2}-y_1)-\cosh\alpha_1(\tfrac{b}{2}-y_2)\right]$$

$$D''_m = \frac{a_m \alpha_1^2}{2(\alpha_1^2-\alpha_2^2)\sinh\frac{\alpha_2 b}{2}}\left[\cosh\alpha_2(\tfrac{b}{2}-y_1)-\cosh\alpha_2(\tfrac{b}{2}-y_2)\right]$$

(31)

Solving Eqs. (31) and (d), we obtain

$$A_m = \frac{a_m \alpha_2^2}{2(\alpha_1^2-\alpha_2^2)\cosh\frac{\alpha_1 b}{2}}\left[\cosh\alpha_1(\tfrac{b}{2}-y_1)+\cosh\alpha_1(\tfrac{b}{2}+y_2)\right]$$

$$B_m = -\frac{a_m \alpha_1^2}{2(\alpha_1^2-\alpha_2^2)\cosh\frac{\alpha_2 b}{2}}\left[\cosh\alpha_2(\tfrac{b}{2}-y_1)+\cosh\alpha_2(\tfrac{b}{2}+y_2)\right]$$

$$C_m = \frac{a_m \alpha_2^2}{2(\alpha_1^2-\alpha_2^2)\sinh\frac{\alpha_1 b}{2}}\left[\cosh\alpha_1(\tfrac{b}{2}-y_1)-\cosh\alpha_1(\tfrac{b}{2}+y_2)\right]$$

$$D_m = -\frac{a_m \alpha_1^2}{2(\alpha_1^2-\alpha_2^2)\sinh\frac{\alpha_2 b}{2}}\left[\cosh\alpha_2(\tfrac{b}{2}-y_1)-\cosh\alpha_2(\tfrac{b}{2}+y_2)\right]$$

(32)

As an example of the application of the general solution, let us consider the symmetrical case in which a uniform load q_0 is distributed over the rectangular area having a width of b_1 and a length of a_1. The deflection w_1 of a strip is

$$w_1 = \frac{2q_0 a^3}{D\pi^4} \sum_m \frac{\pi^2}{m^2 \omega^2 a^2} \int_{\frac{a-a_1}{2}}^{\frac{a+a_1}{2}} \sin\frac{m\pi x'}{a} dx' \sin\frac{m\pi x}{a} = \frac{4q_0 a^2}{D\pi^3} \sum_m \frac{(-1)^{\frac{m-1}{2}}}{m^3 \omega^2} \sin\frac{m\pi a_1}{2a} \sin\frac{m\pi x}{a} \quad (g)$$

or

$$a_m = \frac{4q_0 a^2}{D\pi^3 m^3 \omega^2} \sin\frac{m\pi a_1}{2a} \cdot (-1)^{\frac{m-1}{2}} \quad (h)$$

Since $y_1 = -y_2 = b/2$ in this special case, from Eq. (32) we obtain

$$A_m = \frac{a_m d_1^2 \cosh\left(\frac{b-b_1}{2}\right)d_1}{(d_1^2 - d_2^2)\cosh\frac{d_1 b}{2}}, \quad B_m = -\frac{a_m d_1^2 \cosh d_2\left(\frac{b-b_1}{2}\right)}{(d_1^2 - d_2^2)\cosh\frac{d_2 b}{2}} \quad (i)$$

and $\qquad C_m = D_m = 0$

Therefore the deflection of the loaded center portion of the plate is

$$w = \frac{4q_0 a^2}{D\pi^3} \sum_m \frac{(-1)^{\frac{m-1}{2}}}{m^3 \omega^2} \sin\frac{m\pi a_1}{2a} \cdot \sin\frac{m\pi x}{a} \cdot$$
$$\left[1 - \frac{1}{d_1^2 - d_2^2}\left\{d_1^2 \cosh d_2\left(\frac{b-b_1}{2}\right)\frac{\cosh d_2 y}{\cosh\frac{d_2 b}{2}} - d_2^2 \cosh d_1\left(\frac{b-b_1}{2}\right)\frac{\cosh d_1 y}{\cosh\frac{d_1 b}{2}}\right\}\right] \quad (33)$$

In the particular case where $a_1 = a$ and $b_1 = b$, Eq. (33) coincides with Eq. (16), Chapter II, for a uniformly loaded rectangular plate.

As a particular example, let us consider the case that $a_1 = a$ and b_1 is very small. This case represents a uniform distributed load along the x-axis. Taking $q = q_0 b_1$, the deflection of the plate along the x-axis is obtained from Eq. (33),

$$w_{y=0} = \frac{4qa^2}{D\pi^3} \lim_{b_1 \to 0} \sum_m \frac{1}{m^3 \omega^2} \frac{1}{b_1} \left[1 - \frac{1}{d_1^2 - d_2^2} \left\{ \frac{d_1^2 \cosh d_2(\frac{b-b_1}{2})}{\cosh \frac{d_2 b}{2}} - \frac{d_2^2 \cosh d_1(\frac{b-b_1}{2})}{\cosh \frac{d_1 b}{2}} \right\} \right] \sin \frac{m\pi x}{a}$$

$$= \frac{2qa^2}{D\pi^3} \sum_m \frac{d_1 d_2}{m^3 \omega^2 (d_1^2 - d_2^2)} \left(d_1 \tanh \frac{d_2 b}{2} - d_2 \tanh \frac{d_1 b}{2} \right) \sin \frac{m\pi x}{a} \qquad (34)$$

When $N_y = N_x$, the maximum deflection at the center is

$$\frac{w_{mx} N_x}{qa} = \frac{2}{\pi} \sum_m \frac{1}{m} \left(\frac{\tanh \frac{m\pi r}{2}}{m\pi} - \frac{\tanh \frac{rt}{2}\sqrt{1+u}}{t\sqrt{1+u}} \right) (-1)^{\frac{m-1}{2}} \qquad (a)$$

and when $N_y = 0$, the maximum deflection is

$$\frac{w_{mx} N_x}{qa} = \frac{2}{\pi^4} \sum \frac{1}{m^4} \frac{t}{\sqrt{1+u}} \cdot \frac{\tanh \frac{d_3 b}{2} \tan \frac{d_4 b}{2}}{1 + \tanh^2 \frac{d_3 b}{2} \tan^2 \frac{d_4 b}{2}} \left(\frac{d_4 a}{\sin d_4 b} - \frac{d_3 a}{\sinh d_3 b} \right) (-1)^{\frac{m-1}{2}} \qquad (b)$$

Numerical values of $(w_{mx} N_x / qa)$ for the case of uniform forces in the middle plane ($N_y = N_x$) are given in Table 9.

Table 9. Numerical Values of $(w_{mx} N_x / qa)$ of Simply Supported Plates under Uniform Lateral Loads along the X-Axis and Uniform Forces in the Middle Plane.

t =	0.5	1	1.5	2	3	4	5	7	10	∞
r =										
0.5	.0006	.0020	.0039	.0074	.0154	.0245	.0350	.0530	.0811	.1806
1.0	.0017	.0064	.0121	.0224	.0421	.0606	.0756	.0990	.1331	.2332
1.2	.0020	.0075	.0141	.0258	.0480	.0673	.0829	.1066	.1407	.2409
1.5	.0023	.0086	.0159	.0288	.0520	.0724	.0882	.1121	.1463	.2464
2.0	.0024	.0092	.0170	.0306	.0545	.0751	.0910	.1150	.1492	.2493
∞	.0025	.0094	.0175	.0311	.0552	.0759	.0918	.1158	.1499	.2500

It may be seen from Table 9 that the deflection for $r = b/a = 2$ is very close to that for an infinitely wide plate. Moreover, the maximum value of $(w_{max} E_x/qa)$ occurs when both r and t approach infinity and equals to $1/4$ as it should be in the case of a concentrated load applied at the middle of a string.

4. **Concentrated Load**

The concentrated load may be obtained by making the sides a_1 and b_1 of the loaded rectangular portion of the plate described in the previous article very small and then taking $q_0 a_1 b_1 = P$. Let us begin with the simple case in which the load acts at a point on the x-axis. The deflection of the strip along the x-axis in this case is

$$W_1 = \frac{2Pa^3}{b_1 D \pi^4} \sum_m \frac{\pi^2}{m^2 \omega^2 a^2} \sin\frac{m\pi c}{a} \sin\frac{m\pi x}{a} \qquad (a)$$

where c is the distance between the load P and y-axis. The coefficients a_m in the Fourier series are

$$a_m = \frac{2Pa}{b_1 D \pi^2 m^2 \omega^2} \sin\frac{m\pi c}{a} \qquad (b)$$

The deflection surface of the strip with a width of b_1 can be expressed in the form:

$$W_{y=0} = \frac{2Pa}{b_1 D \pi^2} \sum_m \frac{\sin\frac{m\pi c}{a}}{m^2 \omega^2}\left[1 - \frac{1}{\alpha_1^2 - \alpha_2^2}\left\{\alpha_1^2 \frac{\cosh\alpha_2\frac{(b-b_1)}{2}}{\cosh\alpha_2\frac{b}{2}} - \alpha_2^2 \frac{\cosh\alpha_1\frac{(b-b_1)}{2}}{\cosh\alpha_1\frac{b}{2}}\right\}\right]\sin\frac{m\pi x}{a} \qquad (c)$$

As shown in Eq. (34), we have

$$\lim_{b_1\to 0} \frac{1}{b_1}\left[1 - \frac{1}{\alpha_1^2-\alpha_2^2}\left\{\alpha_1^2 \frac{\cosh\alpha_2(\frac{b-b_1}{2})}{\cosh\frac{\alpha_2 b}{2}} - \alpha_2^2 \frac{\cosh\alpha_1(\frac{b-b_1}{2})}{\cosh\frac{\alpha_1 b}{2}}\right\}\right]$$

$$= \frac{\alpha_1\alpha_2}{\alpha_1^2-\alpha_2^2}\left(\frac{\alpha_1}{2}\tanh\frac{\alpha_2 b}{2} - \frac{\alpha_2}{2}\tanh\frac{\alpha_1 b}{2}\right) \tag{d}$$

The deflection of the plate along the x-axis is therefore given by

$$W_{y=0} = \frac{Pa}{D\pi^2}\sum_m \frac{\alpha_1\alpha_2}{m^2\omega^2(\alpha_1^2-\alpha_2^2)}(\alpha_1\tanh\frac{\alpha_2 b}{2} - \alpha_2\tanh\frac{\alpha_1 b}{2})\sin\frac{m\pi c}{a}\sin\frac{m\pi x}{a} \tag{35}$$

For the particular case of a load P applied at the center of the plate, the maximum deflection can be obtained by substituting $x = c = a/2$ into Eq. (35), which gives

$$W_{mx} = \frac{Pa}{D\pi^2}\sum_m \frac{\alpha_1\alpha_2}{m^2\omega^2(\alpha_1^2-\alpha_2^2)}(\alpha_1\tanh\frac{\alpha_2 b}{2} - \alpha_2\tanh\frac{\alpha_1 b}{2}) \tag{36}$$

When $N_y = N_x$, it becomes

$$\frac{W_{mx}N_x}{P} = \sum_m \left(\frac{\tanh\frac{m\pi r}{2}}{m\pi} - \frac{\tanh\frac{rt}{2}\sqrt{1+u}}{t\sqrt{1+u}}\right) \tag{e}$$

and when N_y is less than N_x or $N_y = 0$,

$$\frac{W_{mx}N_x}{P} = \frac{1}{\pi^3}\sum_m \frac{t}{m^3\sqrt{1+u}} \frac{\tanh\frac{\alpha_2 b}{2}\tan\frac{\alpha_4 b}{2}}{1+\tanh^2\frac{\alpha_2 b}{2}\tan^2\frac{\alpha_4 b}{2}}\left(\frac{\alpha_4 a}{\sin\alpha_4 b} - \frac{\alpha_3 a}{\sinh\alpha_3 b}\right) \tag{f}$$

Numerical values of $(W_{mx}N_x/P)$ for t less than 5 are given in Table 10, because the infinite series converges very slowly for higher values of t. When $r = \infty$ and $t = 0$, the series becomes $1 + 1/3 + 1/5 + \cdots$, which diverges.

Table 10. Numerical Values of $(w_{max}N_x/P)$ of Simply Supported Plates under Concentrated Load at the Center of the Plate and Uniform Forces in the Middle Plane

	t = 0.5	1	1.5	2	3	4	5
r = 0.5	.0021	.0069	.0132	.0245	.0470	.0726	.099
1.0	.0030	.0112	.0213	.0393	.0744	.1093	.141
1.2	.0035	.0130	.0245	.0448	.0837	.1198	.153
1.5	.0039	.0146	.0273	.0494	.0899	.1278	.161
2.0	.0042	.0156	.0290	.0521	.0938	.1321	.165
∞	.0043	.0159	.0297	.0530	.0949	.1333	.167

For the deflection at a point not on the x-axis, Eq. (31) in the previous article should be used. Since

$$\lim_{\substack{y_1 \to 0 \\ y_2 \to 0}} \frac{1}{y_1+y_2}\left[\cosh\alpha_1\left(\frac{b}{2}+y_1\right)-\cosh\alpha_1\left(\frac{b}{2}-y_2\right)\right] = \alpha_1 \sinh\frac{\alpha_1 b}{2} \quad (g)$$

the deflection surface of the plate is given by

$$w' = \frac{Pa}{D\pi^2}\sum_m \frac{\alpha_1 \alpha_2}{m^2\omega^2(\alpha_1^2-\alpha_2^2)}\left[\alpha_1\frac{\sinh\alpha_2\left(\frac{b}{2}-y\right)}{\cosh\frac{\alpha_2 b}{2}} - \alpha_2\frac{\sinh\alpha_1\left(\frac{b}{2}-y\right)}{\cosh\frac{\alpha_1 b}{2}}\right]\sin\frac{m\pi c}{a}\sin\frac{m\pi x}{a} \quad (37)$$

If the load P is applied at a point (c, y'), putting $y_1 = y_2 = y'$ in Eq. (32), we have the deflection along the line $y = y_1$. Since

$$\lim_{\substack{y_1 \to y' \\ y_2 \to y'}} \frac{1}{y_1-y_2}\left[\cosh\alpha_1\left(\frac{b}{2}-y'\right)+\cosh\alpha_1\left(\frac{b}{2}+y'\right)\right] = 2\cosh\alpha_1 y'\cosh\frac{\alpha_1 b}{2} \quad (h)$$

the deflection at $y = y'$ can be obtained as

$$W_{y=y'} = \frac{Pa}{D\pi^2} \sum_m \frac{\alpha_1 \alpha_2 \sin\frac{m\pi x}{a}}{m^2 \omega^3 (\alpha_1^2 - \alpha_2^2)} \left(\alpha_1 \tanh\frac{\alpha_2 b}{2} \cosh\alpha_1 y' - \alpha_2 \tanh\frac{\alpha_1 b}{2} \cosh\alpha_2 y' \right) \sin\frac{m\pi x}{a} \quad (38)$$

When $y' = 0$, Eq. (38) coincides with Eq. (36).

5. Plates of Infinite Length

In our previous discussions, solutions for infinitely long plates were obtained from the corresponding solutions for finite plates by letting the length of the plate increase indefinitely. In some cases it is advantageous to obtain solutions for an infinitely long plate directly. Let us begin with the case of an infinitely long plate of width a loaded along the x-axis. (Fig. 10) Since the load is distributed only along the x-axis, the deflection w of the plate satisfies the equation

$$\frac{\partial^4 w}{\partial x^4} + \frac{2\partial^4 w}{\partial x^2 \partial y^2} + \frac{\partial^4 w}{\partial y^4} - \frac{N_x}{D}\cdot\frac{\partial^2 w}{\partial x^2} - \frac{N_y}{D}\cdot\frac{\partial^2 w}{\partial y^2} = 0 \quad (a)$$

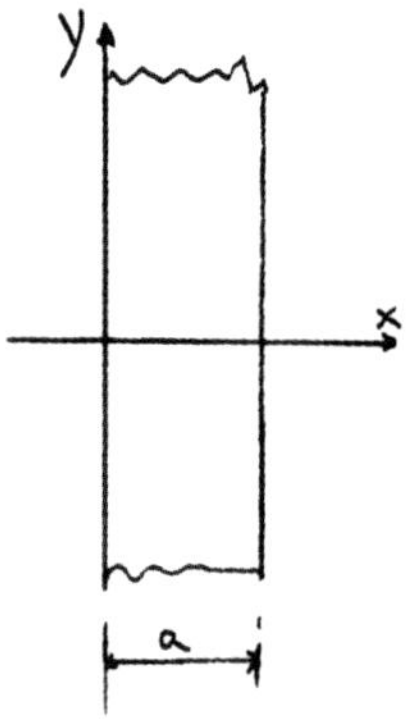

Let w be expressed in the form of Fourier series,

$$w = \sum_m Y_m \sin\frac{m\pi x}{a} \quad (b)$$

Fig. 10

the general solutions of Eq. (a) gives

$$Y_m = A_m e^{\alpha_1 y} + B_m e^{\alpha_2 y} + C_m e^{-\alpha_1 y} + D_m e^{-\alpha_2 y} \quad (c)$$

Observing that the deflections and their derivatives approach zero at a large distance from the x-axis, it may be concluded that A_m and B_m should be zero. And because of symmetry the slope of the plate dw/dy at the x-axis should be zero, which gives

$$C_m \alpha_1 + D_m \alpha_2 = 0 \qquad (e)$$

Eq. (b) now can be written as

$$w = \sum_m C_m \alpha_1 \left(\frac{e^{-\alpha_1 y}}{\alpha_1} - \frac{e^{-\alpha_2 y}}{\alpha_2} \right) \sin \frac{m\pi x}{a} \qquad (39)$$

As an example, assume that the load is uniformly distributed along the entire width of the plate at the x-axis. We have $q = \frac{4}{\pi} \sum_m q_0 \frac{1}{m} \sin \frac{m\pi x}{a}$, and the load is equally divided between the two halves of the plate cut by the x-axis, which must be balanced by the shearing forces in the plate at $y = 0$. By using Eq. (2), we have

$$\frac{1}{D}(Q_y)_{y=0} = \sum_m \left[-\left(\frac{m^2\pi^2}{a^2}\right)(\alpha_1 C_m + \alpha_2 D_m) - \alpha_1^3 C_m - \alpha_2^3 D_m \right] \sin \frac{m\pi x}{a} \qquad (f)$$

thus

$$\alpha_1^3 D_m + \alpha_2^3 C_m = \frac{2q}{m\pi D} \qquad (g)$$

Solving Eqs. (e) and (g) and substituting the value of C_m into Eq. (39), the deflection surface is then expressed as:

$$w = \frac{2q}{\pi D} \sum_m \frac{1}{m(\alpha_1^3 - \alpha_2^3)} \left(\frac{e^{-\alpha_1 y}}{\alpha_1} - \frac{e^{-\alpha_2 y}}{\alpha_2} \right) \sin \frac{m\pi x}{a} \qquad (40)$$

As another example of this method, consider a load of length $2b$ uniformly distributed over a portion of the x-axis, which can be expressed in the form of Fourier series as

$$q = \frac{4q_0}{\pi} \sum_m \frac{1}{m} \sin \frac{m\pi c}{a} \sin \frac{m\pi b}{a} \sin \frac{m\pi x}{a} \qquad (h)$$

where c is the distance between the center of the load to the y-axis. Similarly, we obtain

$$W = \frac{2q_0}{\pi}\sum_m \frac{1}{m(\alpha_1^2-\alpha_2^2)}\sin\frac{m\pi c}{a}\sin\frac{m\pi b}{a}\sin\frac{m\pi x}{a}\left(\frac{e^{-\alpha_1 y}}{\alpha_1}-\frac{e^{-\alpha_2 y}}{\alpha_2}\right) \tag{i}$$

The particular case of a concentrated force applied at a distance c from the origin is obtained by making the length $2b$ of the loaded portion along the x-axis infinitely small and keeping $2q_0 b = P$. Thus, we have

$$W = \frac{P}{a}\sum_m \frac{1}{\alpha_1^2-\alpha_2^2}\left(\frac{e^{-\alpha_1 y}}{\alpha_1}-\frac{e^{-\alpha_2 y}}{\alpha_2}\right)\sin\frac{m\pi c}{a}\sin\frac{m\pi x}{a} \tag{41}$$

We can obtain various other cases of loading by integrating Eq. (1) for the deflection of an infinitely long plate under a load distributed along a portion $2b$ of the x-axis. As an example, consider the case of a load of intensity q_0 uniformly distributed over a rectangular area of $2b$ by $2d$. The deflection produced by the entire load, at points where $y \geq d$, is now obtained by integration as follows:

$$W = \frac{2q_0}{\pi}\sum_m \frac{1}{m(\alpha_1^2-\alpha_2^2)}\sin\frac{m\pi c}{a}\sin\frac{m\pi b}{a}\sin\frac{m\pi x}{a}\int_{-d}^{d}\left(\frac{e^{\alpha_1(y-y')}}{\alpha_1}-\frac{e^{\alpha_2(y-y')}}{\alpha_2}\right)dy'$$

$$= \frac{4q_0}{\pi}\sum_m \frac{1}{m(\alpha_1^2-\alpha_2^2)}\sin\frac{m\pi c}{a}\sin\frac{m\pi b}{a}\sin\frac{m\pi x}{a}\left(\frac{e^{-\alpha_1 y}}{\alpha_1^2}\sinh\alpha_1 d - \frac{e^{-\alpha_2 y}}{\alpha_2^2}\sinh\alpha_2 d\right) \tag{j}$$

By a proper change of the limits of integration the deflections at points where $y < d$ can also be found. The deflection along the x-axis is found as

$$W = \frac{4q_0}{\pi}\sum_m \frac{1}{m(\alpha_1^2-\alpha_2^2)}\sin\frac{m\pi c}{a}\sin\frac{m\pi b}{a}\sin\frac{m\pi x}{a}\left(\frac{e^{-\alpha_1 d/2}}{\alpha_1^2}\sinh\frac{\alpha_1 d}{2} - \frac{e^{-\alpha_2 d/2}}{\alpha_2^2}\sinh\frac{\alpha_2 d}{2}\right) \tag{k}$$

When d approaches infinity, the load is expanded along the entire length of the plate and the deflection surface is a cylindrical one. The deflection surface, from Eq. (k), can be expressed in the following form:

$$W = \frac{4q_0}{\pi} \sum_m \frac{1}{m \alpha_1^2 \alpha_2^2} \sin\frac{m\pi x}{a} \sin\frac{m\pi c}{a} \sin\frac{m\pi b}{a} \quad (1)$$

which may be simplified to

$$W = \frac{4q_0}{\pi} \sum_m \frac{1}{\frac{m\pi}{a^3}\left(\frac{N_x}{D}+\frac{m^2\pi^2}{a^2}\right)} \sin\frac{m\pi x}{a} \sin\frac{m\pi c}{a} \sin\frac{m\pi b}{a} \quad (m)$$

Eq. (m) is a well-known equation for the deflection of a beam-tie.

CHAPTER IV

PLATES WITH VARIOUS BOUNDARY CONDITIONS

1. **Built-In Edges at** $y = \pm b/2$

In our previous discussions, all four edges of the rectangular plate were assumed to be simply supported. By using the single infinite series method, we are able to vary the boundary conditions along two parallel edges, say, at $y = +b/2$ and $y = -b/2$, although the remaining two are still assumed to be simply supported.

Let us first take the case of built-in edges at $y = \pm b/2$. Again, provided that the lateral load q is a function of x alone, the deflections of the plate can be split into two parts: one is also a function of x only, $w_1 = \sum_m a_m \sin\frac{m\pi x}{a}$, which satisfies the general differential equation (5) and one is a function of both x and y, $w_2 = \sum_m Y_m \sin\frac{m\pi x}{a}$, which satisfies Eq. (12b), p.13, and makes the total deflection surface satisfy the boundary conditions. The solution for w_1 is exactly the same as those given in Chapters II and III for various kinds of loading, but the determination for w_2, or Y_m, is different since the boundary conditions at $y = \pm b/2$ are changed.

Obviously, because the plate is symmetrical with respect to the x-axis, we have again $C_m = D_m = 0$ as shown on p. 14. Since both the deflection and the slope of the plate are zero at $y = \pm b/2$, we have

$$A_m \cosh \frac{\alpha_1 b}{2} + B_m \cosh \frac{\alpha_2 b}{2} + a_m = 0 \qquad (a)$$

$$A_m \alpha_1 \sinh \frac{\alpha_1 b}{2} + B_m \alpha_2 \sinh \frac{\alpha_2 b}{2} = 0 \qquad (b)$$

Solving Eqs. (a) and (b), we obtain

$$A_m = \frac{a_m \alpha_2 \sinh \frac{\alpha_2 b}{2}}{\alpha_1 \sinh \frac{\alpha_1 b}{2} \cosh \frac{\alpha_2 b}{2} - \alpha_2 \sinh \frac{\alpha_2 b}{2} \cosh \frac{\alpha_1 b}{2}}$$

$$B_m = \frac{-a_m \alpha_1 \sinh \frac{\alpha_1 b}{2}}{\alpha_1 \sinh \frac{\alpha_1 b}{2} \cosh \frac{\alpha_2 b}{2} - \alpha_2 \sinh \frac{\alpha_2 b}{2} \cosh \frac{\alpha_1 b}{2}} \qquad (c)$$

Substituting Eq. (c) into the Fourier series, Eq. (12), and using the expression for a_m given in Eq. (13d), Chapter I, the total deflection is obtained.

$$W = \frac{2q_0 a}{D\pi^2} \sum_m \frac{1}{m^2 \omega^2} \int_0^a f(x) \sin \frac{m\pi x}{a} dx \cdot$$

$$\left[1 - \frac{\alpha_1 \sinh \frac{\alpha_1 b}{2} \cosh \alpha_2 y - \alpha_2 \sinh \frac{\alpha_2 b}{2} \cosh \alpha_1 y}{\alpha_1 \sinh \frac{\alpha_1 b}{2} \cosh \frac{\alpha_2 b}{2} - \alpha_2 \sinh \frac{\alpha_2 b}{2} \cosh \frac{\alpha_2 b}{2}} \right] \sin \frac{m\pi x}{a} \qquad (42)$$

As an example, let us consider a uniformly distributed load of intensity q_0, Eq. (42) becames (see Chapter II)

$$W = \frac{q_0}{2N_x}(ax - x^2) - \frac{q_0 D}{N_x^2}\left(1 - \cosh \frac{tx}{a} + \tanh \frac{t}{2} \sinh \frac{tx}{a}\right)$$

$$- \frac{4q_0 a^2}{D\pi^3} \sum_m \frac{1}{m^3 \omega^2} \frac{\dfrac{\alpha_1 \cosh \alpha_2 y}{\sinh \frac{\alpha_2 b}{2}} - \dfrac{\alpha_2 \cosh \alpha_1 y}{\sinh \frac{\alpha_1 b}{2}}}{\alpha_1 \coth \frac{\alpha_2 b}{2} - \alpha_2 \coth \frac{\alpha_1 b}{2}} \sin \frac{m\pi x}{a} \qquad (d)$$

and the maximum deflection at the center of the plate is given by

$$\frac{w_{mx}N_x}{q_0 a^2} = \frac{1}{8} - \frac{1}{t^2}\left(1 - \frac{1}{\cosh\frac{t}{2}}\right) - \frac{4}{\pi^3}\sum_m \frac{(-1)^{\frac{m-1}{2}}}{m^3(1+\omega)}\left(\frac{\frac{\alpha_1}{\sinh\frac{\alpha_2 b}{2}} - \frac{\alpha_2}{\sinh\frac{\alpha_1 b}{2}}}{\alpha_1 \coth\frac{\alpha_2 b}{2} - \alpha_2 \coth\frac{\alpha_1 b}{2}}\right) \quad (e)$$

In case of N_y being less than N_x, especially when $N_y = 0$, using the relations $\alpha_1 = \alpha_3 + i\alpha_4$ and $\alpha_2 = \alpha_3 - i\alpha_4$, Eq. (e) becomes

$$\frac{w_{mx}N_x}{q_0 a^2} = \frac{1}{8} - \frac{1}{t^2}\left(1 - \frac{1}{\cosh\frac{t}{2}}\right)$$

$$- \frac{8}{\pi^3}\sum_m \frac{(-1)^{\frac{m-1}{2}}}{m^3(1+\omega)} \frac{\alpha_3 \cosh\frac{\alpha_3 b}{2}\sin\frac{\alpha_4 b}{2} + \alpha_4 \sinh\frac{\alpha_3 b}{2}\cos\frac{\alpha_4 b}{2}}{\alpha_4 \sinh\alpha_3 b + \alpha_3 \sin\alpha_4 b} \quad (f)$$

For the particular case of $N_y = 0$, $\alpha_3 = \sqrt{\sqrt{u^2+u}+u}$ and $\alpha_4 = \sqrt{\sqrt{u^2+u}-u}$. Numerical values of $(w_{mx}N_x/q_0 a^2)$ for square plates are given in Table 11.

Table 11. Numerical Values of $(w_{mx}N_x/q_0 a^2)$ of Square Plates under Uniform Lateral Loads with Two Built-In Edges and Two Simply Supported Edges

$t =$	0.5	1	1.5	2	3	4	5	7	10	∞
$N_y = N_x$	.0005	.0019	.0039	.0069	.0139	.0214	.0285	.0401	.0513	.0737
$N_y = 0$	.0005	.0019	.0042	.0072	.0155	.0258	.0368	.0585	.0851	.1250

Results are plotted as shown in Fig. 11, in which curves for free and simply supported edges at $y = \pm b/2$ are also plotted for the purpose of comparison. It may be seen that for small values of t, deflections for the built-in **plates**

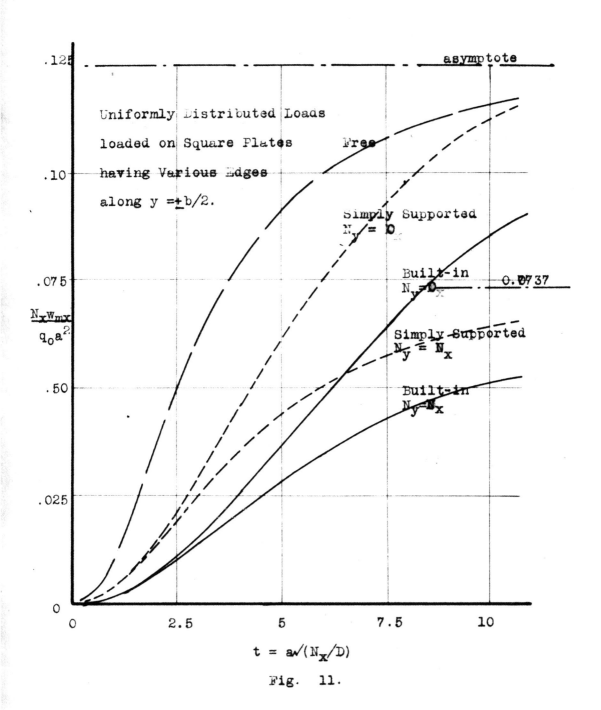

Fig. 11.

are about half of those for simply supported; but for large values of t, they both approach the same limit.

2. **Elastically Supported at $y = \pm b/2$**

As shown in Fig. 12, p. 63, the plate is supported by a great number of beams with an equal spacing of b. The edges along $x = 0$ and $x = a$ are still simply supported as before. Taking a single panel bounded by two supporting beams at $y = \pm b/2$, the deflection of the plate at the edges, $y = \pm b/2$, is not zero but is equal to the deflection of the beams. The angular rotation of the plate at these edges is equal to zero because of the effect of same loads in its adjacent panels.

We assume that these beams are also simply supported at the ends, that they have the same modulus of elasticity as the plate, and that they are pulled together with the plate so that the tensile forces on each are equal to AN_x where $2A$ is the ratio of the cross-sectional area of one beam to the thickness of the plate. Denoting the flexural rigidity of the beam by $2B$, the differential equation of its deflection curve is

$$B \frac{d^4 w}{dx^4} = q + \frac{d^2 w}{dx^2} \cdot AN_x \qquad (a)$$

where q is the intensity of the load transmitted from the plate to the beam. From the known result of shearing forces in the plate, this intensity of load is obtained as

$$q = D \left[\frac{\partial^3 w}{\partial y^3} + (2-\mu) \frac{\partial^3 w}{\partial x^2 \partial y} \right] \qquad (b)$$

Therefore the boundary condition at $y = \pm b/2$ is

$$B\frac{\partial^4 w}{\partial x^4} - AN_x \frac{\partial^2 w}{\partial x^2} = D\left[\frac{\partial^3 w}{\partial y^3} + (2-\mu)\frac{\partial^3 w}{\partial x^2 \partial y}\right] \qquad (c)$$

The expression for the other boundary condition is

$$dw/dy = 0 \qquad (d)$$

Expressing the deflection of the plate in an infinite sine series as before, we have the following relations:

$$\left(B\frac{m^4\pi^4}{a^4} + AN_x \frac{m^2\pi^2}{a^2}\right)\left(A_m \cosh\frac{\alpha_1 b}{2} + B_m \cosh\frac{\alpha_2 b}{2} + a_m\right)$$
$$= D\left[A_m \alpha_1\left(\alpha_1^2 - \overline{2-\mu}\,\frac{m^2\pi^2}{a^2}\right)\sinh\frac{\alpha_1 b}{2} + B_m \alpha_2\left(\alpha_2^2 - \overline{2-\mu}\,\frac{m^2\pi^2}{a^2}\right)\sinh\frac{\alpha_2 b}{2}\right] \qquad (e)$$

$$A_m \alpha_1 \sinh\frac{\alpha_1 b}{2} + B_m \alpha_2 \sinh\frac{\alpha_2 b}{2} = 0 \qquad (f)$$

Solving Eqs. (e) and (f), we obtain

$$B_m = \frac{a_m \frac{m^2\pi^2}{a^2}\left(B_m \frac{m^2\pi^2}{a^2} + AN_x\right)}{D\alpha_2(\alpha_1^2 - \alpha_2^2)\sinh\frac{\alpha_2 b}{2} + \left(B_m \frac{m^2\pi^2}{a^2} + AN_x\right)\frac{m^2\pi^2}{a^2}\left(\frac{\alpha_2}{\alpha_1}\coth\frac{\alpha_1 b}{2}\sinh\frac{\alpha_2 b}{2} - \cosh\frac{\alpha_2 b}{2}\right)}$$

$$A_m = \frac{-a_m \frac{m^2\pi^2}{a^2}\left(B_m \frac{m^2\pi^2}{a^2} + AN_x\right)}{D\alpha_1(\alpha_1^2 - \alpha_2^2)\sinh\frac{\alpha_2 b}{2} - \left(B_m \frac{m^2\pi^2}{a^2} + AN_x\right)\frac{m^2\pi^2}{a^2}\left(\frac{\alpha_1}{\alpha_2}\coth\frac{\alpha_2 b}{2}\sinh\frac{\alpha_1 b}{2} - \cosh\frac{\alpha_1 b}{2}\right)} \qquad (g)$$

Let us assume that the deflection of the supporting beams is largely due to the flexural deflection. Neglecting AN_x in Eq. (g) and substituting them into Eq. (12), the general expression for the deflection surface of the plate is then obtained.

$$w = \frac{2q_0 a}{D\pi^2} \sum_m \frac{1}{m^2 \omega^2} \int_0^a f(x) \sin\frac{m\pi x}{a} dx \cdot$$

$$\left[1 - \frac{\alpha_1 \frac{\cosh\alpha_2 y}{\cosh\frac{\alpha_2 b}{2}} - \alpha_2 \frac{\cosh\alpha_1 y}{\cosh\frac{\alpha_1 b}{2}}}{\alpha_1 \coth\frac{\alpha_2 b}{2} - \alpha_2 \coth\frac{\alpha_1 b}{2} + \alpha_1 \alpha_2 (\alpha_1^2 - \alpha_2^2) \frac{a^3}{m^4 \pi^4} \frac{Da}{B}} \right] \sin\frac{m\pi x}{a} \quad (43)$$

It can be seen that when B approaches infinity Eq. (43) coincides with Eq. (42) for the built-in plates as it should be. On the other hand, when B approaches zero, the second term in the bracket of Eq. (43) becomes zero and we obtain the deflection of an infinitely wide plate as we expected. Eq. (43) can be also changed into the following form for the case of $N_y < N_x$,

$$w = \frac{2q_0 a}{D\pi^2} \sum_m \frac{1}{m^2 \omega^2} \int_0^a f(x) \sin\frac{m\pi x}{a} dx \left[1 - \frac{\alpha_3 \cosh\frac{\alpha_3 b}{2} \sin\frac{\alpha_4 b}{2} + \alpha_4 \cos\frac{\alpha_4 b}{2} \sinh\frac{\alpha_3 b}{2}}{\alpha_3 \sin\alpha_4 b - \alpha_4 \sinh\alpha_3 b + 4\alpha_3 \alpha_4 (\alpha_3^2 + \alpha_4^2) \frac{a^3}{m^4 \pi^4} \frac{Da}{B}} \right] \sin\frac{m\pi x}{a} \quad (h)$$

Numerical values of $(w_{mx} N_x / q_0 a^2)$ for square plates under uniformly distributed lateral loads are computed as given in Table 12 for the case $N_y = N_x$ and in Table 13 for the case $N_y = 0$. Results are also plotted in Fig. 12 and Fig. 13 respectively.

When the load $N_x A$ is not small in comparison with the critical load $B\pi^2/a^2$ of the supporting beam, the effect of this load on the deflection of the beam cannot be neglected. However, the only change in Eq. (43) is to put $B + N_x A a^2/m^2\pi^2$ in place of B. Since the infinite series converges so rapidly that the first term alone will give a very good approximation, we can use $B + N_y A a^2/\pi^2$ for B in Eq. (43) and its related tables and figures.

Table 12.   Numerical Values of $(w_{mx} N_x/q_c a^2)$ for Square Plates with Two Sides Simply Supported and Two Elastically Supported under Uniform Lateral Loads and Uniform Forces in the Middle Plane

Da/B	$t=$ 0.5	1	1.5	2	3	4	5	7	10	∞
0.1	.0006	.0023	.0051	.0087	.0175	.0271	.0365	.0526	.0700	.125
0.2	.0007	.0028	.0061	.0103	.0206	.0318	.0427	.0609	.0802	.125
0.5	.0010	.0039	.0087	.0143	.0277	.0420	.0550	.0755	.0943	.125
1.0	.0014	.0052	.0116	.0185	.0353	.0517	.0659	.0861	.1027	.125
2	.0018	.0068	.0150	.0237	.0434	.0611	.0754	.0942	.1083	.125
5	.0024	.0087	.0190	.0298	.0520	.0703	.0839	.1007	.1122	.125

Table 13.   Same as Table 12, Except $N_y = 0$

Da/B	$t=$ 0.5	1	1.5	2	3	4	5	7	10	∞
0.25	.0007	.0027	.0059	.0099	.0199	.0313	.0428	.0638	.0887	.125
0.50	.0009	.0034	.0073	.0121	.0234	.0358	.0476	.0681	.0915	.125
1.25	.0013	.0050	.0104	.0170	.0315	.0464	.0575	.0770	.0972	.125
2.5	.0018	.0066	.0137	.0220	.0392	.0545	.0671	.0850	.1024	.125
5.0	.0022	.0081	.0170	.0270	.0466	.0631	.0758	.0924	.1069	.125

The above solution can be applied not only to the plate as shown in Fig. 12, but also to a single panel plate supported

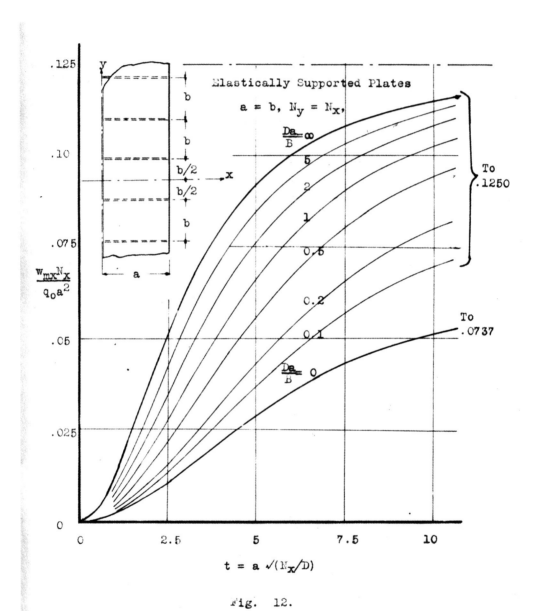

Fig. 12.

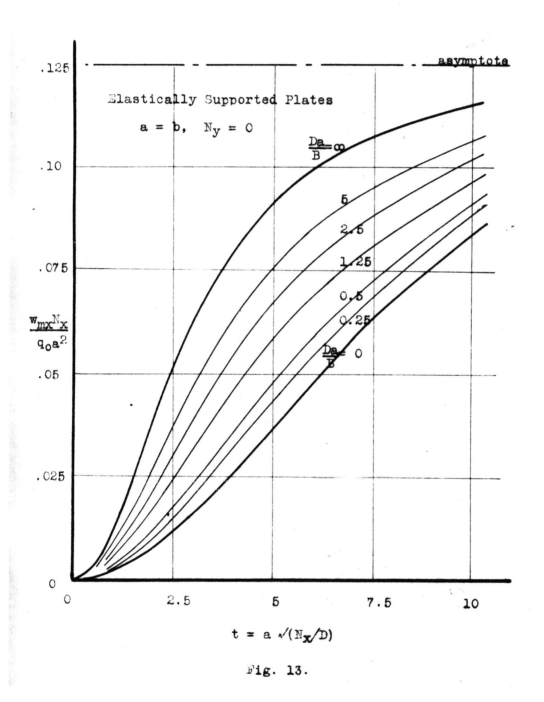

Fig. 13.

along the edges $y = \pm b/2$ by beams which have very high torsional stiffness but low flexible stiffness. In that case, B and A denote the flexural rigidity and the cross-sectional area divided by the thickness of the plate respectively.

3. Elastically Built-In at $y = \pm b/2$

On the contrary to the assumption given in the previous article, the supporting beams along $y = \pm b/2$ are now assumed to have very high flexural stiffness but low torsional stiffness. The angle of rotation of these beams during deflection of the plate is equal to $\partial w/\partial y$ and the rate of change of this angle is $\partial^2 w/\partial y \partial x$; hence the twisting moment at any cross section of the beam is $C \partial^2 w/\partial x \partial y$, where C is the torsional rigidity of the supporting beams. The rate of change of this twisting moment is equal to the bending moment M_y per unit length along $y = \pm b/2$. Hence the corresponding boundary condition along the edges $y = \pm b/2$ is

$$-D\left(\frac{\partial^2 w}{\partial y^2} + \mu \frac{\partial^2 w}{\partial x^2}\right) = C \frac{\partial^3 w}{\partial x^2 \partial y} \qquad (a)$$

Observing that $\frac{\partial^2 w}{\partial x^2} = 0$ at $y = \pm b/2$ is zero and using the trigonometric series for w, Eq. (12), the above equation can be put in the following form:

$$D \frac{\partial^2 w}{\partial y^2} = C \frac{m^2 \pi^2}{a^2} \frac{\partial w}{\partial y} \qquad (b)$$

From Eq. (b) together with the condition that $w = 0$ at $y = \pm b/2$, we find

$$A_m \cosh\frac{\alpha_1 b}{2} + B_m \cosh\frac{\alpha_2 b}{2} + a_m = 0 \tag{c}$$

and

$$D\left(A_m \alpha_1^2 \cosh\frac{\alpha_1 b}{2} + B_m \alpha_2^2 \cosh\frac{\alpha_2 b}{2}\right) = C\frac{m^2\pi^2}{a^2}\left(A_m \alpha_1 \sinh\frac{\alpha_1 b}{2} + B_m \alpha_2 \sinh\frac{\alpha_2 b}{2}\right) \tag{d}$$

Solving these two simultaneous equations, we obtain

$$B_m = \frac{a_m\left(\frac{m^2\pi^2}{a^2}C\alpha_1 \sinh\frac{\alpha_1 b}{2} - D\alpha_1 \cosh\frac{\alpha_1 b}{2}\right)}{D(\alpha_1^2-\alpha_2^2)\cosh\frac{\alpha_1 b}{2}\cosh\frac{\alpha_2 b}{2} - C\frac{m^2\pi^2}{a^2}\left(\alpha_1 \sinh\frac{\alpha_1 b}{2}\cosh\frac{\alpha_2 b}{2} - \alpha_2 \sinh\frac{\alpha_2 b}{2}\cosh\frac{\alpha_1 b}{2}\right)}$$

$$A_m = \frac{-a_m\left(\frac{m^2\pi^2}{a^2}C\alpha_2 \sinh\frac{\alpha_2 b}{2} - D\alpha_2 \cosh\frac{\alpha_2 b}{2}\right)}{D(\alpha_1^2-\alpha_2^2)\cosh\frac{\alpha_1 b}{2}\cosh\frac{\alpha_2 b}{2} - C\frac{m^2\pi^2}{a^2}\left(\alpha_1 \sinh\frac{\alpha_1 b}{2}\cosh\frac{\alpha_2 b}{2} - \alpha_2 \sinh\frac{\alpha_2 b}{2}\cosh\frac{\alpha_1 b}{2}\right)}$$

$$\tag{e}$$

From Eq. (e) it follows that the total deflection surface can be given by

$$W = \frac{2q_0 a}{D\pi^2}\sum_m \frac{1}{m^2\omega^2}\int_0^a f(x)\sin\frac{m\pi x}{a}dx \cdot \sin\frac{m\pi x}{a} \cdot$$

$$\left[1 - \frac{D\left(\alpha_1^2 \cosh\frac{\alpha_1 b}{2}\cosh\alpha_2 y - \alpha_2^2 \cosh\frac{\alpha_2 b}{2}\cosh\alpha_1 y\right) - C\frac{m^2\pi^2}{a^2}\left(\alpha_1 \sinh\frac{\alpha_1 b}{2}\cosh\alpha_2 y - \alpha_2 \sinh\frac{\alpha_2 b}{2}\cosh\alpha_1 y\right)}{D(\alpha_1^2-\alpha_2^2)\cosh\frac{\alpha_1 b}{2}\cosh\frac{\alpha_2 b}{2} - C\frac{m^2\pi^2}{a^2}\left(\alpha_1 \sinh\frac{\alpha_1 b}{2}\cosh\frac{\alpha_2 b}{2} - \alpha_2 \sinh\frac{\alpha_2 b}{2}\cosh\frac{\alpha_1 b}{2}\right)}\right]$$

$$\tag{44}$$

It is obvious that when C approaches zero Eq. (44) coincides with Eq. (16) for the simply supported plates and when C approaches infinity Eq. (44) is same as Eq. (42) for the built-in plates. Numerical values of $(w_{mx}N_x/q_0 a^2)$ for square plates under uniformly distributed loads are given in Tables 14 and 15 for $N_y = N_x$ and $N_y = 0$ respectively. Results are also plotted in Fig. 14 and Fig. 15 respectively.

Table 14. Numerical Values of $(w_{mx}N_x/q_0a^2)$ of Square Plates with Two Simply Supported Edges and Two Elastically Built-In Edges under Uniform Lateral Loads and Uniform Forces in the Middle Plane

$t=$	0.5	1	1.5	2	3	4	5	7	10	∞
$Da/C=$										
0.1	.0007	.0026	.0054	.0086	.0164	.0246	.0322	.0441	.0551	.0737
0.2	.0008	.0029	.0061	.0096	.0180	.0266	.0344	.0465	.0571	.0737
0.5	.0010	.0033	.0071	.0111	.0206	.0299	.0379	.0499	.0600	.0737
1.0	.0010	.0036	.0077	.0120	.0222	.0319	.0403	.0517	.0615	.0737

Table 15. Same as Table 14, Except $N_y = 0$

$t=$	0.5	1	1.5	2	3	4	5	7	10	∞
$Da/C=$										
0.1	.0005	.0019	.0044	.0076	.0164	.0274	.0394	.0632	.0919	.1250
0.5	.0006	.0021	.0049	.0086	.0190	.0320	.0461	.0726	.1027	.1250
1	.0006	.0022	.0054	.0095	.0210	.0357	.0504	.0776	.1061	.1250
2	.0006	.0025	.0061	.0107	.0235	.0388	.0551	.0813	.1088	.1250
5	.0008	.0033	.0078	.0133	.0277	.0439	.0596	.0859	.1116	.1250

Cases of plates having both elastically supported and elastically built-in edges are more cumbersome and therefore are not discussed here.

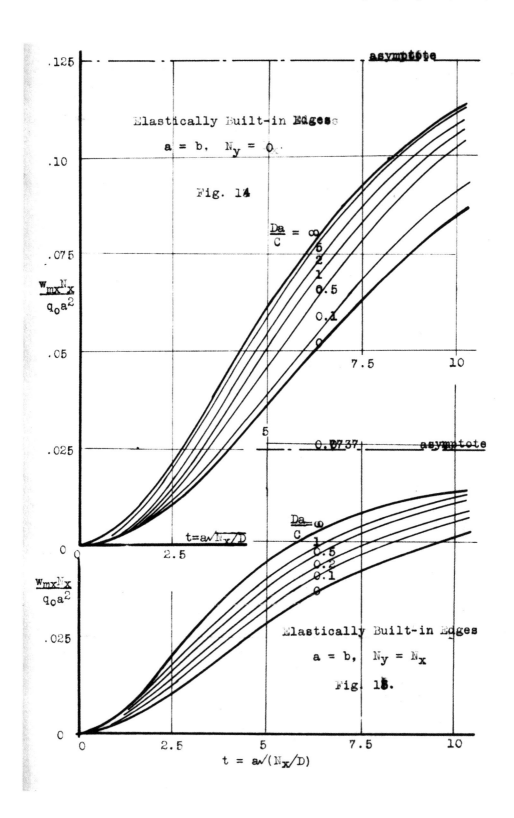

4. Non-Symmetrical Cases

Besides the symmetrical cases described in the previous articles, there are several non-symmetrical boundary conditions. Since those sine terms in the general solution of Y_m, Eq. (13), cannot be omitted in the non-symmetrical cases, the solution is much more complicated.

As a simple example, let us consider a plate being built-in at $y = +b/2$ and being simply supported at $y = -b/2$. Here the edge conditions give

    (a) $w = 0$ when $y = +b/2$,

    (b) $w = 0$ when $y = -b/2$,

    (c) $\partial w/\partial y = 0$ when $y = +b/2$, and

    (d) $\partial w^2/\partial y^2 = 0$ when $y = -b/2$.

Again, since the deflection surface of the plate can be represented in the following form:

$$w = \sum_m (A_m \cosh\alpha_1 y + B_m \cosh\alpha_2 y + C_m \sinh\alpha_1 y + D_m \sinh\alpha_2 y + a_m)\sin\frac{m\pi x}{a} \qquad (a)$$

from the boundary conditions given above, it follows that

$$A_m \cosh\frac{\alpha_1 b}{2} + B_m \cosh\frac{\alpha_2 b}{2} + C_m \sinh\frac{\alpha_1 b}{2} + D_m \sinh\frac{\alpha_2 b}{2} + a_m = 0$$

$$A_m \cosh\frac{\alpha_1 b}{2} + B_m \cosh\frac{\alpha_2 b}{2} - C_m \sinh\frac{\alpha_1 b}{2} - D_m \sinh\frac{\alpha_2 b}{2} + a_m = 0$$

$$\alpha_1 A_m \sinh\frac{\alpha_1 b}{2} + \alpha_2 B_m \sinh\frac{\alpha_2 b}{2} + \alpha_1 C_m \cosh\frac{\alpha_1 b}{2} + \alpha_2 D_m \cosh\frac{\alpha_2 b}{2} = 0 \qquad (b)$$

$$\alpha_1^2 A_m \cosh\frac{\alpha_1 b}{2} + \alpha_2^2 B_m \sinh\frac{\alpha_2 b}{2} - \alpha_1^2 C_m \cosh\frac{\alpha_1 b}{2} - \alpha_2^2 D_m \cosh\frac{\alpha_2 b}{2} = 0$$

Solving these simultaneous equations, we obtain

$$A_m = \frac{a_m \alpha_2^2}{(\alpha_1^2-\alpha_2^2)\cosh\frac{\alpha_1 b}{2}} - \frac{a_m \alpha_1 \alpha_2 (\alpha_1 \tanh\frac{\alpha_2 b}{2} - \alpha_2 \tanh\frac{\alpha_1 b}{2})}{2(\alpha_1^2-\alpha_2^2)\cosh\frac{\alpha_1 b}{2}(\alpha_2 \coth\alpha_2 b - \alpha_1 \coth\alpha_1 b)}$$

$$B_m = \frac{-a_m \alpha_1^2}{(\alpha_1^2-\alpha_2^2)\cosh\frac{\alpha_2 b}{2}} + \frac{a_m \alpha_1 \alpha_2 (\alpha_1 \tanh\frac{\alpha_2 b}{2} - \alpha_2 \tanh\frac{\alpha_1 b}{2})}{2(\alpha_1^2-\alpha_2^2)\cosh\frac{\alpha_2 b}{2}(\alpha_2 \coth\alpha_2 b - \alpha_1 \coth\alpha_1 b)} \quad (c)$$

$$C_m = \frac{-a_m \alpha_1 \alpha_2 (\alpha_1 \tanh\frac{\alpha_2 b}{2} - \alpha_2 \tanh\frac{\alpha_1 b}{2})}{2(\alpha_1^2-\alpha_2^2)\sinh\frac{\alpha_1 b}{2}(\alpha_2 \coth\alpha_2 b - \alpha_1 \coth\alpha_1 b)}$$

$$D_m = \frac{a_m \alpha_1 \alpha_2 (\alpha_1 \tanh\frac{\alpha_2 b}{2} - \alpha_2 \tanh\frac{\alpha_1 b}{2})}{2(\alpha_1^2-\alpha_2^2)\sinh\frac{\alpha_2 b}{2}(\alpha_2 \coth\alpha_2 b - \alpha_1 \coth\alpha_1 b)}$$

Substituting Eq. (c) into Eq. (a) and using Eq. (12d) for a_m, we obtain the deflection surface of the plate:

$$w = \underline{w} + \frac{q_0 a}{D\pi^2} \sum_m \frac{1}{m^2 \omega^2} \int_0^a f(x) \sin\frac{m\pi x}{a} dx \cdot \frac{\alpha_1 \alpha_2}{\alpha_1^2-\alpha_2^2} \cdot \frac{\alpha_1 \tanh\frac{\alpha_2 b}{2} - \alpha_2 \tanh\frac{\alpha_1 b}{2}}{\alpha_1 \coth\alpha_1 b - \alpha_2 \coth\alpha_2 b} \cdot$$
$$\left(\frac{\cosh\alpha_1 y}{\cosh\frac{\alpha_1 b}{2}} - \frac{\cosh\alpha_2 y}{\cosh\frac{\alpha_2 b}{2}} + \frac{\sinh\alpha_1 y}{\sinh\frac{\alpha_1 b}{2}} - \frac{\sinh\alpha_2 y}{\sinh\frac{\alpha_2 b}{2}} \right) \sin\frac{m\pi x}{a} \quad (45)$$

where $\underline{w}$ represents the deflection surface of a simply supported plate under the same loading condition, which has been discussed detailedly in Chapter II. The infinite series, which is actually a negative quantity, gives the decrease of deflection due to the effect of one edge of the plate being clamped.

The solution shown in this example, which seems to be

the simplest case among the various non-symmetrical cases, is already so cumbersome. Further attempts for other non-symmetrical boundary conditions are therefore abandoned.

CHAPTER V

BUCKLING OF PLATES UNDER EQUAL THRUSTS IN TWO PERPENDICULAR DIRECTIONS

1. Simply Supported Plates

The general differential equation (5) and also the general solutions of a_m and Y_m as given in Eqs. (12d) and (13) respectively hold not only when the plate is subjected to tensile forces in its middle plane, but also when it is subjected to compressive forces. Unfortunately, the infinite series in the case of compression does not converge so rapidly as it does in the case of tension and therefore the numerical values for plates under compression are not calculated. As a particular case of the compressive forces in the middle plane of the plate, the critical condition of a plate under thrusts in two perpendicular directions is dealt with in this chapter.

Referring back to Eq. (16), p. 16, for the determination of constants in the expression of the deflection surface, we have, from Eq. (16g)

$$A_m \cosh \frac{\alpha_1 b}{2} + B_m \cosh \frac{\alpha_2 b}{2} + a_m = 0 \qquad (a)$$

$$A_m \alpha_1^2 \cosh \frac{\alpha_1 b}{2} + B_m \alpha_2^2 \cosh \frac{\alpha_2 b}{2} = 0$$

It is obvious that if the determinant of this system of equations becomes zero, the constants A_m and B_m, consequently the deflection of the plate, will become infinitely large. Therefore the buckling condition is obtained if

$$\begin{vmatrix} \cosh\frac{\alpha_1 b}{2} & \cosh\frac{\alpha_2 b}{2} \\ \alpha_1^2 \cosh\frac{\alpha_1 b}{2} & \alpha_2^2 \cosh\frac{\alpha_2 b}{2} \end{vmatrix} = (\alpha_1^2 - \alpha_2^2)\cosh\frac{\alpha_1 b}{2}\cosh\frac{\alpha_2 b}{2} = 0 \qquad (b)$$

Since both $(\alpha_1^2 - \alpha_2^2)$ and $\cosh\alpha_1 b/2$ cannot be equal to zero, and since α_2 is actually an imaginary number when the force N_x is negative (positive for tension), we have

$$\cosh\frac{\alpha_2 b}{2} = 0, \quad \frac{i\alpha_2 b}{2} = \frac{b}{2}\sqrt{-\frac{m^2\pi^2}{a^2} - \frac{N_y}{2D} + \sqrt{\frac{m^2\pi^2}{a^2}\cdot\frac{N_y - N_x}{D} + \frac{N_y^2}{4D^2}}} = \frac{n\pi}{2} \quad (n=1,3,5\cdots) \qquad (c)$$

which gives the criterion for the critical condition

$$\frac{N_x}{D}\cdot\frac{m^2\pi^2}{a^2} + \frac{N_y}{D}\cdot\frac{n^2\pi^2}{b^2} + \left(\frac{m^2\pi^2}{a^2} + \frac{n^2\pi^2}{b^2}\right)^2 = 0 \qquad (46)$$

This expression coincides with that obtained by Prof. Timoshenko‡. The result given by Timoshenko, for which the energy method was used, holds for all values of m and n, but at a glance Eq. (46) holds for odd values of both m and n. This is due to the fact that we have taken the advantage of symmetry in our determination of the deflection w, which may not be true in the buckling condition. If we retake those sine terms in the expression of Y_m, we obtain

$$\sinh\frac{\alpha_2 b}{2} = 0, \quad \frac{i\alpha_2 b}{2} = \frac{n\pi}{2}, \quad (n=2,4,6,\cdots) \qquad (d)$$

Together with those even 'm's omitted due to symmetry, Eq. (46) is then good for all integers of m and n also. Because

---

‡ see Art. 64, pp. 333-7, Theory of Elastic Stability.

this case has been discussed in detail in Timoshenko's book, let us consider the buckling of plates having other boundary conditions. For simplicity, the discussion will be again limited to symmetrical cases.

2. **Built-In Edges at** $y = \pm b/2$

For plates having built-in edges along $y = \pm b/2$ and simply supported edges along $x = 0$ and $x = a$, as shown in Art. 1, Chapter IV, the determinant of Eqs. (42a) and (42b) is

$$\begin{vmatrix} \cosh\frac{\alpha_1 b}{2} & \cosh\frac{\alpha_2 b}{2} \\ \alpha_1 \sinh\frac{\alpha_1 b}{2} & \alpha_2 \sinh\frac{\alpha_2 b}{2} \end{vmatrix} = 0 \qquad (a)$$

and similarly, by taking the sine terms,

$$\begin{vmatrix} \sinh\frac{\alpha_1 b}{2} & \sinh\frac{\alpha_2 b}{2} \\ \alpha_1 \cosh\frac{\alpha_1 b}{2} & \alpha_2 \sinh\frac{\alpha_2 b}{2} \end{vmatrix} = 0 \qquad (b)$$

Let us assume that

$$\alpha_1 = \alpha \quad \text{and} \quad \alpha_2 = i\phi \qquad (c)$$

and use the relation:

$$\sinh i\phi = i \sin\phi, \quad \cosh i\phi = \cos\phi \qquad (d)$$

Eqs. (a) and (b) for the critical condition can be written as

$$\coth\alpha b/2 \, \tan\phi b/2 + \alpha/\phi = 0$$

$$\coth\alpha b/2 \, \tan\phi b/2 - \phi/\alpha = 0 \qquad (47)$$

When N_y becomes zero, Eq. (47) can be reduced to the same form as that given by Timoshenko[‡], where we have

$$(\cos\phi b - \cosh\alpha b)^2 = -(\sin\phi b - \frac{\phi}{\alpha}\sinh\alpha b)(\sin\phi b + \frac{\alpha}{\phi}\sinh\alpha b) \quad (e)$$

For plates under thrusts of equal intensity in two perpendicular directions, Eq. (47a) gives the minimum value of the critical loads. Let us assume that the critical stress is

$$\frac{N_{cr}}{h} = -k\frac{\pi^2 D}{hb^2} \quad (f)$$

Eq. (47a) can be written in the following form:

$$\cot\sqrt{k\frac{\pi^2}{4}-\left(\frac{m\pi r}{2}\right)^2}\tanh\frac{m\pi r}{2} + \sqrt{k\frac{\pi^2}{4}-\left(\frac{m\pi r}{2}\right)^2}\Big/\left(\frac{m\pi r}{2}\right) = 0 \quad (48)$$

Several values of the numerical factor k, calculated for various values of the ratio r = b/a, are given in Table 16 and also plotted in Fig. 16.

Table 16.   Numerical Values of $k = -N_{cr}b^2/D\pi^2$ When Both Sides $y = \pm b/2$ Are Built-In.

1/r = a/b	0.5	0.8	1.0	1.2	1.5	2.0	3.0
$N_y = N_x$	5.92	4.00	3.83	3.76	3.76	3.82	3.76 (3.90)
$N_y = 0$	7.69	7.29	7.69	7.65	-	7.69	-

It is seen that the smallest value of k is obtained when a/b is about 1.3, which is about double the wave length in the case $N_y = 0$.

---

‡   see Theory of Elastic Stability, p. 345.

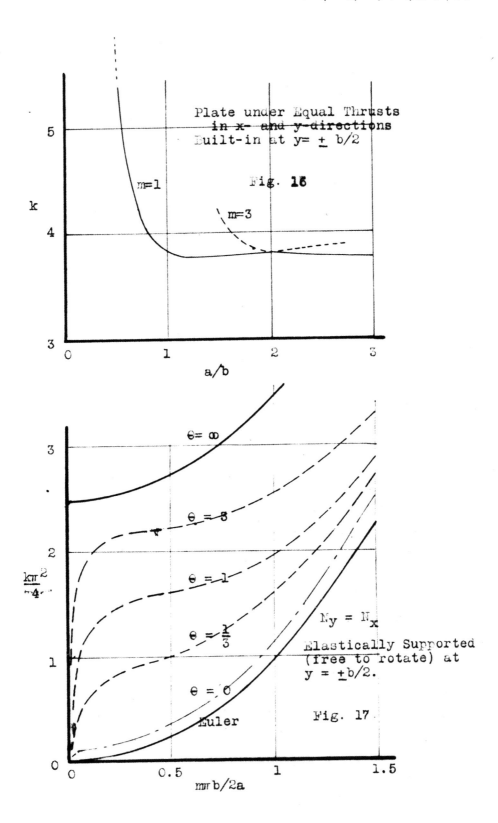

Plate under Equal Thrusts in x- and y-directions Built-in at y= ± b/2

Fig. 16

$N_y = N_x$ Elastically Supported (free to rotate) at $y = \pm b/2$.

Fig. 17

2. Elastically Supported (Free to Rotate) at $y = \pm b/2$

In the case of a plate supported by a great number of beams with an equal spacing of b as shown in Fig. 12, Chapter IV, in which these beams may not be very strong against torsion, the slope of the plate $(\partial w/\partial y)$ at $y = \pm b/2$ is no longer equal to zero during buckling as it is before because of symmetry. Let us assume, on the safe side, that the plate is free to rotate along the edges $y = \pm b/2$.

As shown in Art. 2, Chapter IV, we still have the boundary condition that

$$B \frac{\partial^4 w}{\partial x^4} = D\left(\frac{\partial^3 w}{\partial y^3} + \overline{2-\mu} \frac{\partial^3 w}{\partial x^2 \partial y}\right) + AN_x \frac{\partial^2 w}{\partial x^2} \tag{a}$$

but the condition $(M_y)_{y=\pm b/2} = 0$ gives us

$$\frac{\partial^2 w}{\partial y^2} + \mu \frac{\partial^2 w}{\partial x^2} = 0 \tag{b}$$

By using the general expressions (12) and (13) for the deflection surface and by taking only the cosine terms, which gives the smaller critical loads, we have from Eqs. (a) and (b)

$$A_m(\alpha_1^2 - \mu \frac{m^2\pi^2}{a^2})\cosh\frac{\alpha_1 b}{2} + B_m(\alpha_2^2 - \mu \frac{m^2\pi^2}{a^2})\cosh\frac{\alpha_2 b}{2} - a_m \mu \frac{m^2\pi^2}{a^2} = 0 \tag{c}$$

$$A_m\left[(B\frac{m^4\pi^4}{a^4} + AN_x\frac{m^2\pi^2}{a^2})\cosh\frac{\alpha_1 b}{2} - D(\alpha_1^2 - \overline{2-\mu}\frac{m^2\pi^2}{a^2})\alpha_1 \sinh\frac{\alpha_1 b}{2}\right]$$
$$+ B_m\left[(B\frac{m^4\pi^4}{a^4} + AN_x\frac{m^2\pi^2}{a^2})\cosh\frac{\alpha_2 b}{2} - D(\alpha_2^2 - \overline{2-\mu}\frac{m^2\pi^2}{a^2})\alpha_2 \sinh\frac{\alpha_2 b}{2}\right] = 0 \tag{d}$$

By equating to zero the determinant of these equations, with the assumptions that during buckling both supporting beams deflect in the same direction and that the deflection surface of the plate is symmetrical with respect to the x-axis, the equation for determining the critical loads becomes

$$D\left[\left(\alpha_1^2 - \frac{m^2\pi^2}{a^2}\right)\left(\alpha_2^2 - \overline{2-\mu}\frac{m^2\pi^2}{a^2}\right)\alpha_2 \tanh\frac{\alpha_1 b}{2} - \left(\alpha_2^2 - \frac{m^2\pi^2}{a^2}\right)\left(\alpha_1^2 - \overline{2-\mu}\frac{m^2\pi^2}{a^2}\right)\alpha_1 \tanh\frac{\alpha_2 b}{2}\right]$$

$$= (\alpha_1^2 - \alpha_2^2)\frac{m^2\pi^2}{a^2}\left(B\frac{m^2\pi^2}{a^2} + AN_x\right) \tag{49}$$

In case of a plate under thrust in x-direction only, $N_y = 0$, we obtain the same result as given by Dr. Timoshenko[‡]. If $N_y = N_x$, which means the plate being subjected to thrusts of equal intensity in both x- and y-directions, we have

$$\alpha_1 = i\sqrt{-\frac{N}{D}\cdot\frac{m^2\pi^2}{a^2}}, \quad \alpha_2 = \frac{m\pi}{a}, \quad \alpha_1^2 - \alpha_2^2 = \frac{N}{D} \tag{e}$$

Assuming that

$$N = -\frac{KD\pi^2}{b^2}, \quad \Theta = m\pi\left[\frac{B}{Da}\left(\frac{m\pi r}{2}\right)^2 - \frac{A}{a}\left(\frac{K\pi^2}{4}\right)\right] \tag{f}$$

Eq. (49) then becomes

$$\left[\frac{K\pi^2}{4} + (1-\mu)\left(\frac{m\pi r}{2}\right)^2\right]\sqrt{\frac{K\pi^2}{4} - \left(\frac{m\pi r}{2}\right)^2}\tan\sqrt{\frac{K\pi^2}{4} - \left(\frac{m\pi r}{2}\right)^2}$$
$$+ \left[\frac{K\pi^2}{4} - (1-\mu)\left(\frac{m\pi r}{2}\right)^2\right]\frac{m\pi r}{2}\tanh\frac{m\pi r}{2} = \frac{1}{1-\mu}\frac{\frac{K\pi^2}{4}}{\frac{m\pi r}{2}}\Theta \tag{50}$$

If the supporting beams are very rigid so that the ratio B/Da approaches infinity, we obtain the condition of the simply

---

[‡] see Theory of Elastic Stability, p. 346.

supported plates. In that case, since Θ is infinitely large, the right hand side of Eq. (50) becomes infinity. The only term in the left hand side which can become infinity is

$$\tan\sqrt{\frac{k\pi^2}{4}-\left(\frac{m\pi r}{2}\right)^2} = \infty \qquad (g)$$

from which

$$k = n^2 + m^2 r^2 \qquad (h)$$

Eq. (h) can be also deduced directly from Eq. (46), p. 73.

If the supporting beams are not very rigid, the critical load is excepted to be smaller than that given by Eq. (h). For $\mu = 0.3$, numerical values of Θ are computed for arbitrary values of $kr^2/4$ and $m\pi r/2$ as given in Table 17; then by interpolation, curves representing $kr^2/4$ as a function of $m\pi b/2a$ for different numerical values of Θ are plotted in Fig. 17, p. 76. The procedure of calculation in each particular case will therefore be as follows: we calculate D/Ba and A/a by using the given dimensions of the plate and assume a certain value for the number of half-waves in x-direction m. In this manner the quantity $m\pi b/2a$ is determined and the quantity $kr^2/4$ can be found by trial and error by using the curves in Fig. 17. In the case of quite rigid supporting beams, we can take, as a first approximation, the same number of half-waves and the same value of $kr^2/4$ as for the case of a plate supported by absolutely rigid beams (Fig. 16).

It may be noticed from Fig. 17 that the curve for $\Theta = 0$

is higher than that for Euler load which can be represented by

$$\frac{K\pi^2}{4} = \left(\frac{m\pi r}{2}\right)^2 \qquad (i)$$

It is because in the case of the Euler curve the flexural rigidity of the supporting beam B is zero and then Θ = −(A/a)(kπ²/4).

Table 17.   Numerical Values of Θ of Plates with Elastically Supported Edges (Free to Rotate) at y = ±b/2 under Equal Thrusts in Two Perpendicular Directions

$\frac{m\pi b}{2a}$							
0.1	kπ²/4 = 0.1	0.5	1.01	1.70			
	Θ = .0006	0.41	1.08	3.28			
0.5	kπ²/4 = 0.4	1.0	1.5	2.0	2.21	2.5	
	Θ = .034	.352	.854	1.92	2.99	7.84	
1.0	kπ²/4 = 1.5	2.0	2.44	2.96	3.25		
	Θ = 0.33	1.125	2.40	6.82	17.6		
1.5	kπ²/4 = 2.5	3.0	3.5				
	Θ = −.082	1.35	2.41				

3.   <u>Elastically Supported at y = ±b/2 (No Rotation)</u>

In our previous article we assume that the plate is elastically supported and is free to rotate at y = ±b/2. Now, the supporting beams along y = ±b/2 are assumed to have low flexible stiffness but very high torsional stiffness. In this case, Eqs. (43e) and (43f), p. 60, hold and so the determinant can be written as follows:

$$\begin{vmatrix} \alpha_1 \sinh\frac{\alpha_1 b}{2} & \alpha_2 \sinh\frac{\alpha_2 b}{2} \\ (B\frac{m^2\pi^2}{a^2}+AN_x)\frac{m^2\pi^2}{a^2}\cosh\frac{\alpha_1 b}{2} & (B\frac{m^2\pi^2}{a^2}+AN_x)\frac{m^2\pi^2}{a^2}\cosh\frac{\alpha_2 b}{2} \\ -D\alpha_1(\alpha_1^2-\overline{2-\mu}\frac{m^2\pi^2}{a^2})\sinh\frac{\alpha_1 b}{2} & -D\alpha_2(\alpha_2^2-\overline{2-\mu}\frac{m^2\pi^2}{a^2})\sinh\frac{\alpha_2 b}{2} \end{vmatrix} = 0 \qquad (a)$$

from which the criterion is obtained

$$(B\frac{m^2\pi^2}{a^2}+AN_x)\frac{m^2\pi^2}{a^2}(\alpha_1\coth\frac{\alpha_2 b}{2} - \alpha_2\coth\frac{\alpha_1 b}{2}) = -D\alpha_1\alpha_2(\alpha_1^2-\alpha_2^2) \qquad (b)$$

For the particular case, $N_y = N_x$, the critical condition can be represented by

$$\frac{\coth\frac{m\pi r}{2}}{\frac{m\pi r}{2}} + \frac{\cot\sqrt{\frac{k\pi^2}{4}-(\frac{m\pi r}{2})^2}}{\sqrt{\frac{k\pi^2}{4}-(\frac{m\pi r}{2})^2}} = \frac{\frac{k\pi^2}{4}}{\theta(\frac{m\pi r}{2})} \qquad (51)$$

The built-in edge condition can be obtained by putting the rigidity of the supporting beams infinitely large. Thus Eq. (51) becomes identical with Eq. (48). On the other hand, if θ approaches zero, the right hand side of Eq. (51) becomes infinity; and the only term in the left hand side of the equation which can become infinity is

$$\frac{\cot\sqrt{\frac{k\pi^2}{4}-(\frac{m\pi r}{2})^2}}{\sqrt{\frac{k\pi^2}{4}-(\frac{m\pi r}{2})^2}} = \infty \qquad (c)$$

which gives

$$k\pi^2/4 = (m\pi b/2a)^2 \qquad (d)$$

Eq. (d) represents the Euler curve as we expected.

Similar to the method described in the previous article,

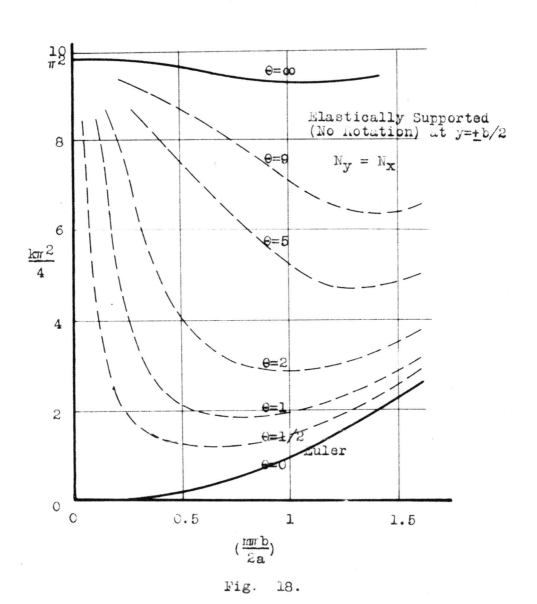

Fig. 18.

we construct Fig. 18 from the calculated values given in Table 18. The method of calculation is also the same as stated before.

Table 18. Numerical Values of θ for Plates with Elastically Supported Edges (No Rotation) under Equal Thrusts in Two Perpendicular Directions

$m\pi r/2 =$	0.1	0.3	0.5	0.7	1.0	1.2	1.4	1.6
$k\pi^2/4 =$	.26	.34	.50	.74	1.25	1.69	2.21	2.81
$\theta =$	.025	.075	.125	.174	.251	.302	.354	.404
$k\pi^2/4 =$	1.01	1.09	1.25	1.49	2.00	2.44	2.96	3.56
$\theta =$	.100	.301	.503	.708	1.028	1.238	1.458	1.685
$k\pi^2/4 =$	2.477	2.557	2.717	2.957	3.47	3.91	4.43	5.03
$\theta =$	.246	.745	1.254	1.785	2.64	3.26	3.92	4.63
$k\pi^2/4 =$	4.01	4.09	4.25	4.49	5.00	5.44	5.96	6.56
$\theta =$	.401	1.216	2.073	3.004	4.615	5.88	7.36	9.12
$k\pi^2/4 =$	6.26	6.34	6.50	6.74	7.25	7.69	8.21	8.81
$\theta =$	.627	1.933	3.43	5.27	9.20	13.78	21.55	36
$k\pi^2/4 =$	9.01	9.09						
$\theta =$	.956	6.84						
$k\pi^2/4 =$	9.86	9.79	9.69	9.49	9.30	9.28	9.50	
$\theta =$				infinity				

4. Elastically Built-In at $y = \pm b/2$

Next, let us assume that the supporting beams at $y = \pm b/2$ are very stiff against flexural deflection but rather weak against torsional deflection. From Art. 3, Chapter IV, the determinant for the buckling condition is

$$\begin{vmatrix} \cosh\frac{\alpha_1 b}{2} & \cosh\frac{\alpha_2 b}{2} \\ \alpha_1\cosh\frac{\alpha_1 b}{2} - \frac{Cm^2\pi^2}{Da^2}\alpha_1\sinh\frac{\alpha_1 b}{2} & \alpha_2\cosh\frac{\alpha_2 b}{2} - \frac{Cm^2\pi^2}{a^2}\alpha_2\sinh\frac{\alpha_2 b}{2} \end{vmatrix} = 0 \quad\text{(a)}$$

Here again the sine terms are omitted. Physically it means that the plate will only buckle into odd number of half-waves in y-direction. Eq. (a) can be simplified in the following form:

$$\frac{Cm^2\pi^2}{Da^2}\left(\alpha_1\tanh\frac{\alpha_1 b}{2} - \alpha_2\tanh\frac{\alpha_2 b}{2}\right) = \alpha_1^2 - \alpha_2^2 \quad (52)$$

In the case of uniform thrusts over the plate, $N_y = N_x$, Eq. (52) becomes

$$\sqrt{\frac{k\pi^2}{4} - \left(\frac{m\pi r}{2}\right)^2}\tan\sqrt{\frac{k\pi^2}{4} - \left(\frac{m\pi r}{2}\right)^2} + \frac{m\pi r}{2}\tanh\frac{m\pi r}{2} = -\frac{\frac{k\pi^2}{4}}{\left(\frac{m\pi r}{2}\right)\left(\frac{m\pi C}{Da}\right)} \quad (53)$$

Curves of $k\pi^2/4$ are also plotted against $m\pi b/2a$ for different values of $m\pi C/Da$, both of which can be determined from the known dimensions of the plate and an assumed number of half-waves. It is shown in Fig. 19 that the family of curves is bounded by two limiting conditions, the built-in edges and the simply supported edges. These are drawn based on the computed values given in Table 19.

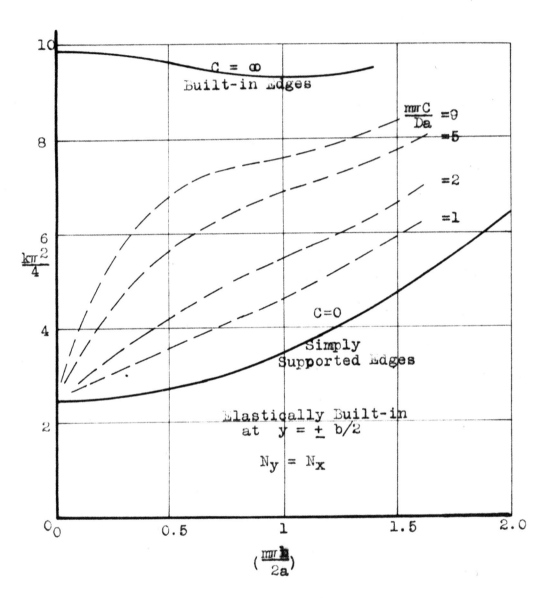

Fig. 19.

Table 19. Numerical Values of mwC/Da for Plates Elastically Built-In at $y = \pm b/2$ under Equal Thrusts in Two Perpendicular Directions

$mwr/2 =$	0.1	0.3	0.5	0.7	1.0	1.2	1.4	1.6
$kr^2/4 =$	2.48	2.56	2.72	2.96	3.47	3.91	4.43	5.03

$C = 0$

$kr^2/4 =$	3.25	3.33	3.49	3.73	4.24	4.68	5.20	5.80
$mwC/Da=$	4.22	1.46	0.93	0.73	0.61	0.58	0.57	0.58
$kr^2/4 =$	4.01	4.09	4.25	4.49	5.00	5.44	5.96	6.56
$mwC/Da=$	9.20	3.20	2.06	1.63	1.39	1.35	1.36	1.42
$kr^2/4 =$	4.85	4.93	5.09	5.33	5.84	6.28	6.80	7.40
$mwC/Da=$	16.09	5.60	3.65	2.93	2.60	2.57	2.72	2.99
$kr^2/4 =$	6.26	6.34	6.50	6.74	7.25	7.69	8.41	8.81
$mwC/Da=$	33.7	11.87	7.96	6.66	6.56	7.39	9.55	14.01
$kr^2/4 =$	9.86	9.79	9.66	9.49	9.30	9.28	9.50	

$C = \infty$

黄玉珊先生纪念文集

DATE DUE

MAR 2 8 2016
APR 0 3 2017
JAN 0 5 2015
DEC 0 2014
MAR 3 0 2016

Stanford University Library
Stanford, California

In order that others may use this book, please return it as soon as possible, but not later than the date due.

成对使用的机翼主要构件可靠性分析

西北工业大学　林富甲　黄玉珊

摘　要

本文综合考虑了飞机构件疲劳与断裂两方面的特性，提出了在计及裂纹漏检条件下计算成对使用的机翼主要构件在任一检查周期内破断全概率的一种可靠性分析方法。并且，以某型后掠式飞机机翼主梁为例，给出了计算结果。

一、引　言

飞机构件的全寿命可分为裂纹形成与裂纹扩展两个阶段。常用的安全寿命方法，仅考虑了裂纹形成寿命，未计及裂纹扩展寿命。以断裂力学为基础的损伤容限设计方法，又仅考虑裂纹扩展寿命而置裂纹形成寿命于不顾。并且，两种方法都未考虑不同长度裂纹的漏检概率，从而也就无法考虑在每一检查周期开始时存在于构件中的初始裂纹的长度分布，也没有考虑构件剩余强度随时间变化的特性以及外载荷的分布。

下面提出的可靠性分析方法，综合考虑了上述所有因素，针对可以看作串联系统的成对使用的某机机翼主梁，给出了计算在任一检查周期内构件破断全概率的公式。这个方法也容易推广运用于可视为串联系统的多个独立危险部位的情况。

二、基本假设及计算前提

1）疲劳寿命是指产生 0.5 毫米长度裂纹的寿命。
2）构件疲劳寿命的原始分布为对数正态分布。
3）真正破坏的构件极少，除去后认为母体寿命及裂纹长度分布不变。
4）不考虑裂纹扩展速率的随机性。

三、裂纹扩展曲线

1. 危险部位、裂纹型式及应力强度因子计算公式

主梁是某型后掠式飞机机翼的最主要承力构件，而其根部下翼面前缘凸耳上的第一螺栓孔的孔边 I 型裂纹又是最具危险性的祸源。因此，选定这第一螺栓孔作为主梁的危险部位，其含裂纹剖面如图 1 所示。针对此种型式，参照文献〔1〕的假设，将孔边角裂纹视作位于半无限体表面上虚拟的半椭圆形裂纹的一部分，裂纹的另一端位于相对的孔边上。本文假设 $P = a$，即认为裂纹为等边角裂纹。由此可将图 1 中 B 点的应力强度因子计算公式表示为

1981年9月收到。

$$K_I = \frac{\alpha_K}{\Phi} S \sqrt{\pi a}\, \lambda \qquad (1)$$

式中 $\alpha_K = \sqrt{1.2}$ ——自由表面修正系数；

S ——名义应力；

Φ ——第二类椭圆积分；

$\lambda = \left[1 + \frac{(d-a)^2}{4a^2}\right]^{1/4}$ ——裂纹形状参数；

$d = 6$ 毫米——孔径。

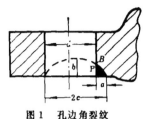

图 1   孔边角裂纹

Fig. 1   Corner crack at the hole

本文所取 α_K 与 λ 之值与文献〔1〕不同，说明见附录。

2. 载荷谱及名义应力

作为例子，本文采用表 1 所列假定载荷谱作为计算依据。载荷共分五级，每一程序块代表 65 飞行小时。

表 1   每 65 飞行小时的载荷谱

Table 1   Load factor spectra, occurrences per 65 flight hours

载荷（g）	2.5	3.5	4.5	6.0	7.0
次数	1048	852	382	39	1

由给定的载荷谱计算剖面名义应力可以采用不同的分析方法。对于主梁这种构件，可假定名义应力与外载荷成正比，且外载荷达设计载荷（12 g）时，名义应力达到材料强度极限。

3. 裂纹扩展速率公式及计算结果的处理

本文选用描述裂纹扩展速率的 PARIS 公式，并按照 WHEELER 模型考虑高载减缓影响，公式中的常数取自文献〔2〕。用逐次累加法计算得到的裂纹长度 a 与从 0.5 毫米裂纹开始扩展的裂纹扩展时间 $t_{0.5}$ 之间的关系，可用多项式拟合而得到裂纹扩展曲线，现记为

$$a = A(t_{0.5}), \quad t_{0.5} \geqslant 0 \qquad (2)$$

及

$$t_{0.5} = B(a), \quad a \geqslant 0.5 \text{ 毫米} \qquad (3)$$

四、裂纹长度的分布密度

由于一条逐渐增长的裂纹在连续三次定期检查中都漏检的可能性极小，故在计算第 i 个检查周期内结构破坏概率时，不考虑第 $i-3$ 个检查周期以前产生的裂纹。如果实践证明需要考虑，亦可仿照下面的方法计入其影响。

1. 一对机翼主梁中疲劳寿命极小值的分布

前已假设，主梁疲劳寿命的原始分布为对数正态分布，即其对数寿命 X 的分布函数为

$$F(x) = \int_{-\infty}^{x} \frac{1}{\sigma\sqrt{2\pi}} e^{-\frac{(x-\mu)^2}{2\sigma^2}} dx$$

现设左右主梁疲劳对数寿命相互独立，则可得其最小值 Y 的分布函数为

$$F_{\min}(y) = 1 - [1 - F(y)]^2$$

由此可得 Y 的分布密度为

$$f_{\min}(y)=\frac{2}{\sigma\sqrt{2\pi}}\exp\left[-\frac{(y-\mu)^2}{2\sigma^2}\right]\left[1-\Phi\left(\frac{y-\mu}{\sigma}\right)\right] \qquad (4)$$

式中 $\Phi(u)$ ——标准正态分布函数。

两主梁最小寿命 $T_{\min}=10^Y$ 为单调函数，按求随机变量函数分布律的法则，可求出 $T_{\min}$ 的分布密度为

$$p(t)=f_{\min}(\lg t)\left|\frac{dy}{dt}\right|$$

$$=\frac{2\lg e}{t\sigma\sqrt{2\pi}}\exp\left[-\frac{(\lg t-\mu)^2}{2\sigma^2}\right]\left[1-\Phi\left(\frac{\lg t-\mu}{\sigma}\right)\right] \qquad (5)$$

2. 第 $i-1$ 个检查周期开始时的裂纹长度分布

在第 $i-2$ 个检查周期内某时刻 t 产生的疲劳裂纹，扩展到该检查周期终结 T_{i-2} 时的长度 a 与 t 之间有如下关系（见图2）。

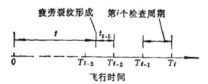

图2 检查周期分布
Fig. 2 Distribution of tested periods

$$t=T_{i-2}-t_{0.5}=T_{i-2}-B(a)$$

由此得到

$$\left|\frac{dt}{da}\right|=\left|\frac{dB(a)}{da}\right| \qquad (6)$$

由式（5）和（6）可求得第 $i-2$ 个检查周期终结时裂纹长度 a 的分布密度为

$$p_{(i-2)e}(a)=p[T_{i-2}-B(a)]\left|\frac{dB(a)}{da}\right| \qquad (7)$$

考虑可能发生的裂纹漏检后，便得到第 $i-1$ 个检查周期开始时，裂纹长度 a 的分布密度

$$p_{(i-1)s}(a)=[1-P(D/a)]p_{(i-2)e}(a) \qquad (8)$$

式中 $P(D/a)=1-e^{-\left(\frac{a}{\beta}\right)^\alpha}$ ——裂纹检测概率，取自文献〔3〕。

3. 第 $i-1$ 个检查周期终结时的裂纹长度分布

第 $i-1$ 个检查周期终结时，裂纹长度的分布密度可表示为

$$p_{(i-1)e}(a)=p^{(1)}_{(i-1)e}(a)+p^{(2)}_{(i-1)e}(a) \qquad (9)$$

式中 $p^{(1)}_{(i-1)e}(a)$ ——第 $i-1$ 个检查周期开始时已存在的初始裂纹 a_s 扩展到该检查周期终结时长度 a 的分布密度；

$p^{(2)}_{(i-1)e}(a)$ ——第 $i-1$ 个检查周期内产生的裂纹扩展到该检查周期终结时长度 a 的分布密度。

利用式（2）和（3）可得
$$a = A[B(a_S) + (T_{i-1} - T_{i-2})]$$
$$a_S = A[B(a) - (T_{i-1} - T_{i-2})]$$

据此可以求出

$$p_{(i-1)e}^{(1)}(a) = p_{(i-1)s}\{A[B(a) - (T_{i-1} - T_{i-2})]\}\left|\frac{da_S}{da}\right|, \quad a \geqslant A(T_{i-1} - T_{i-2}) \tag{10}$$

显然，当 $0.5 \leqslant a < A(T_{i-1} - T_{i-2})$ 时，$p_{(i-1)e}^{(1)}(a) = 0$。

利用与求 $p_{(i-2)e}(a)$ 同样的方法，可得

$$p_{(i-1)e}(a) = \begin{cases} p[T_{i-1} - B(a)]\left|\dfrac{dt}{da}\right|, & 0.5 \leqslant a < A(T_{i-1} - T_{i-2}) \\ 0, & a \geqslant A(T_{i-1} - T_{i-2}) \end{cases} \tag{11}$$

将式（10）与（11）代入式（9），便得到了 $p_{(i-1)e}(a)$。

4. 第 i 个检查周期开始时的裂纹长度分布

考虑裂纹漏检概率后，便可得到第 i 个检查周期开始时初始裂纹长度 a 的分布密度为

$$p_{is}(a) = [1 - P(D/a)] p_{(i-1)e}(a) \tag{12}$$

五、相对剩余强度、相对应力和外载荷分布

相对剩余强度 S_t 的定义如下

$$S_t = \frac{S_{剩} - 6g\text{应力}}{6g\text{应力}} \tag{13}$$

用 K_{1e} 代替式（1）中的 K_1，可以得到式（13）中的构件剩余强度

$$S_{剩} = \frac{K_{1e}}{\dfrac{\alpha_K}{\Phi}\sqrt{\pi a \lambda}} \tag{14}$$

式中 K_{1e} 值可从文献[2]取得。

根据式（2）、（13）和（14）不难算出疲劳裂纹出现后，经过时间 $t_{0.5}$，构件所具有的相对剩余强度 $S_{t_{0.5}}$。结果如图 3 所示。并由此可以得到下列良好的近似表达式

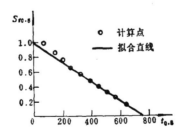

图 3 相对剩余强度曲线

Fig. 3 Normalized residual strength, $S_{t_{0.5}}$, plotted versus time, $t_{0.5}$, after crack initiation

$$S_{t_{0.5}} = 1 - \frac{t_{0.5}}{775} \tag{15}$$

若用 t_a 表示裂纹从长度 $a(>0.5$ 毫米) 开始扩展的时间,则还可以得到

$$S_{t_a} = 1 - \frac{t_a + B(a)}{775} \tag{16}$$

与相对剩余强度定义相仿,定义相对应力 S_a 如下:

$$S_a = \frac{\text{应力} - 6g \text{ 应力}}{6g \text{ 应力}} \tag{17}$$

假定单位时间(小时)里,在研究构件破坏最关心的 $6\sim12g$ 载荷范围内,由外载荷引起的主梁根部相对应力超过 S_a 的概率 $H(S_a)$ 按指数规律变化[4],即

$$H(S_a) = H_0 e^{-h S_a} \tag{18}$$

根据表1的数值,可求出常数 $H_0 = 0.6$,$h = 22$。

六、一个检查周期内构件破断概率的计算

构件在第 i 个检查周期内的破断可能由一开始就存在的初始裂纹所引起,设其概率为 P_{i1},也可能由在本检查周期内产生的疲劳裂纹引起,设其概率为 P_{i2}。两种情况互不相容,故第 i 个检查周期内构件破断概率 P_i 可表为

$$P_i = P_{i1} + P_{i2} \tag{19}$$

1. P_{i1} 的推求

用 $V(t_a)$ 表示 t_a 时刻之前,结构由裂纹 a 引起破断的条件概率。在 t_a 到 $t_a + \Delta t_a$ 时间间隔内构件破断的条件概率 $\Delta V(t_a)$,就是含裂纹 a 的构件使用到 t_a 时尚未破断,而在相继的 Δt_a 时间内遇到了外载荷引起的超过剩余强度的应力的概率。故可将其表示为

$$\Delta V(t_a) \approx [1 - V(t_a)] H(S_{t_a}) \Delta t_a \tag{20}$$

式中

$$H(S_{t_a}) = H_0 \exp\left\{-h\left[1 - \frac{t_a + B(a)}{775}\right]\right\} \tag{21}$$

由式 (20) 可得

$$\frac{dV(t_a)}{dt_a} + H(S_{t_a}) V(t_a) = H(S_{t_a}) \tag{22}$$

由图3可见,当裂纹等于0.5毫米时,构件静强度几乎没有下降。据此假定:出现0.5毫米之前,亦即在时刻 $t_a = -B(a)$ 之前,构件不会破断,即

$$V[-B(a)] = 0 \tag{23}$$

由式 (21)、(22) 和 (23) 容易解出

$$V(t_a) = 1 - \exp\left\{\frac{775 H_0}{h} e^{-h}\left[1 - \exp\left(\frac{h}{775}(t_a + B(a))\right)\right]\right\} \tag{24}$$

由此可以算出,在第 i 个检查周期开始时长度为 a 的裂纹,在该检查周期内引起构件破断的条件概率为

$$U(a) = V(T_i - T_{i-1}) - V(0) \tag{25}$$

利用全概率公式，便可得到在第 i 个检查周期开始时可能存在的各种长度的初始裂纹 $a(0.5 \leqslant a \leqslant A(T_{i-1}-T_{i-3}))$ 引起构件在第 i 个检查周期内破断的全概率为

$$P_{i1} = \int_{0.5}^{A(T_{i-1}-T_{i-3})} U(a) \cdot P_{IS}(a) da \qquad (26)$$

2. P_{i2} 的推求

用 $G(t_{0.5})$ 表示疲劳裂纹出现后在本检查周期内 $t_{0.5}$ 时刻之前构件破断的条件概率，则在 $t_{0.5}$ 到 $t_{0.5}+\Delta t_{0.5}$ 时间间隔内，构件破断的条件概率为

$$\Delta G(t_{0.5}) \approx [1-G(t_{0.5})]H(S_{t_{0.5}})\Delta t_{0.5} \qquad (27)$$

式中

$$H(S_{t_{0.5}}) = H_0 \exp\left\{-h\left[1-\frac{t_{0.5}}{775}\right]\right\} \qquad (28)$$

前已假设：出现 0.5 毫米裂纹之前，构件不会破断，由此得到初始条件为

$$G(0) = 0 \qquad (29)$$

这样，就容易从式（27）推出

$$G(t_{0.5}) = 1 - \exp\left\{\frac{775H_0}{h}e^{-h}\left[1-\exp\left(\frac{h}{775}t_{0.5}\right)\right]\right\} \qquad (30)$$

最后，利用全概率公式得到

$$P_{i2} = \int_{T_{i-1}}^{T_i} G(T_i - t) p(t) dt \qquad (31)$$

求得 P_{i1} 和 P_{i2} 后，就可由式（19）计算出构件在第 i 个检查周期内的破断概率。还可以按下式计算出构件从开始使用到第 i 个检查周期终结时为止的累积破断概率

$$SP_i = \sum_{j=1}^{i} P_j \qquad (32)$$

七、数值计算结果及结论

为了便于对照、比较，计算中选取了三种不同的 μ 值（对应三种不同的几何平均寿命 $\bar{T}$（小时））和几种不同长度的检查周期 ΔT（小时），并取 $\sigma=0.13$。计算后得到各种情况下的构件累积破断概率如图 4~6 所示。图中还用虚线画出了无漏检理想情况下的累积破断概率曲线。

在本文计算中，虽然由于种种原因，用了一些假设的原始数据，如载荷谱和疲劳寿命分布参数等，但这并不会影响根据计算结果得出的以下结论：

1）结构在一个检查周期内的破断概率随检查期序号增大而增大。要保证在各个检查周期内结构破断概率大致相等，必须采用变检查周期的使用办法。

2）对一定的检查周期和累积破断概率而言，较高的结构疲劳寿命（裂纹形成寿命）对应较长的总使用寿命。

3）裂纹漏检是影响结构安全性的重要因素，尤其在检查周期较短时，影响更加显著。

由此可见，要提高结构可靠性，必须在提高结构抗裂纹扩展特性、抗疲劳特性和提高无损检验能力等各个方面同时进行努力。

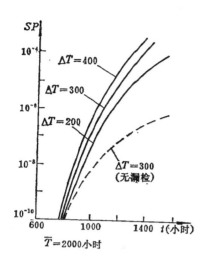

图 4 累积破断概率曲线

Fig. 4 Cumulative probability of failure during servce life, t, assuming the geometric mean life $\overline{T}$ = 2000 hours

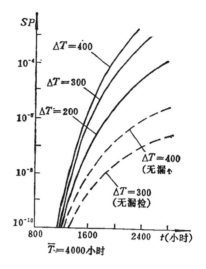

图 5 累积破断概率曲线

Fig. 5 Cumulative probability of failure during servce life, t, assuming the geometric mean life $\overline{T}$ = 4000 hours

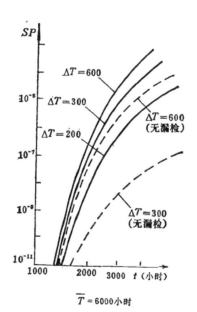

图 6 累积破断概率曲线

Fig. 6 Cumulative probability of failure during servce life, t, assuming the geometric mean life $\overline{T}$ = 6000 hours

北京航空学院高镇同教授仔细审阅了本文，并提出了宝贵意见，特此致谢。

附录 关于公式(1)的说明

为了寻找孔边角裂纹应力强度因子的工程计算公式，文献〔1〕中提出了一种清楚而简单的模型，即将孔边角裂纹视作虚拟的表面半椭圆形裂纹的一部分，这半椭圆形裂纹的另一端位于与角裂纹相对的孔边处（见图1）。而表面半椭圆形裂纹应力强度因子计算公式可以根据文献〔5〕得到为

$$K_1 = \frac{\alpha_K}{\Phi} S \sqrt{\pi b} \left[\frac{b^2}{c^2} \cos^2\psi + \sin^2\psi \right]^{1/4} \tag{33}$$

式中　　ψ——椭圆参数方程中的参变量；

　　　　c、b——椭圆长短半轴；

　　　　$\alpha_K = \sqrt{1.2}$——自由表面修正系数；

　　　　Φ——第二类椭圆积分。

但是，在文献〔1〕中，ψ 却被误作为椭圆上 B 点（见图1）的极坐标的极角，因而文献〔1〕给出的 B 点的应力强度因子为

$$K_1 = \frac{\alpha_K}{\Phi} S \sqrt{\pi P} \left[\frac{P^2(d+a)^2(d-a)^2(da)^{-1} + 4P^2(d+a)^2}{4da[4P^2 + (d-a)^2]} \right]^{1/4} \tag{34}$$

实践证明，由（34）式计算出的 K_1 值偏小。为了增大 K_1 的计算值，文献〔1〕采取了增大 α_K 的凑合办法，即取 $\alpha_K = 1.2$。值得注意的是，公式（34）已被许多书刊、资料引用，以讹传讹。

本文根据图1所示几何关系和椭圆参数方程，推得 B 点的应力强度因子为

$$K_1 = \frac{\alpha_K}{\Phi} S \sqrt{\pi P} \left[1 + \frac{P^2(d-a)^2}{4d^2 a^2} \right]^{1/4} \tag{35}$$

对于等边角裂纹情况，$P = a$，这时上式成为

$$K_1 = \frac{\alpha_K}{\Phi} S \sqrt{\pi a} \lambda$$

式中

$$\lambda = \left[1 + \frac{(d-a)^2}{4d^2} \right]^{1/4}$$

这样，便得到了前面式（1）的结果。

参 考 文 献

[1] D. Broek, A. Nederven and A. Meulman, Applicability of Fracture Toughness Data to Surface Flaws and to Corner Cracks at Holes, NLR TR 71033 U Jan. 1971.

[2] 30CrMnSiNi2MoA 钢的疲劳裂纹扩展速率、断裂韧性(K_{IC})及其影响因素，西工大科技资料，总字278期，1975。

[3] 林富甲，黄玉珊，裂纹检测概率曲线的统计测定，航空学报，第3卷第四期，1982年。

[4] S. Eggwertz, Reliability Analysis of Wing Panel Considering Test Results from Initiation of First and Subsequent Fatigue Cracks, Proceedings of the Eighth ICAF Symposium, 1975.

[5] G. R. Irwin, Crack Extension Force for a Part-Through Crack in a plate, J. Applied Mechanics, Dec. 1962.

[6] A. Hald, Statistical Theory with Engineering Application, New York, 1955.

RELIABILITY ANALYSIS FOR PAIRED MAIN WING COMPONENTS

Lin Fujia and Huang Yushan

(*Northwestern Polytechnical University*)

Abstract

A method of statistical analysis for assessing reliability of main wing components used pairwise in aircraft is presented. The statistical variability in structural fatigue life (time of crack formation), the probability distribution of size of the crack missed in inspection and the statistical distribution of applied service loads are considered and the effects of crack propagation rate and the fracture toughness of materials are taken into account.

The paired wing components may be considered as a cascade system. After obtaining the distribution of their minimum fatigue life, the probability distribution of initial crack sizes at the beginning of any inspection period can be derived from crack detection probability curve and crack propagation equation. On the other hand, the residual strength of a cracked component can be given as the function of the time after crack initiation in consideration of the appropriate crack growth model and the fracture toughness of material together with applied service load.

Finally, two formulae for estimating failure probability in any inspection interval are derived respectively. One of them can be adapted to the case that a component failure results from the crack occurred in that interval, another to the case that the failure is caused by the crack being prior to the beginning of the interval. A numerical example for the failure probability of main wing spars of a fighter is given.

多空剛構的柱比分析法*

黃 玉 珊

(西北工業大學)

摘　　要

　　在解析小於三次靜不定的單空剛構時，由於變形諧調條件中，靜不定彎矩的關係式與直柱偏心受壓中應力的關係式形式相似，常可利用在材料力學中已熟悉的偏心受壓柱公式來幫助解析，這就叫做柱比分析法。方法簡明，不易錯誤，爲計算上很便利的方法之一。

　　由許多單空剛構組合起來的多空剛構的靜不定次數大於三，解析即比較繁雜，不能直接採用柱比法。通常可採用彎矩分配法，而僅用柱比法來求出各個桿件的各種常數，如傳遞係數、分配係數等，供分配法運算之用。

　　本文將柱比法予以推廣，使能應用到多空剛構的解析。方法係將每一"空"看成一個柱，研究相鄰兩"空"間共同桿件的影響，進而修正柱上所負擔的荷重。求得每一個空的修正荷重後，計算即與一般的柱比法相同。

1. 引　　言

　　在解析靜不定結構問題時，H. Cross 教授的柱比法[1,2](有時譯爲擬柱法)是一個在計算上很有價値的方法。 這個方法[3]"爲彎矩分配法的輔助工具。因其計算無須逐步推理，僅須依法演算或就表格逐項填寫，即得所需結果。其形式的簡明，計算的不易錯誤，實爲超靜定結構學完美的工具。並可以直接分析小於三次超靜定的剛構，步驟的簡明及機械化，亦常爲他法所不及"。

　　實際上，即使在大於三次超靜定的剛構，如連續拱，空腹桁架，多層剛架等，根據本文

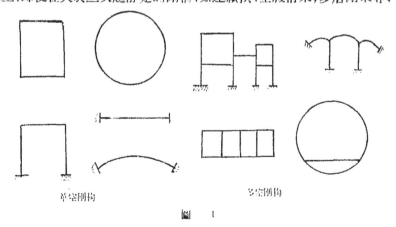

單空剛构　　　　　多空剛构

圖　1

---

* 本文發在 1957 年 2 月全國力學學術報告會上宣讀。

研究的結果，也可以利用柱比法來直接分析。通常把一個單獨的框架或環稱做單空剛構，它的靜不定程度不多於三次。如果把許多框架或環連接起來，即成爲多空剛構。 在平面剛構問題裏，每增加一個空就約增加三次靜不定，一般多空剛構常爲大於三次靜不定的剛構，解析比較繁難。圖1表示單空和多空剛構的各種類型。

作者在本文中將柱比法推廣，使能應用到多空剛構的解析。 本文所建議的方法係將每一個空看成一個短柱斷面，研究相鄰兩個空中間共同桿件的影響，進而修正各個短柱斷面的虛擬荷重。求得修正荷重後，其餘步驟即和單空剛構的柱比法相同。 柱比法的優點大部分尚能保存。計算中求修正荷重時，可利用反復代替的逐漸近似法；在複雜問題裏，也可用電子計算機來反演矩陣。

2. 基 本 原 理

柱比法的基本原理在於利用數學上算式的相似，把求靜不定彎矩的問題轉化爲短柱在偏心荷重下求應力的問題。假設有兩空(I和II)的環，如圖2所示，承受着平衡的外力系統。在任意兩處把環切斷，使成爲靜定結構，並分別用剛臂連到 A 點和 B 點。 用 m_s 表示此靜定結構上各個斷面的彎矩。 此時我們所要考慮的，不是 A, B 兩處的靜不定分力 h_i, V_i, M_i 等，而是直接爲這些靜不定分力在環上各個斷面所產生的 m_i，m_i 即稱爲靜不定彎矩.

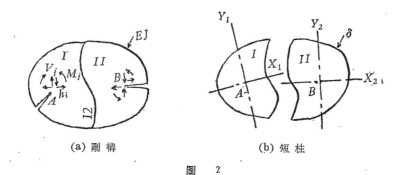

(a) 剛 構　　　　　　(b) 短 柱

圖　2

因此，在環 I 上各點的實際彎矩即爲
$$M = m_{s1} + m_{i1}, \tag{1}$$
在環 II 上則爲
$$M = m_{s2} + m_{i2}. \tag{2}$$
而在兩環中間的共同桿件 12 上則爲

或 $$\left.\begin{array}{l} M = m_{s1} + m_{i1} - m_{i2}, \\ M = m_{s2} + m_{i2} - m_{i1}. \end{array}\right\} \tag{3}$$

彎矩符號的正負係以環外緣發生壓應力而內緣發生拉應力的爲正，反過來的即爲負。 在兩環中間的共同桿件上，如果一環的內緣爲另一環的外緣，須注意改變符號。

由於結構在切斷處 A 和 B 必須滿足變形諧調的條件，即在斷口的兩邊應該沒有相對的位移和轉角。根據虛功原理來求 A 點的相對轉角以及水平和垂直的分位移，可得

$$\oint_I \frac{1 \cdot M ds}{EJ} = 0,$$
$$\oint_I \frac{Y_1 \cdot M ds}{EJ} = 0,$$
$$\oint_I \frac{X_1 \cdot M ds}{EJ} = 0.$$
(4)

式中 $\oint_I ds$ 表示圍繞環 I 周界的積分；$1, Y_1, X_1$ 分別表示由作用在 A 點的單位力矩，單位 X 向力和單位 Y 向力在環上各點所引起的彎矩。假定 A 點為坐標原點，X_1 和 Y_1 即為從 A 點量起的坐標長。EJ 為環的彎曲剛度。

把 (1), (2), (3) 等式代入 (4) 式，可得

$$\oint_I m_{s1} \frac{ds}{EJ} - \int_{12} m_{i2} \frac{ds}{EJ} = -\oint_I m_{i1} \frac{ds}{EJ},$$
$$\oint_I Y_1 m_{s1} \frac{ds}{EJ} - \int_{12} Y_1 m_{i2} \frac{ds}{EJ} = -\oint_I Y_1 m_{i1} \frac{ds}{EJ},$$
$$\oint_I X_1 m_{s1} \frac{ds}{EJ} - \int_{12} X_1 m_{i2} \frac{ds}{EJ} = -\oint_I X_1 m_{i1} \frac{ds}{EJ},$$
(5)

式中 $\int_{12} ds$ 表示僅沿兩環中間共同桿件 12 的積分。同理，從 B 點的相對轉角和位移來看，又得

$$\oint_{II} m_{s2} \frac{ds}{EJ} - \int_{12} m_{i1} \frac{ds}{EJ} = -\oint_{II} m_{i2} \frac{ds}{EJ},$$
$$\oint_{II} Y_2 m_{s2} \frac{ds}{EJ} - \int_{12} Y_2 m_{i1} \frac{ds}{EJ} = -\oint_{II} Y_2 m_{i2} \frac{ds}{EJ},$$
$$\oint_{II} X_2 m_{s2} \frac{ds}{EJ} - \int_{12} X_2 m_{i1} \frac{ds}{EJ} = -\oint_{II} X_2 m_{i2} \frac{ds}{EJ},$$
(6)

式中 $\oint_{II} ds$ 表示圍繞環 II 周界的積分，B 點為坐標原點，X_2 和 Y_2 即為從 B 點量起的坐標長。從平衡關係，可知靜不定彎矩 m_i 應該為 X 和 Y 的一次函數，或

$$m_{i1} = M_{i1} + h_{i1} Y_1 + V_{i1} X_1,$$
$$m_{i2} = M_{i2} + h_{i2} Y_2 + V_{i2} X_i.$$
(7)

以上為在靜不定結構上所得到的一些關係，下面再研究短柱偏心受壓時斷面上的應力分佈的情況。從材料力學的柱應力關係，可知在分佈荷重 p 的作用下，柱底斷面上各個纖維的壓應力 σ 必須符合下列平衡條件，即

$$\oint p \delta ds = P = \oint \sigma \delta ds,$$
$$\oint Y p \delta ds = M_X = \oint Y \sigma \delta ds,$$
$$\oint X p \delta ds = M_Y = \oint X \sigma \delta ds,$$
(8)

式中 δ 爲斷面的厚度。又根據平面變形的假定,應力 σ 應該爲 X 和 Y 的一次函數。以 δds 爲 dF,代表 ds 段的斷面面積,即可由(8)式推演得常用的柱應力公式

$$\sigma = \frac{P}{F} + \frac{M_X}{J_X} \cdot Y + \frac{M_Y}{J_Y} \cdot X, \tag{9}$$

式中 σ 以壓應力爲正,X 和 Y 以斷面的主形心軸爲坐標軸。其他符號所表示的意義如下:

$P = \oint p dF$ ………總壓力荷重,以受壓爲正;

$M_X = \oint Y p dF$………荷重繞斷面主形心軸 X 的力矩,以使正 Y 一邊受壓爲正;

$M_Y = \oint X p dF$………荷重繞斷面主形心軸 Y 的力矩,以使正 X 一邊受壓爲正;

$F = \oint dF$ …………斷面總面積;

$J_X = \oint Y^2 dF$ ………斷面繞形心主軸 X 的慣性矩;

$J_Y = \oint X^2 dF$ ………斷面繞形心主軸 Y 的慣性矩。

如果以(5),(6)式和(8)式相比較,把(5),(6)式的左側分別看成 $P_1, M_{X1}, M_{Y1}, P_2, M_{X2}, M_{Y2}$;可以看到它們中間的形式有相似的關係。同樣,(7)式和(9)式的形式也相似。因此,(5),(6),(7)等式的解析就可運用短柱上壓應力的計算公式(9)對應地來求。這就是柱比法的基本原理。

在柱比法裏,使短柱的厚度 $\delta = \frac{1}{EJ}$,並令斷面的形狀遵照着剛構的中心綫形狀,如圖 2(a)和(b)兩圖的關係。短柱斷面分爲環 I 和環 II 兩個短斷面,中間共同桿件的對應部分在 I, II 兩個環斷面上重復出現。根據柱比關係,得

$$m_{i1} = -\sigma_1, \quad m_{i2} = -\sigma_2. \tag{10}$$

此時如以 m_s 爲 p,並以下列荷重爲原有荷重(這裏荷重指廣義的荷重,包括力和力矩):

$$\oint_I p dF = \oint_I m_{s1} dF = \overline{P}_1, \qquad \oint_{II} m_{s2} dF = \overline{P}_2,$$

$$\oint_I Y_1 m_{s1} dF = \overline{M}_{X1}, \qquad \oint_{II} Y_2 m_{s2} dF = \overline{M}_{X2},$$

$$\oint_I X_1 m_{s1} dF = \overline{M}_{Y1}, \qquad \oint_{II} X_2 m_{s2} dF = \overline{M}_{Y2};$$

以下列荷重爲修正荷重:

$$\oint_I \sigma_1 dF = -\oint_I m_{i1} dF = P_1, \qquad -\oint_{II} m_{i2} dF = P_2,$$

$$-\oint_I Y_1 m_{i1} dF = M_{X1}, \qquad -\oint_{II} Y_2 m_{i2} dF = M_{X2},$$

$$-\oint_I X_1 m_{i1} dF = M_{Y1}, \qquad -\oint_{II} X_2 m_{i2} dF = M_{Y2};$$

(5)式和(6)式即可寫成

$$\left.\begin{array}{ll} \overline{P}_1 + \int_{12} \sigma_2 dF = P_1, & \overline{P}_2 + \int_{12} \sigma_1 dF = P_2, \\ \overline{M}_{X1} + \int_{12} Y_1 \sigma_2 dF = M_{X1}, & \overline{M}_{X2} + \int_{12} Y_2 \sigma_1 dF = M_{X2}, \\ \overline{M}_{Y1} + \int_{12} X_1 \sigma_2 dF = M_{Y1}, & \overline{M}_{Y2} + \int_{12} X_2 \sigma_1 dF = M_{Y2}. \end{array}\right\} \quad (11)$$

由於 $m_s = p$ 爲靜定彎矩,是已知的數量;上式中 $\overline{P}_1, \overline{M}_{X1}, \overline{M}_{Y1}, \cdots\cdots$ 等均爲已知數量. 以(9)式代入(11)式,可得

$$\overline{P}_1 + \int_{12} \left(\frac{P_2}{F_2} + \frac{M_{X2}}{J_{X2}} Y_2 + \frac{M_{Y2}}{J_{Y2}} X_2 \right) dF = P_1$$

等六個式子,或寫成

$$\overline{P}_1 + P_2 \frac{\int_{12} dF}{F} + M_{X2} \frac{\int_{12} Y_2 dF}{J_{X2}} + M_{Y2} \frac{\int_{12} X_2 dF}{J_{Y2}} = P_1$$

等六個式子.

如果再以

$$\left.\begin{array}{lll} \int_{12} dF = F_{12}, & \int_{12} Y_1 dF = Q_{X1}, & \int_{12} Y_2 dF = Q_{X2}, \\ & \int_{12} X_1 dF = Q_{Y1}, & \int_{12} X_2 dF = Q_{Y2}, \\ & \int_{12} Y_1 Y_2 dF = I_X, & \int_{12} X_1 X_2 dF = I_Y, \\ & \int_{12} X_1 Y_2 dF = H_{YX}, & \int_{12} Y_1 X_2 dF = H_{XY} \end{array}\right\} \quad (12)$$

在斷面已知的情況下,這些斷面性質均可先行計算出來. 前面的六個式子最後就可寫成下列形式:

$$\left.\begin{array}{l} \overline{P}_1 + P_2 \dfrac{F_{12}}{F_2} + M_{X2} \dfrac{Q_{X2}}{J_{X2}} + M_{Y2} \dfrac{Q_{Y2}}{J_{Y2}} = P_1, \\[4pt] \overline{M}_{X1} + P_2 \dfrac{Q_{X1}}{F_2} + M_{X2} \dfrac{I_X}{J_{X2}} + M_{Y2} \dfrac{H_{XY}}{J_{Y2}} = M_{X1}, \\[4pt] \overline{M}_{Y1} + P_2 \dfrac{Q_{Y1}}{F_2} + M_{X2} \dfrac{H_{YX}}{J_{X2}} + M_{Y2} \dfrac{I_Y}{J_{Y2}} = M_{Y1}, \\[4pt] \overline{P}_2 + P_1 \dfrac{F_{12}}{F_1} + M_{X1} \dfrac{Q_{X1}}{J_{X1}} + M_{Y1} \dfrac{Q_{Y1}}{J_{Y1}} = P_2, \\[4pt] \overline{M}_{X2} + P_1 \dfrac{Q_{X2}}{F_1} + M_{X1} \dfrac{I_X}{J_{X1}} + M_{Y1} \dfrac{H_{YX}}{J_{Y1}} = M_{X2}, \\[4pt] \overline{M}_{Y2} + P_1 \dfrac{Q_{Y2}}{F_1} + M_{X1} \dfrac{H_{XY}}{J_{X1}} + M_{Y1} \dfrac{I_Y}{J_{Y1}} = M_{Y2}. \end{array}\right\} \quad (13)$$

式中 $\overline{P}_1, \overline{M}_{X1}, \cdots$ 等可由靜定彎矩求得,爲已知數値;F, Q, J, I, H 等爲斷面性質,亦爲已知數値. 由聯立方程(13)解得 $P_1, M_{X1}, \cdots$ 等修正荷重,代入(9)式求得應力 σ,即可由柱比關係(10)得靜不定彎矩 m_i. 最後再用(1),(2),(3)等式計算各點的總彎矩 M.

聯立方程(13)的解析可用普通代數方法,或寫成矩陣的形式

$$\begin{pmatrix} -1 & 0 & 0 & \dfrac{F_{12}}{F_2} & \dfrac{Q_{X2}}{J_{X2}} & \dfrac{Q_{Y2}}{J_{Y2}} \\ 0 & -1 & 0 & \dfrac{Q_{X1}}{F_2} & \dfrac{I_X}{J_{X2}} & \dfrac{H_{XY}}{J_{Y2}} \\ 0 & 0 & -1 & \dfrac{Q_{Y1}}{F_2} & \dfrac{H_{YX}}{J_{X2}} & \dfrac{I_Y}{J_{Y2}} \\ \dfrac{F_{12}}{F_1} & \dfrac{Q_{X1}}{J_{X1}} & \dfrac{Q_{Y1}}{J_{Y1}} & -1 & 0 & 0 \\ \dfrac{Q_{X2}}{F_1} & \dfrac{I_X}{J_{X1}} & \dfrac{H_{YX}}{J_{Y1}} & 0 & -1 & 0 \\ \dfrac{Q_{Y2}}{F_1} & \dfrac{H_{XY}}{J_{X1}} & \dfrac{I_Y}{J_{Y1}} & 0 & 0 & -1 \end{pmatrix} \begin{Bmatrix} P_1 \\ M_{X1} \\ M_{Y1} \\ P_2 \\ M_{X2} \\ M_{Y2} \end{Bmatrix} = \begin{Bmatrix} -\bar{P}_1 \\ -\bar{M}_{X1} \\ -\bar{M}_{Y1} \\ -\bar{P}_2 \\ -\bar{M}_{X2} \\ -\bar{M}_{Y2} \end{Bmatrix} \quad (14)$$

再進行反演計算。計算時可利用矩陣的分塊法則，或利用計算機器如電子計算機等，也可以用反復代替的逐漸近似的方法。

在反復代替法裏，可先假定 $P_1, M_{X1}, \cdots$ 等即分別等於 $\bar{P}_1, \bar{M}_{X1}, \cdots$ 等，代入各式求 $P_1, M_{X1}, \cdots$ 等的修正數值。再將修正數值代入各式求得另一次的修正數值。這樣反復代替，直至誤差微小時爲止。計算程序可如下表所示。

計 算 程 序 表

原有荷重	$(\bar{P}_1)$	$(\bar{M}_{X1})$	$(\bar{M}_{Y1})$	$(\bar{P}_2)$	$(\bar{M}_{X2})$	$(\bar{M}_{Y2})$
修正係數和修正計算	F_{12}/F_1 — Q_{X1}/J_{X1} — Q_{Y1}/J_{Y1} → ( )	Q_{X2}/F_1 — I_X/J_{X1} — H_{YX}/J_{Y1} → ( )	Q_{Y2}/F_1 — H_{XY}/J_{X1} — I_Y/J_{Y1} → ( )	( ) ← F_{12}/F_2 — Q_{X2}/J_{X2} — Q_{Y2}/J_{Y2}	( ) ← Q_{X1}/F_2 — I_X/J_{X2} — H_{XY}/J_{Y2}	( ) ← Q_{Y1}/F_2 — H_{YX}/J_{X2} — I_Y/J_{Y2}
修正荷重	(P_1)	(M_{X1})	(M_{Y1})	(P_2)	(M_{X2})	(M_{Y2})

註：→ 表示相加，⇒ 表示相乘，最後的修正荷重爲各縱行括弧內數值的代數和。

求得修正荷重後，代入 (9) 式求 σ，各點的實際彎矩即爲 $M = m_s - \sigma$。彎矩符號以使環外纖維受壓爲正，反之爲負。在兩環中間共同桿件上的彎矩爲 $m_s - \sigma_1 - \sigma_2$，這時兩個環的內外關係可能相反（指一環的內可能爲另一環的外），必須注意把一個 σ 的符號予以改變。

3. 計 算 例 題

求圖 3 所示的雙層剛架的彎矩圖，假定各桿的 EJ 相同。

計算程序如下：

(1) 切斷 DE 和 EF，使成靜定結構．
(2) 做出靜定彎矩 m_s 圖，見圖3左側附圖．
(3) 以 $\delta = \dfrac{1}{EJ} = 1$，求出 I, II 兩框形斷面的各項性質．首先定出形心及主軸位置，如圖所示．各項斷面性質為

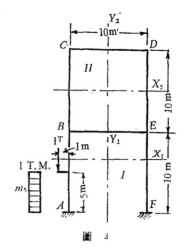

圖 3

$F_1 = 30, \quad F_2 = 40, \quad F_{12} = 10;$

$Q_{Y1} = Q_{Y2} = 0,$

$Q_{X1} = 10 \times 3.33 = 33.3,$

$Q_{X2} = 10 \times (-5) = -50;$

$I_X = 10 \times (-5) \times 3.33 = -166.7,$

$I_Y = \dfrac{1}{12} \times (10)^3 = 83.3;$

$J_{X1} = 2\left[\dfrac{1}{12} \times (10)^3 + 10 \times \left(\dfrac{3.33}{2}\right)^2\right] + 10 \times (3.33)^2 = 333.3,$

$J_{Y1} = 2 \times 10 \times (5)^2 + \dfrac{1}{12} \times 10^3 = 583.3,$

$J_{X2} = J_{12} = 2\left[10 \times (5)^2 + \dfrac{1}{12} \times 10^3\right] = 666.7; \quad H_{XY} = H_{YX} = 0.$

修 正 計 算 表

	P_1	M_{X1}	M_{Y1}	P_2	M_{X2}	M_{Y2}
原有荷重	(5)	(−20.83)	(−25)	(0)	(0)	(0)
修正係數	.333	.100	0			
	−1.667	−.500	0			
	0	0	.143			
				.250	−.075	0
				.833	−.250	0
				0	0	.125
一次修正	1.667	−2.083	0	(−.417)		
	−8.333	10.417	0		(2.083)	
	0	0	−3.571			(−3.571)
	(−.260)			−.104	−.156	0
		(−.868)		−.347	−.521	0
			(−.446)	0	0	−.446
二次修正	−.087	−.087	0	(−.174)		
	.433	.434	0		(.867)	
	0	0	−.064			(−.064)
	(−.109)			−.044	−.065	0
		(−.361)		−.145	−.216	0
			(−.008)	0	0	−.008
尾 數	(−.078)	(−.258)	(−.008)	(−.124)	(.619)	(−.008)
修正荷重	(4.55)	(−22.32)	(−25.45)	(−.71)	(3.57)	(−3.64)

(4) 以 $m_s = 1$ 的分佈荷重作用在 AB 段的下半，得短柱的原有荷重爲：

$$\overline{M}_{Y1} = \overline{P}_1 \times (-5) = -25, \qquad \overline{M}_{X1} = \overline{P}_1 \times (-4.17) = -20.83,$$
$$\overline{P}_1 = 5 \times 1 = 5, \qquad \overline{P}_2 = \overline{M}_{X2} = \overline{M}_{Y2} = 0.$$

(5) 用反復代替法計算修正荷重，全部計算見上表．計算至第二次修正後，發現 M_{Y1} 的修正值已小至 0.01 以下，可以忽視不計．同時，與前一次修正值的比值爲 $\dfrac{0.109}{0.260} = \dfrac{0.361}{0.868} = 0.417 = r$，可知每一次修正數字都要縮小 r 倍．由級數 $r + r^2 + r^3 + \cdots\cdots = \dfrac{r}{1-r} = \dfrac{0.417}{0.583} = 0.715$，用 0.715 乘括弧最後各項即得尾數項．

(6) 由修正荷重求 σ 或 $-m_i$，

$$\sigma_1 = \dfrac{4.55}{30} - \dfrac{25.45}{583.3} X + \dfrac{22.32}{333.3} Y = 0.152 - 0.0437 X - 0.0670 Y,$$

$$\sigma_2 = -\dfrac{0.71}{40} - \dfrac{3.64}{666.7} X + \dfrac{3.57}{666.7} Y = -0.018 - 0.0055 X + 0.0054 Y.$$

(7) 最後，求各點的彎矩如下：

環	I				II			
點	A	B	E	F	B	C	E	D
X	-5	-5	5	5	-5	-5	5	5
Y	-6.67	3.33	3.33	-6.67	-5	5	-5	5
$-m_i$	0.82	0.15	-0.29	0.38	-0.02	0.04	-0.07	-0.02
M	0.18	-0.15	0.29	-0.38	0.02	-0.04	0.07	0.02

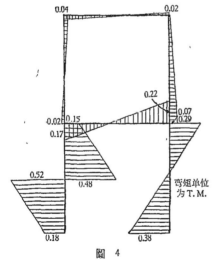

圖 4

彎矩即如圖 4 所示，彎矩係畫在桿件受壓的一面．

4. 結 論

從上面的理論分析和計算例題，可以看到本文所建議的方法能把柱比法推廣到多空剛構的分析，而且運算也還簡單．本文雖係用兩空剛構來做說明，把這個方法應用到三個空以上的剛構分析，是沒有什麼困難的．關於在一些特殊情況下的解法，例如有鉸鏈時的計算方法，在複雜斷面上怎樣列表來求斷面性質等，多空剛構與單空剛構相同，可參看一般結構力學理論書籍（例如參考[3]）．

關於聯立方程或矩陣反演的計算方法，可參考一般有關書籍（例如參考[4]）．

本文在理論方面如對方程的建立和物理概念等提出了新的建議；但對方法的預備計算則比較繁複，而聯立方程的解析也比較複雜，如何提高這一方法的實用價值，還有待進一步研究改進。下面幾點意見可作參考：

(1) 取靜定彎矩 m_s 時，如能根據經驗約略估計出實際彎矩 M 的分佈情況時，應使 m_s 盡可能地接近實際彎矩 M。這樣，可使虛擬荷重的修正數值較小，計算迅速收斂。

(2) 在多層剛架，連續拱等各個空的形狀大小相同時，由於預備計算大大簡化，本文方法即比較有利。在形狀複雜的構造，由於斷面性質可以列表計算，本文方法也有它的優點。

(3) 在能採用電子計算機來解聯立方程和斷面性質時，計算上的困難可以減少，本文提出的概念的實用價值也可以相應地加大起來。

參 考 文 獻

[1] Cross, H., The Column Analogy, Bulletin 215, Univ. of Illinois Engineering Experiment station, 1930.
[2] Cross and Morgan, Continuous Frames of Reinforced Concrete, John Wiley & Sons, 1932.
[3] 錢令希，超靜定結構學。
[4] Bodewig, E., Matrix Calculus, 1956.

COLUMN ANALOGY FOR MULTI-CONNECTED RIGID FRAMES

Huang Yu-shan

(North-Western Institute of Technology)

Abstract

Because of the fact that there exists a mathematical identity between the statically indeterminate moments in the compatibility equation and the fiber stresses in the equation of eccentrically loaded columns, in analyzing singly-connected (single cell) rigid frames with degree of redundancy not more than 3, it is usually possible to use the familiar formula for short columns eccentrically loaded to analyse the indeterminate moments, which is called the column analogy. This method which is simple and straight-forward, is becoming one of the convenient tools in structural analysis.

For multi-connected (multi-cell) rigid frames which are composed of many singly-connected rigid frames and have degree of redundancy more than 3, the analysis becomes more difficult and the column analogy cannot be applied directly. Generally the moment-distribution method is used and the column analogy is only used for the determination of various constants such as fixed-end moments, stiffness factors and carry-over factors for use in the method of moment distribution.

The present paper gives an extension of the column analogy, making it applicable to the analysis of multicell problems. Each cell is analogized by a single column. The influences of the common member of two neighbouring cells are studied and the results are represented by corrections in the load and moments carried by the column. Once the corrected loading for each cell is determined, further computation is just the same as in the ordinary column analogy.

飞行器结构设计与强度的现状与发展

西北工业大学　黄玉珊　诸德培

摘　要

本文综合评述飞行器结构设计与强度的现状与发展，着重讨论了当前的几个重大中心课题，以求有助于型号研制和学术研究，推动航空科学技术的发展。因篇幅有限，对于现有成熟的技术与方法，不求罗列俱全。本文内容偏重于结合飞机结构，但也涉及航天器结构。

一、总　论

在八十余年的航空发展史中，飞行器结构设计与强度学科经历了巨大的演变，获得了飞跃的进展，传统的强度校核方法变得成熟和老化，原来的边缘学科成为今日的中心课题，表1列举了第一架莱特飞机时代的结构设计特点与发展以后情况的对比，可以说，在航空发展初期，结构设计远不及飞行原理和动力装置重要，仅处于从属地位，而目前已成为对航空发展有决定性影响的因素。

人们熟知的一系列惨重的结构失效（表2）可以铭刻在航空发展史的里程碑上。这些失事反映了各个时期飞行器结构技术未能跟上迅速提高的飞行性能、经济和可靠性的全面要求；另一方面，它们在事后成为促进强度学科各门分支形成和发展的巨大动力。

飞机不断向更快、更重、更大、更贵的方向发展，半个世纪以来，飞行性能已经提高了一个数量级（表3）。

另一方面，据统计数据，飞机结构重量和全机设计起飞重量之比变化不大，保持在1:3左右，这说明结构效率有了很大提高，系采用更强的材料、更好的结构型式、更合理的设计、更精确的分析和更先进的试验方法的结果。

在航空材料方面，高强度铝合金和合金钢的强度分别为普通铝和钢的三倍以上，曾对提高结构效率起了很大作用。但是单纯强度高的材料会带来其他方面的问题，考虑到疲劳、断裂、应力腐蚀、高温性能等要求，不容许继续过高地增加工作应力，据统计五十年来材料比强度值变化并不大。钛合金大大提高了高温性能。复合材料比起金属来，有多方面显著的优点，拉伸疲劳断裂性能高，但对孔的敏感性大，且受湿度影响，性能不稳定，曾因此引起飞行失事。对今后的高性能飞机，包括军用机和民用机，仍需混合使用铝合金、钛合金、合金钢和高级复合材料，尤其是金属基复合材料；但趋势是增加复合材料的比例，减少铝合金和合金钢的比例。

1984年1月收到。

表1 结构设计发展概况
Table 1 Advanced introduction of structural design

	1903年莱特飞机时代的结构设计特点	航空发展以后的情况：新结构、新材料、新方法
布 局	双翼机或带支撑的单翼机（机翼相对厚度15～16%）	单翼机，高速翼型（相对厚度4～6%），高速翼平面形（小展弦比），整体油箱，多种外挂物，变后掠，可折叠
结构型式	杆系蒙布结构	薄壁结构，整体结构，夹层结构，蜂窝结构，复合材料结构
材 料	木，钢丝，张线，亚麻蒙布	铝合金（1930年起），镁合金（1930～1940年起），不锈钢（1940～1950年起），钛合金（1950年起），复合材料和陶瓷材料（1960年起）
设计要求	极简单的承载能力	强度、刚度、稳定性、耐震性、复杂环境要求，结构完整性、耐久性、损伤容限，计算机辅助一体化设计、优化设计、可靠性设计
分析方法	一般结构力学方法	飞行器结构力学、有限元素法、结构分析系统、结构综合分析、气动弹性力学、模态控制与分析技术、疲劳与断裂、高温结构力学、统计处理方法、结构可靠性分析法
试验技术	老式静力试验技术	多点自动控制协调加载系统，地面振动试验，数据采集处理系统，疲劳与损伤容限试验，先进的应力、变形、裂纹检测方法，热强度试验，复杂环境模拟条件

表2 飞行器结构的重大失事
Table 2 Extraordinarr failure of structure of flight vehicle

年 代	机 种	失事起因	促进的学科
1903	英国Langley飞行机械	机翼扭转扩大变形	刚度指标
第一次世界大战（1917）	英国的DH-9飞机 德国的D-8飞机	尾翼颤振	气动弹性力学
1954	英国彗星（Comet）喷气旅客机	气密座舱疲劳爆裂	疲劳
1958	美国B-47轰炸机	机翼疲劳断裂	疲劳
1970	美国F-111战斗机	机翼铰轴断裂	断裂
现代	高超音速飞机和航天器	热障	热强度和高温防护

表3 飞行性能大幅度提高的实例
Table 3 Example of steep increase of flight property

年 代	机 种	飞行速度	飞行高度
1934	美国波音P-26A	377公里/小时	2286米
1970	美国F-15A	2655公里/小时 M=2.5	18300米

在结构型式方面，也有类似的情况。一种结构效率好的新型式，也需经过静、动、热、疲劳与断裂、复杂环境条件等各方面的考验，有时还需要建立相应的新的强度学说、分析方法和试验条件，这需要化费较长的周期，目前仍以薄壁结构为主，混合使用各种新的结构型式，如整体结构、夹层结构、蜂窝结构、复合材料结构。

在解决一些严重的结构问题方面，尤其是对于航天器结构，二十多年来，人们正在研究突破传统的增加结构强度和刚度或调整结构参数分布的方法，采用伺服控制系统和结构结合的方法，以避免增加结构重量。例如为了减小升力面（机翼、尾翼）的机动、阵风载荷与防止发生颤振，六十年代开始研究发展模态主动控制技术，借以改变升力面的气动外形与气动弹性特性，起到抑制的作用。主动控制系统的引入，需要经过稳定性和可靠性的考验。

可以这样来描述八十年代的情况：一方面，飞行器结构面临的问题非常复杂，需要满足的要求是多方面的（静、动、热、疲劳与断裂、复杂环境）；另一方面，涌现了大量革新的技术，这些技术的引入，可以克服某些困难，但往往又带来新的危险因素，一般需要经过10~30年或更长的研究周期才能达到完善的程度。下面的数据可以说明这一情况：在美国，1930~1940年间，平均每年有12种采用革新技术的飞机产生，而八十年代估计不会超过每年2种飞机。为了在新型号中采用新技术，往往于最初飞行前6~8年，就要在初步设计中加以考虑。新技术的提出到实际普遍采用需要比以前长得多的周期。

在设计分析方面，自1960年以来，由于电子计算机技术的突飞猛进，尤其是成功地发展了适用于复杂航空结构的有限元素法和结构分析系统之后，大大改变了传统的结构设计和强度校核方法，已开始逐步形成使总体、结构、气动、工艺设计一体化的计算机-图象辅助设计方法，并且应用基于有限元素法和数学规划法的结构综合分析技术，达到结构优化的目的。结构设计不再是一个简单的先设计后校核的过程，而是需要同时考虑大量错综复杂的条件，综合应用各方面的知识，形成一个互相交错影响而需反复迭代进行的各环节组成的流程图，成为飞行器系统工程中不可分割的一部分。这要求结构设计师不仅具有丰富的经验，善于选定优越的总体方案，而且要掌握先进的计算机辅助设计手段，拥有和运用各种功能的子程序，包括外形设计、结构设计、结构综合分析、弹塑性分析、气动弹性分析、主动控制系统分析等等，以达到满足结构可靠性要求和优化设计的目的。

二、现代结构设计程序

如前所述，飞行器性能的大幅度提高增加了结构的复杂性和设计费用。为了节省开支，减少总设计时数，缩短周期，也为了避免设计错误，取得较精确的结果和便于进行迭代设计，在飞行器设计、制造过程中提出了计算机图象辅助设计与制造（CADAM，Computer-graphics Augmented Design and Manufacturing）系统，这种系统的经济效益和常规设计相比可以提高几倍甚至40倍。

美国洛克希德公司于1965年开始至1966年3月建立了最初的软件系统，以后形成CADAM。它是一个设计软件包，包括许多可嵌入的分析系统，可以联机运用，也可以分批运用。这些系统可以进行某些步骤的图形设计、结构分析和数据处理。CADAM有图象显示终端，配备光笔控制、字母键盘控制、函数键盘控制、或通过数字转换器控制的输入方式，输出方式有 X-Y 绘图仪、缩微胶卷、数字控制带、印刷报告、表格等，发展方向还包括大型彩色显示、人机声音交流等系统。

CADAM 已用于 L-1011 Tristar、S-3A Viking 和许多航天器的打样研制，另外用于洛克希德公司超过一半机种的外形设计。全系统具有 90 个显示器、4 台主计算机、6 个房间，其中包括 IBM2250、IBM3250、Adages、Vector Generals 等机。CADAM 已由 50 个公司采用，并在继续发展独立的研究与研制程序，包括 SURFACE DESIGN、NETWORKS、KINEMATICS 等。

在草图设计（Conceptional Design）阶段，可用 CADAM 的 TRANSLATE 程序，在几秒钟内移动机翼、发动机、尾翼的相对位置，列出许多布局的组合方案。对于各种图形，可用先进的综合和评估技术系统 ASSET（Advanced Systems Synthesis and Evaluation Technique）确定所达到的性能和费用指标。

在初步设计（Preliminary Design）阶段，除了总体安排和几何设计外，进行结构安排、细节设计，可以分割出主结构元件和重量数据，用子程序 MESH 建立有限元模型，并用子程序 DETAIL 评估单独元件。

CADAM 还包括一系列生产、制造方面的程序。

结构综合分析技术最初是在 1960 年初提出的，它利用先进的结构分析和优化方法组成计算机程序系统，包括：

（1）一个有限元分析程序；
（2）一个通用优化程序；
（3）用户提供的补充程序，包括
　　（a）设计变量——如截面尺寸、总体几何尺寸；
　　（b）目标函数——如重量；
　　（c）约束——如应力、位移、屈曲、振动特性。

例如美国 NASA 的 Langley 研究中心的 PROSSS 程序包括：

　　SPAR————一种有限元分析程序；
　　CONMIN————一种有约束的优化程序。

在 CDC-NOS 计算机上运用。

结构优化方法的应用未跟上理论上的进展步伐，这是由于具体程序不够有效，或者使用不便和适用性不够。在七十年代初就发现主要困难是计算变量和所费机时太多，人们转向逐步渐近的优化设计程序。

美国加里福尼亚大学的 ACCESS 1（Approximations Concept Code for Efficient Structural-Synthesis）程序应用了改进的近似概念，包括规定设计变量间的一定关系、约束的消除技术和近似分析方法，以求得一系列容量小的数学规划问题，但保留了设计问题的主要特点，通过逐步改进达到最终优化目的。在 ACCESS 1 内，除了 CONMIN 外，还用 NEWSUMT，这是一种最常用的程序，为一系列的无约束优化程序，应用罚函数法和修正牛顿法。

目前结构综合分析要向更多变量的大型结构发展。

三、有限元素法与结构分析系统

1950～1960年，J. H. Argyris教授、M. J. Turner、R. W. Clough等分别提出了应用电子计算机进行复杂航空结构分析的理论基础，并且进一步实现了具体程序方法，创立了便于工程实际应用的有限元素法。由于这一方法的适用性和有效性特别好，因此诞生以后，一直获得突飞猛进的发展，已形成一门独立的学科，应用也已大大超出结构分析的范围。在飞行器结构分析中，有限元素法已成功地应用于美国阿波罗登月飞船、哥仑比亚航天飞机、巨型客机波音747等大型复杂结构的分析。除了线弹性问题，它在弹塑性、稳定性、大变形、粘弹性、热应力、蠕变、振动、动力响应、断裂、疲劳裂纹扩展、温度场、油箱燃料晃动、噪音响应、颤振分析等方面都有很大的进展。有限元素法已成为飞行器结构设计的一种常规分析方法，为适航性考核和新机验收提供依据。这一方法还在不断发展，在飞行器结构分析中，诸如大应变、瞬态响应、疲劳与断裂、结构与其他介质相互作用等边缘问题都有待于进一步研究解决。

有限元素法发展初期，计算机程序的编制都是针对个别问题进行的，缺乏通用性。随着有限元素法的应用范围的扩大、计算经验的积累与计算方法的改进，计算机程序日趋完善；又因有限元素法的通用性强，非常适宜于标准化，就出现了许多小型的通用程序。六十年代后期开始又逐步形成了一些大型的通用程序系统，进而发展为具有商业价值的软件系统，在国际市场上流通。较有名的航空航天结构分析系统有美国国家航空和航天局（NASA）的NASTRAN系统，美国空军飞行力学试验所（AFFDL）的MAGIC系统，西德斯图加特大学航空与航天结构静动力研究所（ISD）的ASKA系统。中国航空工业部也在发展HAJIF系统。大型结构分析系统的规模通常达数十万条语句。

结构分析系统的功能在不断地扩大和改进，向着图象交流方向发展，即通过图象显示设备进行人机对话，完善输入与输出数据的前置与后续处理技术，更密切地与计算机辅助设计相配合。

四、模态主动控制技术和模态分析方法

飞行器结构，这里主要指升力面，由于动载荷作用和气动弹性效应，有时会引起严重的过载或发生颤振现象。克服这类问题的传统方法是调整结构的刚度与质量分布，有时也调整某些气动力参数和使用阻尼器，这些统称为**被动控制技术**（PCT：Passive Control Technology）。

六十年代人们提出主动控制技术（ACT：Active Control Technology），当预计结构会发生严重过载或颤振时，感受元件发出讯息通过伺服控制系统改变升力面的气动外形，以减少载荷和避免颤振。主动控制技术可以减小尾翼面积，并起到提高结构效率的作用。

主动控制技术目前尚处于发展阶段，这种新技术增加了控制系统，又带来伺服系统的可靠性和结构-系统组合的稳定性问题，形成新分支学科——气动伺服弹性力学（Aero-Servo Elasticity），在分析中，除结构的自由度、特性参数外，还包括系统的变量、特性参数。

也有人提出主动控制防止前轮摆振的方案。

在复杂航空结构动力分析中,广泛采用模态分析技术。自1970年以来,模态分析技术取得了比以往所有时期更大的进展。无论是分析方法还是试验技术,都发生了变革,至今仍在进一步发展中。

目前分析方法大多采用基于有限元素法的缩聚节点法(Guyan's Condense Method)和模态综合技术(Mode Synthesis Technique),并借助解析方法改进形状函数。在结构分析系统中都已相应地建立动力分析程序。在模态分析中也有考虑阻尼(复模态分析)和非线性的因素。

目前试验技术除了传统的单点激振频率响应函数法和多点激振纯模态响应法,如半自动技术 MAMA(Manual-Apparatus)和自动技术 GRAMPA(Ground Resonance Automatic Multipoint Apparatus)外,发展了许多新的方法,包括瞬态激振法、随机激振法和参数识别技术。

多点激振频率响应函数法是最近发展起来的一种方法,它结合了上述两种传统方法的优点,除了要解联立方程组外,信号处理和测量方法和单点法相同。

Ibrahim 时域法不必测量系统的瞬态输入,利用时域中的自由衰减响应确定模态参数,但不能确定模态广义质量或刚度。

随机减量技术是1971年 Henry A. Cole, Jr 最先提出的一种试验方法,它对输入只有定性的要求,也只对响应进行数据处理。基本原理是通过统计平均,分离出随机输入引起的自由衰减响应部分,获得结构的频率与阻尼特性。

直接参数识别法是直接测定力输入值和结构的响应值,建立结构的机械阻抗特性矩阵,利用特征分析求出结构的模态参数。

五、疲劳与断裂的应用

自1954年彗星号飞机和1970年 F-111 飞机失事以来,疲劳与断裂一直是航空界极为注意的问题。目前美国军用规范有代表性地反映了现代先进技术水平,有关文件主要包括飞机结构完整性大纲(ASIP: Aircraft Structure Integrity Program)、耐久性(Durability)要求、损伤容限(Damage Tolerance)要求和地面试验。

ASIP 系美国于1970年初建立的,其宗旨是为了保证军用机的战备状态,要求飞机结构具有足够的强度、刚度、损伤容限和耐久性,统称为结构完整性。ASIP 要求在早期设计阶段进行损伤容限和耐久性设计,对材料、重量、性能、成本的综合研究,开展研制试验。在研制中全尺寸试验以协助确定结构设计是否适当。ASIP 还要求在使用中尽早发现潜在的缺陷,有计划地对结构元件进行检查、更换或修理,并在使用中进行实测,为今后结构设计的载荷、环境条件、设计准则和方法提供改进的依据。ASIP 超出了传统强度分析的范围,是一个从设计到使用的综合性的系统过程。

耐久性设计的目标是减少疲劳开裂或其他结构与材料的退化,把使用维护费用减到最小。通过材料选择、加工、检验、设计细节、应力水平及防护措施以达到良好的使用状态。在设计的载荷环境条件下,飞机结构的经济寿命应大于设计使用寿命。

损伤容限设计是通过材料选择、应力水平的控制、抗断裂设计概念的应用、制造的工艺控制以及慎密的检查程序使飞行安全结构免于材料、制造和工艺等缺陷的潜伏有害影响，其分析方法是：假定新结构含有初始损伤，进行疲劳断裂分析，预测初始裂纹（损伤）在变幅载荷下扩展到临界裂纹的周期，考虑分散系数后，制定使用检修期。初始损伤尺寸依据制造厂无损检测的能力确定，要考虑足够的检出概率。临界裂纹尺寸根据结构残余强度（Residual Strength）不小于破损安全载荷（Fail-Safe Load）确定，后者与裂纹可检性有关，在强度规范中规定。

全尺寸损伤容限试验一般利用现有试验件，包括经过研制试验、全尺寸静力试验或耐久性试验的部件。

疲劳与断裂学科已有很大发展，文献中已提出数以百计的计算模型或方法，但在机理研究上还需继续突破。飞行器结构设计中实际采用最多的仍是 Miner 法则、Paris 公式等最基本的公式，或考虑某些修正，分析结果的精确性和可靠性有待进一步提高。可以说，目前设计经验比定量分析更为重要，研制试验比全尺寸验证试验更为重要，疲劳断裂研究还需作长期的努力。对于先进的复合材料，以及起落架部件等，现有经验尚不足以制订相应的规范。

六、复杂的环境条件

现代超高速飞机的气动加热可达 200～800℃，航天飞机重返大气层时表面温度升至 1200℃以上，这带来严重的热强度问题，技术上称为热障。此外如发动机的释热、太阳辐射、核爆炸的高温辐射都构成严重的热环境。为了突破热障，不仅要作热强度分析，包括热颤振、热疲劳、热冲击等复杂问题，而且要选择耐高温的材料，如钛合金、不锈钢、陶瓷、复合材料，并选择合适的结构型式，如波形、夹层、复合结构。对极高温度要进行热防护设计，通常有吸收式和辐射式两大类，前者如烧蚀式，采用树脂、碳、酚醛涤纶等烧蚀挥发散热材料；后者如采用钼、钛、陶瓷、石墨、硼-硅复合材料等构成外辐射内绝缘的双层或多层蒙皮或壁板。

航天器结构还必须能经受运输、发射时的振动冲击环境、轨迹飞行时的空间热真空环境、高能粒子（电子、质子）辐射、紫外线辐射、电磁场等环境，在冷热交变和宇宙环境下，材料及粘结剂会发生老化、疲劳。

七、结构可靠性分析

电子元件系统的可靠性设计已有大量研究。在飞行器结构设计中，结构的载荷环境条件、材料与结构特性，尤其是疲劳断裂性能，都有随机的因素，所以合理的分析方法应该用统计处理方法，预测结构的破坏概率，进行可靠性分析。

从 1960 年初，已有人提出结构可靠性设计的思想，在结构可靠性分析中，需综合考虑结构静强度、疲劳裂纹的形成、扩展、失稳、结构残余强度、载荷统计分布、裂纹检查周期和检测能力、初始损伤、结构变化等等大量因素。以可靠性为目标函数的优化设计结果也和经典的静强度优化设计有很大不同。由于可靠性分析需用到大量原始参量的统计分布数据，对于多危险部位的复杂结构分析又非常困难，作为一种实际的结构设计方法，尚有较大的距离。

八、结 构 试 验

随着航空技术的发展,对飞行器结构试验的要求愈来愈高,试验的项目也因静、动、热、疲劳与断裂、复杂环境等多方面结构问题的提出而日益增多。

1970～1980年,全尺寸结构试验已采用电子计算机控制的电动液压伺服系统的自动闭合回路协调加载系统,对热强度试验还包括加温系统,可具有上百个加载器,几百个加载点、几百个测量通道,几千个应变片,并具有电子计算机数据采集处理系统,可在现场得出结果,测量次数在一次试验中可达几十万次。

各国都建成了有大型试验室的试验中心,目前世界上最大的美国洛克希德公司乔治亚分公司为C-5A军用运输机建立的主试验室,尺寸为 $189 \times 148 \times 43$ 米^3,最大加载为1300000公斤,应力测量点达3850个,投资共1500万美元。在疲劳、高温、振动、摆振、落震等方面,各国也有大型的设备。

研制试验的测量技术已有很多革新,除一般电测法外,有激光全息摄影、云纹法、光弹性冻结、光弹性涂层、x光、声发射、光纤维检测等等。

九、结 束 语

综上所述,飞行器结构设计与强度问题已经变得非常复杂,需要有一个庞大的研究队伍。为适应这种情况,各国都设立权威性的管理机构,制定法令性的强度规范,建立具有先进技术的试验中心和研究机关。为了解决当前遇到的重大课题,在研究中要发展相应的学科,广泛采用电子计算机技术,建立各种数据、报告、程序、手册、文献的资料库,使技术储备充分领先于型号生产,在型号研制中又要充分取得新的经验和方法,这样才能使飞行器结构设计日益完善,促进飞行器系统工程的不断发展。

参 考 文 献

[1] Hadcock, R. N., Introduction of New SDM Technology into Production Systems, J. Aircraft, V. 17, N. 9, (1980), PP. 609～617.

[2] Smyth, S. J., CADAM Data Handing from Conceptual Design through Product Support, J. Aircraft, V. 17, N. 10, (1980), PP. 753～760.

[3] J. Sobieszczanski-Sobieski & Bhat, R. B., Adaptable Structural Synthesis using Advanced Analysis and Optimization Coupled by a Computer Operating System, J. Aircraft, V. 18, N. 2, (1981), PP. 142～149.

[4] Schmit, L. A., Jr., A New Structural Analysis/Synthesis Capability-ACCESS 1, AJAA Journal, V. 14, May(1976), pp. 661～671.

[5] Zienkiewicz, O. C., The Finite Element Method, 3rd Edition, McGraw-Hill, London, (1977).

[6] The NASTRAN Manuals, Theoritical, NASA SP-221[04]; User's, NASA SP-222 [04]; Programmer's, NASA SP-223[04], (1978).

[7] MAGIC, An Automated General Purpose System for Structural Analysis, AFFDL-TR-68-56, AD 685190, (1969).

[8] Schrem, E. and Roy J. R., An Automatic System for Kinematic Analysis, Proceedings of IUTAM Tome 2, (1970), PP. 477～507. (固体力学中的有限元法, 译文集(下集), 科学出版社, (1977), 300～321页)。

[9] Richard, S. Shevell, Technological Development of Transport Aircraft, J. Aircraft, V. 17, N. 2, (1980), PP. 67～80.

[10] 美国空军损伤容限设计手册(上册),黄玉珊等译,西北工业大学,1982年,附有美国军用标准:MIL-

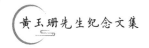
黄玉珊先生纪念文集

STD-1530 A(11), 飞机结构完整性大纲, 1975年12月11日; MIL-A-83444, 飞机损伤容限要求, 1974年7月2日; MIL-A-008866B(USAF), 飞机强度和刚度可靠性要求, 重复载荷和疲劳, 1975年8月22日; MIL-A-008867B(USAF), 飞机强度和刚度的地面试验, 1975年8月22日。

STATE-OF-ART AND FUTURE OF AIRCRAFT STRUCTURE DESIGN AND STRENGTH ANALYSIS

Huang Yushan and Zhu Depei

(Northwestern Polytechnical University)

Abstract

This paper reviews the state-of-art and the future of the design and the strength analysis of aircraft structures in brief. The emphasis is put on discussing some important topics for designers and researchers in this field so as to prompt engineering design and scientific research and to enhance the development of aeronautical science and technology.

After a general review, the discussion covers the following subjects: The modern procedure of aircraft structure design, the finite element method and the structure analysis program system, the mode active control technology and analysis method, the application of fatigue and fracture, the advanced composite structures, the serious environment conditions, the reliabitistic analysis for structures and structural test etc..

While the content mainly deals with the aircraft structures, quite a lot of its parts are concerned in or adapted to the aerospacecraft structures as well.

裂纹检测概率曲线的统计测定

西北工业大学　林富甲　黄玉珊

摘　要

本文提出了一种估计裂纹检测概率曲线的试验方法和数据处理方法。给出的估计检测概率置信下限的公式精确、简单，并附有实例。文中还提出了估计裂纹检测概率曲线的工程简化方法。

一、引　言

在以断裂力学为基础的结构损伤容限设计中，需要计算结构的裂纹扩展寿命。而对裂纹扩展寿命有显著影响的初始裂纹长度 a_i，在工程上有时是依据裂纹的检测可靠性决定的。如美国军用规范"飞机损伤容限要求"[1]中规定：对于大于 a_i 的裂纹应在95%的置信水平下，有90%的检测概率，显见，用这种方法确定 a_i，必须通过试验确定一条对应一定置信水平 $1-\alpha$ 的检测概率曲线，即检测概率随裂纹长度 a 的变化曲线，记为 $P_L(D/a) \sim a$ 曲线。

另外，在结构的可靠性分析和经济寿命的预计中，有时需要知道漏检裂纹分布，这时也要用到裂纹检测概率 $P(D/a) \sim a$ 曲线[2,3,4]。

实践证明：影响裂纹检测概率的因素，除了无损检验方法外，其它如材料特性、裂纹形状与位置、含裂纹构件的表面光洁度、工作环境、照明度以及检验员的技术水平和工作态度等，也都对裂纹检测概率有很大影响。本文实例还证明：如果确知裂纹可能产生的位置和方向（飞机结构中有这种情况），则检测概率将有明显增加。因此，对于飞机结构损伤容限设计和可靠性分析来说，仅仅知道在某一特定条件下，某种无损检验方法的检测概率曲线常常是不够的。要可靠地预计某个结构的使用寿命和破坏概率，必须针对具体条件估计检测概率曲线。

然而，目前这类曲线十分缺乏，测定这类曲线也无标准可循。本文提出一种测定这类曲线的试验方法和数据处理方法。通过实例证明，这种方法是可行的。

二、获取裂纹检测数据的方法

首先，模拟真实条件制备一定数量的含不同长度裂纹的试件（如果有数量足够的含裂纹真实构件可用时，则不需另作试件）。所谓模拟，主要是保证试件在材料、表面光洁度、含裂纹部分的局部形状以及裂纹类型等方面要与真实构件一致。然后，用规定的无损检验方法，在规定的条件（包括工作环境、照明度、检测人员的技术水平等）下，对试件进行

1981年10月收到。

反复检测，以得到裂纹的检出数和漏检数。

为了保证试验的代表性和独立性，试件总数应不少于30，其中一半左右应不含裂纹。检验员最好不少于5人，每个检验员的每次检测工作都要独立地进行。后文的实例中提出了几项保证检测结果独立性的具体办法。

在检测工作中，确定漏检裂纹数是一个关键问题。对同一条"裂纹"的独立检测次数K与漏检次数J是统计分析的重要数据。K是直接可知的，而要求出J，就必须首先确定"裂纹"是否确实存在。实践证明：下述两种办法对解决这一问题是有效的。

1. 适当增加独立检测次数K。若设该裂纹a的检测概率$P(D/a)=p$，$0<p<1$。漏检概率$q=1-p<1$，则K次独立检测都漏检的概率为q^K，显见，当K较大时，q^K是很小的。这样，从理论上讲，只要对同一裂纹进行足够多次的独立检测，则实际上裂纹被发现就是必然的了。

2. 对试件加一定静拉力（相当预制裂纹载荷的一半即可）。在受拉状态下进行检测，以提高对裂纹的分辨能力。这种方法不但能有效地确定裂纹是否存在，而且还可以较准确地测定裂纹长度。

三、检测数据的统计处理

首先，将裂纹长度分成若干区间，将检测数据分别归并入相应的区间内，用区间上端点值代表该区间内所有裂纹的长度。然后，对单个裂纹长度区间内裂纹检测概率进行估计，方法如下。

每一次对裂纹的检测可看作一次随机试验，其结果可能只有两个：裂纹被检出和裂纹未被检出。设前者的概率$P(D/a)=p$，后者的概率$P(\overline{D}/a)=q=1-p$。这样，对同一裂纹长度区间内裂纹的n次独立检测，其检出裂纹数S服从二项分布，即

$$P_n(S=S_n)=C_n^{S_n} p^{S_n} q^{n-S_n} \tag{1}$$

其中，p是未知的，它的点估计为$\hat{p}=S_n/n$。但为了保险起见，常常还要求按规定的置信水平$1-\alpha$，求出p的置信下限p_L，它应满足的概率条件为

$$P\{S \geqslant S_n\}=\sum_{i=S_n}^{n} C_n^i p_L^i (1-p_L)^{n-i}=\alpha \tag{2}$$

由于一般累积二项分布表都只列到$n=30$为止，不能满足要求。文献〔5，6〕中采用了通常的近似方法，即当n超过30而p接近0或1时，近似借助累积泊松分布表来计算p_L，而当p具有中等大小，且n又非常大时，经过一定变换，借助正态分布表来近似计算p_L。例如：若$n=45$，$S_n=43$，$\alpha=0.05$，用上述近似方法算出p_L的值为0.894，而满足（2）式的精确值为0.867，相差0.027。注意到高检测概率区正是与结构安全关系较大的区域，在这里产生这样大的计算误差是不容忽视的。而且这种近似方法也并不简便。本文仅利用F分布函数表，采用下面精确的、简单化的公式计算满足（2）式的p_L值

$$p_L = \frac{f_2}{f_2+f_1 x} \tag{3}$$

式中 f_1——F分布的上自由度$f_1=2(n-S_n+1)$；

f_2——F 分布的下自由度 $f_2=2S_n$;

x——F 分布的上侧百分位点，按下式由 F 分布表查出。
$$P\{F>x\}=\alpha \tag{4}$$

对(3)式简单证明如下：

令 $\Gamma(x)=\int_0^\infty t^{x-1}e^{-t}dt$——$\Gamma$ 函数;

$I(y,\gamma,\theta)=\dfrac{B_y(\gamma,\theta)}{B(\gamma,\theta)}$——参数为 γ,θ 的 Beta 分布函数;

$B(\gamma,\theta)=\int_0^1 t^{\gamma-1}(1-t)^{\theta-1}dt=\dfrac{\Gamma(\gamma)\Gamma(\theta)}{\Gamma(\gamma+\theta)}$——Beta 函数;

$B_y(\gamma,\theta)=\int_0^y t^{\gamma-1}(1-t)^{\theta-1}dt$——不完全 Beta 函数。

其中 $0\leqslant y\leqslant 1$；$\gamma,\theta>0$。

已知自由度为 f_1,f_2 的 F 分布的概率密度函数为

$$p(x,f_1,f_2)=\dfrac{\Gamma\left(\dfrac{f_1+f_2}{2}\right)}{\Gamma\left(\dfrac{f_1}{2}\right)\Gamma\left(\dfrac{f_2}{2}\right)}f_1^{\frac{f_1}{2}}f_2^{\frac{f_2}{2}}\dfrac{x^{\frac{f_1}{2}-1}}{(f_2+f_1x)^{\frac{f_1+f_2}{2}}}\quad (x>0)$$

作变换
$$Y=\dfrac{f_1F}{f_2+f_1F}$$

可推得 Y 服从参数 $\gamma=\dfrac{f_1}{2}$, $\theta=\dfrac{f_2}{2}$ 的 $Beta$ 分布，即
$$P\{Y\leqslant y\}=I\left(y,\dfrac{f_1}{2},\dfrac{f_2}{2}\right)$$

根据 F 与 Y 的关系，容易得到
$$P\{F>x\}=I\left(\dfrac{f_2}{f_2+f_1x},\dfrac{f_2}{2},\dfrac{f_1}{2}\right) \tag{5}$$

另一方面，逐次采用分部积分法可以证明
$$\sum_{i=S_n}^n C_n^i p_L^i(1-p_L)^{n-i}=nC_{n-1}^{S_n-1}\int_0^{p_L}t^{S_n-1}(1-t)^{n-S_n}dt$$

易知
$$nC_{n-1}^{S_n-1}=\dfrac{1}{B(S_n,n-S_n+1)}$$

所以
$$\sum_{i=S_n}^n C_n^i p_L^i(1-p_L)^{n-i}=I(p_L,S_n,n-s_n+1) \tag{6}$$

只要令
$$\dfrac{f_1}{2}=n-S_n+1,\ 即\ f_1=2(n-s_n+1)$$
$$\dfrac{f_2}{2}=S_n,\ \ 即\ f_2=2S_n$$

则比较(5)式与(6)式后可以看出，若 x 满足(4)式，即 $P\{F>x\}=\alpha$，那末由(3)式

计算出的 p_L 值一定满足(2)式，证毕。

根据对各个裂纹长度区间内检测数据的统计分析结果，在坐标纸上描点作图，便可得到 $P(D/a) \sim a$ 和 $P_L(D/a) \sim a$ 曲线。

四、实　例

用 $45^\#$ 钢制成50件试件，外形尺寸如图1所示。在高频疲劳试验机上预制裂纹，但有意使近一半试件保持无裂纹状态。其余试件产生长度不等的孔边角裂纹。用磁粉法进行检测。为了保证检测结果的独立性，对检测工作提出了如下要求：

（1）检测数据由专人记录，8位检验员单独进行检测，不讨论、不交流信息。

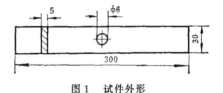

图1　试件外形

Fig.1　Specimen configuration

（2）所有试件在外观上保持一致，表面不能有任何明显记号。

（3）每一检验员对同一试件的两次检测，在时间上至少要间隔两天。

对检测数据的统计处理在表1中进行，图2示出了所得结果。其中，裂纹长度是指角裂纹沿试件表面的长度。

表1　裂纹检测结果分析（$1-\alpha=95\%$）

Table 1　Analysis of the results of flaw detection（$1-\alpha=95\%$）

裂纹长度区间 (毫米)	裂纹总数 n	检出裂纹数 S_n	检测概率点估计 $\hat{p}=\dfrac{S_n}{n}$	F分布的上自由度 $f_1=2(n-S_n+1)$	F分布的下自由度 $f_2=2S_n$	F分布的上侧百分位点 x $P\{F>x\}=\alpha$	检测概率的置信下限 $P_L=\dfrac{f_2}{f_2+f_1 x}$
0.41～0.60	513	158	0.308	712	316	1.18	0.273
0.61～0.80	264	152	0.576	226	304	1.23	0.522
0.81～1.00	111	95	0.856	34	190	1.49	0.789
1.01～1.20	157	141	0.898	34	282	1.47	0.849
1.21～1.40	191	175	0.916	34	350	1.46	0.876
1.41～1.60	225	213	0.947	26	426	1.52	0.915
1.61～1.80	176	169	0.960	16	338	1.68	0.926
1.81～2.00	65	65	1.000	2	130	3.07	0.953

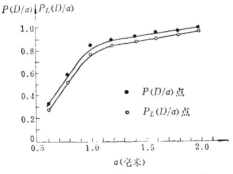

图2　根据检测数据得到的 $P(D/a) \sim a$ 和 $P_L(D/a) \sim a$ 曲线

Fig.2　$P(D/a)$ vs a and $P_L(D/a)$ vs a curves obtained from inspection data

由于在本例中，裂纹可能出现的位置和方向都是确定的，因此检测概率较高。

五、$P(D/a) \sim a$ 曲线型式及简化测定法

由于仔细地测定裂纹检测概率曲线所需的人力、物力和时间都较多，因此，提出一种简化的工程方法。这种方法的基本思想是：除了利用本次试验的测试数据外，要尽量利用已有的资料。具体是：首先根据已有资料确定 $P(D/a) \sim a$ 曲线的型式及其中部分参数，然后取少量试件（如10个左右）在一两个裂纹长度区间内进行检测试验，根据所得结果估计出其余个别参数。文献〔8〕中给出了四种无损检验方法对表面裂纹检测能力的试验曲线，本文也给出了在一定条件下，磁粒法对孔边角裂纹的检测结果，可供参考。

下面，针对三种 $P(D/a) \sim a$ 曲线型式，分别进行说明。

1. YANG-TRAPP 采用的幂函数型[2]

$$P(D/a) = \begin{cases} \left(\dfrac{a-a_1}{a_2-a_1}\right)^m, & a_1 \leqslant a \leqslant a_2 \\ 0, & a < a_1 \\ 1, & a > a_2 \end{cases}$$

式中，a_1、a_2 和 m 为待定常数。a_1 和 a_2 的物理意义十分明显，可以由经验确定。这样，只有 m 需要针对具体情况由试验确定。提请注意的是：a_2 的大小对结果影响较大，为了安全，取值应偏于保守。

2. DAVIDSON 采用的指数函数型[3]

$$P(D/a) = \begin{cases} 0, & a \leqslant a_0 \\ c_1\{1 - \exp[-c_2(a-a_0)]\}, & a > a_0 \end{cases}$$

式中，c_1、a_0 和 c_2 为待定常数。c_1 是一个非常接近于1的数，可以事先选定（如可取 $c_1 = 0.98 \sim 0.99$）。c_1 一般不取1的原因是考虑到这样一个事实：很长的裂纹也可能在实测中被漏检。a_0 的含义明确，可以根据经验选定。这样一来，也只有 c_2 需要通过检测试验确定。

3. HELLER-STEVENS 采用的 WEIBULL 型概率函数[3]

$$P(D/a) = 1 - \exp\left[-\left(\dfrac{a}{c}\right)^b\right], \quad a > 0$$

式中，b 和 c 为待定常数。作为工程近似，可以假定：对于同一种无损检验方法，b 是相同的。只有 c 需要针对具体情况，由试验确定。这种函数的一个优点是：它反映了很小的裂纹也可能偶尔被发现，而很大的裂纹也可能偶尔被漏掉这样一个客观上存在的事实。

至于这三种型式中，何者更符合实际，还有待进一步通过实践证明。但就曲线拟合的一般情况而论，由于前两种型式中包含的参数较多，若所有参数都根据当次实验所得的一组数据估计，则它们拟合实验数据的能力可能要强一些。表2给出了用上述三种函数型式拟合本文实例数据所得的结果。由于是曲线拟合，故给出了剩余标准差的大小，以资比较。图3分别画出了三条拟合曲线。

然而，在上面提出的工程近似方法中，对每种函数型式都只有一个需要由试验估计的

参数。因此，前两种型式的多参数拟合优势就没有了。这时若选用第三种型式，由于有现成的 Weibull 概率坐标纸可用，作图反而方便。

表2 最小二乘法分析结果
Table 2 The results of least square analysis

函 数 型 式	YANG-TRAPP型	DAVIDSON型	WEIBULL型
参数估计值	$a_1 = 0.59$毫米 $a_2 = 1.82$毫米 $m = 0.246$	$a_0 = 0.53$毫米 $c_1 = 0.99$ $c_2 = 3.43$毫米$^{-1}$	$b = 2.06$ $c = 0.87$毫米
剩余标准差	0.058	0.050	0.061

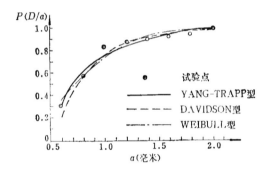

图3 三种型式的 $P(D/a)$ 曲线
Fig. 3 Three types of $P(D/a)$ vs a curve

六、结 束 语

各种无损检验方法都有一定的灵敏度范围，有的在短裂纹范围内有效的方法，在长裂纹范围内，灵敏度可能反而降低[8]。因此，使用中要注意裂纹检测概率曲线的有效范围。

许多无损检验方法的检测能力是与裂纹缺陷面积有关的。在这种情况下，只要将本文中裂纹长度代之以裂纹缺陷面积，本文的统计方法仍可使用。

西北工业大学原五○四教研室的许多同志参加了本文实例中的试验工作，在此一并致谢。

参 考 文 献

[1] 美国军用规范：飞机损伤容限要求 (MIL-A-83444(USAF)1974.7.2) 国外航空技术 总69号 1977。
[2] J. N. Yang and W. J. Jrapp, Reliability Analysis of Aircraft Structures under Random Loading and Periodic Inspection, AIAA. J. Vol. 12, № 12, Dec. 1974.
[3] J. R. Davidson, Reliability and Structural Integrity, NASA TM X-71934, Nov. 1973.
[4] J. N. Yang, Statistical Estimation of Economic Life for Aircraft Structures, J. Aircraft Vol. 17, № 7, July, 1980.
[5] P. F. Packman, J. K. Malpani, F. M. Wells, Probability of Flaw Detection for Use in Fracture Control Plans, Strength and Structure of Solid Materials, Tokyo, 1976, 127-143.
[6] J. K. Malpani, Reliability of Flaw Detection by Nondestructive Inspection and Its Application to

Fracture Mechanics Design and Life Analysis, D. Phil. Thesis, University of Vanderbilt, 1976.
[7] A. Hald, Statistical Theory with Engineering Application, New York, 1955.
[8] P. F. Packman, H. S. Pearson, J. S. Ouens, and G. Young, Definition of Fatigue Cracks through Nondestructive Testing, J. Materials, Vol. 4, № 3, Sept. 1969.
[9] R. A. Heller and G. H. Stevens, Bayesian Estimation of Crack Initiation Time from Service Data, J. Aircraft, Vol. 15, № 11, 1978.

STATISTICAL DETERMINATION OF A FLAW DETECTION PROBABILITY CURVE

Lin Fujia and Huang Yushan

(Northwestern Polytechnical University)

Abstract

The reliability prediction and damage tolerance analysis of aircraft structures based on the principles of fracture mechanics require the knowledge of the ability of flaw detection. A statistical method for determining the flaw detection probability curve is developed and a test technique for obtaining independent flaw detection data is described in this paper. Based on these data and a formula proposed in this paper, the confidence lower limit of the flaw detection probability with the given confidence level for an arbitrary size of a sample and for an arbitrary value of the detection probability can be calculated merely with the help of the table of F-distribution. The presented formula occurs exact and simple in comparison with other approximate formulas proposed by some authors.

As an example, the flaw detection probability curve with 95% confidence is given, which comes from the results of inspecting corner flaws at holes in 50 specimens. The specimens were made of steel 45 and the magnetic-particle technique was applied for non-distructive inspection.

Finally, the simplified method for determining the flaw detection probability curve is also discussed.

脉动拉伸载荷作用下的塑性区研究
——弹塑性有限元解

杨本兴　傅祥炯　汤玄春　黄玉珊

(西北工业大学)

提要 本文采用加权平均弹塑性矩阵增量变刚度法，集中讨论处于脉动拉伸载荷作用下不同材料的平面应力中心裂纹板的塑性区特性，比较了有限元结果和理论、经验结果，找到了影响塑性区的主要因素，建议了准确度较好的模型和公式，考虑了裂纹尖端元素细化和分布密度的影响。

基本符号表

$E, \nu, \sigma_y, \sigma_b$	材料的弹性模量、泊松比、屈服应力和强度极限；
H', n, n'	材料的硬化模量、单调应变硬化指数和循环应变硬化指数；
K_1	I型裂纹应力强度因子；
$\sigma_x, \sigma_y, \tau_{xy}$	平面应力状态各应力分量；
σ_x', σ_y'	应力偏量；
$\bar{\sigma}, d\bar{\sigma}$	等效应力和等效应力增量；
$\Delta\varepsilon_x, \Delta\varepsilon_y, \Delta\gamma_{xy}$	应变分量增量；
$d\bar{\varepsilon}_p$	等效塑性应变增量；
$[D]_e, [D]_{ep}, [\bar{D}]_{ep}$	应力-应变关系的弹性矩阵、弹塑性矩阵和加权平均弹塑性矩阵；
$\{\delta\}$	各节点的位移列阵；
$\{R\}$	各节点的载荷列阵；
CST	常应变三角形元素；
LST	线性应变三角形元素；

一、前　言

疲劳裂纹扩展(FCP)速率的确定，是断裂力学设计方法的重要组成部分，也是航空

本文于1981年12月1日收到。
* 本文曾于1981年10月在第三届全国断裂力学学术会议上宣读。

等工程部门急需解决的问题．但FCP规律的研究涉及的范围很广，问题很多[1]． 按照石桥三原则[2]，首先研究塑性区的形状和尺寸以及其内的应力、应变分布是非常重要的．通过塑性区的计算可以获得FCP速率公式． 近廿年来，有好些作者[3-9]都在试图使FCP速率与裂纹尖端塑性区联系在一起．

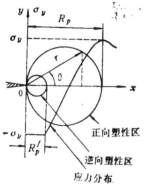

图 1 假想的塑性区模型

假设一个在脉动拉伸载荷作用下的塑性区模型，如图1所示．图中R_p与R_p'分别称为正向与逆向塑性区尺寸．就目前而言，理论和实验研究对塑性区的形状和尺寸不尽统一．以平面应力状态I型中心裂纹板为例，从表1中我们可以发现这一点．

由于计算公式的不统一，怎样根据具体情况正确选用计算公式就成为一个问题．于是，在弹塑性断裂力学中提出了采用弹塑性有限元法研究塑性区特性方法．目前，这种研究在国内外日益受到重视．国内，复旦大学欧阳鬯教授首先用增量初应力法对单调拉伸载荷作用下的中心裂纹板进行了弹塑性分析计算[12]．国外，宫本博等人在塑性区、裂纹尖端张开位移COD、J积分、裂纹扩展过程、 高载迟滞等方面的计算研究已取得可喜的进展[13-16]． 然而，这些有限元结果都是建立在Von. Mises屈服准则基础上的．对于应用Tresca屈服准则进行弹塑性断裂力学有限元计算较少．S. C. Anand等人[17-18]只对理想弹塑性材料双V型切口薄板进行了分析计算．综上所述，裂纹尖端的塑性区特性，仍然值得进一步研究．

本文采用加权平均弹塑性矩阵增量变刚度法，集中讨论处于脉动拉伸载荷作用下的不同材料的平面应力中心裂纹板塑性区特性，并将有限元结果与各种理论、经验公式比较，以寻找影响塑性区的主要因素和准确度较好的模型与公式．进而为用有限元法计算

表 1 平面应力状态塑性区计算公式　　表中 θ 为图1中所示角度，$\Delta K_I = K_I = \sigma\sqrt{\pi a}$

A、按不同模型得到的塑性区尺寸公式[1,7,10]

作者	模型	正向塑性区尺寸 R_p 计算公式 ($\theta=0$)	逆向塑性区尺寸 R_p'	塑性区尺寸比 $q_p = \dfrac{R_p'}{R_p}$
Irwin	线弹性断裂力学解二次塑性区修正	$\dfrac{1}{\pi}\left(\dfrac{K_I}{\sigma_y}\right)^2 = 0.318\left(\dfrac{K_I}{\sigma_y}\right)^2$		
Dugdale	Dugdale模型	$a\left(\sec\dfrac{\pi\sigma}{2\sigma_y}-1\right)$，$\sigma$较大时 $\dfrac{\pi}{8}\left(\dfrac{K_I}{\sigma_y}\right)^2$，当 $\sigma \ll \sigma_y$ 时		
Barenblatt	Barenblatt模型	与Dugdale结论相同		
Rice	BCS	$\dfrac{\pi}{8}\left(\dfrac{K_I}{\sigma_y}\right)^2 = 0.392\left(\dfrac{K_I}{\sigma_y}\right)^2$	$\dfrac{\pi}{32}\left(\dfrac{\Delta K_I}{\sigma_y}\right)^2$	$\dfrac{1}{4}\left(\dfrac{\Delta K_I}{K_I}\right)^2$
Antolovich	Antolovich模型		$A\left(\dfrac{\Delta K_I}{\sigma_y}\right)^{2+q}$	

B、按不同屈服准则的塑性区公式[11]

屈服判别准则	塑性区边界上等效应力 σ_e	作者	塑性区范围 $\omega = \frac{1}{\pi}(K_I/\sigma_e)^2 f(\theta)$	正向塑性区尺寸 $R_p = \omega_{\theta=0}$	最大范围尺寸 ω_{max}
Mises 条件	$1.154\sigma_y$	Rice Hutchinson	$0.239(K_I/\sigma_y)^2\cos^2\frac{\theta}{2}\left[1+\sin\frac{\theta}{2}\sin\frac{3\theta}{2}\right]^2$ $0.239(K_I/\sigma_y)^2 \times \left[\cos^2\frac{\theta}{2}+\frac{3}{4}\sin^2\theta\right]$	$0.239 \times (K_I/\sigma_y)^2$	$0.40(K_I/\sigma_y)^2$ $0.32(K_I/\sigma_y)^2$
八面体剪应力条件	$0.94\sigma_y$	Liu	$0.358(K_I/\sigma_y)^2\cos^2\frac{\theta}{2} \times \left[1+3\sin^2\frac{\theta}{2}\right]$	$0.358 \times (K_I/\sigma_y)^2$	$0.47(K_I/\sigma_y)^2$
Tresca 条件	σ_y	Paris	$0.318(K_I/\sigma_y)^2\cos^2\frac{\theta}{2} \times \left[1+\sin\frac{\theta}{2}\sin\frac{3\theta}{2}\right]^2$	$0.318 \times (K_I/\sigma_y)^2$	$0.54(K_I/\sigma_y)^2$
塑性内聚力条件	—	Tomkins	$0.392(K_I/\sigma_y)^2$ (在$\theta=\pm 45°$)	—	$0.392 \times (K_I/\sigma_y)^2$

FCP 速率做好准备工作. 作者对逆向与正向塑性区尺寸之间的关系和裂纹尖端元素细化及元素分布密度的影响表明了自己的看法.

二、使用有限元法的计算过程

1. **计算方案选择** 目前,适用于小变形的弹塑性有限元增量变刚度法业已成熟[19, 20, 21, 14]. 本文只是在如何选择元素、如何分元及具体计算内容和方法上表明自己的想法.

本文选用 CST 元素,而不是 LST 元素[22]. 考虑裂纹尖端元素适当的细化, 取最小元素尺寸与半裂纹长度的比值为 0.03125 和 0.025 两种. 这些尺寸与逆向塑性区尺寸的理论值相当. 元素分布密度从裂纹尖端起阶梯地减小.

采用加权平均弹塑性矩阵增量变刚度法,允许较大的载荷增量和多个元素同时屈服. 这与宫本博[13]、山田[14]等人采用较小的变增量载荷和逐个元素屈服的方法是不同的. 可能出现的局部弹、塑性卸载采取了必要的技术措施. 在第一个元素屈服以后,载荷再等间隔地增加 15 次,直到峰值. 然后,是总体依次卸载到零. 而加权因子采用 4 次迭代求解.

为了便于与很多理论、经验公式比较. 本文选用理想弹塑性材料和硬化程度不高的材料. 另外,也选用了由实验测得应力-应变曲线的材料.

2. **增量变刚度法的基本方程及解法** 弹塑性问题与弹性问题不同的是应力-应变关系的非线性. 在非简单加载条件下,可用塑性增量流动理论. 材料的非线性由 Prandtl-

Reuss 公式表示为

$$d\varepsilon_{ij} = \sigma_{ij}'d\lambda + \frac{d\sigma_{ij}'}{2G} \tag{1}$$

式中 $d\lambda$ 为比例因子，由下式确定

$$d\lambda = \frac{3}{2} \frac{d\bar{\varepsilon}_p}{\bar{\sigma}} \tag{2}$$

(1) 式仅适用于 $d\lambda > 0$，即加载情况。而当 $d\lambda \leqslant 0$，即塑性区卸载和中性变载时，只能用表示线弹性关系的 Hooke 定律

$$\varepsilon_{ij} = \frac{\sigma_{ij}'}{2G} + \frac{\delta_{ij}(1-2\nu)\sigma_{ii}}{3E} \tag{3}$$

的微分形式.

对材料的屈服和硬化特性，采用 Von. Mises 屈服准则和材料硬化规律

$$\bar{\sigma} = H\left(\int d\bar{\varepsilon}_p\right) \tag{4}$$

微分后，即有

$$H' = \frac{d\bar{\sigma}}{d\bar{\varepsilon}_p} \tag{5}$$

这样，我们便可得到增量形式的线性化应力-应变关系式

$$\Delta\{\sigma\} = [D]\Delta\{\varepsilon\} \tag{6}$$

式中应力-应变矩阵 $[D]$ 由元素所在的区域确定

$$[D] = \begin{cases} [D]_e & \text{在弹性区中} \\ [D]_{ep} & \text{在塑性区中} \\ [D]_{ep} & \text{在过渡区中} \end{cases} \tag{7}$$

$[D]_{ep}$ 和 $[D]_{ep}$ 与应力水平有关。对于平面应力问题存在下列各式

$$[D]_e = \frac{E}{1-\nu^2}\begin{pmatrix} 1 & \nu & 0 \\ \nu & 1 & 0 \\ 0 & 0 & (1-\nu)/2 \end{pmatrix} \tag{8}$$

$$[D]_{ep} = [D]_e - [D]_p \tag{9}$$

$$[D]_p = \frac{E}{Q(1-\nu^2)}\begin{pmatrix} (\sigma_x'+\nu\sigma_y')^2 & (\sigma_x'+\nu\sigma_y')(\sigma_y'+\nu\sigma_x') & (1-\nu)(\sigma_x'+\nu\sigma_y')\tau_{xy} \\ & (\sigma_y'+\nu\sigma_x')^2 & (1-\nu)(\sigma_y'+\nu\sigma_x')\tau_{xy} \\ & & (1-\nu)\tau_{xy}^2 \end{pmatrix} \tag{10}$$

式中

$$Q = \left(\sigma_x'^2 + \sigma_y'^2 + 2\nu\sigma_x'\sigma_y' + 2(1-\nu)\tau_{xy}^2 + \frac{2H'(1-\nu)\bar{\sigma}^2}{9G}\right) \tag{11}$$

而

$$[D]_{ep} = S[D]_e + (1-S)[D]_{ep} \tag{12}$$

式中 S 为加权因子，定义为

$$S = \frac{\Delta\bar{\varepsilon}_s}{\Delta\bar{\varepsilon}_{es}} \tag{13}$$

其中 $\Delta\bar{\varepsilon}_s$ 是为了达到屈服所需要的等效应变增量，$\Delta\varepsilon_{es}$ 是估计的当前加载所引起的等效应变增量. 于是，增量变刚度法的基本方程为

$$[K(\sigma_{ij})]\Delta\{\delta\} = \Delta\{R\} \qquad (14)$$

此处 $[K(\sigma_{ij})]$ 是与应力分量 σ_{ij} 水平有关的刚度矩阵. 直接求解之，我们就能求出逐次加载和卸载，直到载荷终了时的位移、应力、应变场. 再按 Von. Mises 屈服准则，判断出塑性区并研究其特性. 解题的进行过程见图2. 为了保证计算精度，对于计算过程中出现的局部弹性卸载、塑性卸载及中性变载情况采用返回到前一步重新计算的技术处理.

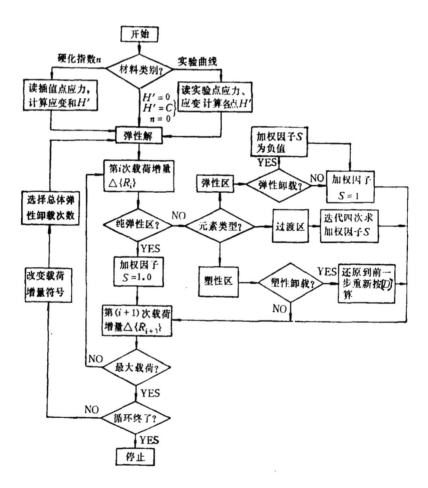

图 2 解题顺序流程图

应该指出，对于卸载状态，裂纹可能会出现闭合现象，造成边界上处理的困难. 对于本文所考虑的脉动拉伸载荷，是先假定卸载过程中直到卸载完毕均不发生闭合现象，因而裂纹面无压缩载荷而进行计算的. 实际计算结果表明，作没有闭合现象发生的假定

是正确的.

另外，本文还假定材料是各向同性的，不考虑鲍辛格效应.

3. 几种情况计算

1) 计算模型 试件形状见图3. 试件尺寸为 $80 \times 48 \times 1$ mm. 半裂纹长度为 $a = 1.0, 1.25$ mm，考虑对称性，取四分之一板作计算模型. 分 343 个 CST 元素，204 个节点. 最小元素尺寸 $h_{min} = 0.03125$ mm. 裂纹尖端元素尺寸的选择和分布如图4所示.

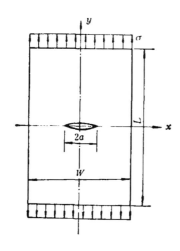

图 3 试件形状

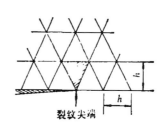

图 4 裂纹尖端元素分割. 带斜线元素应力最集中. h 表示底边和高度相等的 CST 元素尺寸.

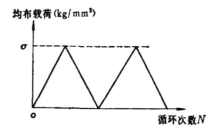

图 5 载荷特性

2) 载荷情况 载荷形式 如图 5 所示，为"拉伸-零"脉动载荷.

用于钢：$\sigma = 20$ kg/mm²,

载荷比：$\sigma/\sigma_y = 0.55$

用于铝合金：

$\sigma = 15.3$ kg/mm²,

载荷比：$\sigma/\sigma_y = 0.41$

3) 材料情况 选四种材料供计算.

a) 类软钢 SS 41（日本）

b) 钢 20

c) 铝合金 2024（美国）

d) 铝合金 LY 12

各种材料的应力-应变曲线见图 6—8. 虚线表示假想的理想弹塑性材料.

对于铝合金材料，我们假定它们是遵守 Ramberg–Osgood 硬化规律的，应力应变关系为

$$\varepsilon = \sigma/E + K(\sigma/\sigma_y)^N \tag{15}$$

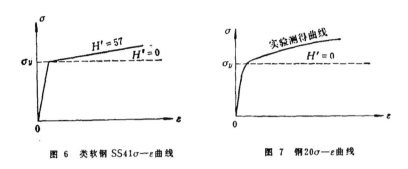

图 6 类软钢 SS41 $\sigma-\varepsilon$ 曲线　　图 7 钢 20 $\sigma-\varepsilon$ 曲线

其中 K 为常数，且 $K = \dfrac{3}{7}\dfrac{\sigma_y}{E}$，而 N 为硬化指数，其对应的应变硬化指数 $n \approx \dfrac{1}{N}$。

4）综合情况　计算的六种不同情况，列于表2中．其中第Ⅳ-2-1情况仅用于计算验证弹性模量 E 对理想弹塑性材料的塑性区有无影响．

表 2 计 算 情 况 一 览 表

情况编号 №	材料名称	材料机械性能						半裂纹长度 a (mm)	外载均布力 σ (kg/mm²)	载荷特性	应力强度因子 K_1 (kg/mm^{3/2})	备注
		E (kg/mm²)	ν	σ_y (kg/mm²)	H' (kg/mm²)	n	σ_b (kg/mm²)					
Ⅰ-1-1	类软钢 SS41（日本）	21000	0.3	36.3	57.0	/		1.0	20.0	脉动拉伸	19.3	与宫本博[13]比较
Ⅰ-2-1	钢 20	21000	0.3	36.3	0.0	/		1.25	20.0	同上	22.4	
Ⅰ-2-2	钢 20	21000	0.3	36.3	由曲线算出	/	65.4	1.25	20.0	同上	22.4	实验测得曲线
Ⅱ-2-1	铝合金 2024（美国）	6975	0.34	37.0	0.0	0.0	50.0	1.25	15.3	同上	17.2	按 Ramberg-Osgood 公式
Ⅱ-2-2	铝合金 2024（美国）	6975	0.34	37.0	由曲线算出	0.05		1.25	15.3	同上	17.2	同上
Ⅳ-2-1	铝合金 LY 12	6975	0.3	36.3	0.0	0.0		1.25	20.0	同上	22.4	算得的塑性区同于Ⅰ-2-1

三、结果分析比较

1. 塑性区中的应力、应变特性　各计算结果均以裂纹尖端为原点，沿裂尖前方板的对称轴为横轴,而坐标纵轴表示图3中裂纹尖端附近紧挨着 x 轴的三角形元素重心所对应的应力和应变.

图9(a)、(b)表示情况Ⅰ-1-1载荷加载到峰值时,裂纹尖端前方的应力和应变分布,并与线弹性断裂力学解进行了比较. 可以看出,正向塑性区中应力变化较为平缓,而应变的变化,特别是 e_y 在靠近裂纹尖端处显得非常大. 这与Hutchinson理论[23]认为应变具有奇异性的观点是一致的.

图10(a)、(b)表示情况Ⅰ-1-1由载荷 $\sigma = 20 \text{ kg/mm}^2$ 状态卸载到零的情况下,裂

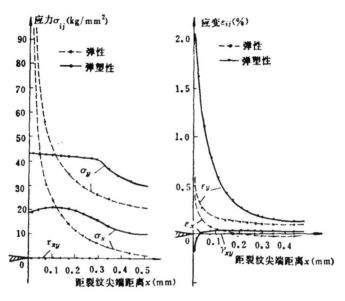

(a) 裂纹尖端前方应力分布　　(b) 裂纹尖端前方的应变分布

图9　Ⅰ-1-1靠近 x 轴元素的应力、应变分布(加载到峰值)

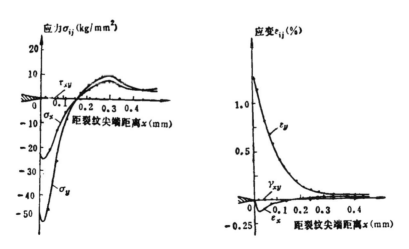

(a) 裂纹尖端前方的应力分布　　(b) 裂纹尖端前方的应变分布

图10　Ⅰ-1-1靠近 x 轴元素的应力、应变分布(卸载到零)

纹尖端前方的应力和应变分布。在远离裂纹尖端处尽管没有应力载荷，但是在裂纹尖端附近则有压缩应力，原正向塑性区中有六个元素受压后再次屈服，产生逆向塑性区。这是由于加载时产生的永久变形所致。

比较图11和图12就可看出，材料的应变硬化会使塑性区中的应力分布缓和程度减少。在卸载时，由于逆向塑性区较小，故裂纹尖端附近的应力变化较大，如图10(a)、11(b)和12(b)所示。

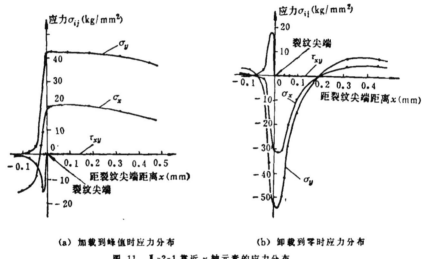

(a) 加载到峰值时应力分布　　(b) 卸载到零时应力分布

图11　Ⅱ-2-1靠近 x 轴元素的应力分布

由图11(a)、(b)和12(a)、(b)还能看出，除靠近裂纹尖端外，裂纹面上的应力 σ_y 总趋于零值。这说明裂纹尖端有钝化现象，且全部卸载时，本计算中裂纹面没有闭合现象。

2．裂纹尖端元素细化的影响　裂纹尖端存在塑性区，其中各应力分布比较缓和。

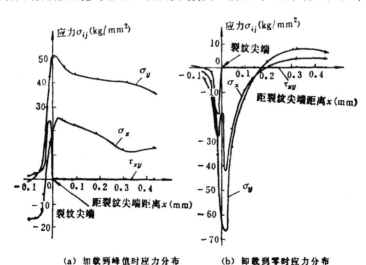

(a) 加载到峰值时应力分布　　(b) 卸载到零时应力分布

图12　Ⅱ-2-2靠近 x 轴元素的应力分布

在这种情况下,用弹塑性有限元计算时,元素的粗细划分对结果有无影响呢?计算结果表明,在一定范围内是有影响的.

对情况 I-1-1,宫本博[13], 在计算时取 $h_{min} = 0.125$ mm, 裂纹尖端没有逆向塑性区元素出现.而且,应力分布也与实际情况和理论值不符.本文仅取 $h_{min} = 0.03125$ mm,为宫本博取值的 1/8. 由图 13(a)可看出,在裂纹尖端出现了六个逆向塑性区元素.其原因就是裂纹尖端元素细化提高了计算精度.

但细化到什么程度呢?根据本文的计算结果,最小元素尺寸不必过细,而应与逆向

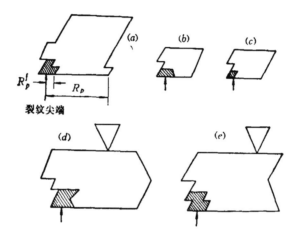

(a) 情况 I-1-1　(b) 情况 I-2-1　(c) 情况 I-2-2　(d) 情况 II-2-1　(e) 情况 II-2-2

图 13　裂纹尖端塑性区

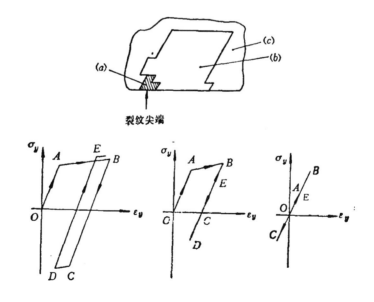

(a) 在逆向塑性区中　(b) 在正向塑性区中　(c) 在弹性区中

图 14　　理想化的裂纹尖端附近元素滞回线

塑性区尺寸相当,且元素分布密度从裂纹尖端起要按一定规律递减. 当观察到计算的逆向与正向塑性区尺寸之比接近理论值的 1/4 时,就会感到这样的网格优化原则[24]是适宜的.

3. 塑性区范围 图 13 各图分别表示各种情况的塑性区变化型式. 其中粗线围着的白色部分表示第一次加载到峰值时屈服的区域,即正向塑性区. 在粗线以外为弹性区. 中间阴影部分则表示由于卸载阶段而处于压应力状态的屈服区域,即逆向塑性区. 各区域的滞回线则如图 14. 从图 13 可看出,裂纹尖端前方沿 x 轴的正向塑性区范围与逆向塑性区范围所包围的面积 S_p 及 S_p^f. 现将它们列于表 3.

表 3 有限元法计算的塑性区尺寸与面积

项目 情况代号	正向塑性区 尺寸 R_p(mm)	逆向塑性区 尺寸 R_p^f(mm)	正向塑性区 面积 S_p(mm²)	逆向塑性区 面积 S_p^f(mm²)	面积比 S_p^f/S_p	塑性区尺寸比 $q_p = \frac{r_p^f}{r_p} \approx \sqrt{\frac{S_p^f}{S_p}}$
I-1-1	0.281	0.031	0.069	0.0029	0.0418	0.20
I-2-1	0.375	0.063	0.115	0.0049	0.0425	0.21
I-2-2	0.375	0.031	0.101	0.0039	0.0388	0.20
II-2-1	0.125	0.031	0.021	0.0014	0.0697	0.26
II-2-2	0.125	0.0	0.021	0.00 0	0.0476	0.22
IV-2-1	0.375	0.063	0.115	0.0049	0.0425	0.21

同时,按一些理论、经验公式[1,10,11,25]计算的塑性区尺寸列于表 4 中. 这里只考虑与各种情况对应的理想弹塑性材料. 逆向塑性区尺寸 R_p^f 和正向塑性区尺寸 R_p 之比 R_p^f/R_p,按 Rice 由 BCS 模型得出的结论[10],在脉动拉伸载荷下应该为 1/4.

我们只要分析一下表 3 和表 4 的结果就可见到,本文提供的有限元计算结果与一定的理论、经验公式有较好的一致性.

对于正向塑性区尺寸 R_p,情况 I-1-1、I-2-1 与 Paris 或 Irwin 公式非常吻合,而情况 II-2-1 和 II-2-2 则与 Hutchison 或 Rice 公式吻合. 总的说来,在我们所考虑的情况下,有限元结果比 BCS 和 Dugdale 模型小. 但对 Antolovich 模型[7]

$$R_p^f = A\left(\frac{\Delta K_1}{\sigma_y}\right)^{2+q} \tag{16}$$

若其中的参数 A 和 q 依不同的载荷、裂纹几何和材料情况而改变,则能取得良好的一致性.

对逆向塑性区尺寸 R_p^f,有限元计算结果均小于 BCS 模型理论值,且比值 R_p^f/R_p 也找不到什么规律性. 这是由于有限元法得到的塑性区形状与实际形状不完全相符的缘故. 故应作适当的处理. 根据宫本博的结果[13],有限元计算的塑性区面积与 BCS 模型的塑性区尺寸有下列关系

$$\left.\begin{array}{l} S_p \propto R_{pB}^2 \\ S_p^f \propto R_{pB}^{f2} \end{array}\right\} \tag{17}$$

表 4 理论或经验公式计算的塑性区尺寸 $K_I = \sigma\sqrt{\pi a}$

情况	项目 作者	正向塑性区尺寸R_p的计算公式	正向塑性区尺寸 R_p (mm)	正向与逆向塑性区尺寸比 $q_p = R_p^f/R_p$
Ⅰ-1-1 对应	Rice and Hutchinson	$0.239(K_I/\sigma_y)^2$	0.23	0.25
	Paris	$0.318(K_I/\sigma_y)^2$	0.30	0.25
	Liu	$0.358(K_I/\sigma_y)^2$	0.34	0.25
	Rice 按 BCS 模型	$0.392(K_I/\sigma_y)^2$	0.37	0.25
	Irwin	$0.318(K_I/\sigma_y)^2$	0.30	0.25
	Dugdale	$a\left[\sec\left(\dfrac{\pi\sigma}{2\sigma_y}\right)-1\right]$	0.54	0.25
与 Ⅱ-2-1 和 Ⅱ-2-2 对应	Rice and Hutchinson	$0.239(K_I/\sigma_y)^2$	0.29	0.25
	Paris	$0.318(K_I/\sigma_y)^2$	0.38	0.25
	Liu	$0.358(K_I/\sigma_y)^2$	0.43	0.25
	Rice 按 BCS 模型	$0.392(K_I/\sigma_y)^2$	0.47	0.25
	Irwin	$0.318(K_I/\sigma_y)^2$	0.38	0.25
	Dugdale	$a\left[\sec\left(\dfrac{\pi\sigma}{2\sigma_y}\right)-1\right]$	0.67	0.25
与 Ⅲ-2-1 和 Ⅲ-2-2 对应	Rice and Hutchinson	$0.239(K_I/\sigma_y)^2$	0.16	0.25
	Paris	$0.318(K_I/\sigma_y)^2$	0.22	0.25
	Liu	$0.358(K_I/\sigma_y)^2$	0.24	0.25
	Rice 按 BCS 模型	$0.392(K_I/\sigma_y)^2$	0.27	0.25
	Irwin	$0.318(K_I/\sigma_y)^2$	0.22	0.25
	Dugdale	$a\left[\sec\left(\dfrac{\pi\sigma}{2\sigma_y}\right)-1\right]$	0.25	0.25

式中 R_{pB}、R^f_{pB} 分别为 BCS 模型的正向与逆向塑性区尺寸. 于是, 按 (17) 式可对有限元计算定义等效的逆向与正向塑性区尺寸 r_p^f 和 r_p, 其比值为

$$q_p = \frac{r_p^f}{r_p} \approx \sqrt{\frac{S_p^f}{S_p}} \tag{18}$$

对于计算中假想的理想弹塑性材料情况 Ⅱ-2-1 与 Ⅲ-2-1, 其 q_p 的平均值 $\bar{q}_p = 0.235$, 很接近理论值. 对于诸硬化材料, q_p 的平均值为 $\bar{q}_p = 0.21$, 比值下降. 在类似条件下, 宫本博等人获得的比值 $\bar{q}_p = 0.17$. 这说明本文虽然用了不同的方法, 但计算结果精度是较高的.

比较情况 Ⅱ-2-1 与 Ⅳ-2-1 可知, 在理想弹塑性材料情况下, 弹性模量 E 对塑性区尺寸和范围无影响. 从诸情况来看, 泊松比 ν 影响甚微, 而应力比 σ/σ_y 则对选择公式有决定性影响. 当应力比在 0.4 左右时, 选 Hutchison 公式较好, 在 0.5 左右时, 选

Paris 或 Irwin 公式较好. 当应力比更高时,选 Dugdale 或 BCS 模型较好. 屈服极限 σ_y 本身对塑性区也有影响. 当 σ_y 升高时,即材料变得较脆时,塑性区尺寸减小. 应变硬化指数 n 或硬化模量 H' 对正向塑性区尺寸 R_p 影响较小,但对逆向塑性区尺寸 R_p' 和正向与逆向塑性区面积 S_p 和 S_p' 影响较大. 随着 n 或 H' 增加,$q_p = \dfrac{r_p'}{r_p}$ 值下降.

将情况 II-2-1 与 II-2-2 同 Lal 等人[25,11]考虑铝合金 2024 材料应变硬化和循环特性的模型比较时,发现一致性尚好. 在 Lal 等人的文章中有

$$R_p^n = (\sigma/\sigma_y)^{2+n} a \qquad (19)$$
$$R_p^{n'}/R_p^n = U^{2+n'} \qquad (20)$$

上二式中 R_p^n、$R_p^{n'}$ 和 $R_p^{n'}$ 分别为铝合金 2024 硬化材料非循环加载塑性区尺寸、循环加载正向与逆向塑性区尺寸. 当硬化程度较小时,$n' \approx n$,$R_p^n \approx R_p^{n'}$. U 为有效应力范围因子,对该材料的裂纹在脉动拉伸载荷作用时,他们假定为 $U = 0.5$. 于是得

当 $n = 0.0$ 时,$R_p^0 = 0.214$ mm,$R_p^{0'}/R_p^0 = 0.25$;

当 $n' \approx n = 0.05$ 时,$R_p^n = 0.205$ mm,$R_p^{n'}/R_p^n = 0.241$.

4. 裂纹尖端张开位移 (COD) 特性 图 15 表示情况 I-1-1 在载荷加载到峰值和卸载到零时,裂纹面变化情况. 图中 V_L 和 V_U 曲线分别表示加载和卸载情况. 由 V_L 曲线看出,若进一步加反向载荷,裂纹面闭合的趋势与 Elber[8]所指出的裂纹闭合现象是一致的.

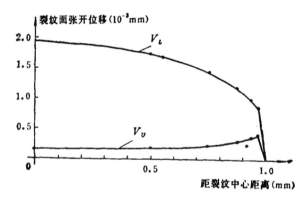

图 15 I-1-1 裂纹张开位移

四、结　论

1) 采用弹塑性有限元计算的网格优化原则应当是:裂纹尖端元素最小尺寸与逆向塑性区尺寸相当,且元素分布密度从裂纹尖端起递减.

2) 本文计算的塑性区尺寸与一定的理论、经验公式一致,其中的应力、应变分布合理.

3) 影响塑性区的主要因素是 a、σ_y 和 σ/σ_y. 应力比 σ/σ_y 对选择适当的计算公式起着重要作用.

4) 可以证实，对理想弹塑性材料，在脉动拉伸载荷时，Rice 由 BCS 模型得出的逆向与正向塑性区尺寸之比 $q_p = 1/4$ 的结论基本正确．但随着材料硬化增加，该比值下降．

5) 应变硬化指数 n 或硬化模量 H' 对正向塑性区尺寸 R_p 影响不显著，但对逆向塑性区尺寸 $R_p{}'$ 和塑性区面积 S_p 和 $S_p{}'$ 影响较为明显．这与 Rice J. R. 和 Rosengren G. F. 的结论[26]是一致的．

6) 考虑过渡区元素，并采用加权平均弹塑性矩阵 $[\overline{D}]_{ep}$ 能提高计算精度．

参 考 文 献

[1] Broek D., Elementary Engineering Fracture Mechanics, Noordhoff International Publishing, Leyden (1974).
[2] 石桥正，金属の破坏に关する研究の近况についての展望，日本机械学会志，66—528(1963), 16—24.
[3] Dugdale D. S., Yielding of Steel Sheets Containing Slits, J. Mech. Phys. Solids, 8 (1960), 100—111.
[4] Hahn G. T., Hogland R. G. and Rosenfield A. R., Local Yielding Attending Fatigue, Metallurgical Trans. 3 (1977), 1189.
[5] Yokobori T., Sato K. and Yanayuchi, X-ray Microbeam Studies on Plastic Zone at th Tip of Fatigue Crack, Research Rep., Institute of Structural Fracture Materials, Tokoku University.
[6] Lal K. M. and Garg S. B. L., A Fatigue Crack Propagation Model for Strain Hardening Materials, Engng. F. M. 9 (1977), 937—949.
[7] Antolovich Stephen D., Salena A. and Chanani Govind R., A Model for Fatigu Crack Propagation, Engng. F. M., 7 (1975), 649—652.
[8] Elber W., Fatigue Crack Closure under Cyclic Tension, Engng. F. M., 2 (1970), 37—45.
[9] Elber W., Damage Tolerance in Aircraft Structures, ASTM STP 480, American Society for Testing and Materials, Philadelpha(1977), 230—242.
[10] Rice J. R., Fatigue Crack Propagation, ASTM Sec. Publ. 415(1967), 247.
[11] Lal K. M. and Gary S. B. L., On the Evaluation of Monotonic and Cyclic Plastic Zone, Engng. F. M., 9 (1977), 433—442.
[12] 欧阳鬯，用增量法求解非线性断裂力学问题，1976 年北京断裂力学交流会第二次会议文集，277.
[13] 宫本博，有限要素法と破坏力学，培风馆(1972)，(杨秉宪、王幼复、马和中译，1977)，第四—五章.
[14] Yamada Y., Yoshimura N. and Sakurai T., Plastic Stress-Strain Matrix and Its Application for the Solution of Elastic-Plastic Problems by the Finite Element Method, Int. J. Mech. Sci., 10(1968), 343—354.
[15] Walton D., Woodman N. J. and Ellison, A Finite Element Method Applied to Predicting Fatigue Crack Growth, J. Strain Anal. 8, 4 (1973), 294—304.
[16] Miyamoto H. and Skiratori M., Effects of a Peak Overload on Fatigue Crack Propagation Rate-Plane Stress Analysis of Cracked Plate by Finite Element Method—, Me-

chanical Behavior of Materials (1973).

[17] Anand S.C., Direct Solution vs Quadratic Programing Technique in Elastic-Plastic Finite Element Analysis, Com. & Stru. 7 (1977), 221—228.

[18] Anand S.C., Finite Element Analysis of Elastic-Plastic Plane Stress Problems Based upon Tresca Yield Criterion, Ingenieur Archiv, 39 (1970), 73—76.

[19] Zienkiewicz O.C. and Cheung Y.K., The Finite Element Method in Structural and Continuum Mehanics, McGraw-Hill (1967).

[20] Argris J.H. et al, The Elastic-Plastic Calculation of General Structure and Continua, Proc. 3rd Conf. on Dimensioning, Budapest (1968).

[21] 李大潜，有限元素法(续)，科学出版社(1978).

[22] Anand S.C. and Shan Roger H.H., Use of LST Elements in Elastic-Plastic Solutions, Computer Meth. in Appl. Mech. and Eng. 15 (1978), 1—12.

[23] Hutchison J.W., Plastic Stress and Strain at a Crack Tip, J. Mech. Phys. Solids, 16 (1968), 337—348.

[24] Fleming J.F., Guydish J.J., Pentz J.R., Runnion C.E. and Anderson G.P., The Finite Element Method vs the Edge Function Method for Linear Fracture Analysis, Engng. F.M. 13 (1980), 43—56.

[25] Lal K.M. and Garg S.B.L., Plastic Zones in Fatigue, Engng. F.M. 13, 2 (1980), 407—443.

[26] Rice J.R. and Rosengren G.F., Plane Strain Deformation near a Crack Tip in a Power-Law Hardening Material, J. Mech. Phy. Sol., 16 (1968), 1.

AN INVESTIGATION OF THE PLASTIC ZONE UNDER A PULSE TENSILE LOADING BY THE ELASTIC - PLASTIC FEM

Yang Ben—xing, Fu Xiang—jiong

Tang Xuan—chun and Huang Yu—shan

(Northwestern Polytechnical University)

Abstract

A deep-going investigation on the characteristics of the plastic zone in a cracked body is very important for the study of the Fatigue Crack Propagation (FCP) Law. In this paper, the increment method of stiffness variation with the mean weighted elastic-plastic matrix is used mainly to discuss the characteristics of the plastic zone of the plane stress plates of different materials having a crack in their center under a pulse tensile load. Results of calculation by the FEM are compared with theoretical and experimental formulae in order to find the principal factors affecting the plastic zone and fairly accurate models or formulae. The FEM mesh optimization for elastic-plastic problems is considered.

本文的完成与 504 教研室葛守廉、孙桑等的热情帮助是分不开的。作者在此向他们致以衷心的感谢。

疲劳和断裂的关系

第一研究室　黄玉珊

我国在飞机寿命问题上，有按疲劳处理的，也有按断裂力学处理的，办法不一。在贯彻中共中央关于召开全国科学大会通知的精神，抓紧搞好规划的时刻，弄清疲劳和断裂的关系以及安全寿命和损伤容限的概念是很有必要的。在本文中提出用断裂控制设计来代替疲劳寿命的设想，是否适合我国当前情况，能否"多快好省"，请同志们讨论指正。

（1）疲劳和断裂的意义

我国早期飞机都是按静强度准则设计的[1]。在六十年代初期就已接触到疲劳问题，当时为了某型机的延寿问题，曾对一个已到寿命的飞机进行静强度破坏试验，达到设计强度的百分之九十几。这样，虽然得到了结构的剩余强度，但还无法确定寿命可延长多少。

在早期文献中[2]是以试件出现裂纹算作疲劳寿命的终点的。这样，疲劳寿命就几乎和断裂力学没有关系。事实上，为了便于自动记录，试验在试件破断后自动仃止，试验常做到试件完全破断为止。于是寿命又可以用总寿命来表达，用公式表示如下：

$$总寿命 = 裂纹形成寿命 + 裂纹扩展寿命$$

或

$$N = N_0 + N_p$$

最初由于扩展寿命所占比例不大，没有予以更多的注意。后来在大部件试验中发现 N_p 还比较大，不能予以忽视。因此，在另部件和全机疲劳试验，常记录下开始出现裂纹的寿命。裂纹出现以前的寿命即为无裂纹寿命，裂纹扩展阶段也可叫做带裂纹寿命。

后来断裂力学发展起来，七十年代在国内也开始盛行，不但要解决材料的断裂机理，也研究了疲劳裂纹的扩展规律。它是以在金属材料中存在裂纹（或损伤）是无法避免的这一假设为基础的。它研究的范围主要是裂纹扩展阶段直到最后破坏为止。

图1 表示疲劳和断裂的区分。从疲劳观点出发，开始时认为没有损伤，到

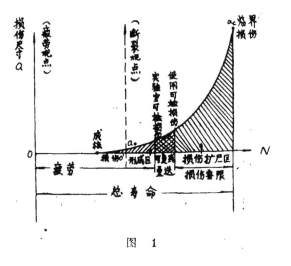

图　1

一定时间以后，发展到损伤可用实验室中测试手段觉察时为疲劳寿命。从断裂观念出发（用虚线纵坐标）则认为损伤是开始就存在的。从使用中可觉察的损伤扩展到临界损伤（破坏）

即属于损伤容限的范围。由于实验室可觉察的损伤与使用中可觉察的损伤大小因测试手段和测试人员的主观努力不同而有变化,所以疲劳和损伤容限两者中间的过渡区是可变的而且有时是互相重叠的。

可以看出:在疲劳问题中疲劳是断裂的起因而断裂是疲劳的结果。但是,疲劳裂纹仅仅是损伤的一个原因(即使它也许是一个主要原因),损伤还应该包括材料的缺陷与制造和维修中的缺陷和错误,以及不能察觉的意外损伤。此外,损伤还应考虑到发动机损坏时飞出的另件的冲击和冰雹、鸟类或其它冲击。战斗机就要考虑到敌人炮火所造成的损伤。不同的是:后几种损伤可在每次飞机后发现,而由于环境和载荷引起的疲劳损伤必须在常规维护检查中才被发现。不同原因造成的损伤在反复载荷下不断扩展,最后导致破坏。图2表示这种关系。

从学科范围的内容来说,两者有些是共同的,如载荷谱研究等。有些问题是性质相同,但处理的方法不同,如累积损伤、应力集中、持久极限、塑性影响、复合受力等。对于高温蠕变,两者处理的途径也不一致。当然,也有

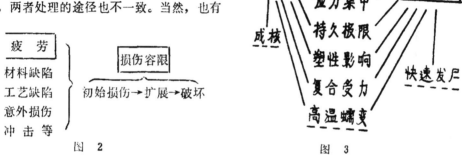

图 2   图 3

各自的不同问题,如疲劳的成核机理和断裂力学的裂纹快速发展机理等。因此,两者的关系又如图3所示。

(2) 几种设计思想

从三十年代到现在对飞机的主要结构,即所谓飞行安全结构,先后有四种不同的设计思想。设计思想表现为设计准则,即

A、静强度——一次最大载荷,

B、安全寿命,

C、破损安全,

D、损伤容限。

可分别在示意图(图4)上表示出来。图上纵坐标代表强度和载荷,横坐标代表时间和寿命。

在静强度设计思想中,安全是用安全系数来保证的。

$$安全系数 = \frac{强度}{限制载荷} \geqslant 1.5$$

这种设计思想历史最久,迄今仍为主要准则之一。如还有反复疲劳载荷就用提高安全系数的

办法来保证结构的安全可靠。

飞机结构强度随使用中损伤的增长而逐渐下降，当它与载荷相等（两线相交）时即发生破坏，也就是到了总寿命。因为疲劳寿命的分散性很大，为了保证一定的安全可靠，通常用**分散系数**的方法，即

$$\text{安全寿命} = \frac{\text{总寿命}}{\text{分散系数}}$$

分散系数一般不小于 4。同时，也有用无裂纹寿命来计算的，则分散系数不小于 2。从五十年代起这个寿命概念已广泛地在飞机设计中采用，特别对民航机更是一个重要准则。飞机到了寿命就退役或退到第二线使用。

破损安全思想是当结构一部分破坏时其剩余强度还应大于限制载荷（或其一定的比例），并能在下次检查时（可考虑 1-2 次漏检）发现修复，它主要依靠剩余强度来保证安全。问题在于当结构一部分破坏时，残存部分也快到达它们的寿命，因而强度急剧下降（如图上 C 处的虚线），实际上是用疲劳强度的分散性来保证安全的。

从破损安全思想发展起来的损伤容限思想是认为结构有一定的初始损伤，并要求在扩展寿命中不扩展到导致断裂的临界尺寸。换句话说，任何

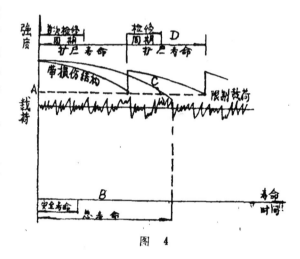

图 4

损伤在结构强度降落至不可接受的水平以前应被发现。它是依靠经常的检查来保证安全的。这就要求

$$\text{检修周期} \leq \frac{\text{扩展寿命}}{\text{分散系数}}$$

剩余强度应不小于在检修（或发现）周期一定倍数的时间中出现一次的最大载荷。周期越长，出现一次的最大载荷越大。裂纹扩展率的分散性一般小于寿命的分散性（前者为 $\pm 20\%$ 而后者为 $\pm 200\%$），通常取分散系数为 2。如果制造工厂的探伤检查的设备精密一些，初始损伤会小于外场检修以后的，首次检修周期就可比以后各次长些。

这四项设计准则都基于一定的可靠性要求。未来的发展也许是可靠性准则，不过这要以大量统计数据为依据，所以一时不易实现。

断裂力学在破损安全和损伤容限中，用于剩余强度和裂纹扩展寿命的估算与分析。应用断裂力学的观点来进行飞机的选材、设计、制造和维修以防止断裂，又叫做断裂控制。在估算扩展寿命时，初始损伤的大小比临界损伤的大小来得重要，因为后者只影响扩展寿命的最后几十次或几百次循环，大部分寿命消耗在裂纹扩展的初期。在材料性质上，断裂韧性 K_c（或 K_{1c}）影响较大，裂纹扩展率次之。

(3) 损伤容限和疲劳寿命的对比

采用断裂力学观点的裂伤容限思想给出检修周期,并认为检修后结构上损伤只能在初始损伤以下,因而结构又恢复了原有的强度,即可继续使用。这样就使疲劳寿命的概念起了很大的变化,寿命将不取决于强度条件,而要求结构的经济寿命大于或等于设计予期寿命。经济寿命是指结构上损伤如此普遍使得维修飞机已不经济的时间[4]。

损伤容限和安全寿命两个概念比较,前者可有下列几个优点:

(a) 合理 承认结构有初始损伤,认为损伤的存在是不可避免的,这是辩证唯物的观点,也符合客观事实。许多在外场工作的同志最容易接受这一观点,就是由于他们经常与损伤接触的缘故。

(b) 安全 不少失事事例指出安全寿命设计和试验并不保证结构的安全。原因在于它只排除了疲劳引起的初始损伤,而对缺陷、意外损伤和冲击等都没有足够的保障。国内有些飞机虽然不是用安全寿命设计的,但在极个别飞机失事时飞机寿命还短,没有到达要求寿命。美国的F—111等飞机失事事件更是典型的例子。

(c) 解决不能飞的困难 目前国内不少机种须要延寿,原因之一是飞机到了寿命不能飞。安全寿命是按照一定的存活率的统计数来确定的。如果用99%的存活率,那么当寿命到了时在100架飞机里平均只有一架不能使用,其余的99架还有一定的寿命,还能继续使用。在我们社会主义制度下,一切要勤俭节约,物尽其用,不能象资本主义国家那样,予以报废或飞行。

安全寿命考虑一种机型的平均情况而不考虑各单个飞机的个别情况。素质较好和使用情况不严格的飞机肯定寿命可以长些。损伤容限根据检查情况对素质不同和使用情况不同的飞机进行筛选,分别处理,自然要合理得多。因此对已在使用的飞机的延寿,采用损伤容限的概念更好一些。

(d) 工作量小 当前、国内开展疲劳寿命的障碍之一是缺少材料特性 $S—N$ 曲线,包括基本材料的,带有一定应力集中系数的试片的和模拟真实构件的 $S—N$ 曲线。至于进行全机疲劳试验,更感到工作量大。材料的断裂特性数据比较少,只有 K_{1c}(或 K_c)和 $\frac{da}{dn}$,有时再加上 K_{1scc} 和门槛应力强度因子 K_{th},数量较少,试验周期大大缩短。

(e) 结果快 从前面工作量小来看,不但可使试验费用节省,而且也使工作很快地得到结果。用安全寿命概念进行全机疲劳试验时,一般要在研制进程的很晚阶段才能得到结果,因而很少有机会在生产阶段中改正缺点,而要在出厂以后来更改设计和在使用中变更改单。用断裂力学概念得结果快,从而缺点可及时发现和更正。这一点对已在使用的飞机的延寿,由于飞机已使用多年,寿命即将用完,时间紧迫,就更为必要了。

(f) 解决寿命难给的困难 目前国内有些疲劳试验结果分散太大,给出的寿命很低,甚至低于外场使用飞机已经达到的水平,以致难于给出寿命。例如某型机做了五次试验,最高为最低的4.5倍。这当然要从工艺质量和材料质量着手来提高寿命,也可能由于试验载荷谱偏高,要改进试验方法。但这样,原先五次试验结果就一时不能利用。如果用断裂控制方法

(g) 分散性小　即使改善了材料和工艺以后，如前所说，$\frac{da}{dn}$ 的分散性小于寿命的分散性。换句话说，总寿命的分散性大部分属于裂纹形成阶段，而不在裂纹扩展阶段。如果取寿命和检修周期的分散系数分别为 4 和 2，则

$$安全寿命 = \frac{1}{4}(N_0 + N_p)$$

$$检修周期 = \frac{1}{2}N_p$$

可见在 $N_p > N_0$ 时，检修周期还可比安全寿命长些。虽然在计算中不考虑 N_0，由于分散性小了，反而可得较长的周期。我们做某机大梁试验时，大约在 1000 飞行小时后出现裂纹而到 3000 飞行小时后才最后断裂。工厂的试验也得到类似的结果。

当然，断裂力学应用还在发展阶段，远不能尽善尽美，还有许多工作要作，目前可有下面几个缺点[5]。

(a) 制造工厂不能保证 K_c 值。$K_c(K_{1c})$ 决定临界裂纹大小，临界尺寸要与 K_c 的平方成正比，对扩展寿命的影响是不小的。某架飞机的 K_{1c} 特别地小，只有正常值的 0.7 倍，因而引起灾难性事故。现在还缺少有效的办法能在加工时把 K_c 值不够好的材料筛选掉，以保证结构安全。

(b) 平面应力 (K_c) 和平面应变 (K_{1c}) 不易确定。许多真实结构（特别在薄壁结构中）的临界值不知应该用 K_c 抑是 K_{1c} 来计算。为了安全起见，用较低的 K_{1c} 计算，总嫌保守一些。

(c) 检修费用大　由于检查裂纹时需用精密的无损探伤设备，检查时间加长或者检修间隔减短，都可能使检修费用增加。但安全性如提高了，总的还是值得的。

美国在 1969/70 年以前，主要采用安全寿命疲劳设计。由于它的缺点较多，现在美国空军已放弃这种设计思想[6]。一些规范 (MIL—A—8860 系列) 已逐渐修改，又颁布了损伤容限要求 (MIL—A—83444，1974)。MIL—STD—1530 结构完整性大纲也改为 MIL—STD—1530A。许多较早的军用机分别做了各种断裂力学的试算，新的损伤容限设计思想要在 F—16 中全部采用。看来可靠性 (0.999) 和现实性都不致有大的问题。

鉴于上述形势，我们要不要迎头赶上，采用先进的断裂力学技术，绕过疲劳寿命的老路，这是一个战略决策问题，必须予以讨论研究的。

(4) 开展工作的几点建议

综上所述，对我国飞机疲劳和断裂工作提出下列三点建议：

一、用损伤容限的设计思想代替安全寿命；

二、积极开展断裂控制的理论和实验工作；

三、在疲劳寿命方面已有的经验和开展的工作，仍应予以重视，但可从断裂角度予以研讨。

一、这里提的是"代替"二字。过去对某型运输飞机设计只提以安全寿命和破损安全为主，并进行一些断裂方面的试算（主要为机翼下壁板和机身坐舱），现在看来不够了。用

"代替"而不用"补充"两字，才能体现赶超的精神。

a、新机要求损伤容限　要求所有新设计的飞机，特别是军用机，都要在静强度要求以外，增加对损伤容限的考虑。开始可不制定统一的准则，结构强度研究部门应提出损伤容限的强度及验证标准的试用书，设计部门各自拟定考虑断裂控制的方案，积累经验后再求得统一。在有高温蠕变环境下，不能只强调热强度，而忽视在高温环境下损伤扩展的情况。

b、构造、材料和工艺都要有措施　设计中要注意采用从断裂角度对构造提出的要求，如易于接近和便于检修，止裂措施，破损安全设计等等。材料应选用抗裂纹扩展和抗断裂性能好的。工艺方法也要力求细致，使初始损伤可以小些。

c、旧机延寿用断裂观点　正在使用的飞机的延寿用损伤容限思想更为适合，已如前述。通过调研，可以获得许多实际损伤的位置及其发展的经历，然后用统计方法求得数据。要从现役飞机取得必要的经验和数据，并对较新的机种做好方案准备和试验准备。这些机型都不是按损伤容限设计的，当然不能按现在的准则来要求。但必须按照断裂控制思想，根据探伤的能力来确定适当的检修周期。

二、我国断裂力学开展较晚，特别在航空方面断裂应用经验还不够，和国际上差距还大，应即组织力量，奋起直追。

a、开展基本理论研究　目前断裂力学还基本上处于半经验阶段。很多重要公式还是经验公式，急须在理论上赶上去。现在遇到的问题如弹塑性裂纹扩展机理，角、边裂纹的扩展规律，平均应力和负载荷对 $\frac{da}{dn}$ 的影响等等，都有待解决。高载迟滞作用对扩展寿命影响较大，那种迟滞模型比较合适，其机理也须进一步探讨。由于裂纹扩展寿命还有相当的分散性，必须研究统计理论在裂纹扩展寿命中的应用。

b、初始损伤研究　重要的问题是初始损伤大小的确定。要根据制造工厂和维修工厂的工艺水平和探伤能力，按照一定的存活率，定出不同情况下的初始损伤。对正在使用飞机的损伤情况的调研，也能利用扩展规律和统计关系，反推出初始损伤大小。另外，国外最近对损伤的监控工作正在大力研究[7]，似为发展方向，也应早日着手准备。

c、材料断裂特性数据的测定　基本材料的 K_c（K_{1c}），$\frac{da}{dn}$ 等应有计划有组织地进行测定。试件尺寸和试验方法应统一，使数据能普遍采用。开始时先对几种常用材料测定数据，以后应研制出断裂性能高的新材料。对复合材料的断裂特性也应及早注意。以后，还应注意测定 K_{th} 和在腐蚀、高温环境下的 K_{1scc}，$\frac{da}{dt}$ 等。最好，这些数据应有主管单位收集、审查及处理，并能定出工艺和材料的控制准则。

三、疲劳研究工作已有百余年的历史，飞机疲劳工作也有三十余年，有丰富的经验积累下来。我国疲劳工作也有多年的历史，这些宝贵经验必须重视，但可从断裂角度予以研讨。

a、抗疲劳措施还应发展。断裂控制只是在计算中不考虑 N_0 而不是不希望 N_0 大些。因此，原有的一些宝贵的设计措施，如避免应力集中等，以及工艺措施，如提高光洁度、表面强化、干涉配合等，都应根据情况，继续发展下去，并从理论上予以总结。在这方面，用断裂力学方法也是能进行分析的。

b、疲劳试验仍应进行　计划中的全机疲劳试验对确定飞机的疲劳薄弱环节有帮助，仍应继续进行。可照规定的检查要求,注意裂纹出现,试件达到二个设计予期寿命后,应着手进行损伤容限试验。旧的 $S-N$ 曲线的试验工作量大,似不宜用。最好,利用断裂力学概念绘出新的 $S-N$ 曲线[8],则测定的参数较少更易于绘制。

  c、进行载荷跟踪 飞机寿命一部分取决于所经受的载荷历程,使用严重的飞机肯定要比使用不严重的飞机寿命短些。对每批的 10—20% 的飞机的载荷实行跟踪,然后按损伤析算办法算成损伤度,当飞机损伤度达到某一限额时报废。这样,比用安全寿命计算的分散度要小一些。飞机要安装载荷记录仪或疲劳计,还要有一整套数据处理分析的仪器设备。虽然看来要耗费不少,但和整个机种因此而多出的飞行小时相比,肯定还是值得的。这一工作的副产品就是载荷谱,这是断裂和疲劳工作共同要求的基本数据。在国内载荷谱数据尚未有足够的数量时,"洋为中用",先参考国外资料拟定,可能置信度还高一些。

  以上各点很可能是片面的和不成熟的,为了能在飞机的疲劳断裂方面迅速提高到新的水平,呈现新的面貌,谨提出上面一些初步意见供同志们参考。

参 考 文 献

(1) 强度规范试用本 1972
(2) 英国工程数据活页 69024
(3) Ekvall AFFDL-TR-72-80
(4) Goodman 等,AIAA 77-460
(5) O'Brier 7 次 ICAF 论文集,第二册,1973
(6) Coffin 等,Journal of Aircraft,1976. 2 月
(7) Gallagher 等,AIAA 77-379;Johnson 等,AIAA 77-380
(8) 美国 F-4 飞机损伤容限评价,国外航空,1977. 8 月

半线性 Willenborg 迟滞模型

黄玉珊[1] 刘雪惠[2]

摘　要

BroeK 和 Smith [1] 介绍了半线性 Wheeler 迟滞模型，方法简便，而且足够准确，为工程人员所乐用。但仍须试验测定迟滞指数 m，美中不足。本文将半线性原则推广到 Willenborg 模型[8]，并用试凑法求公式中系数。Willenborg 法结果原偏危险，在本文公式推演中也能得到校正。和已有的及自做的试验结果比较，尚称满意。

本方法一切计算可用微型计算器运算，能迅速确定裂纹增长，而不需要做测定迟滞指数的试验。本方法极便于飞机打样阶段中估计疲劳裂纹扩展之用。

符　号　说　明

a　裂纹长度
a_i　瞬时裂纹长度
K　应力强度因子
N　载荷循环次数
R_2　循环比 $=\sigma_{2min}/\sigma_{2max}$
U　裂纹闭合参数 $=\Delta\sigma_{2eff}/\Delta\sigma_2$
$\lambda = \dfrac{\sigma_{red}}{\sigma_{1max}-\sigma_{2max}}$
σ_{1max}　超载最大应力
σ_{2min}　后续最小应力
σ_{red}　残余毛应力

a_0　超载发生时的裂纹长度
C　Paris 公式的系数
m　Wheeler 公式的指数
n　Paris 公式的指数
R_{y1}　超载塑性区尺寸
γ　超载比 $=\sigma_{1max}/\sigma_{2max}$
σ_{no}　无迟滞时应力
σ_{2max}　后续最大应力
σ_y　屈服应力

注角号：
eff　有效
rms　均方根值

l　线性
ret　迟滞

1. 西北工业大学教授
2. 西北工业大学讲师

（一）

我们曾讨论了疲劳裂纹扩展中的超载迟滞问题[2]，认为是谱载荷下裂纹扩展予计的一个重要问题，其中尤以半线性的 Wheeler 法，简单方便，优点较多。主要思路为每计算块足够地小（约包含100次飞行左右），使得瞬时裂纹长度 a_i 将近似地等于超载发生时的裂纹长度 a_0。

按照 Willenborg 方法（为了统一使用符号，将 Willenborg 模型摘要放在附录A中），可得：

$$\sigma_{no} = \sigma_y \sqrt{2\left(\frac{a_{p1}}{a_i}\right) - 2} = \sigma_y \sqrt{2\left(\frac{R_{y1}}{a_0}\right)} \tag{1}$$

如以平面应力时塑性区尺寸

$$R_{y1} = \frac{1}{2\pi}\left(\frac{K}{\sigma_y}\right)^2 = \frac{1}{2\pi}\left(\frac{\sigma_{1max}\sqrt{\pi a_0}}{\sigma_y}\right)^2$$

代入上式，则此一变量即成一常值

$$\sigma_{no} = \sigma_{1max} \tag{2}$$

我们也可能假设 σ_{no} 或另一应力

$$\sigma_{red} = \sigma_{no} - \sigma_{2max}$$

在迟滞区间为一常数，并令

$$\sigma_{red} = \lambda(\sigma_{1max} - \sigma_{2max}) \tag{3}$$

式中 λ 为一待定常数。我们所以选用（3）式来代替（2）式并没有多大的道理，只是在后面的试凑过程中，发现（3）式似乎稍微好一些而已。

于是，

$$\sigma_{2max.eff} = \sigma_{2max} - \lambda(\sigma_{1max} - \sigma_{2max})$$

$$\sigma_{2min.eff} = \sigma_{2min} - \lambda(\sigma_{1max} - \sigma_{2max})$$

利用 Elber[3] 的闭合原理，并用 Paris[4] 型式的裂纹扩展公式

$$\frac{da}{dN} = C(\Delta K_{eff})^n = C(U\Delta K_2)^n \tag{4}$$

其中 $U = \frac{\Delta\sigma_{2eff}}{\Delta\sigma_2}$，叫做裂纹闭合参数（Crack closure parameter）。

当 $\sigma_{2min} > \sigma_{red}$ 时，

$$\Delta\sigma_{2eff} = \Delta\sigma_2 \cdot U = 1 \tag{5}$$

而当 $\sigma_{2min} \leq \sigma_{red}$ 时，$\sigma_{2min\,eff} = 0$，即得

$$U = \frac{\sigma_{2max} - \lambda(\sigma_{1max} - \sigma_{2max})}{\sigma_{2max} - \sigma_{2min}}$$

令 γ = 超载比 = $\dfrac{\sigma_{1max}}{\sigma_{2max}}$

R_2 = 循环比 = $\dfrac{\sigma_{2min}}{\sigma_{2max}}$，即得

$$U = \frac{1 - \lambda(\gamma - 1)}{1 - R_2} \tag{6}$$

在本文后面许多计算和试凑中，除自己测试的第二套数据外，都取 $R_2 = 0$ 或

$$U = 1 - \lambda(\gamma - 1) \tag{7}$$

当 $\sigma_{2max} \leqslant \sigma_{red}$ 时，

$$\varDelta\sigma_{2eff} = 0, \; U = 0$$

裂纹即完全迟滞不前，试验证明[5]在 $\gamma = 2.5$ 时 U 即为 0，于是有

$$1 - \lambda(2.5 - 1) = 0$$

$$\lambda = 1/1.5 = 2/3 \tag{8}$$

代入(7)式，只取约 100 次飞行的小块计算，则

$$\left(\frac{da}{dN}\right)_{ret} = \left[1 - \frac{2}{3}(\gamma - 1)\right]^n \left(\frac{da}{dN}\right)_t \tag{9}$$

进一步运算，即得

$$N_{ret} = \left(\frac{3}{5 - 2\gamma}\right)^n N_t \tag{10}$$

（二）

利用现有的已发表的试验数据[6][7]，发现 Von Euw[7] 的单个超载数据较全。Von Euw[7] 2024 铝合金在 $K_{max}/\varDelta K = 1$ 时，即[7]中表 2，包括 $K_{max}/\varDelta K = 1.11$ 的数据，可用最小二乘法求得

$$\frac{da}{dN} = 3.083 \times 10^{-8} \varDelta K^{2.161} \text{（时/周）} \tag{11}$$

然后代入原文中表 5 的单个超载情况中，可得如表 1 所示的不同 γ 值的 $(da/dN)/(da/dN)^*$，（裂纹扩展速率理论值与实验值之比）。

下表中，在 $\gamma = 1.75$、2.09 等时数值结果不太好。然而六个数值的平均为 1.026，距 1 很近，有这样试凑结果，对疲劳问题来说可谓满意了。

Willenborg 原法，偏于危险，MBB 和 IABG 的计算结果平均仅约

表 1

试验	ΔK	γ	a^*时	$N^* \times 10^3$	$\left(\frac{da}{dN}\right)^* \times 10^6$	$\left(\frac{da}{dN}\right)_t \times 10^6$	$\dfrac{\left(\frac{da}{dN}\right)^*}{\left(\frac{da}{dN}\right)_t}$	几何平均	$\dfrac{\left(\frac{da}{dN}\right)}{\left(\frac{da}{dN}\right)_t}$	$\dfrac{\left(\frac{da}{dN}\right)}{\left(\frac{da}{dN}\right)^*}$
IC11	18	1.5	0.071	13	5.4615	15.921	0.343			
ID13	21	1.5	0.126	14	9.0000	22.222	0.405	0.373	0.416	1.117
IF15	8.19	1.53	0.012	10	1.2000	2.903	0.413			
ID97	13.65	1.53	0.028	9	3.1111	8.756	0.355	0.383	0.390	1.017
IC97	18	1.75	0.110	33	3.3333	15.921	0.209			
ID15	21	1.75	0.186	63	2.9523	22.222	0.133	0.167	0.224	1.791
ID17	8.19	1.82	0.025	32	0.7813	2.903	0.69			
ID77	13.65	1.82	0.059	22	2.6818	8.756	0.906	0.287	0.181	0.630
IL77	15	2	0.130	98	1.3265	10.736	0.124			
IC57	18	2	0.188	113	1.6637	15.921	0.105			
ID11	21	2	0.232	258	0.8992	22.222	0.041	0.081	0.093	1.155
IF21	8.19	2.09	0.024	40	0.6000	2.903	0.207			
IF37	8.19	2.09	0.012	60	0.2000	2.903	0.069	0.139	0.061	0.438
ID57	13.65	2.09	0.117	72	1.6250	8.756	0.186			

* 为实验值   算术平均 = 1.026

实际寿命/予计寿命 = 0.55（见图 1 ）

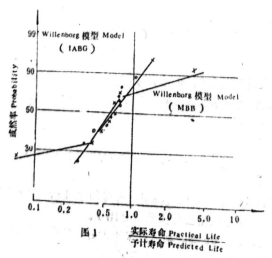

图 1 实际寿命 Practical Life / 予计寿命 Predicted Life

目前的试凑已远比原法为好了。

(三)

我们自己又用 LC4—CS 的 6mm 厚鈑做了两套数据。现将结果整理如表 2。

表 2

试验号	Ⅰ(29#试件)	Ⅱ
γ	2	1.6
R_2	0	0.3
n	2.62	3.42
$\dfrac{N^*}{N_l}$	$\dfrac{63000}{1650}=8.235$	$\dfrac{6200}{3800}=1.632$
U	0.3333	0.8571
$\dfrac{N_{ret}}{N}$	17.735	1.694
$\left(\dfrac{da}{dN}\right)/\left(\dfrac{da}{dN}\right)^*$	2.160	1.038

结 论

(1) 第Ⅰ组数据不太理想,然而尚与表 1 同一量级。这种统计数据,分散带较宽,当需积累更多数据再进一步研究。

(2) 对于谱载荷,参考[1]中建议用最大谱载荷为 σ_{1max},而谱载荷峰值的均方根值 σ_{rms} 为 σ_{2max},γ 即等于 $\sigma_{1max}/\sigma_{rms}$,同时指数改用 $n/2$。在没有更好的数值以前,似可采用这一建议,即

$$N_{ret} = \{3/(5-2\gamma)\}^{n/2} N_l \qquad (12)$$

而

$$\gamma = \sigma_{1max}/\sigma_{rms} \qquad (13)$$

(3) 本法没有增加试验工作量,极便于飞机打样阶段估计疲劳裂纹扩展之用。

参 考 文 献

[1] Broek, D. and Smith, S.H., 《The prediction of fatigue crack growth under flight-by-flight loading》, Eng. Fract. Mech., Vol.11, 1979, pp.123-141.

[2] 黄玉珊,刘雪惠,倪慧玲,《疲劳裂纹扩展高载迟滞模型的评介》,固体力学学报,1981,第 2 期

[3] Elber, W., 《The significance of fatigue crack closure》, ASTM STP486, 1971, pp.230-242.

[4] Paris, P. and Erdogan, F., 《A critical analysis of crack propagation laws》, Journal of Engineering, Trans. ASME, Series D, Vol.85, 1963, pp.528-534.

[5] Nelson, D. V., 《Review of fatigue crack prediction methods》,

Experimental Mechanics, Vol.17, 1977, pp.44-48.

[6] Wei, R. P. and Shih, T. T., 《Delay in fatigue crack growth》, Int.J. Fract Vol.10, 1974, pp.77-85.

[7] Von Euw, E.F.J., Hertzberg, R.W., and Roberts, Richard, 《Delay effects in fatigue crack propagation》, ASTM STP513, 1972, pp.230-259.

[8] Engle, R.M and Rudd, J.L., 《Analysis of crack propagation under variable amplitude loading using the Willenborg retardation model》, AIAA Paper No.74-369.

附 录 A

以下就 Willenborg 模型在单个超载的情况（见图 $A-1(a)$），说明如下：

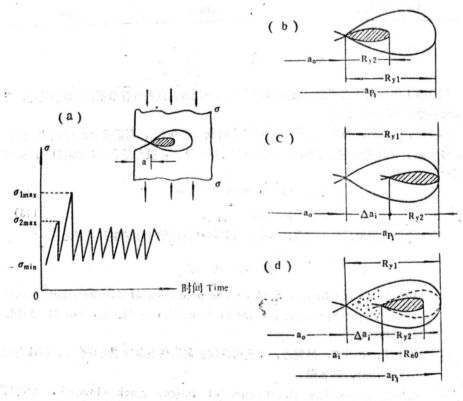

图 $A-1$

图 $A-1(b)$ 所示初始裂纹长度为 a_0 时，作用了一个大超载循环（σ_1）产生塑性区（R_{y1}），紧接超载循环之后，作用了第一个基本应力循环（σ_2），它产生较小的塑性区（R_{y2}），超载迟滞裂纹增长速率的影响由此开始。

图 $A-1(c)$ 表示在基本应力循环作用下裂纹扩展，最后 σ_2 的塑性区（R_{y2}）达到超载塑性

区 (R_{y1}) 的边界，超载迟滞影响到此结束。

图 $A-I(d)$ 为一般情况。如果当外部作用应力产生的塑性区尺寸等于（或大于）R_{no}，则超载对该应力就失去迟滞作用，产生 R_{no} 的循环应力叫做无迟滞应力（σ_{no}）。现在，实际作用的应力循环不是 σ_{no}，而是 σ_2，相应的塑性区是 R_{y2}，$(R_{no}-R_{y2})$ 可看作超载 σ_1 在 $a=a_i$ 时对循环应力 σ_2 迟滞影响的一个特征量。

Willenborg 模型计算过程摘要如下：

对平面应力情况，其塑性区尺寸为：

$$R_y = (1/2\pi)(K_I/\sigma_y)^2 \qquad (A-I)$$

式中应力强度因子暂用最简单的形式 $K_I = \sigma\sqrt{\pi a}$。而由图 $A-I(d)$ 可知，无迟滞的塑性区大小为：

$$R_{no} = R_{y1} - \Delta a_i = a_{p1} - a_i \qquad (A-II)$$

故

$$(1/2\pi)(K_{Ii}/\sigma_y)^2 = (1/2\pi)(\sigma_{no}\sqrt{\pi a_i}/\sigma_y)^2 = a_{p1} - a_i \qquad (A-III)$$

其中，σ_{no} 为所讨论情况（$a=a_i$）下的无迟滞应力。

经过整理得，

$$\sigma_{no} = \sigma_y\sqrt{2(a_{p1}-a_i)/a_i} \quad (见图 A-II)$$

$$(A-IV)$$

由此得到迟滞残余应力为

$$\sigma_{red} = \sigma_{no} - \sigma_{2max} \qquad (A-V)$$

裂纹扩展的有效循环应力为

$$\sigma_{2eff\ max} = \sigma_{2max} - \sigma_{red} \qquad (A-VI)$$

（当 $\sigma_{2max} - \sigma_{red} \leq 0$ 时，取 $\sigma_{2eff\ max} = 0$）

$$\sigma_{2eff\ min} = \sigma_{2min} - \sigma_{red} \qquad (A-VII)$$

（当 $\sigma_{2min} - \sigma_{red} \leq 0$ 时，取 $\sigma_{2eff\ min} = 0$）

有效循环应力的应力比为

$$R_{2eff} = \sigma_{2eff\ min}/\sigma_{2eff\ max} \qquad (A-VIII)$$

有效循环应力的应力幅为

$$\Delta\sigma_{2eff} = \sigma_{2eff\ max} - \sigma_{2eff\ min} \qquad (A-IX)$$

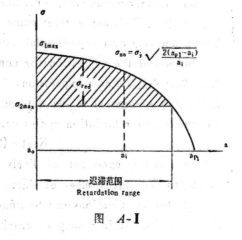

图 A-II

进一步计算裂纹扩展速率时，只要将式 ($A-V$) 至式 ($A-IX$) 代入相应于 σ_{2eff} 的等幅循环应力的裂纹扩展速率公式（如 $da/dN = C(\Delta K)^n$，$da/dN = C(\Delta K)^n/[(1-R)K_c - \Delta K]$ 等）即可。

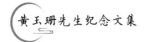

Semi-Linear Willenborg Retardation Model

Huang Yushan   *Liu Xuehui*

The semi-linear Wheeler retardation model, first introduced by Broek and Smith[1] is simple and leads to sufficient accuracy and is therefore welcomed by engineers. Its deficiency is that the retardation exponent "m" needs to be determined experimentally. The present paper extends the semi-linear principle to the Willenborg Model and succeeds in finding the needed coefficient in the formula obtained by Willenborg. Originally the results of the Willenborg Model are on the dangerous side. This unsatisfactory situation is removed by the present method. This paper gives numerical results in fairly good agreement with known and our own experimental data.

Instead of the expression for nominal residual stress in Willenborg Model, $\sigma_{red} = \sigma_{no} - \sigma_{2max}$, a new expression, $\sigma_{red} = \lambda(\sigma_{1max} - \sigma_{2max})$, is used in this paper. Here, λ is a constant to be determined; σ_{no}, the no-retardation stress. Then the number of retardation cycles can be obtained:

$$Nret = \{3/(5-2\gamma)\}^n N_l$$

Where n is the exponent of Paris rule, a material constant; γ, ratio of overload; N_l, the number of linear accumulation cycles.

All the computations can be done on micro-computer. This simple method can determine the increment of crack length quickly and does not require the experiments for determining the retardation exponent. The present method can be used very convienently for preliminary estimate of fatigue-crack propagation during "layout" stage of airplane design.

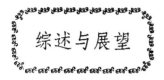

疲劳裂纹扩展中的超载迟滞模型*

黄玉珊 刘雪惠 倪惠玲

(西北工业大学)

提要 疲劳裂纹扩展中的超载迟滞是谱载荷下裂纹扩展寿命预计中的一重要问题。本文对工程应用较多或较新的八种迟滞模型从基本原理方面作了介绍，并对模型的物理概念作了比较详细的阐述。

本文还从迟滞机理，模型的使用情况，模型对迟滞过程中各种现象的解释能力等方面，对八种迟滞模型作了初步比较和评述。初步认为 Wheeler 模型使用方便，适用范围较广，Matsuoka 模型机理较为清楚，分析较全面，较有发展前途。文中对目前疲劳裂纹扩展寿命预计中迟滞模型的采用和迟滞问题的研究提出了初步看法。

一、概述——迟滞现象及其研究意义

疲劳裂纹扩展速率是损伤容限设计结构的一个基本性能。等幅载荷谱下裂纹的扩展速率主要与裂纹尖端应力强度因子的幅值(ΔK)有关。目前已有了一些工程上比较广泛采用的公式，如 Paris 公式[1]，Forman 公式[2]和 Erdogan-Roberts 公式[3]等。变幅载荷谱下裂纹扩展速率的影响因素较为复杂，除 ΔK 外，还有不同幅值载荷循环之间交互影响等重要因素。这种交互影响中以超载迟滞影响最为重要。先行的高载循环降低其后续低载循环下裂纹扩展速率的现象谓之超载迟滞现象(见图1)。

超载迟滞问题是一个重要的工程问题。因为许多工程结构，如飞机、船舶、桥梁等承受的疲劳载荷谱都是变幅的。不同材料的超载迟滞反应往往不同。铝合金等材料的超载迟滞效应较为明显。文献[4]中预计一个铝合金构件的裂纹扩展寿命时，考虑与不考虑迟滞影响，结果相差三倍之多。因此超载迟滞问题对航空结构特别重要。

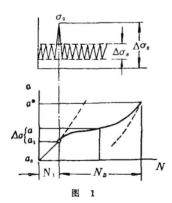

图 1

十多年来，国内外有许多学者从事超载迟滞问题的研究。几乎每年都有新的迟滞模型提出来，迄今已有十几种之多[5]-[15]。本文将对其中的八种迟滞模型作简要介绍，并从模型的基本原理，预计精度和模型对迟滞过程中某些特性的解释能力等方面进行分析、比较，从而评价模型的工程实用性并提出进一步研究迟滞问题的一些想法。

二、迟滞模型简介

1. 均方根法[5]

均方根法认为计算变幅载荷下的平均裂纹扩展速率时可以采用一个相当的等幅循环载荷。这个当量等幅循环的幅值为变幅载荷幅值的均方根值。于是，变幅载荷的平均裂纹扩展速率为：

$$\frac{da}{dN} = C(\Delta K_{rms})^n \tag{1}$$

其中，C 和 n 是材料常数

ΔK_{rms} 是应力强度因子幅值，等于变幅谱应力幅的均方根值。

均方根法较适用于连续单模态分布（如 Rayleigh 函数）的随机载荷。它无法考虑载荷顺序的影响；单模态均方根法对平均应力变化大的情况很不合适。有人指出[6]，单模态均方根法用于飞行—飞行谱，结果也是不理想的，并提出了改进方法，即把峰——峰载荷与高应力比载荷分开表达的双模态均方根法。均方根法目前工程上应用较少。

2. e 指数模型[7]

Morman 等提出的 e 指数模型是以迟滞实验曲线（$a-N$ 和 $\frac{da}{dN}-a$）为依据的直觉数学描述。所采用的数学表达式为：

$$N = N_D\left\{1 - \exp\left\{-q\left(\frac{\Delta a}{2R_{yo}}\right)\right\}\right\}^m + \int_{a_1}^{a}\frac{da}{f(\Delta K_B)} + N_1 \tag{2}$$

式中，m, q 是经验常数；

$f(\Delta K_B)$ 是等幅循环载荷下裂纹扩展速率公式；

R_{yo} 是超载产生的单调塑性区尺寸；

$\Delta a, N_1, N_D, a_1, a$ 的含义见图1。（N_D 的计算公式见[7]）

e 指数模型的特点，一是能描述迟滞的延后现象（如材料无延后，则 $m=1$），二是能描述先行峰值过载对于其后的峰值过载迟滞效应的影响（如果其后的峰值过载发生在先行峰值过载影响区内）。

3. 分数导数模型[8]

分数导数模型描述单个超载引起的迟滞效应。该模型认为迟滞的大小与超载比有关，并采用了以下分数导数形式的 Paris 公式：

$$\frac{d^\lambda a}{dN^\lambda} = C(\Delta K_B)^n \tag{3}$$

其中 λ 为超载比，即基本应力循环的最大值与超载循环的最大值之比（$\lambda \le 1$），式（3）

经过分数积分运算,可以得迟滞期间的循环次数 N_D.

4. Wheeler 模型[9]

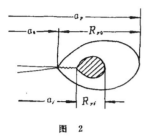

图 2

Wheeler 模型以残余应力应变为基础,认为超载产生的塑性区是引起裂纹扩展迟滞的主要因素. 当裂纹进入超载塑性区时裂纹扩展就受到迟滞. 迟滞的大小取决于裂纹尚未穿过的超载塑性区的尺寸 $(a_p - a_i)$. 刚进入超载塑性区时,裂纹受到的迟滞最大,以后随着裂纹扩展而逐渐衰减. 当基本载荷的裂尖塑性区前缘到达超载塑性区边界时,迟滞完全消失. 基于这样的描绘,Wheeler 等提出了以下迟滞期间裂纹扩展速率的公式:

$$\left(\frac{da}{dN}\right)_D = C_p \left(\frac{da}{dN}\right)_C \tag{4}$$

其中 C_p 为迟滞系数;下角标 D 和 C 分别表示考虑迟滞和等幅循环(下同).

$$C_p = \begin{cases} \left(\dfrac{R_{yi}}{a_p - a_i}\right)^m & (a_i + R_{yi} < a_p) \\ 1 & (a_i + R_{yi} \geq a_p) \end{cases}$$

式中 m 为材料的迟滞常数,由谱载荷试片试验确定.

Wheeler 模型基本上是一种经验方法. 只要计算对象的材料和谱型与试片试验的相同,其预计结果会与试验结果相当吻合. 但由于预计之前必须进行试片谱载荷试验确定迟滞常数 m,使 Wheeler 模型的使用受到一定限制.

最近,Broek 和 Smith[10] 对飞行-飞行谱下,Wheeler 模型的计算作了进一步简化. 提出了计算极为简单的半线性方法. 这一方法假设载荷谱的程序块比较小,在计算裂纹扩展速率时,可近似地认为裂纹长度不变 $(a_i \cong a_0)$. 于是,Wheeler 模型中的迟滞系数 C_p 可简化为

$$C_p = \left(\frac{R_{yi}}{R_{yo}}\right)^m \tag{5}$$

则 Wheeler 模型的公式改变为

$$\left(\frac{da}{dN}\right)_D = \left(\frac{R_{yi}}{R_{yo}}\right)^m \left(\frac{da}{dN}\right)_{\text{linear}} \tag{6}$$

式中下标 "linear" 表示线性累计,不考虑非线性迟滞影响. 运用 Irwin 塑性区半径的公式 $(R_y = \sigma_{\max}^2 \pi a Y^2 / \alpha \sigma_y^2)$ 得

$$\left(\frac{da}{dN}\right)_D = \left(\frac{\sigma_{\max i}}{\sigma_{\max o}}\right)^{2m} \left(\frac{da}{dN}\right)_{\text{linear}} \tag{7}$$

讨论一百飞行小时的程序块,上式可写成:

$$\left(\frac{da}{dF}\right)_D = \left(\frac{\sigma_{\max \text{eff}}}{\sigma_{\max o}}\right)^{2m} \left(\frac{da}{dF}\right)_{\text{linear}} \tag{8}$$

式中 $\sigma_{\max o}$ 为 100 小时程序块中的最高应力;$\sigma_{\max i}$ 为程序块中一个循环的最大应力,$\sigma_{\max \text{eff}}$ 为描述程序块谱的有效应力.

应用试凑法处理的结果,描述谱中的有效应力 $\sigma_{\max \text{eff}}$ 可以用程序块中全部应力循

环的均方根值 σ_{rms} 来代表，同时将"$2m$"改为"m"。于是式(8)变为

$$\left(\frac{da}{dF}\right)_D = \left(\frac{\sigma_{rms}}{\sigma_{max\,o}}\right)^m \left(\frac{da}{dF}\right)_{linear} \quad (9)$$

应用此式在迟滞影响区上进行积分，可得考虑超载迟滞影响的寿命（飞行小时）与按线性累加法计算的寿命之间的关系式

$$N_D = \left(\frac{\sigma_{max\,o}}{\sigma_{rms}}\right)^m N_{linear} \quad (10)$$

本文作者曾用 Wheeler 模型和上述半线性方法对某机翼构件的寿命作了计算，结果为 $(N_{半线性法}/N_{Wheeler}) = 0.95$。在此例中半线性方法与 Wheeler 模型详细计算的结果相差很小。

5. Willenborg 模型[11]

Willenborg 模型与 Wheeler 模型一样以残余应力应变为基础。提出该模型的出发点是要避免附加实验。

模型的思路是：裂纹在超载塑性区内将受到迟滞。如果此时要消除超载的影响，必须将外部名义应力由 σ_B 提高到 $\sigma_{无迟}$（无迟滞应力），而由 $\sigma_{无迟}$ 产生的塑性区恰好与超载塑性区边界平齐。这个毛应力提高的部分

$$\sigma_R = \sigma_{无迟} - \sigma_B \cdots \quad (11)$$

代表超载循环当时（$a = a_i$ 时）对基本循环的迟滞影响，亦称残余应力。而要计算基本应力循环扩展裂纹的有效应力，必须从 σ_B 中减去这个残余应力，即

$$\sigma_{eff} = \sigma_B - \sigma_R = 2\sigma_B - \sigma_{无迟} \quad (12)$$

于是迟滞影响区内的裂纹扩展速率为

$$\left(\frac{da}{dN}\right)_D = C(\Delta K_{eff})^n \quad (13)$$

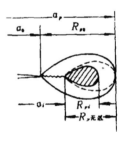

图 3

式中 ΔK_{eff} 为基本循环应力的有效应力强度因子幅值，与 $\Delta\sigma_{eff}$ 对应。式(12)中的无迟滞应力可根据图 3 和运用裂尖塑性区尺寸的公式导得

$$\sigma_{无迟} = \sigma_y \sqrt{\frac{2(a_p - a_i)}{a_i}} \quad (14)$$

6. Maarse 模型[12]

Maarse 模型以及下面接着介绍的 AFFDL 模型和 Matsuoka 模型都以裂纹闭合理论为基础。

裂纹闭合理论是六十年代末由 Wolf Elber 提出来的。Elber 指出[13]：疲劳裂纹在其扩展过程中留下了一个连续的残余塑性区（图 4）。这一残余塑性区象钳子一样对裂纹表面产生压缩作用，也就是裂纹周围受到残余压应力的作用。这样，在 0-拉载荷循环中，只有当载荷大于某一值时裂纹才张开，而裂纹必须在全张开的状态下才能扩展。因此，对裂纹扩展真正起作用的仅为大于裂纹张开载荷值（p_{op}）的那一部分载荷循环（图 4 中圆圈以上的部分）。Elber 称这一部分载荷在裂纹尖端引起的应力强度因子幅值为有

效应力强度因子幅值 ΔK_{eff}. 于是，裂纹扩展速率的 Paris 公式成为：

$$\frac{da}{dN} = C'(\Delta K_{eff})^{n'}$$

式中，C'，n' 为等幅加载时按 ΔK_{eff} 处理的材料常数；

$$\Delta K_{eff} = U \Delta K$$

$$U = \frac{P_{max} - P_{op}}{P_{max} - P_{min}}$$

对于变幅载荷谱下的裂纹扩展速率，Elber 在〔13〕中并未建立计算公式，只是在实验中观察和分析了超载之后，闭合应力的变化情况.

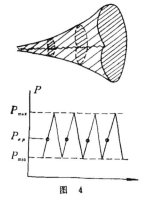

图 4

Maarse 模型提出了确定张开载荷的计算方法. 该模型采用以下形式的裂纹扩展速率公式

$$\frac{da}{dN} = C(\Delta K_{eff})^n = C(U \Delta K)^n \tag{15}$$

其中，$U = (\sigma_{max} - \sigma_{op})/(\sigma_{max} - \sigma_{min})$. 这里的关键是张开载荷 P_{op} 的确定. Maarse 模型确定 P_{op} 的基本思路是：疲劳载荷作用下稳定扩展的裂纹实际上处于其塑性区尾迹的包围之中（见图 5）. 裂纹表面将受到残余压应力的作用，假想裂纹体的裂纹部位可以重迭，则在卸载时残余压应力就在裂纹尖端造成一个负的张开位移 δ_1 其近似值为：

$$\delta_1 = \frac{R_{YCB} \sigma_Y}{E} \tag{16}$$

式中 R_{YCB} 为沿垂直方向测量的裂尖到弹塑性边界距离的两倍（见图 5），它取决于塑性区的形状.

另一方面，增载时外载将产生正的张开位移 δ_2，使裂纹趋向张开，根据裂纹尖端垂直位移表达式，可得：

$$\delta_2 = \frac{8K_1(1-\nu^2)(a_s - a)^{\frac{1}{2}}}{E(2\pi)^{1/2}} \tag{17}$$

式中 ν 为泊松比，E 为弹性模量，a_s、a 表示在图 5 中. 当 $\delta_1 = \delta_2$ 时，裂纹开始张开，此时作用的载荷即为裂纹的张开载荷. 以紧凑拉伸试件为例，张开载荷为

$$P_{op} = C \frac{R_{YCB}}{f\left(\frac{a}{W}\right)(a_s - a)^{1/2}}$$

其中

$$C = [\sigma_Y B(2\pi W)^{1/2}]/8(1-\nu^2)$$

由上式可见，等幅载荷时的张开载荷除开始一段是变化的外，其后一直保持稳定的常值. 在变幅载荷下，当载荷从一种等幅情况突然变化到另一种等幅情况时，塑性区尺寸

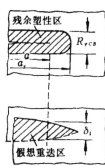

(a) 等幅载荷情况

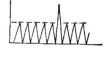

(b) 单峰值载荷情况

图 5

R_{YCB} 和 (a_s-a) 随着发生变化，R_{YCB} 和 (a_s-a) 的不同变化的组合造成了变化的张开应力，从而体现变幅谱各载荷幅值之间的影响(也包括超载迟滞这种影响.)(见图6).

7. AFFDL 模型[14]

AFFDL 模型也以裂纹闭合理论为基础．经过大量的试验和分析，发现影响裂纹扩展速率最重要的参数有：①循环应力比(R)；②最大超载应力；③最小应力变化；④超载次数；⑤压缩载荷．对于这些因素，AFFDL 模型采用以下方法分别确定各因素的影响规律：

图 6

获得各种关系式后，对于某一变幅载荷谱来说，就综合应用上述关系式中的一部分，以得到这一载荷情况的张开应力变化图．有了张开应力变化图，这一载荷情况下的裂纹扩展速率就不难获得了．

AFFDL 模型考虑的因素较多，适用的范围(指载荷谱型)也较宽，在以裂纹闭合理论为基础的迟滞模型中，它是目前已见于工程应用的一个．但它几乎完全依赖于试验，试验工作量相当大．

8. Matsuoka 模型[15]

Matsuoka 模型也以闭合理论为基础．采用以下公式描述迟滞后的裂纹扩展速率：

$$\left(\frac{da}{dN}\right)_D = C(U_D \Delta K)^n = U_D^n \left(\frac{da}{dN}\right)_C \tag{18}$$

于是求考虑迟滞效应的裂纹扩展速率（或寿命循环数）可归结为迟滞系数 U_D 的确定．Matsuoka 模型的一个主要假设是：裂纹扩展速率唯一地由裂尖循环塑性区的状况所决定的．载荷循环即使不同，只要产生的裂尖循环塑性区相同，则它们的裂纹扩展速率就相同．由此出发，Matsuoka 模型确定 $(da/dN)_D$ 的途径是：

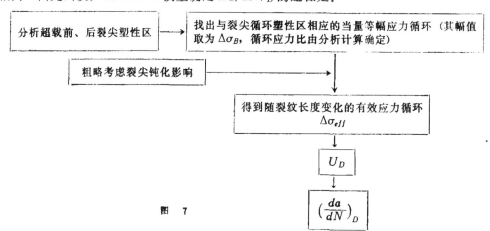

图 7

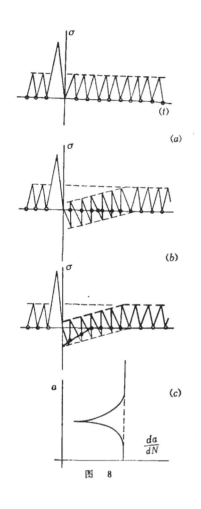

图 8

以单峰值载荷谱为例．图 8(a)是真实外加单峰值超载载荷谱．根据峰值超载前、后裂尖循环塑性区分析得到的当量等幅循环应力谱如图 8(b)所示．这就是说,当量应力谱各循环应力下的裂尖循环塑性区（不考虑各循环间相互影响）和真实载荷谱（图 8(a)）下裂尖循环塑性区（考虑超载对后续循环的影响）是一样的．于是,根据本迟滞模型的基本假设（裂纹扩展速率唯一地由裂尖循环塑性区的状况决定）可知,按线性累加理论计算当量谱下的裂纹扩展就等于实际载荷谱（图 8(a)）下的裂纹扩展．理想情况下假设张开应力为零,则得到由小逐渐变大的 $\Delta\sigma_{eff}$（见图 8(b)）．这样的结果不能说明迟滞的延后特性．考虑到峰值载荷使裂纹尖端钝化,钝化使裂纹容易张开从而降低张开应力,而钝化的影响又是随裂纹扩展逐渐减弱,因此假设张开应力的变化如图 8(c)所示．这样就得到由大变小再变大的 $\Delta\sigma_{eff}$（图 8(c)中粗实线）．由此得到的裂纹扩展速率曲线（图 8(c)）反映了迟滞延后的特性．Matsuoka 模型到目前为止还只见用于单峰超载谱．

三、超载迟滞模型的分析比较

从工程实际应用考虑,对迟滞模型似乎应从以下几方面加以评价：①对迟滞特性的描述是否合理；②预计的精度大小,结果偏于安全还是偏于危险；③基本原理有无坚实的物理基础和严密的理论分析；④实用性——适用范围广,计算简单,应用方便．

1. 迟滞特性的描述

许多研究者对超载迟滞过程中一些特性已进行了实验观察和研究．文献[17]对普遍观察到的迟滞特性作了综述,主要的有：①迟滞的延后现象（图 8(c)）；②迟滞发生在一定的范围之内；③无迟滞超载比（γ_{min}）和裂纹停止扩展超载比（γ_{max}）．迟滞的大小主要与超载和基本载荷循环的最大值之比即所谓超载比（γ）有关．γ 值小到一定程度以后,基本应力循环下没有迟滞效应,即有所谓无迟滞超载比；γ 值大到一定程度,基本应力循环下裂纹实际上不再扩展,即有所谓停止扩展超载比．④迟滞效应随超载次数增加而增大,但有一个饱和限．

能否解释迟滞过程中的各种主要特性是对一个迟滞模型的重要考验．几种模型解释能力的比较列在表1中．比较表明，Matsuoka模型能解释的现象较多，并且在解释这些现象时，不象AFFDL模型只凭试验结果确定影响规律，而是从钝化硬化、和裂纹闭合等原理上进行解释(尽管比较粗糙)．在Matsuoka模型中获得的与材料常数有关的γ_{max}和γ_{min}表达式似乎也比较合理．

表 1 (*)

迟滞模型 / 迟滞特性	e指数模型	分数导数模型	Wheeler模型	Willenborg模型	Maarse模型	AFFDL模型	Matsuoka模型
迟滞的延后现象	能说明				能说明		能说明
无迟滞超载比 (γ_{min})							有计算公式
裂纹不扩展超载比 (γ_{max})							有计算公式
迟滞范围	有计算公式	有计算公式	$0<\Delta a<R_{YO}-R_{YB}$	$0<\Delta a<R_{YO}-R_{YB}$	见图5	$0<\Delta a<R_{YO}$	有计算公式
连续超载次数影响					能说明	能说明	能说明
相间超载之间的干涉效应	能说明						

(*) ① 表中空格表示不能说明或未涉及; ② 均方根法未涉及表内所列迟滞特性故未列入比较．

2. 预计精度

从工程实际应用的角度比较预计精度，不仅要看它的大小，而且还要看它的分散度和偏向(偏于安全还是相反)．判断一个模型的预计精度需要较多的实验(或实际应用统计)数据(不同谱不同材料)．本文上述模型中，只有提出较早、工程应用较多的Wheeler模型和Willenborg模型有人作过系统的比较．在文献[18]中绘出了比较曲线(图9)．

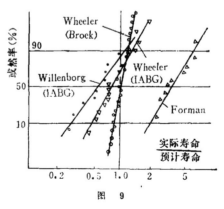

图 9

由图可见，应用Wheeler模型时，实际寿命与预计寿命比值的统计中值为1.0，误差范围约为±30%，分散度较小．相反，Willenborg模型数据的中值约为0.5，多数结果偏于不安全，误差和分散度较大．因此，总的看来，对工程应用来说，Wheeler模型的结果较为满意．

3. 基本原理

什么是造成超载后，基本应力循环下裂纹扩展迟缓的主要因素呢? 多数迟滞模型都有自己的回答，这就是模型的物理基础，或者说，基本原理.

Wheeler 模型和 Willenborg 模型认为超载产生的单调塑性区是引起迟滞的主要因素. 前者直接以一特征塑性区尺寸表征迟滞效应；后者将塑性区尺寸转化成残余名义应力.

AFFDL 和 Maarse 模型均以裂纹闭合理论为基础. 前者用实验办法确定各因素对闭合应力的影响规律，进而确定对 da/dN 的影响. 后者从塑性区变化，算得变化的裂纹张开载荷，进而确定 da/dN 的变化.

Matsuoka 模型也以裂纹闭合理论为基础. 分析引起闭合应力变化的原因有两个：裂尖循环塑性区和裂尖钝化. 在考虑多个超载影响时还引进了硬化因素.

"闭合"显然是十分重要的. 裂纹扩展的控制因素是 ΔK，而 K 是裂尖奇异性的表征量. 裂纹张开是裂尖奇异性的必要条件，因此裂纹是张开还是闭合对裂纹扩展是十分重要的. 利用裂纹闭合概念可以解释裂纹扩展中的许多现象[19]——厚度影响，稳定扩展裂纹前缘的曲线形状，剪切唇现象等. 这也说明裂纹闭合概念的重要.

钝化有两方面的作用，一是降低裂尖应力集中；二是降低张开应力，增加扩展裂纹的有效 K 值. 不过，在所见的迟滞分析中目前还未见到有严格理论依据的钝化影响的定量分析.

裂尖残余应变与迟滞现象密切相关. 裂尖应力应变的分析也是钝化，硬化和闭合应力分析的基础.

针对上述迟滞的重要因素，本文介绍的迟滞模型的比较如表 2 所示(前三个模型不涉及这些因素，未列入). 总的看来，Matsuoka 模型与其它模型相比考虑的因素较全面，物理概念较为清晰，计算公式的理论推导较少经验性.

表 2

原 理 (影响因素)	Wheeler 模型	Willenborg 模型	Maarse 模型	AFFDL 模型	Matsuoka 模型
1. 裂纹闭合	/*	/	作为基础	作为基础	作为基础
2. 裂尖钝化	/	/	/	实验中综合反映	考虑(粗略)
3. 裂尖残余应变	作为基础	作为基础	考虑		考虑
4. 裂尖材料硬(软)化					考虑(粗略)

* "/"表示模型未考虑该因素.

4. 实用性比较

各模型对常见几种载荷谱的适用情况比较.

如表 3 所示. 由表可见，Wheeler 模型和 Willenborg 模型适应面较广. 这两个模型的计算也比较简单. Willenborg 模型不需要实测任何迟滞常数使用最为方便，Wheeler 模型其次. AFFDL 模型由于需要大量的辅助试验，使用相当不便.

表 3

模型＼谱型	单峰	间隔峰值	多个峰值	低—高程序	高—低程序	随机
均方根				✓	✓	✓
e 指数	✓	✓	✓			
分数导数	✓					
Wheeler	✓	✓	✓	✓	✓	✓
Willenborg	✓	✓	✓	✓	✓	
Maarse	✓					
AFFDL				✓		
Matsuoka	✓		✓		✓	

* "✓"表示可用；"✗"表示原则上可用；空白表示不可应用．

四、结论和讨论

根据以上的比较、分析，可以得出以下几点看法：

1. 就目前工程应用而言

①Wheeler 模型适用面广，计算简单，使用尚属方便，精度也基本符合工程要求，是较好的半经验模型．(在某些情况下，半线性 Wheeler 模型更为方便)但迟滞常数必须在同类谱下实测．当然，Wheeler 模型毕竟是一种半经验模型，有人甚至称它为"拟合技巧"．它的原理，它对迟滞现象的解释是不完善的；②在没有条件实测迟滞参数的情况下，可用 Willenborg 模型．但必须注意，它的预计结果往往是分散度大并偏于不安全；③均方根法预计结果很不理想，AFFDL 模型使用很不方便，其他模型目前只适用于少数几种谱型，应用范围十分有限．

2. 建立一种有坚实物理基础的迟滞模型仍然是很有意义的课题

分析迟滞效应，一般认为应考虑以下几个主要因素：①裂尖残余应变；②裂尖钝化；③裂尖材料硬化(或软化)；④裂纹闭合应力．

以裂纹闭合理论为基础的模型目前讨论、研究较多．Matsuoka 模型采用的思路(见图 7)似乎较为可取．但该模型在考虑钝化、硬化影响时十分粗略，似有改进余地．

低周疲劳方法可能是分析迟滞现象的有效手段．

在国内，黄玉璞等提出了一个新的单峰值超载的迟滞模型[16]．这项研究工作最近取得了一些进展．

3. 研究现有迟滞模型的精度、应用范围；或简化其计算，或扩大其应用范围，也很有工程实际意义．

本文所作的比较分析是十分初步的．进一步的计算、分析和实验研究有待今后继续进行．

参 考 文 献

(1) Paris P.C., The Fracture Mechanics Approach to Fatigue, Proc. 10th Sagamore Army Materials Research Conference, P.107, Syracuse University Press. New York (1964).
(2) Forman R.G., Kearney V.E. and Engle R.M., Numerical Analysis of Crack Propagation in Cyclic Loaded Structures, J. Basic Engng. 89, 549(1967).
(3) Roberts R. and Erdogan F., The Effect of Mean Stress on Fatigue Crack Propagation in Plates under Extension and Bending, J. Basic Engng 89, 885(1967).
(4) 黄玉珊、刘雪惠、郑旻仲，X 机翼梁框断裂控制研究，西工大科技资料，总 571 期.
(5) Barsom J.M., Fatigue Crack Growth under Variable Amplitude Loading, ASTM STP 536.
(6) Gallagher J.P. and Stalnaker H.D., Methods for Analyzing Fatigue Crack Growth Rate Behavior Associated Flight-by-Flight Loading, AIAA Paper 74—367.
(7) Morman K.N.Jr. etal., Cracks and Fracture, 245—261 Proc. of the Ninth National Symposition on Fracture Mechanics.
(8) Gemma A.E., et.al., A New Approach to Estimate Fatigue Crack Delay due to a Single Cycle Overload, E.F.M., 9, 3(1977), 647.
(9) Wheeler O.E., Spectrum Loading and Crack Growth, J. of Basic Engng, 94, 1(1972).
(10) Broek D. and Smith S.H., The Prediction of Fatigue Crack Growth under Flight-by-Flight Loading, E.F.M., 11, 1(1979), 123—141.
(11) Willenborg J., Engle R.M. and Wood H.A., A Crack Growth Retardation Model Using an Effective Stress Concept, AFFDL-TM-71-1-FBR (1971).
(12) Maarse J., Crack Closure Related to Fatigue Crack Propagation, Fracture (1977).
(13) Elber W., The Significance of Fatigue Crack Closure, ASTM, STP.486.
(14) AFFDL, Crack Growth Analysis for Arbitrary Spectrum Loading, 1, AD/A 021700 (AFFDL-TR-74-129)
(15) Matsuoka and Tanaka, The Retardation Phenomenon of Fatigue Crack Growth in HT80 Steel, E.F.M. 8, 3(1976).
(16) 黄玉璞等，一些疲劳超载停滞的干涉显微镜检验，1979 年全国高等院校断裂力学会议文献.
(17) Nelson D.V., Review of Fatigue-Crack-Growth Prediction Methods, Exper. Mech., 17, 2(1977), 44.
(18) Walter Schütz, The Prediction of Fatigue Life in the Crack Initiation and Propagation Stages-A State of the Art Survey, E.F.M. 11, 2(1979), 405.
(19) Schijve J., Four Lectures on Fatigue Crack Growth, E.F.M. 11, 1(1979), 167.

OVERLOAD RETARDATION MODELS OF FATIGUE CRACK GROWTH

Huang Yu-shan, Liu Xue-hui and Ni Hui-lin

(Northwestern Polytechnical University)

Abstract

In this paper eight overload retardation models of fatigue crack growth are reviewed. Their basic principles are treated and physical concepts explained in detail.

A comparison has been made between the eight models with respect to the retardation mechanism, performance and ability to explain a variety of retardation phenomena. It is the authors' view that the Wheeler model can be conveniently used and the Matsuoka model has a clear physical meaning. Comments on the application of the retardation models in the estimation of the fatigue crack propagation life and the research on the retardation phenomena are also made.

有关固体力学的国外会议简讯

序号	会 议 名 称	时 间	地 点	发 起 单 位
1	离岸工程会议 Offshore Technology Conference	1981 5.4—7	休斯敦（美） Houston	美机械工程师学会 ASME
2	结构介质机械性能国际讨论会 International Symposium on the Mechanical Behavior of Structural Media	1981 5.18—21	渥太华（加） Ottawa	Carleton 大学 Carleton Univ.
3	第八届加拿大应用力学会议 Eighth Canadian Congress of Applied Mechanics	1981 6.7—12	加拿大	Moncton 大学 Université de Moncton
4	数值方法的国际会议 Inter. Conf. on Numerical Methods	1981 7.7—10	威尼斯（意） Venice	Swansea 大学 Univer. College Swansea
5	反应堆工程结构力学第六次会议 Structural Mechanics in Reactor Technology SMIRT 6	1981 8.17—21	巴黎（法） Paris	SMIRT—6组织委员会 SMIRT-6 Org. Committee.
6	第九届美国应用力学全国会议 Ninth U.S. National Congress of Applied Mechanics	1982 6.21—25	纽约（美） New York	康奈尔大学 Cornell Univ.

待续

椭圆形弹性框的计算

飞机结构力学教研组　黄玉册　朱思益　仇宗宝

前　言

本研究报告计由三个部分组成，即
(1) 弹性框计算资料总结；
(2) 椭圆形弹性框的计算曲线；
(3) 变截面椭圆形弹性框的计算方法。

第一部分扼要地介绍现有的关于弹性框计算的一些研究资料，比较着重于一些强度计算的方法与数据。第二部分给出椭圆形弹性框受对称轴上的径向集中载荷时的弯矩与剪流，椭圆近似地用四段圆弧表示，框截面大小不变。根据理论计算的结果，得出椭圆的长轴与短轴长度比对最大弯矩与最大剪流的影响曲线。第三部分介绍变截面椭圆形弹性框的工程上适用的计算方法，系根据最小能量法，柱比分析法等来拟订的，并附有计算表格和数例，可供实际计算时参考。

由于时间甚为紧促，我们在总路线精神的鼓舞下，在党支部的领导和教研组其他同志与5系一些同学的大力支持下，经过一个月时间，写成了本报告。由于我们水平所限，时间短促，可能存在很多缺点，希望同志们多多指正，并把意见寄予我们。

六〇年三月二十日

弹性框计算资料总结

关于弹性框的计算资料，可分为下列三类：
(1) 刚框——框的刚度较大，变形不致于引起蒙皮上剪流的重新分布；
(2) 软框——框的刚度较小，有较大的局部应力集中现象；
(3) 其它。

(1) 刚　框

当刚框上受平衡的集中力或力偶时（力作用在框平面内），刚框是一个平面封闭刚架，它的静不定次数为3。早期（1933—1935）有不少文献分析这些问题，例如 R. A. Miller 和 K. D. Wood[1]，E. E. Lundquist 和 W. F. Burke[2] 等，这方面资料的很好的总结见飞机强度手册[3]第 Ⅲ.56 表和第 Ⅲ.57 表，圆框和椭圆框都有。

当剛框上受一个集中力（徑向或切向）或一个力偶时，是由蒙皮上剪流来平衡的。由于框的剛度較大，剪流可按工程弯曲理論計算，卽

$$q_0 = \frac{PS}{J} + \frac{M_k}{2F} \qquad (1)$$

式中P为集中剪力，S为截面靜矩，J为总截面惯性矩，M_k为扭矩，F为蒙皮所包圍的面积。当剛框为圓形时，

$$q_0 = \frac{P}{\pi R}\sin\varphi + \frac{M_k}{2\pi R^2} \qquad (2)$$

式中R为蒙皮的半徑，φ为从P方向量起的圆心角。J. A. Wise[4]曾求出圓框受單独集中力（徑向和切向）和力偶作用时框上弯矩，正向力和剪力的分配曲綫和公式；他假定蒙皮的半徑R与框中綫的半徑r相同（沒有偏距）。H. Fahldusca和W. Wegner[5]介析似的問題，但考虑了偏距（$R \neq r$）的情况，适用范围更广。所得的曲綫和公式也見飞机强度手册的第Ⅲ125各到第Ⅲ127图。

上述一些资料都假設梁的弯曲理論可以适用，这在框梁的厚度与半徑r的比值不太小时會有較大的誤差。荆广生[6]曾用曲梁理論来介框的問題，也給出一些图綫。

对于非圓形框，H. Cross的柱比法[7]是一个良好的方法。D. A. du plantier[8]曾把柱比法用到机身框的分析上来，王启德和S. Ramamrithm[9]更建議用三鉸框作基本系統，再用柱比法可避免由两个大数之差所造成的計算困难。柱比法用在变截面框，可使計算簡捷不少。

橢圓形或卵形框也有一些公式和图綫，例如D. O. Dommasch[10]的計算結果。R. J. Benjamin[11]用富氏級数来表示框的形狀，只取少数几項已能得出相当准确的結果。S. Kaufman[12]采用橢圓积分也求得橢圓框的介答，幷給出一些曲綫，能适合設計室参考之用。

此外，W. Morse[13]曾建議用彈性中心法介框的問題，方法与柱比法相近。

早期的文献还有W. F. Burke的橢圓框图綫（NACA TN 444, 1933），可供設計参考。其它，如E. H. Watts（Aero Digest Apr. 1937）的柱比法，E. Greenwood（JAS Oct.1936），B. Ruffner（JAS. Jan. 1939），H. P. Liepmann（JAS Oct. 1940），N. J. Hoff（JAS May 1942）等文献，大多內容重复一般，参考价值不大。

（2）軟　框

在框的剛度不大时，工程弯曲理論卽不能适用。一般在集中力作用下，蒙皮內最大剪流要增大很多（十倍上下），而框內的最大弯矩則相应地大为降低。

J. E. Wignot[14]等首先研究了这个問題，他考虑了蒙皮和框的变形协調关系，得出等截面圓框受單独載荷作用时一些計算图表。同时，N. J. Hoff[15]也提出了采用最小能量法幷把剪流用富氏級数表示的方法。他介析了悬臂的單框場受对称的集中载荷的情况，后来P. Kuhn[16]等又把这个方法推广到受切向力和力偶的情况。他們进行了一些試驗，用沒有桁条的四段（四个框場）悬臂机身来做試驗，結果尚能满意。

L. Beskin[17]也研究了同樣的問題，他在能量計算里还考虑了偏距，框的正应变能与剪应变能等。他又用差分法介析了无勞長的圓筒，幷給出当單独的徑向力、切向力和力偶作用

在中間框上时的一些圖綫。飞机强度計算手册里圖第Ⅲ.129到第Ⅲ.156也給出了类似的圖綫。

J. E. Duderg 和 J. Kempner[18][19] 忽略了偏距，框的正应变能和剪应变能，也用富氏极数法；根据变形协調条件得出五个連續框里第 n 級富氏系数間的关系，就是所謂循环公式。他們求得无势長圓筒的介答，并指出如果受力框离开固定端在兩段以上时，誤差卽不显著。計算和試驗結果都証实了这种說法。他們也給出了无势長悬臂机身的一些圖綫，載荷也是單独的徑向力、切向力和力偶。

N. J. Hoff 和他的夥伴們繼續进行了这方面的研究。R. S. Leyy[20] 研究了桁条的弯曲剛度的影响，在一个六段圓筒上的数字計算与試驗結果相当接近。在 N. J. Hoff 等五人分工写的論文里，他們考虑了桁条弯曲，偏距，框的正应变和剪应变等影响，并在兩段簡支机身和三段悬臂机身上做了一系列的試驗，大多数与理論計算相当一致。他們研究的成果最后总結[22][23]成許多圖綫，表示各种参数对蒙皮剪应力的集中和框的弯矩降低的影响。飞机强度計算手册中第Ⅴ.116圖到第Ⅴ.123也給出了一些圖綫。

W. J. Goody[24] 研究了蒙皮中的应力函数和变形协調关系，得到了框的弯矩的微分方程式；他考虑到偏距和框的正应变而忽略了框的剪应变。他介析了二段圓筒兩端簡支中間框受集中徑向力、切向力和力偶的情况，并用試驗結果求驗証理論的可靠性。他也介析了无劳長圓筒在兩端或在中間框受力的情况。

P. Cicala[25][26] 采用了与上面一些作者不同的方法，他把桁条看成一些集中面积而不是把桁条分散到蒙皮上去。他考虑了偏矩、正应变和剪应变等，并且用曲梁理論来分析。他計算了一些有16个桁条的机身受徑向載荷的例子，包括單框场梁和无劳長梁，并且用来和 Goodey 試驗数拟和比較，結果比 Goodey 理論更能吻合。

W. R. Jenson[27] 也是把桁条集中起来計算，而不用分布桁条的分析。他指出只用6个或8个桁条的計算結果和試驗結果已很接近。

K. J. Dallison[28] 提出了工程計算的方法，將框分成凡段，用最小能量法和拉格蘭日乘数法計算，他的方法只用于不閉口的圓框。他并且指出：如果以 $\frac{Gtr^4}{EIl}$ 为 K，則

当　　$K < 1$ 时，可当做剛框計算；

当　　$K \geq 10$ 时，应作为軟框計算，但可略去桁条能量；

当　　$K \geq 200$ 时，为很軟框，应計入桁条能量。

C. H. Кан[29][30] 假設蒙皮上剪流为剛框蒙皮剪流与附加剪流之和，而附加剪流只取正弦极数的第二項，卽

$$q = q_0 + \Delta q = \frac{P}{\pi R} \sin\phi + q_2 \sin 2\phi \qquad (3)$$

他計算无势長的悬臂机身，給出軟框情况与剛框情况之間的最大弯矩和最大剪流的比值。在飞机强度計算书中圖246到248可以看到这些圖綫。由于只取了級数的兩項，他的結果略为要保守一些，但已能满足工程上的需要。

А. Т. Иммерман[31] 利用最小能量法，把縱向应力展开为富氏級数，再由变分法的欧拉公式求得縱向应力的四次微分方程。他还討論了为了某一准确度所应采用的級数項数。

所有上面的文献都是討論圓形框的計算。一方面由圓形框在实际上还是常見的，另一方

面则由于圆形框使计算大大简化。只有 G. E. Griffth[32] 讨论了椭圆形框的计算，他用四个圆弧来表示框，根据变形协调关系导出框上弯矩的八次微分方程，公式里考虑了偏矩的影响。由于方程式很繁，他只算了一个数例，并指出椭圆框也有和圆框相似地应力集中现象。

最后，上面一些文献都是讨论圆柱形机身框的计算。对于圆锥形机身的框，W. J. Goodey[33] 提出了良好的方法，他用能量法的原理，最后列出矩阵，进行计算。

（3）其 它

在以上两节里，我们集中地注意了框的分析，其实框的分析不过是机身分析的部分，而且前面讨论的框主要承受在框平面以内的载荷，实际上还可能承受与框平面垂直的力。为了对框的问题掌握得更全面，有必要简单地介绍一些有关机身分析的文献。

早期的文献有 H. Ebner 和 H. Koller[34][35]，H. Wagner 和 H. Simon[36]，他们提出用工程弯曲理论做为静定系统，用自身平衡的力系（用富氏级数表示）做为静不定系统，然后用力的方法来介这些静不定因数。在苏联，В. З. Власов[37][38] 等关于薄壁壳体的理论有极有价值的贡献。А. А. Уманский，С. Н. Кан，В. Ф. Киселев，В. Н. Беляев 等学者在薄壁结构的计算都有很多的贡献。А. Ф. Феофанов[39] 的书里对机身静不定系统和切口区域的内力的介析都提出详细的介绍。

关于切口区域的计算也有不少文献，例如 P. Cicala（JAS Mar. 1943），M. M. Gololobov（JAS Apr. 1947），H. L. Langhaar, C. R. Smith（JAS Apr, 1947），H. G. McComb（NACA TR 1251, 1955）等。

由于机身构造的高次静不定和电子计算机的广泛应用，结构的矩阵分析法已成为重要的工具。这方面的文献可有 J. H. Argyris（Aircraft Engineering 1954—1955；R&M 3034, 1956, Ingenieur Archiv Mar. 1957, Aircraft Engineering. 1959），W. J. Goodey（JRAS Oct. 1955, Aircraft Engineering 1957），B. Klein（JAS. Jun. 1958），J. S. Prezmieniecki（Aeronautical Quarterly, Dec. 1958）等。W. Schnell（ZFW, 1955, 1957）用微分方程和矩阵法介圆柱问题，偏重数理方面，工程上应用比较不便。

有关薄壁机身分析的计算方法，还可以参看 J. H. Argyns（JRAS, 1947）L. Beskni（JAS Apr. 1945）M. Stern（JAS Aug. 1847）J. E. Duberg（JAS Aug. 1949），D. R. Samson（JRAS Feb. 1954）等文章。

以上这些文献，远不能说是全面了，还有不少遗漏，J. H. Argyris（AMR. July 1958）曾做一篇文献总结；在（Aircraft Engineering. Mar. 1959）的结论里也有文献介绍可供参考。

1. R. A. Miller, K. D. Wood: Formulas for the Stress Analsis of Circular Rings in a Monocoque Fuselage NACA TN. 462. 1933.
2. E. E. Lundquist, W. F. Burke: General Equations for the stress Analysis of Rings. NACA. TR 509, 1935.
3. М. Ф. Астахов 等：飞机强度计算手册，国防出版社，1958.
4. J. A. Wise: Analysis of Circular Rings for Monocoque Fuselages, JAS. Sept 1939

5. H. Fahlbusch, W. Wegner: Calculation of the Stresses in Annular Frames, JRAS, 1941 (德文 Luftfahrt forschung Apr. 1941 的譯文)
6. 荆广生: Deep Ring Analysis, JAS Sept. 1948
7. H. Cross: The Column Analogy, Bulletin 215 Univ. of Illinois Engineering Experiment Station, 1930.
8. D. A. du Plantier: Analysis of Fuselage Rings by the Column Analogy. JAS Apr. 1944.
9. 王启德和 S. Ramamrithm: Stress Analysis of Noncircular Ring for Monocoque Fuselages JAS Dec. 1947.
10. D. O. Dommasch: General Equateons for the Analysis of Elliptical Rings, JAS Apr. 1943.
11. R. J. Benjamin: Analysis of Oval Rings by Fourier Series, JAS Sept. 1952.
12. S. Kaufman: Analysis of Elliptical Rings for Monocoque Fuselages JAS Feb 1953.
13. W. Morse: The Analysis of Fuselage Frames, Aircraft Engineering Feb Mar 1952.
14. J. E. Wignot, H. Combs, A. F. Ensrud: Analysis of Circular Shell-Supported Frames, NACA TN 929, 1944.
15. N. J. Hoff: Stresses in a Reinforced Monocoque Cylinder under Concentrated Symmetric Transverse Loads JAM Dec 1944 和 JAM Sept 1945.
16. P. Kuhn, J. E. Duberg, G. E. Griffth: The Effct of Concentrated Loads on Flexible Rings in Circular Shells, NACA ARR No L5H23, Dec. 1945.
17. L. Beskin: Local Stress Distribution in Cylindricad Shells JAM. June 1946.
18. J. E. Duberg, J. Kempner: Stress Analysis by Recurrence Formula of Reinforced Circular Cylinders Under Lateral Loads, NACA TN 1219, 1947.
19. J. Kempner, J. E. Duberg: Charts for Stress Analysis of Reinforced Circular Cylinders under Lateral Loads, NACA TN 1310, 1947.
20. R. S. Levy: Effect of Bending Rigidity of Stringers upon Stress Distribution in Reinforced Monocoque Cylinder under Concetrated Transverse Loads, JAM Mar 1948.
21. N. J. Hoff, V. L. Salerno, H. Liebowitz, B. A. Boley, S. V. Nardo: Concentrated Load Effects in Reinforced Monocoque Structures. Reissner Anniversary Volume, 1949.
22. N. J. Hoff, V. L. Salerno, S. V. Nardo: Shear Stress Concentration and Moment Reduction Factors for Reinforced Monocoque Cylinders

subjected to Concentrated Radial Loads, JAS, May 1949.
23. N. J. Hoff: Thin-Walled Monocoques, Aeronautical Conference London 1947, 1948年印行.
24. W. J. Goodey: The Stresses in a Circular Fuselage, JRAS. Nov. 1946,
25. P. Cicala, Il Guscio a Direttrice Circolare con Pannelli e Correnti Uguali, Soggetto a Carichi Transversali, Monografie Scientifiche, di Aeronavtica, Aug. 1947.
26. P. Ciala, Sul Calcolo delle Structure a Guscio, L'Aerotechnica, 1946, 1947.
27. W. R. Jenson, On Simplified Fuselage-Structure Stress Distribution, JAS Oct. 1958.
28. K. J. Dallison, Stress Analysis of Circular Frames in a Non-Tapering Fuselage, JRAS Mar. 1953.
29. С. Н. Кан: Елияние упругости шпангоутов на их прочность, Труды ВВИА. В 390, 1950.
30. С. Н. Кан. 和 И.А.Свердлов. 飞机强度计算, 1959.
31. А. Г. Иммерман, Расчет ортотропной круговой цилиндрческой оболочки на поперечную нагрузку, Расч. Прост. Констр. В. Ⅲ, 1955.
32. G. E. Griffth, Stresses in Two-Bay Non-Circular Cylinder under Transverse Loads, NACA TR 1097, 1952.
33. W. J. Goodey, The Stress Analsis of the Circular Conical Fuselage with Flexible Frames, JRAS Aug. 1955.
34. H. Ebner, H. Köller: Über die Krafteinleitung in dünnwardige Zylinderschalen, LFF Dec. 1937.
35. H. Ebner, H. Köller: Über die Einleitung von Längskraften in versteifte Zylinderschalen, Jahrbuch 1937 Her LFF. 1937.
36. H. Wagner, H. Simon: Über die Krafteinleitung in dünnwandige Zylinderschalen, LFF. Feb. 1936.
37. В. З. Власов: Строительная Механика оболочек, ОНТИ. 1936.
38. В. З. Власов: Общая теория оболочек и ее применние в технике, Гостехиздат, 1949.
39. А. Ф. Феофанов: 薄壁結構計算, 高教出版社, 1954.

具有固定邊及自由邊之長方形薄板

黃 玉 珊

中 央 大 學

(1) 引言

通常結構上之橫樑直柱等僅爲直線的或一方位的問題解算甚爲簡便。而一般薄板之離正與應力之計算，則屬於平面的或二方位的，自爲困難。尤以其邊沿情形，比較複雜，致介解析不易。長方形之薄板，常用於樓板，船殼，牆壁，及金屬飛機等處以其邊沿平直，倘稱簡易。惟若邊沿不爲簡單支持時，則亦有相當繁難焉。

四邊簡單支持之長方形薄板受各種不同情形之壓力，其解答於通常討論薄板書籍中均易尋得。二對邊爲簡單支持，其餘二對邊爲固定，或自由，或其他支持情形者，S.P. Timoshenko 氏於其新著 Plates and Shells 一書中，載論綦詳。四邊成爲固定之薄板，以前之解法雖夥，而以鐵木與哥氏於第五次國際應用力學大會（1938年在美國麻省舉行者）所宣讀之 Bending of Rectangular Plates with clamped Edges，法尤新穎簡便。至其他邊沿情形之薄板，以應用較少，解算不易，尙少有注意及之者。

去秋中國工程師第十屆年會中，筆者曾獲覩西北工學院鄭運南先生之「具有固定邊及自由邊之長方形薄板解法」一文。該文將三邊固定一邊自由受靜水壓力之方形薄板，得一近似之結果。似此艱難之問題，作甚詳細之計算，其獨到之處，頗足以啓迪後學。

筆者則利用累加原理，先假設板之四周爲簡單支持，其結果可自任何有關書籍中查得或自行計算，亦良簡捷；繼求四邊簡單支持而受有邊沿力距，以及有邊沿離正之情形，三者結果相加，視邊沿之爲固定，爲自由，抑爲其他情形，以定其條件求得邊沿力距與邊沿離正之大小，然後薄板上各點之離正與應力自易於推算矣。

本文用無窮級數，且其收斂甚爲迅速，故計算簡單而準確，所舉之例，雖係最簡單之情形。實則所述方法適用於任何具有自由邊與固定邊之長方形薄板，且可推衍之使應用於彈性支持與彈性固持之邊沿。用敢不自揣量，略陳一得之愚，尚希方家多予指正是幸。

(2) 總論

大凡以數理方解算薄板之問題，宜先求得薄板之離正，使其——

(甲) 符合彎曲公式 薄板之彎曲公式可寫成下列之偏微分方程式：

$$\frac{\partial^4 W}{\partial x^4} + \frac{2\partial^4 W}{\partial x^2 \partial y^2} + \frac{\partial^4 W}{\partial y^4} = \frac{P}{D} \cdots (1)$$

式中 x, y, z 爲薄板之長寬厚三方向，相互垂直，W 爲 Z 方向之離正，P 爲 Z 方向之壓力，而 D 則爲薄板之彎曲韌度，若薄板之彈性倍數爲 E，厚度爲 h，側伸縮比爲 μ 則 D

$$= \frac{Eh^3}{12(1-\mu^2)}$$

(乙) 符合邊沿條件 此在長方形薄板其邊沿爲直線時；因其支持情形之差異，而有下列各種不同之公式，以 x=a 邊爲例：—

固定 $W=0, \frac{\partial W}{\partial x}=0 \cdots\cdots (2a)$

簡單支持 $W=0, \frac{\partial^2 W}{\partial x^2}+\mu\frac{\partial^2 W}{\partial y^2}=0$
$\cdots\cdots\cdots\cdots (2b)$

自由　　$\dfrac{\partial^2 W}{\partial x^2} + \mu \dfrac{\partial^2 W}{\partial y^2} = 0$,

$\dfrac{\partial^3 W}{\partial x^3} + (2-\mu)\dfrac{\partial^3 W}{\partial x \partial y^2} = 0$ (2c)

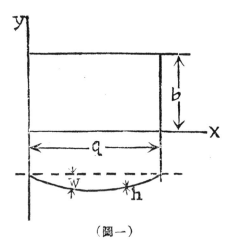

（圖一）

彈性支持與彈性固持　設其支樑之彎曲韌度爲B，其扭轉韌度爲C，則

$$B\left(\dfrac{\partial^4 W}{\partial y^4}\right) = D\dfrac{\partial}{\partial x}\left(\dfrac{\partial^2 W}{\partial x^2} + (2-\mu)\dfrac{\partial^2 W}{\partial y^2}\right) \cdots (2d)$$

$$-C\dfrac{\partial}{\partial y}\left(-\dfrac{\partial^2 W}{\partial x \partial y}\right) = D\left(\dfrac{\partial^2 W}{\partial x^2} + \mu\dfrac{\partial^2 W}{\partial y^2}\right) \cdots (2e)$$

求得撓正之函數 $W = f(x,y)$ 以後，可再由下列諸公式分別計算各點之彎曲力距，扭轉力距，剪力，邊沿之支力與角點之集中力等：——

$$M_x = -D\left(\dfrac{\partial^2 W}{\partial x^2} + \mu\dfrac{\partial^2 W}{\partial y^2}\right),$$

$$M_y = -D\left(\dfrac{\partial^2 W}{\partial y^2} + \mu\dfrac{\partial^2 W}{\partial x^2}\right) \cdots (3a)$$

$$M_{xy} = -M_{yx} = D(1-\mu)\dfrac{\partial^2 W}{\partial x \partial y} \cdots (3b)$$

$$Q_x = -D\dfrac{\partial}{\partial x}\left(\dfrac{\partial^2 W}{\partial x^2} + \dfrac{\partial^2 W}{\partial y^2}\right),$$

$$Q_y = -D\dfrac{\partial}{\partial y}\left(\dfrac{\partial^2 W}{\partial x^2} + \dfrac{\partial^2 W}{\partial y^2}\right) \cdots (3c)$$

$$V_x = Q_x - \dfrac{\partial M_{xy}}{\partial y} = -D\dfrac{\partial}{\partial x}\left(\dfrac{\partial^2 W}{\partial x^2} + (2-\mu)\dfrac{\partial^2 W}{\partial y^2}\right), \quad V_y = Q_y - \dfrac{\partial M_{yx}}{\partial x} \cdots (3d)$$

$$R\text{角點} = 2D(1-\mu)\dfrac{\partial^2 W}{\partial x \partial y} \cdots (3e)$$

式（1）最簡捷之解法，爲應用 Fouriers 級數，令

$$W = f(x,y) = \sum_1^\infty [a_m + F_m(y)] \sin\dfrac{m\pi x}{a} \cdots (4)$$

代入（1）式，再由壓力 $q = q_0 f(x)$ 及邊沿情形以決定 a_m 與 F_m 之值。因 $\sin\dfrac{m\pi x}{a}$ 當 $x=0$ 及 $x=a$ 時均等於零，以用於兩端簡單支持〔式(2b)〕正能適合。若爲其他支持情形，則此正弦無窮級數即難盡合，須加 $\cos\dfrac{m\pi x}{a}$ 諸項，計算斯繁難矣。

（3）簡單支持薄板受各種壓力之情形

此項解法，已甚普通，故僅約略敍述如下。法將撓正 W 分爲二部，$W = W_1 + W_2$，一爲每一單獨狹條之撓正，適合 $\dfrac{\partial^4 W_1}{\partial x^4} = \dfrac{q}{D}$ 之條件；另一適合 $\dfrac{\partial^4 W_2}{\partial x^4} + \dfrac{2\partial^4 W_2}{\partial x^2 \partial y^2} + \dfrac{\partial^4 W_2}{\partial y^4} = 0$ 之條件，並能使 $W_1 + W_2$ 適合 $y = 0$ 與 $y = b$ 兩邊之支持情形。

平均分佈壓力 $q = q_0$，此時 $W_1 = \dfrac{q}{24D}(x^4 - 2a^3 x^3 + a^3 x) = \dfrac{q_0 a^4}{D}\sum_{1,3,5}^\infty \dfrac{4}{\pi^5 n^5}\sin\dfrac{m\pi x}{a}$，更令 $W_2 = \sum_1^\infty F_m(y)\sin\dfrac{m\pi x}{a}$ 則得

$$\sum\left\{F_m''''(y) - 2\dfrac{m^2\pi^2}{a^2}F_m''(y) + \dfrac{m^4\pi^4}{a^4}F_m(y)\right\}\sin\dfrac{m\pi x}{a} = 0 \cdots (5)$$

在 $0 < x < a$ 中之無窮個 x 之值，式（5）皆須成立，則必需每項正弦前之係數皆爲零不可解四次微分程式，乃得

$$F_m(y) = \frac{q_o a^4}{D}(A_m \cosh\frac{m\pi y}{a} + B_m \frac{m\pi y}{a}\sinh\frac{m\pi y}{a} + C_m \sinh\frac{m\pi y}{a} + D_m \frac{m\pi y}{a}\cosh\frac{M\pi y}{a}) \quad \text{(5)}$$

式中之常數則由邊沿條件 $(W = \frac{\partial^2 W}{\partial y^2} = 0)_{y=0}^{y=b}$ 求之，設 $\alpha_m = \frac{m\pi b}{2a}$ 則得

$$W = \frac{4q_o a^4}{D\pi^5}\sum_{1,3,5}^{\infty}\frac{1}{m^5}\left\{1 - \frac{\alpha_m \tanh\alpha_m + 2}{2\cosh\alpha_m}\cosh\alpha_m(\frac{2y}{b}-1) + \frac{\alpha_m}{2\cosh\alpha_m}(\frac{2y}{b}-1)\sinh\alpha_m(\frac{2y}{b}-1)\right\}\sin\frac{m\pi x}{a} \quad \text{(6a)}$$

若受靜水壓力 $q = \frac{q_o x}{a}$ 仿上法可得

$$W = \frac{q_o a^4}{D\pi^5}\sum_{1}^{\infty}\frac{(-1)^{MH}}{m^5}\left[2 - \frac{\alpha_m \tanh\alpha_m + 2}{\cosh\alpha_m}\cosh\alpha_m\frac{2y}{b}-1) + \frac{\alpha_m}{\cosh\alpha_m}(\frac{2y}{b}-1)\sinh\alpha_m(\frac{2y}{b}-1)\right]\sin\frac{m\pi x}{a} \quad \text{(6b)}$$

此在 $b>a$ 時收斂甚速；若 $a>b$ 時則不若將軸移轉，使 $P = \frac{P_o y}{b}$，則

$$W = \frac{q_o a^4}{D\pi^5}\sum_{1,3,5}^{\infty}\left[(2+\alpha_m\tan\alpha_m)\cosh\alpha_m(\frac{2y}{b}-1) - \alpha_m(\frac{2y}{b}-1)\sinh\alpha_m(\frac{2y}{b}-1)\right.$$
$$+ (2+\alpha_m\coth\alpha_m)\sinh\alpha_m(\frac{2y}{b}-1) - \alpha_m(\frac{2y}{b}-1)\cosh\alpha_m(\frac{2y}{b}-1)$$
$$\left. + 4\frac{y}{b}\cosh\alpha_m\right]\frac{\sin\frac{m\pi x}{a}}{m^5 \cosh\alpha_m} \quad \text{(6c)}$$

其他如受三角形式之壓力，一部份之平均壓力，以及集中力等，均詳見鐵木氏書中第五章茲不贅述。

(4) 同上之薄板受邊沿力距之情形

此在鐵木氏書中第六章，亦有詳細之解答，若有對稱之邊沿力距 $M = \sum_{1}^{\infty}E_m\sin\frac{m\pi x}{a}$ 作用於 $y=0$ 與 $y=b$ 兩邊時其結果為

$$W = \frac{a^2}{2\pi^2 D}\sum_{1}^{\infty}\frac{E_m \sin\frac{m\pi x}{a}}{m^2 \cosh\alpha_m}\left[\alpha_m\tanh\alpha_m\cosh\alpha_m(\frac{2y}{b}-1) - \alpha_m(\frac{2y}{b}-1)\sinh\alpha_m(\frac{2y}{b}-1)\right] \quad \text{(7a)}$$

若有反對稱之邊沿力距 $M = \pm\sum_{1}^{\infty}E_m\sin\frac{m\pi x}{a}$ 分別作於 $y=0$，$y=b$ 兩邊，則結果為

$$W = \frac{a^2}{2\pi^2 D}\sum_1^\infty \frac{E\sin\frac{m\pi x}{a}}{m^2 \sinh\alpha_m}\left[\alpha_m\coth\alpha_m\sinh\alpha_m\left(\frac{2y}{b}-1\right)-\alpha_m\left(\frac{2y}{b}-1\right)\right.$$
$$\left.\cosh\alpha_m\left(\frac{2y}{b}-1\right)\right] \quad\cdots\cdots(7b)$$

若僅有 $M=\sum_1^\infty E\sin\frac{m\pi x}{a}$ 作用於 $y=b$ 一邊時，則將 (7a) (7b) 相加得

$$W=\frac{b^2}{2\pi^2 D}\sum_1^\infty \frac{E\sin\frac{m\pi x}{a}}{m^2}\alpha_m$$
$$\left\{\frac{\tanh\alpha_m\cosh\alpha_m\left(\frac{2y}{b}-1\right)-\left(\frac{2y}{b}-1\right)\sinh\alpha_m\left(\frac{2y}{b}-1\right)}{\cosh\alpha_m}\right.$$
$$\left.+\frac{\coth\alpha_m\sinh\alpha_m\left(\frac{2y}{b}-1\right)-\left(\frac{2y}{b}-1\right)\cosh\alpha_m\left(\frac{2y}{b}-1\right)}{\sinh\alpha_m}\right\}\cdots(7c)$$

若有 $M=\sum_1^\infty E_m\sin\frac{m\pi x}{a}$ 作用於 $x=0$ 與 $x=a$ 二邊時，將軸移轉令 $\beta_m=\frac{m\pi a}{2b}$ 則

$$W=\frac{b^2}{2\pi^2 D}\sum_1^\infty \frac{E_m\sinh\frac{m\pi y}{a}}{m^2\cosh\beta_m}\left\{\beta_m\tanh\beta_m\cosh\beta_m\left(\frac{2x}{a}-1\right)-\beta_m\left(\frac{2x}{a}-1\right)\right.$$
$$\left.\sinh\beta_m\left(\frac{2x}{a}-1\right)\right\}\cdots\cdots(7d)$$

餘均倣此。(7d) 又可利用 Fourier 級數原理使化成 $\sin\frac{m\pi x}{a}$ 之無窮級數為

$$W=\frac{b^2}{2\pi^2 D}\sum_{m=1}^\infty\sum_{n=1,3,5}^\infty \frac{E_m}{m^2}\frac{n\pi\beta_m(-1)^{n-1}}{\left[\left(\frac{n\pi}{2}\right)^2+\beta_m^2\right]^2}\sin\frac{m\pi y}{b}\sin\frac{n\pi x}{a}\cdots\cdots(7e)$$

(5) 同上之薄板有邊沿離正之情形

由式(1)及 $P=0$，可得

$$W=\sum_1^\infty\left(A_m\cosh\frac{m\pi y}{a}+B_m\frac{m\pi y}{a}\sinh\frac{m\pi y}{a}+C_m\sinh\frac{m\pi y}{a}+D_m\frac{m\pi y}{a}\right.$$
$$\left.\cosh\frac{m\pi y}{a}\right)\sin\frac{m\pi x}{a}\cdots\cdots(8a)$$

由(3a)得

$$M_{y=0}=-D\left(\frac{\partial^2 W}{\partial x^2}+\mu\frac{\partial^2 W}{\partial y^2}\right)_{y=0}$$
$$=-\frac{D\pi^2}{a^2}\sum_1^\infty\left\{\overline{(1-\mu}A_m+2B_m)\right\}m^2\sin\frac{m\pi x}{a}$$

$$M_{y=b}=-\frac{D\pi^2}{a^2}\sum_1^\infty\left\{(\overline{1-\mu}A_m+2B_m)\cosh 2\alpha_m+\overline{1-\mu}B_m 2\alpha_m\sinh 2\alpha_m\right.$$
$$\left.+(\overline{1-\mu}C_m+2D_m)\sinh 2\alpha_m+\overline{1-\mu}D_m 2\alpha_m\cosh 2\alpha_m\right\}m^2\sin\frac{m\pi x}{a}\cdots(8b)$$

更由(3d)得

$$V_{y=0} = \frac{\pi^3 D}{a^3} \sum_1^\infty \left\{ (\overline{1-\mu}\, C_m - \overline{1+\mu}\, D_m) \right\} m^3 \sin\frac{m\pi x}{a}$$

$$V_{y=b} = \frac{\pi^3 D}{a^3} \sum_1^\infty \left\{ (\overline{1-\mu}\, A_m - \overline{1+\mu}\, B_m)\sinh 2\alpha_m + \overline{1-\mu}\, B_m 2\alpha_m \cosh 2\alpha_m \right. \cdots (8c)$$

$$\left. + (\overline{1-\mu}\, C_m - \overline{1+\mu}\, D_m)\cosh 2\alpha_m + \overline{1-\mu}\, D_m 2\alpha_m \sin 2\alpha_m \right\} m^3 \sin\frac{m\pi x}{a}$$

若 $y=0$ 與 $y=b$ 兩端為簡單支持，式(8b)皆等於零若 $y=0$ $y=b$ 兩端有對稱之離正

$W = \Sigma G_m \sin\frac{m\pi x}{a}$ 則知

$$A_m = G_m, \quad \overline{1-\mu}\, A_m + 2B_m = 0$$

$$A_m \cosh 2\alpha_m + B_m 2\alpha_m \sinh 2\alpha_m + C_m \sinh 2\alpha_m + D_m 2\alpha_m \cosh 2\alpha_m = G_m \quad (8d)$$

$$\overline{1-\mu}\, B_m 2\alpha_m \sinh 2\alpha_m + (\overline{1-\mu}\, C_m + 2D_m)\sinh 2\alpha_m + \overline{1-\mu}\, D_m 2\alpha_m \cosh 2\alpha_m = 0$$

解之得

$$D_m = \frac{G_m}{2\sinh 2\alpha_m}(1-\mu)(\cosh 2\alpha_m - 1)$$

$$C_m = \frac{G_m}{\sinh^2 2\alpha_m}[-\alpha_m(1-\mu) + \sinh 2\alpha_m](1-\cosh 2\alpha_m) \quad \cdots\cdots (8e)$$

代入(8c)式可知

$$V_{y=0} = \frac{\pi^3 D}{a^3} \sum_1^\infty \frac{G_m(1-\mu)(1-\cosh 2\alpha_m)}{2\sinh^3 2\alpha_m}$$

$$\left[(3+\mu)\sinh 2\alpha_m - 2(1-\mu)\alpha_m\right] m^3 \sin\frac{m\pi x}{a} \cdots\cdots (8f)$$

反之，若 $y=0$ 與 $y=b$ 兩端有反對稱之離正 $W = \Sigma \pm G_m \sin\frac{m\pi x}{a}$ 則因式(8c)中之第三式之右側改為 $-G_m$ 而 C_m, D_m 改為

$$C_m = \frac{G_m}{\sinh 2\alpha_m} - \frac{(1-\mu)\alpha_m}{\sinh 2\alpha_m}(\cosh 2\alpha_m + 1) - 1 - \cosh 2\alpha_m$$

$$D_m = \frac{G_m}{2\sinh 2\alpha_m}(1-\mu)(\cosh 2\alpha_m + 1) \quad \cdots\cdots (8g)$$

代入(8c)式則

$$V_{y=0} = -\frac{D\pi^3}{a} \sum_1^\infty \frac{G_m(1-\mu)(1+\cosh 2\alpha_m)}{2\sinh^3 2\alpha_m}$$

$$\left[(3+\mu)\sinh 2\alpha_m + 2(1-\mu)\alpha_m\right] m^3 \sin\frac{m\pi x}{a} \cdots\cdots (8h)$$

若僅在 $y=0$ 處有 $W = \Sigma G_m \sin\frac{m\pi x}{a}$ 而 $y=b$ 處並無離正則將(e)(g)之一半相加，即得

$$W = \sum_1^\infty \left\{ G_m \cosh\frac{2\alpha_m y}{b} - \frac{1-\mu}{2} G_m \frac{2\alpha_m y}{b} \sinh\frac{2\alpha_m y}{b} \right.$$

$$\left. + \frac{G_m}{2\sinh 2\alpha_m}(1-\mu)\cosh 2\alpha_m \frac{2y\alpha_m}{b} \cosh\frac{2\alpha_m y}{b} \right.$$

$$-\frac{G_m(1-\mu)}{\sinh^2 2\alpha_m}\sinh\frac{2\alpha_m y}{b}\left[\overline{(1-\mu)\alpha}+\sinh 2\alpha_m\cosh 2\alpha_m\right]\sin\frac{m\pi x}{a}\ \cdots\cdots(9i)$$

而

$$V_0=-\frac{\pi^3 D}{a}\sum_1^\infty\frac{G_m(1-\mu)}{2\sinh^2 2\alpha_m}\left[(3+\mu)\sinh 2\alpha_m\cosh 2\alpha_m+2(1-\mu)\alpha_m\right]\cdots(8j)$$

(6) 通法

長方形之薄板具有任何邊沿支持情形及受有任何壓力均用累加原理：

第一　先假設四邊爲簡單支持，求得受壓力時離正W之函數

第二　在固定邊或彈性固定邊處，先任意加邊沿力距 $\Sigma\ E_m\sin\dfrac{m\pi x}{a}$ 求得薄板離正之函數

第三　在自由邊或彈性支持邊處，則任意假設有邊沿離正 $\Sigma\ G_m\sin\dfrac{m\pi x}{a}$ 求得薄板離正之函數

第四　將上列三種W累加，其中之 E_m 與 G_m 則由各邊之扭薄，離正力距，與支力等關係求得之

第五　將求得之總W代入第三節中各式即可得各點之剪力力距支力等

(7) 簡例

設一正方形薄板受均勻分佈之壓力P，在 $x=0$, $y=0$ 二邊爲自由，而 $x=a$, $y=a$ 二邊爲固定，在 $x=a$, $y=a$ 之一角則有一簡單支持點，將(6a),(7c)與(i3)相加可得

$$W=\frac{4P_0 a^4}{D\pi^5}\sum_{m=1,3,5}^\infty\frac{1}{m^5}\left\{1-\frac{2+\dfrac{m\pi}{2}\th\dfrac{m\pi}{2}}{2\cth\dfrac{m\pi}{2}}\ch\frac{m\pi}{2}\left(\frac{m\pi}{a}-1\right)\right.$$

$$+\frac{\dfrac{m\pi}{2}}{2\ch\dfrac{m\pi}{2}}\left(\frac{2y}{a}-1\right)\sh\frac{m\pi}{2}\left(\frac{2y}{a}-1\right)+\frac{a^2}{8\pi^2 D}\sum_1^\infty\frac{E_m\sin\dfrac{m\pi x}{a}}{m}$$

$$\left\{\frac{\th\dfrac{m\pi}{2}\ch\dfrac{m\pi}{2}\left(\dfrac{2y}{a}-1\right)-\left(\dfrac{2y}{a}-1\right)\sh\dfrac{m\pi}{2}\left(\dfrac{2y}{a}-1\right)\sh\dfrac{m\pi}{2}\left(\dfrac{2y}{a}-1\right)}{\ch\dfrac{m\pi}{2}}\right.$$

$$\left.+\frac{\cth\dfrac{m\pi}{2}\th\dfrac{m\pi}{2}\left(\dfrac{2y}{a}-1\right)-\left(\dfrac{2y}{a}-1\right)\ch\dfrac{m\pi}{2}\left(\dfrac{2y}{a}-1\right)}{\sh\dfrac{m\pi}{2}}\right\}+\frac{a^2}{8\pi D}\sum_1^\infty\frac{E_m\sin\dfrac{m\pi y}{a}}{m}$$

$$\left\{\frac{\th\dfrac{m\pi}{2}\ch\dfrac{m\pi}{2}\left(\dfrac{2x}{a}-1\right)-\left(\dfrac{2x}{a}-1\right)\sh\dfrac{m\pi}{2}\left(\dfrac{2x}{a}-1\right)}{\ch\dfrac{m\pi}{2}}\right.$$

$$\left.+\frac{\cth\dfrac{m\pi}{2}\sh\dfrac{m\pi}{2}\left(\dfrac{2x}{2}-1\right)-\left(\dfrac{2x}{a}-1\right)\ch\dfrac{m\pi}{2}\left(\dfrac{2x}{a}-1\right)}{\sh\dfrac{m\pi}{2}}\right.$$

$$+ \sum_1^\infty G_m \sin\frac{m\pi x}{a} \left\{ ch\frac{m\pi y}{a} - \frac{1-\mu}{2}\frac{m\pi y}{a} sh\frac{m\pi y}{a} + \frac{1-\mu}{2} cth\, m\pi \frac{m\pi y}{a} ch\frac{m\pi y}{a} \right.$$

$$\left. - \frac{1}{sh^2 m\pi}\left(\frac{1-\mu}{1}m\pi + sh\,m\pi\,ch\,m\pi\right) sh\frac{m\pi y}{a}\right\}$$

$$+ \sum_1^\infty G_m \sin\frac{m\pi y}{a} \left\{ ch\frac{m\pi y}{a}\frac{1-\mu}{1}\frac{m\pi x}{a} sh\frac{m\pi y}{a} + \frac{1-\mu}{2} cth\, m\pi \frac{m\lambda x}{a} ch\frac{m\pi x}{a} \right.$$

$$\left. - \frac{1}{sh^2 m\pi}\left(\frac{1-\mu}{2}m\pi + sh\,m\pi\,ch\,m\pi\right) sh\frac{m\pi x}{a}\right\} \quad \cdots\cdots (9a)$$

更由邊沿條件得知 $\left(\frac{\partial W}{\partial y}\right)_{y=a} = 0$ 將 (9a) 代入化簡可得

$$\frac{2qa^3}{D\pi^4} \sum_{1,3,5}^\infty \left\{ \frac{\frac{2m\pi}{2}}{ch\frac{m\pi}{2}} - th\frac{m\pi}{2} \right\} \frac{sm\frac{m\pi x}{a}}{m^4} + \sum_1^\infty \left\{ \frac{E_n a}{D}\frac{1}{2}\left(\frac{1}{sh^2 m\pi} - \frac{cth\,m\pi}{m\pi}\right) \right.$$

$$\left. - \frac{G_m}{a}\frac{m\pi}{2sh\,m\pi}\left[(1+\mu) + (1-\mu)cth\,m\pi\right] + \sum_1^\infty \frac{E_n a}{D}\frac{2mn(-1)^{m+n}}{\pi(m^2+n^2)^2} \right.$$

$$\sum_1^\infty \frac{G_m}{a}\frac{2mn(-1)^n}{(m^2+n^2)^2}\left[m^2 + (2-\mu)n^2\right] \sin\frac{m\pi x}{a} = 0 \quad \cdots\cdots (9b)$$

及 $\dfrac{\partial^3 W}{\partial y^3} + (2-\mu)\dfrac{\partial^3 W}{\partial x \partial y} = 0$ 即

$$\frac{2qa^3}{D\pi^4} \sum_{1,3,5}^\infty \pi^2 m^2 \left[(1-\mu)\frac{\frac{m\pi}{2}}{ch\frac{2m\pi}{2}} - (3-\mu)cth\frac{m\pi}{2} \right] \sin\frac{m\pi x}{a}$$

$$+ \sum_1^\infty \left\{ -\frac{E_m q}{D}\frac{m\pi}{2sh\,m\pi}\left[(1+\mu) + (1-\mu)m\pi\,cth\,m\pi\right] \right.$$

$$\frac{G_m}{a}m^3\pi^4\left(\frac{1-\mu}{2}\right)\left(\frac{1-\mu}{sh^2 m\pi} + \frac{3+\mu}{2}\frac{cth\,m\pi}{m\pi}\right)$$

$$+ \sum \frac{G_m}{D}\frac{mn(-1)^m}{(m^2+n^2)^2}\left[m^2+(2-\mu)m^2\right]$$

$$\left. - \sum \frac{G_m}{a}\frac{2\pi^2 mn}{(m^2+n^2)^3}\left[m^2+(2-\mu)n^2\right]\left[n^2+(2-\mu)m^2\right] \right\} \sin\frac{m\pi x}{a} \quad (9c)$$

取其首四項計算之，即得下列方程式：

$-.1729x_1 + .0162x_2 - .0061x_3 + .0028x_4 - 1.827y_1 + 1.248y_2 - .9780y_3 + .7806y_4$
$-.6677 = 0$

$.0162x_1 - .0922x_2 + .0072x_3 - .0040x_4 - .9120y_1 + 1.2832y_2 - 1.3704y_3 + 1.248y_4 =$

$-.0061x_1 + .0072x_2 - .0587x_3 + .0039x_4 - .6420y_1 + 1.1219y_2 - 1.356y_3 + 1.3901y_4 0$
$-.0123c = 0$

$+.0028x_1 - .0040x_2 + .0039x_3 - .0430x_4 - .4900y_1 + .9120y_2 - 1.2019y_3 + 1.3497y_4$
$= 0$

$-1.8271x_1 - .9120x_2 - .6420x_3 - .4900x_4 + 14.964y_1 - 70.22y_2 - 103.07y_3$
$-136.37y_4 - 27.335c = 0$

$1.9480x_1 + 1.2832x_2 + 1.1219x_3 + .9120x_4 - 70.22y_1 + 61.86y_2 - 213.71y_3 - 280.83y_4 = 0$

$-.9780x_1 - 1.3704x_2 - 1.356x_3 - 1.2019x_4 - 103.07y_1 - 213.71y_2 + 1018.9y_3 - 429.41y_4 - 2.940c = 0$

$.7806x_1 - 12480x_2 + 1.3901x_3 + 1.3497x_4 - 136.37y_1 - 280.83y_2 - 429.41y_3 + 2683.0y_5 = 0$

解此組聯立方程式得下列近似值

$x_1 = -6.5c \quad x_2 = -9.4c \quad x_3 = -6.7c \quad x_4 = -4.5c$

$y_1 = 0.067c \quad y_2 = -0.24c \quad y_3 = -0.05c \quad y_4 = -0.03c$

其中 C 代表 $\dfrac{4qa^3}{D\pi^4}$，x_1 代表 $\dfrac{E_{I}a}{D}$，y_1 代表 $\dfrac{G_I}{a}$ 餘類推由此可知邊沿之力距與離正如下：——

$\dfrac{x}{la}$	0	$\dfrac{1}{6}$	$\dfrac{1}{4}$	$\dfrac{1}{3}$	$\dfrac{1}{2}$	$\dfrac{2}{3}$	$\dfrac{3}{4}$	$\dfrac{5}{6}$	
力距	—	−22	−18	−10	—	−1	+1	+2	— $\left(\dfrac{4qa^3}{Xa}\right)$
離正	—	—	—	—	.13	.25	.20	.22	0 $\left(\dfrac{4qa^4}{\pi^4 D}\right)$

表中數字空缺之處乃以計算結果不甚妥當，若須求得較精確之數字，尚應多取數項始可

此例題計算承陳百屏先生襄助之處甚多，並誌謝意。

中國工程師學會第十二屆年會徵集論文啟事

本屆年會定於十月初在桂林舉行，現在論文已開始徵集，凡屬實業計劃研究，工業及工程標準規範，科學技術發明創作，材料試驗紀錄工程教育方案，抗戰工程文獻，以及土木、機械、電氣、化工、礦冶、水利、建築、航空、自動紡織等專門研究，均所歡迎，請於六月底以前將題目或摘要告知，全文繕清，於八月底以前掛號寄至重慶郵局二六八號轉本會，如有商酌之處，可逕與重慶川鹽大樓本論文委員會吳主任委員承洛通訊。此啟。

裂纹检测概率曲线的统计测定

西北工业大学 林富甲 黄玉珊

摘 要

本文提出了一种估计裂纹检测概率曲线的试验方法和数据处理方法。给出的估计检测概率置信下限的公式精确、简单,并附有实例。文中还提出了估计裂纹检测概率曲线的工程简化方法。

一、引 言

在以断裂力学为基础的结构损伤容限设计中,需要计算结构的裂纹扩展寿命。而对裂纹扩展寿命有显著影响的初始裂纹长度 a_i,在工程上有时是依据裂纹的检测可靠性决定的。如美国军用规范"飞机损伤容限要求"[1]中规定:对于大于 a_i 的裂纹应在95%的置信水平下,有90%的检测概率,显见,用这种方法确定 a_i,必须通过试验确定一条对应一定置信水平 $1-\alpha$ 的检测概率曲线,即检测概率随裂纹长度 a 的变化曲线,记为 $P_L(D/a) \sim a$ 曲线。

另外,在结构的可靠性分析和经济寿命的预计中,有时需要知道漏检裂纹分布,这时也要用到裂纹检测概率 $P(D/a) \sim a$ 曲线[2,3,4]。

实践证明:影响裂纹检测概率的因素,除了无损检验方法外,其它如材料特性、裂纹形状与位置、含裂纹构件的表面光洁度、工作环境、照明度以及检验员的技术水平和工作态度等,也都对裂纹检测概率有很大影响。本文实例还证明:如果确知裂纹可能产生的位置和方向(飞机结构中有这种情况),则检测概率将有明显增加。因此,对于飞机结构损伤容限设计和可靠性分析来说,仅仅知道在某一特定条件下,某种无损检验方法的检测概率曲线常常是不够的。要可靠地预计某个结构的使用寿命和破坏概率,必须针对具体条件估计检测概率曲线。

然而,目前这类曲线十分缺乏,测定这类曲线也无标准可循。本文提出一种测定这类曲线的试验方法和数据处理方法。通过实例证明,这种方法是可行的。

二、获取裂纹检测数据的方法

首先,模拟真实条件制备一定数量的含不同长度裂纹的试件(如果有数量足够的含裂纹真实构件可用时,则不需另作试件)。所谓模拟,主要是保证试件在材料、表面光洁度、含裂纹部分的局部形状以及裂纹类型等方面要与真实构件一致。然后,用规定的无损检验方法,在规定的条件(包括工作环境、照明度、检测人员的技术水平等)下,对试件进行

1981年10月收到。

反复检测，以得到裂纹的检出数和漏检数。

为了保证试验的代表性和独立性，试件总数应不少于30，其中一半左右应不含裂纹。检验员最好不少于5人，每个检验员的每次检测工作都要独立地进行。后文的实例中提出了几项保证检测结果独立性的具体办法。

在检测工作中，确定漏检裂纹数是一个关键问题。对同一条"裂纹"的独立检测次数 K 与漏检次数 J 是统计分析的重要数据。K 是直接可知的，而要求出 J，就必须首先确定"裂纹"是否确实存在。实践证明：下述两种办法对解决这一问题是有效的。

1. 适当增加独立检测次数 K。若设该裂纹 a 的检测概率 $P(D/a)=p$，$0<p<1$。漏检概率 $q=1-p<1$，则 K 次独立检测都漏检的概率为 q^K，显见，当 K 较大时，q^K 是很小的。这样，从理论上讲，只要对同一裂纹进行足够多次的独立检测，则实际上裂纹被发现就是必然的了。

2. 对试件加一定静拉力（相当预制裂纹载荷的一半即可），在受拉状态下进行检测，以提高对裂纹的分辨能力。这种方法不但能有效地确定裂纹是否存在，而且还可以较准确地测定裂纹长度。

三、检测数据的统计处理

首先，将裂纹长度分成若干区间，将检测数据分别归并入相应的区间内，用区间上端点值代表该区间内所有裂纹的长度。然后，对单个裂纹长度区间内裂纹检测概率进行估计，方法如下。

每一次对裂纹的检测可看作一次随机试验，其结果可能只有两个：裂纹被检出和裂纹未被检出。设前者的概率 $P(D/a)=p$，后者的概率 $P(\overline{D}/a)=q=1-p$。这样，对同一裂纹长度区间内裂纹的 n 次独立检测，其检出裂纹数 S 服从二项分布，即

$$P_n(S=S_n)=C_n^{S_n} p^{S_n} q^{n-S_n} \tag{1}$$

其中，p 是未知的，它的点估计为 $\hat{p}=S_n/n$。但为了保险起见，常常还要求按规定的置信水平 $1-\alpha$，求出 p 的置信下限 p_L，它应满足的概率条件为

$$P\{S \geqslant S_n\} = \sum_{i=S_n}^{n} C_n^i p_L^i (1-p_L)^{n-i} = \alpha \tag{2}$$

由于一般累积二项分布表都只列到 $n=30$ 为止，不能满足要求。文献〔5,6〕中采用了通常的近似方法，即当 n 超过30而 p 接近0或1时，近似借助累积泊松分布表来计算 p_L；而当 p 具有中等大小，且 n 又非常大时，经过一定变换，借助正态分布表来近似计算 p_L。例如：若 $n=45$，$S_n=43$，$\alpha=0.05$，用上述近似方法算出 p_L 的值为0.894，而满足（2）式的精确值为0.867，相差0.027。注意到高检测概率区正是与结构安全关系较大的区域，在这里产生这样大的计算误差是不容忽视的。而且这种近似方法也并不简便。本文仅利用 F 分布函数表，采用下面精确的、简单化的公式计算满足（2）式的 p_L 值

$$p_L = \frac{f_2}{f_2 + f_1 x} \tag{3}$$

式中 f_1 —— F 分布的上自由度 $f_1=2(n-S_n+1)$；

f_2——F 分布的下自由度 $f_2=2S_n$；

x——F 分布的上侧百分位点，按下式由 F 分布表查出。

$$P\{F>x\}=\alpha \tag{4}$$

对（3）式简单证明如下：

令 $\quad \Gamma(x)=\int_0^\infty t^{x-1}e^{-t}dt$——$\Gamma$ 函数；

$I(y,\gamma,\theta)=\dfrac{B_y(\gamma,\theta)}{B(\gamma,\theta)}$——参数为 γ,θ 的 Beta 分布函数；

$B(\gamma,\theta)=\int_0^1 t^{\gamma-1}(1-t)^{\theta-1}dt=\dfrac{\Gamma(\gamma)\Gamma(\theta)}{\Gamma(\gamma+\theta)}$——Beta 函数；

$B_y(\gamma,\theta)=\int_0^y t^{\gamma-1}(1-t)^{\theta-1}dt$——不完全 Beta 函数。

其中 $0\leqslant y\leqslant 1$；$\gamma,\theta>0$。

已知自由度为 f_1,f_2 的 F 分布的概率密度函数为

$$p(x,f_1,f_2)=\dfrac{\Gamma\left(\dfrac{f_1+f_2}{2}\right)}{\Gamma\left(\dfrac{f_1}{2}\right)\Gamma\left(\dfrac{f_2}{2}\right)}f_1^{\frac{f_1}{2}}f_2^{\frac{f_2}{2}}\dfrac{x^{\frac{f_1}{2}-1}}{(f_2+f_1 x)^{\frac{f_1+f_2}{2}}}\quad(x>0)$$

作变换

$$Y=\dfrac{f_1 F}{f_2+f_1 F}$$

可推得 Y 服从参数 $\gamma=\dfrac{f_1}{2}$，$\theta=\dfrac{f_2}{2}$ 的 Beta 分布，即

$$P\{Y\leqslant y\}=I\left(y,\dfrac{f_1}{2},\dfrac{f_2}{2}\right)$$

根据 F 与 Y 的关系，容易得到

$$P\{F>x\}=I\left(\dfrac{f_2}{f_2+f_1 x},\dfrac{f_2}{2},\dfrac{f_1}{2}\right) \tag{5}$$

另一方面，逐次采用分部积分法可以证明

$$\sum_{i=S_n}^n C_n^i p_L^i(1-p_L)^{n-i}=nC_{n-1}^{S_n-1}\int_0^{p_L}t^{S_n-1}(1-t)^{n-S_n}dt$$

易知

$$nC_{n-1}^{S_n-1}=\dfrac{1}{B(S_n,n-S_n+1)}$$

所以

$$\sum_{i=S_n}^n C_n^i p_L^i(1-p_L)^{n-i}=I(p_L,S_n,n-S_n+1) \tag{6}$$

只要令

$$\dfrac{f_1}{2}=n-S_n+1，即 f_1=2(n-S_n+1)$$

$$\dfrac{f_2}{2}=S_n，即 f_2=2S_n$$

则比较（5）式与（6）式后可以看出，若 x 满足（4）式，即 $P\{F>x\}=\alpha$，那末由（3）式

计算出的 p_L 值一定满足(2)式,证毕。

根据对各个裂纹长度区间内检测数据的统计分析结果,在坐标纸上描点作图,便可得到 $P(D/a) \sim a$ 和 $P_L(D/a) \sim a$ 曲线。

四、实 例

用45#钢制成50件试件,外形尺寸如图1所示。在高频疲劳试验机上预制裂纹,但有意使近一半试件保持无裂纹状态。其余试件产生长度不等的孔边角裂纹。用磁粉法进行检测。为了保证检测结果的独立性,对检测工作提出了如下要求:

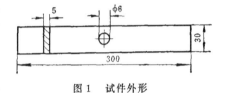

图1 试件外形

Fig.1 Specimen configuration

(1)检测数据由专人记录,8位检验员单独进行检测,不讨论、不交流信息。

(2)所有试件在外观上保持一致,表面不能有任何明显记号。

(3)每一检验员对同一试件的两次检测,在时间上至少要间隔两天。

对检测数据的统计处理在表1中进行,图2示出了所得结果。其中,裂纹长度是指角裂纹沿试件表面的长度。

表1 裂纹检测结果分析($1-\alpha=95\%$)

Table 1 Analysis of the results of flaw detection ($1-\alpha=95\%$)

裂纹长度区间 (毫米)	裂纹总数 n	检出裂纹数 S_n	检测概率点估计 $\hat{p}=\dfrac{S_n}{n}$	F分布的上自由度 $f_1=2(n-S_n+1)$	F分布的下自由度 $f_2=2S_n$	F分布的上侧百分位点 x $P\{F>x\}=\alpha$	检测概率的置信下限 $p_L=\dfrac{f_2}{f_2+f_1 x}$
0.41~0.60	513	158	0.308	712	316	1.18	0.273
0.61~0.80	264	152	0.576	226	304	1.23	0.522
0.81~1.00	111	95	0.856	34	190	1.49	0.789
1.01~1.20	157	141	0.898	34	282	1.47	0.849
1.21~1.40	191	175	0.916	34	350	1.46	0.876
1.41~1.60	225	213	0.947	26	426	1.52	0.915
1.61~1.80	176	169	0.960	16	338	1.68	0.926
1.81~2.00	65	65	1.000	2	130	3.07	0.953

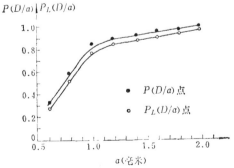

图2 根据检测数据得到的 $P(D/a) \sim a$ 和 $P_L(D/a) \sim a$ 曲线

Fig.2 $P(D/a)$ vs a and $P_L(D/a)$ vs a curves obtained from inspection data

由于在本例中，裂纹可能出现的位置和方向都是确定的，因此检测概率较高。

五、$P(D/a) \sim a$ 曲线型式及简化测定法

由于仔细地测定裂纹检测概率曲线所需的人力、物力和时间都较多，因此，提出一种简化的工程方法。这种方法的基本思想是：除了利用本次试验的测试数据外，要尽量利用已有的资料。具体是：首先根据已有资料确定 $P(D/a) \sim a$ 曲线的型式及其中部分参数，然后取少量试件（如10个左右）在一两个裂纹长度区间内进行检测试验，根据所得结果估计出其余个别参数。文献〔8〕中给出了四种无损检验方法对表面裂纹检测能力的试验曲线，本文也给出了在一定条件下，磁粒法对孔边角裂纹的检测结果，可供参考。

下面，针对三种 $P(D/a) \sim a$ 曲线型式，分别进行说明。

1. YANG-TRAPP 采用的幂函数型[2]

$$P(D/a) = \begin{cases} \left(\dfrac{a-a_1}{a_2-a_1}\right)^m, & a_1 \leqslant a \leqslant a_2 \\ 0, & a < a_1 \\ 1, & a > a_2 \end{cases}$$

式中，a_1、a_2 和 m 为待定常数。a_1 和 a_2 的物理意义十分明显，可以由经验确定。这样，只有 m 需要针对具体情况由试验确定。提请注意的是：a_2 的大小对结果影响较大，为了安全，取值应偏于保守。

2. DAVIDSON 采用的指数函数型[3]

$$P(D/a) = \begin{cases} 0, & a \leqslant a_0 \\ c_1\{1-\exp[-c_2(a-a_0)]\}, & a > a_0 \end{cases}$$

式中，c_1、a_0 和 c_2 为待定常数。c_1 是一个非常接近于1的数，可以事先选定（如可取 $c_1 = 0.98 \sim 0.99$）。c_1 一般不取1的原因是考虑到这样一个事实：很长的裂纹也可能在实测中被漏检。a_0 的含义明确，可以根据经验选定。这样一来，也只有 c_2 需要通过检测试验确定。

3. HELLER-STEVENS 采用的 WEIBULL 型概率函数[3]

$$P(D/a) = 1 - \exp\left[-\left(\dfrac{a}{c}\right)^b\right], \quad a > 0$$

式中，b 和 c 为待定常数。作为工程近似，可以假定：对于同一种无损检验方法，b 是相同的。只有 c 需要针对具体情况，由试验确定。这种函数的一个优点是：它反映了很小的裂纹也可能偶尔被发现，而很大的裂纹也可能偶尔被漏掉这样一个客观上存在的事实。

至于这三种型式中，何者更符合实际，还有待进一步通过实践证明。但就曲线拟合的一般情况而论，由于前两种型式中包含的参数较多，若所有参数都根据当次实验所得的一组数据估计，则它们拟合实验数据的能力可能要强一些。表2给出了用上述三种函数型式拟合本文实例数据所得的结果。由于是曲线拟合，故给出了剩余标准差的大小，以资比较。图3分别画出了三条拟合曲线。

然而，在上面提出的工程近似方法中，对每种函数型式都只有一个需要由试验估计的

参数。因此，前两种型式的多参数拟合优势就没有了。这时若选用第三种型式，由于有现成的 Weibull 概率坐标纸可用，作图反而方便。

表2 最小二乘法分析结果
Table 2 The results of least square analysis

函 数 型 式	YANG-TRAPP型	DAVIDSON型	WEIBULL型
参数估计值	$a_1 = 0.59$毫米 $a_2 = 1.82$毫米 $m = 0.246$	$a_0 = 0.53$毫米 $c_1 = 0.99$ $c_2 = 3.43$毫米$^{-1}$	$b = 2.06$ $c = 0.87$毫米
剩余标准差	0.058	0.050	0.061

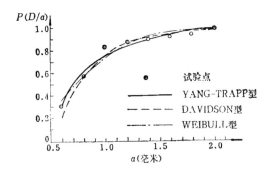

图3 三种型式的 $P(D/a)$ 曲线
Fig. 3 Three types of $P(D/a)$ vs a curve

六、结 束 语

各种无损检验方法都有一定的灵敏度范围，有的在短裂纹范围内有效的方法，在长裂纹范围内，灵敏度可能反而降低[8]。因此，使用中要注意裂纹检测概率曲线的有效范围。

许多无损检验方法的检测能力是与裂纹缺陷面积有关的。在这种情况下，只要将本文中裂纹长度代之以裂纹缺陷面积，本文的统计方法仍可使用。

西北工业大学原五○四教研室的许多同志参加了本文实例中的试验工作，在此一并致谢。

参 考 文 献

[1] 美国军用规范，飞机损伤容限要求 (MIL-A-83444(USAF) 1974.7.2) 国外航空技术 总69号 1977。
[2] J. N. Yang and W. J. Jrapp, Reliability Analysis of Aircraft Structures under Random Loading and Periodic Inspection, AIAA. J. Vol. 12, № 12, Dec. 1974.
[3] J. R. Davidson, Reliability and Structural Integrity, NASA TM X-71934, Nov. 1973.
[4] J. N. Yang, Statistical Estimation of Economic Life for Aircraft Structures, J. Aircraft Vol. 17, № 7, July, 1980.
[5] P. F. Packman, J. K. Malpani, F. M. Wells, Probability of Flaw Detection for Use in Fracture Control Plans, Strength and Structure of Solid Materials, Tokyo, 1976, 127-143.
[6] J. K. Malpani, Reliability of Flaw Detection by Nondestructive Inspection and Its Application to

Fracture Mechanics Design and Life Analysis, D. Phil. Thesis, University of Vanderbilt, 1976.
[7] A. Hald, Statistical Theory with Engineering Application, New York, 1955.
[8] P. F. Packman, H. S. Pearson, J. S. Ouens, and G. Young, Definition of Fatigue Cracks through Nondestructive Testing, J. Materials, Vol. 4, № 3, Sept. 1969.
[9] R. A. Heller and G. H. Stevens, Bayesian Estimation of Crack Initiation Time from Service Data, J. Aircraft, Vol. 15, № 11, 1978.

STATISTICAL DETERMINATION OF A FLAW DETECTION PROBABILITY CURVE

Lin Fujia and Huang Yushan

(Northwestern Polytechnical University)

Abstract

The reliability prediction and damage tolerance analysis of aircraft strucures based on the principles of fracture mechanics require the knowledge of the ability of flaw detection. A statistical method for determining the flaw detection probability curve is developed and a test technique for obtaining independent flaw detection data is described in this paper. Based on these data and a formula proposed in this paper, the confidence lower limit of the flaw detection probability with the given confidence level for an arbitrary size of a sample and for an arbitrary value of the detection probability can be calculated merely with the help of the table of F-distribution. The presented formula occurs exact and simple in comparison with other approximate formulas proposed by some authors.

As an example, the flaw detection probability curve with 95% confidence is given, which comes from the results of inspecting corner flaws at holes in 50 specimens. The specimens were made of steel 45 and the magnetic-particle technique was applied for non-distructive inspection.

Finally, the simplified method for determining the flaw detection probability curve is also discussed.

附录 黄玉珊先生年谱

黄玉珊年谱（节选）

◎ 诸德培　胡荫华

编者注：黄玉珊自1952年8月起，写有42厚本日记，字体工整，蝇头小楷，记录了他热爱祖国，热爱人民，为航空、力学事业，投尽了毕生精力，不顾病魔缠身，直至生命最后一刻的业绩。他卓识远见，运筹帷幄，南奔北驰，主持或参与制定了许多国家级或部级重要规划和规范、指南、百科全书的论著大纲，指导和推动了各厂、所型号研制和课题研究工作。在航空教育事业中，他更是新中国成立后重要的开拓者与奠基人。阅读黄玉珊的日记，更能感受到他的博大精微。他辛勤耕耘半个世纪，今已桃李满天下。他严谨的学风、耿直的作风、宽容的胸怀和奉献的精神，正在发扬光大。

本年谱根据黄玉珊的日记摘录出来的素材，略加补充、删改、整理而成。凡自述部分尽量保留原记录的风貌。为从多个侧面反映黄玉珊的生平，又从简的原则，采取了在不同阶段侧重有所不同的编集方法，在事例上并不求罗列俱全，这和一般的历史编写不同，也不是个人的详细履历。本年谱旨在使我们能更直接更生动地了解黄玉珊的贡献、获得他的教诲，鼓舞我们遵循他的遗愿、继续他的事业，为祖国科学事业作出更大贡献。

黄玉珊的日记用的是缩写文体，特别是人名、会议名、著作名，常用一个姓或几个缩写字母代替，虽经编者尽力查核，难免遗漏和有个别张冠李戴之误，恳请读者谅解和指正。

1917年10月15日，黄玉珊生于南京市半边街5号（后改名为长江路24号）老宅。父亲黄奎，字峻崖（1883—1934年），早年公费赴日留学，追随孙中山参加同盟会及辛亥革命，曾在贵州任军校教员，在南京任紫金山义农会主任，军阀混战时期弃政经营房地产生意。母亲倪端（1891—1953年），是小学教员。黄玉珊是长子，有弟玉璞、玉珩、玉璠，姐玉华，妹玉岚和玉文。

1931—1935年（14~18岁）

在中央大学（简称"中大"）土木工程系上学。入学时不足14岁，南京、上海有报纸誉其为"神童"。时土木工程系同班34人平分为结构与水利两组。学友中一直联系者有丘侃、戴竞、胡汉升、茅荣林、徐怀云诸人。影响较深的老师有工学院卢恩绪院长、陆志鸿和原素欣教授。黄玉珊在幼、青年时期，得父亲精心培育，以文史开发其智力，以武术强其身体，以耿直、宽容为其做人之道，德智体得到全面发展。他在中学和大学时期，每逢学校集会，常登台表演武术。在黄玉珊17岁时，父亲黄奎不幸病逝。

1935年（18岁）

在中大土木工程系毕业。已联系好去美国爱荷华大学（The University of Iowa）读河工学，但经卢恩绪动员，改考入中大第一届机械特别研究班（简称"机特班"）。机特班是我国为发展航空技术事业以资抗日，先行建立的研究班，从土木、机械和电机系毕业的高才生中招取学生。当时国内大学没有航空工程系，为避强邻注目，讳言航空，中大权以自动工程名系，教授有罗荣安、王守竞、张铉誓、伍荣林诸人。

1935—1936年（18~19岁）

在机特班经一年六个月之修业和两个月之航空工厂实习，于1936年底完成学程。第一期机特班毕业生共21名，他们是柏实义、李耀滋、陈百屏、张志坚、曲延寿、王崑山、陈宝敏、龚肇铸、徐钟霖、陈基建、杨延实、蔡镇寰、朱国洪、方城金、詹果、萧灌恩、袁轶群、许侠农、石兆鸢和黄玉珊。在毕业了52年后的1988年，袁、许、石和黄已先后去世，其余17位机特班人又恢复了《中央大学机特通讯》手抄期刊。

黄玉珊和陈百屏毕业后留系任助教。1937年中大将自动工程系正名为航空工程系，除机特班外，增设本科，开始逐年招收一年级生，又在理、工两院修毕一年生中挑选学业优良、有志航空者转入二年级肄业，故自1940年我国有航空系第一届毕业生李寿萱、徐鑫福等，第二届（1941年）毕业生冯元桢、沈申甫、张阿舟、高永寿等。

1937年

年初考取第五届中英庚款留学生。

5月，第五届中英庚款录取生在南京集训半个月。25名同届生中年龄最长者为李佩琳（36岁），年龄小者为卢嘉锡（22岁）和黄玉珊（20岁）。

6月—7月，出国前先后到南昌中意飞机制造厂和杭州中美飞机制造厂实习调研。

8月17日，第五届中英庚款留英生在沪乘英军舰到吴淞口外，搭乘P&O公司的邮轮启程。

1937年10月—1939年7月

在英国伦敦帝国理工学院航空工程系学习，获硕士学位，导师为R. Cox教授，硕士论文为《弯心轨迹与弯心的区别》（英文）。

1938年，在伦敦加入"英国皇家航空学会"，作为学生会员。同年经沈其益介绍参加"中华自然科学社"。1939年，在英国杂志上发表论文"Stiffness of Beams and Cables: Transition of a Laterally Loaded Member with Tensile End Load from a 'Beam' to a 'Cable'"[*AircraftEng.*, *II*, 1939, No.126, P.314]。

1939年

8月，黄玉珊得到中英庚款会同意，转学美国。

8月—9月间自英国乘船赴美国纽约。

9月，在美国斯坦福大学（Stanford University）留学。以力学为主科，航空为副科，随世界著名学者铁摩辛柯攻读博士学位。

1940年

夏天，获博士学位。博士论文为"Bending of Rectan gular Plates Having Forces in the Middle Plane of the Plate"。此刻，国难当头，日寇猖獗，地处重庆嘉陵江畔的中央大学临时简陋校舍，连连被寇机狂炸已六七次。黄玉珊身在海外，益感敌忾仇深，仔肩任重，毅然接受中大聘约，立即回国从事祖国的航空教育事业。自此他再也没有离开祖国的航空工程教育岗位，直至逝世。

8月，搭美国邮轮自旧金山途经檀香山、日本抵达上海，又由上海转香港飞抵重庆。受聘为中大航空工程系教授，时年不足23岁，有"娃娃教授"称号。他当时主讲"飞机结构学"、"飞机设计"、"弹性稳定学"（研究生课）、"飞机强度和气动"诸课程。

9月，中央大学航空工程学会出版《航空季刊》第一卷，第一、二期合刊上载有黄玉珊译文《点焊连接结构设计》。

12月，《航空季刊》第一卷，第三、四期合刊上刊载其论文《横条支持之薄平板的皱折》。

1941年

6月，《航空季刊》第二卷，第一期刊载了黄玉珊的《金属薄片构造之应力分析》。同时他发表了"Buckling of Plates with Lateral Stiffeners"，J.Royal.Aero.Society[1941（45），No.370，pp326–330]。同年参加中国工程师学会。先后在贵阳（1941年）、兰州（1942年）和桂林（1943年）年会上宣读论文《两端支撑杆的稳定》《具有固定边及自由边之长方形薄板》和《正方形板的平面应力》，均刊载在《工程》杂志上，《弯曲轴与弯曲线》刊在《航空机械月刊》第五卷（1941年）。那时，日寇空袭频繁，师生常工作、学习于残垣断壁中。黄玉珊仍刻苦勤奋、锲而不舍地钻研学问，逐年有论文在中、外刊物上发表。他身居茅竹陋室，就餐在公共食堂，生活异常艰苦，却处之泰然。曾写出竹枝词："卷地狂风挟雨来，柔枝飞舞栋材摧。客居幸得茅檐蔽，也有闲情听远雷。"

9月，首次指导两名研究生冯元桢、汪芳典。冯元桢的硕士论文是《微弯薄曲杆及薄曲板对侧压力之稳定性》。10年之后（1952年），冯元桢撰写同一专题科研报告中，还特别指出，这类问题的命题和解法是黄玉珊教授所创立的。

1942年

中央大学航空工程系为滑翔总会设计初级滑翔机，黄玉珊主持了这一设计任务。同年，在刚成立的中央滑翔机厂兼任设计课课长。

1943年

兼任航空研究院特约研究员。

1944年

在重庆大学机械系兼教"材料力学"课。在中央工业专门学校兼教"结构设计"课。又在清理遗稿中发现该年完成了"Direct Method of Statically Indeterminate Truss Design"（《静不定桁架之直接设计法》）的写作。

1945年

两次为中英庚款留学生考试"航空工程学"课目命题。中等水利科、高级职业学校水利科《结构学》教材写成。全书分绪论、剪力与矩、简单桁架、图解法、屋架、桁桥、长跨度桥和侧支撑、木架设计、钢架设计，共九章。

1946年

中央大学自5月起陆续迁返南京四牌楼旧址。黄玉珊亦在5月返南京，参加校务委员会。

1947年

代理航空工程系主任职务。当选中国航空工程学会南京分会副会长。在1947—1948年代理系主任期间，主持五英尺直流风洞自渝搬宁，从请款到安装就绪的全部工作。

1948年

8月，与胡荫华在沪结婚。

12月，因在中大执教7年以上，轮休一年。受聘去杭州浙江大学航空工程系任教，讲授"飞机结构学"和"飞机设计"两门课程。

1949年

在杭州迎接解放。

6月，长女其苓出生。

8月，自杭州返回南京，继续在中央大学任教。

1951年

9月，次女其惠出生。

1952年

1月，在上海的交通大学参加交通大学、南京大学和浙江大学三校航空系代表座谈会，探讨合并成立航空学院的筹建方案和选择院址问题。

8月4日，上午7时欢送毕业同学并照相。这是由南京大学毕业的最后一届航空工程系学生。

10月8日华东航空学院在南京成立，设飞机系与发动机系两个系，每系各设制造（又称施工或工艺）与设计两个专业。黄玉珊为飞机系主任。

1953年

1月6日，华东教育部批准成立院务委员会，由范绪箕、邓旭初、赵康乐、黄玉珊、王宏基、王培生、季文美、谢安祜、周奎九名委员组成。同年10月，寿松涛院长到任，全面主持华东航空学院工作。

2月，母亲倪端在大连逝世。

6月，三女其全出生。

这一年，讲授"飞机构造及强度计算"课程，编写和修订该课程讲义计17章，铅印成教材。当时翻译苏联教材，学习苏联教学经验进行教学改革是中心工作。黄玉珊在1953—1954年中较多地肩负起合译、独译和校阅多种苏联教材和稿件的任务。施工专业是飞机系新建专业，为此他先后去北京航空学院学习教改经验，去南昌三二〇厂参观学习和普及推广飞机结构动强度知识。除系务工作外，还兼任新校舍基本建设工程处负责人，负责华航在中山门外卫岗的新院址建设的工程技术工作，直至1954年夏天竣工。

1954年

年初计划中继续修订《飞机构造及强度计算》教材。翻译和校对《飞机结构力学》《非金属材料施工法及应用》两部苏联教材。配合科研和编写教材需要，开始文献索引卡的系统编集工作。

1月22日—31日，在北京航空学院参加教师、苏联专家的教改座谈会议。

3月，华东航空学院划归第二机械工业部主管。

4月，研究和安排能容纳170人的流体力学实验室的基建。

7月，开始下学年"材料力学"授课准备和11章教材的编写。

8月，撰写《平行四边形板的皱折》和《飞机前轮抖振》两篇论文。完成苏士庚著《飞机各部分设计》的翻译和校对。华东航空学院自四牌楼南京工学院搬迁到中山门外卫岗新建院址。学校和家庭均搬家。

9月，新学年在新院址开始。杨彭基被任命为副系主任，以加强飞机系（五系）工作。此时飞机系有四个专业教研组，流体力学实验室（2000m²），飞机构造、制造实习室和飞机设备陈列室。

许玉赞、黄玉珊、顾松年译《飞机结构力学》（Лившич利夫希茨著），由高等教育出版社出版。杨彭基、黄玉珊译《非金属材料施工法及应用》。

12月，制订陈列室起落架计划，涉及型式、收放机构、减震器构造、轮胎、刹车、演示实验、落震试验、摆振试验诸方面。编写教材《航空概论》提纲，写摆振技术稿件。完成1950年度JAS文献索引卡。

1955年

5月，在北京航空学院（现北京航空航天大学，简称"北航"）第一届科学报告会上报告《直柱上有弹性铰链或局部削弱时的临界压力》论文。该文刊登在《北航学报》1956年创刊号上。

这时，校际和国际科研交流开始活跃。黄玉珊大力提倡用矩阵法解决复杂的结构问题。在学校，倡导组织大学生课余科学小组，与胡沛泉共同推荐三年级学生林超强的论文在《航院学报》发表，鼓舞了学生开展科研的积极性。

6月，国务院考虑航空工业和航空教育总体布局，决定将华东航空学院内迁西安，改名西安航空学院。内迁筹备工作开始。黄玉珊、许玉赞、顾松年译《飞机各部分设计》（Л.И苏士庚著），由高等教育出版社出版。

8月，准备编写《结构稳定学》，计划有13章19万字。

11月15日，更改《结构稳定学》的编写计划。该书目的：系统地阐明基本原理，介绍新的成果，着重提出我国及苏联学者的贡献，供设计人员及科研人员参考。该书内容于1956年12月编写完成。

11月19日—21日，高等教育部（简称"高教部"）杨秀峰部长到华东航空学院指导工作，并检查全国文教会议执行情况。

12月，已制文献索引卡片约1100张。这些卡片对科研和编写教材工作很有用处，并曾在当年华航举行的教学展览会上展出，引起各方面的兴趣。黄玉珊在《关于文献索引卡的一些意见》（《航院学报》，1956年第四期）中写道："我做索引卡的范围是这样决定的，从个人的专长和爱好出发，从教研组的课程和工作需要出发，把各个科学门类分为直接有关的和间接有关的两种。对直接有关的科学门类，例如结构力学、结构稳定学等，就不分文章大小好坏，一律做索引卡；而对间接有关的科学门类，例如飞机工艺学、动力和设备等，就要选择一些比较重要的论文才做索引卡，次要的或过于专门的就予以割爱了。"

12月，四女其青出生。

1956年

1月,国家号召"向科学进军",学校制订科学研究规划。黄玉珊在日记中列出制定飞机系1956、1957两年规划的要点:

1. 成立飞机结构强度(504)教研室。

2. 教学改革与科学研究。分列于施工专业(教学大纲、试验说明书、整套设计题目、习题卡、简明教材),设计专业(1957年修订大纲、师资培养计划),科学研究(全年计划、科学小组——吸收30%学生参加,学生科学讨论会、教师科学讨论会、科学奖金、技术合同——结合生产,吸收40%学生参加)三个方面。

3. 建设实验室和陈列室。

1956年:(1)实验室房屋的具体设计;(2)发动机试验架的设计;(3)试验大纲的拟定;(4)万能试验架的设计;(5)1957年国外订货的提出;(6)机身试验架的设计;(7)试验加载设备、测力设备、测位移设备的设计。

1957年:(8)实验室安装工作;(9)加载设备、测力设备、测位移设备的制造;(10)起落架试验架的设计;(11)实验室装备校验试验;(12)动力试验。

2月,第二学期开学,每周授课四节。制订个人二年规划:1956年,修订《飞机构造及强度计算》(全册),编写《结构稳定学》(上册杆件系统),编写《飞机构造及设计》(构造部分),完成文献索引卡片共1800张(已有1100张),抖振示范试验,课程设计1套,修改构造试验3套,写论文2篇。1957年,编写《飞计构造及设计》讲义(全),编写《结构稳定学》(下册"薄片系统"),构造陈列室,构造试验2套,完成文献索引卡2300张(已有1800张),构造形象设备,写论文2篇。

3月22日,科学研究规划第一次座谈会。

4月—6月,学期例行工作,上课、答疑、听课、教学检查、教研组会、系会、科研会、规划会、运动会、院务会、迁校座谈会、写讲义、编做文献索引卡和历史唯物论听课。

7月1日,被批准加入中国共产党。

8月，全家随全院师生搬迁西安。华东航空学院更名西安航空学院。

9月1日，上午院务会议，下午开学典礼。这学期自第一周至十八周讲授"航空概论"课，每周两节。

高教部首批批准为副博士研究生导师（次年改称研究生导师）。

10月，从在本院修毕四年级课程的学生中选拔转学研究生。五系首届研究生共7名（七系5名），他们是朱思俞、诸德培、林超强、张仲寅、李仲廉、屠兴和张晓谷。诸、朱二人是黄玉珊在1949年后最早指导的四年制和二年制研究生。8日研究生座谈会。10日，选拔另一部分学生去北航继续五年级的学习，直至毕业。空气动力学专业有学生何植岱、郑国锋等4名，构造和设计专业有学生马祖康、杨先垣等6名。同时，积极筹备新专业，包括设计、工艺、直升机、导弹（1959年起）、气动、设备，涉及教师配备、学生抽调、研究生和进修生、留苏生培养。

10月，完成论文《计算断面惯性矩的一个公式》《飞计构造及强度计算绪论》和《关于文献索引卡的一些意见》分别刊载于《航院学报》1956年第1期第64—67页，第2期第10—23页和第4期第89—90页。《飞计设计中的疲劳问题》，刊载在《航院学报》1957年，第一期第62—66页。

12月，开始"直柱的弯曲扭转不稳定"（《结构稳定学》第8章）的写作，并准备写声疲劳和静不定结构。

1957年

1月1日，宣布五年级毕业生留校攻读研究生名单。五系有周树公、徐明初、郭士龙和潘文耀。

1月2日，二机部决定五系增设直升机专业。

2月，在北京参加全国力学学术报告会，宣读《多空刚构的柱比分析法》论文。该论文发表在《力学学报》1958年第2卷第4期第298—307页，并以英文发表在 Scientia Sinica 1959年第8卷第6期第568—579页。

4月24日，下午3时与二机部赵部长座谈，涉及专业设置问题（设计、工艺和直升机）、教师和学生质量问题以及学校的基本建设问题。

4月26日—28日，全校举行了第一次科学报告讨论会。各兄弟院校、研究机关以及工厂等不远千里来参加。黄玉珊宣读《超过弹限时直柱的折算系数》论文，汇编在《科学报告讨论会论文专辑》（1957年）第36-1至36-6页，又刊登在《科学与技术》1957年第3期第7—11页。

4月26日—27日，沈阳飞机工厂（一一二厂）设计室黄志千（室副主任，1965年飞法途中遇空难逝世）、谭华真来讨论。

5月，准备气动弹性计算和疲劳计算两个报告稿。

7月31日，咸阳西北工学院三系黄震中教授、系张德孚教授来访，商谈两院合并事宜。

8月2日，访问西北工学院，商谈暂时一年级新生全部在咸阳西工院，高年级分咸阳和西安两地不动的安排。

8月3日，高教部杨秀峰部长作合并西北工学院与西安航空学院建立西北工业大学的指示。建校筹委会成立，黄玉珊为委员。

8月15日—9月14日，暑假备课。

9月29日，奉国务院令：9月12日国务院会议决定原西北工学院和西安航空学院合并为西北工业大学。

10月1日，国庆游行观礼。

10月6日，去咸阳参加一年级新生开学典礼并讲话。

10月7日，教研组会议。黄玉珊谈教学大纲、实验室建设、师资培养、科学研究等问题。薛国愿到系担任系总支书记，此时五系有51（工艺）、52（设计）和55（直升）三个专业，501（工艺）、502（设计）、503（气动）、504（强度）、505（直升机）五个教研组。

10月9日，写出《人造卫星》一文，庆祝苏联第一颗人造卫星上天。

11月15日，《西北工业大学学报》创刊号（总11期；原华航、西航自1955年4月—1957年6月已出版10期）出版。该刊载有黄玉珊《〈从大挠度理论来看欧拉载荷的意义〉的讨论》的文章。

1958年

1月3日全校动员教学专题讨论,讨论历时一个多月。29日黄玉珊在大会上做全系工作方面的发言。

2月3日—15日,系、教研组和个人层层制订计划。

2月9日—16日,去北京。

1. 参加航空部质量报告讨论会,有北航诸德超的地面振动试验,一一二厂管德的颤振计算,力学所胡海昌的读书报告,南航陈基建的讨论AP970要求和西工大赵令诚的模/型试验,同时见徐舜寿。

2. 筹备西工大强度研究室。

3. 讨论留苏生和研究生等问题。

4. 在北航联系工作,见王俊奎、王德荣、叶逢培等人。

2月22日,参加西安科联春节茶话会。

3月初,开始酝酿设计和制造延安一号(原称"西工大一号")飞机。

3月12日,与寿松涛校长参加501、502教研组的飞机设计和制造讨论会,听取筹建结构力学研究室(02)和试制研究室(01)的两个报告。

3月15日,考虑"延安一号"的草图(5000张)、组织、分工、人力、进度、经费和机型、构造枷接诸问题。

3月17日,上午在校筹备常委会上做报告,下午在系里召开飞机设计制造讨论会议,讨论造不造、怎样造和造什么类型的飞机,以及抽调五年级工艺专业全部学生和四、五年级设计专业大部分学生等方面问题。

3月30日,在关于"延安一号"的两周准备工作中做了以下诸事:(1)组织三个草图方案小组,设计了七种方案,进行评比。(2)向一机部商量抽用毕业班同学事宜。(3)去民航局及专业航空大队初步了解设计要求。(4)收集发动机情况。担任延安一号飞机总工程师兼强度组组长,副组长为诸德培、吕学富。许玉赞任总设计师,杨彭基任总工艺师,许侠农任总检验师。

5月11日,晚上写五年规划草案。

5月29日,在陕西省科联会上发言。

6月1日，撰写"强度计算方面"和"颤振计算方面"的问题。

1. 强度计算方面。（1）飞机结构的发展方向、各种新的结构形式的特点和使用范围；（2）应用新型结构时的计算方法和应注意的问题（大后掠机翼、尾翼、三角机翼、整块机翼、夹层结构、蜂窝结构等）；（3）超声速飞机的设计要求和刚度要求；（4）高速飞机的疲劳问题；（5）高速飞机的热应力问题及试验技术。

2. 颤振计算方面。高速飞机（超音速）的颤振计算和试验。三角机翼、后掠机翼的颤振计算。

6月2日，"延安一号"设计组长会议，对载重、三面图、部位安排、风洞试验、设备、重量估计、打样原则作了分工，研究起飞滑跑距离、载重、跳伞、续航、自动前缘缝翼、双缝襟翼、尾面、螺旋桨、着陆、着陆灯诸问题。

6月4日，晚上与周奎谈话。五系准备设飞机设计、飞机工艺、直升机、空气动力、飞机仪表设备和导弹六个专业。

6月11日—7月3日，去北京一机部、教育部、北航、国防出版社、二一一厂联系工作。16日—27日，去沈阳一一二厂技术答疑，分别在颤振组、强度组作报告，并会见毕业校友和西工大实习学生。在回北京的火车上列出研究课题：（1）整体构造、夹层构造的资料整理与强度试验；（2）三角机翼分析方法的比较；（3）有加强边的开孔对临界剪应力的影响；（4）机翼的使用变形。以后又加上几项：（5）后掠机翼；（6）热应力及高温问题；（7）疲劳问题。

7月10日，决定成立"飞机设计试造室"，黄玉珊与周奎任正副主任，许玉赞负责设计，杨彭基负责工艺，周奎负责生产，许侠农负责检验。同日对样机结构进行审查，讨论修改方案。

7月15日，去窑村机场。

7月16日—17日，对样机提意见，讨论机身、起落架、设备和机翼诸问题，提出"苦战5天，减轻重量100kg，把装配图交检验组"的口号。

7月19日，解决设计问题：（1）尾轮；（2）机身计算；（3）尾面大小。

7月21日，飞机设计试造室成立大会。认为搞延安一号的路线、方法正确，教学结合生产劳动，符合总路线多快好省精神，要发动群众，破除迷信。

8月6日，飞机系第一研究室（结构强度研究室）成立，当前任务是搞延安一号的静力试验，联系一一二厂设计室实际课题和培养科学研究人才。

8月14日，上午，在系里布置设计试造室暑假工作，解决延安一号飞机设计问题。下午，学校（学年）总结大会。

8月15日—24日，学校放暑假十天。

8月30日，新学年开学。

9月10日—16日，赴北京访问高教部、一机部四局（航空工业局）和民航局。联系飞机设计专业50名学生下厂实习，毕业班学生留校38名，以及直升机设计、制造和明年"十一"上天等事宜。

10月18日—21日，接待苏联专家代表团十人来校。

10月22日，党委检查"延安一号"进度。寿松涛校长、刘海滨书记均来制造工厂动员，决定11月21日—25日试飞。

10月23日，党委陈力同志到系兼任总支书记，陈力、黄玉珊抓工厂飞机制造。

11月，"延安一号"排查故障、总装和检验。

11月30日下午4时，延安一号试飞成功。

12月3日，飞机系师生设计试制的"延安一号"飞机历时150多天（6月—9月设计，9月下旬至11月制造）后，在西安机场举行了隆重试飞典礼。

1959年

个人最近工作安排："延安一号"改型；"延安二号"上马；学期末工作总结和下学期工作计划；上课和编写《飞机结构力学及强度计算》讲义，并重点指导飞机系第一研究室工作。

又写出后几年应整理下列几本书：（1）《飞机结构力学及强度计算》（1959年上半年）；（2）《结构稳定学》（1959年下半年）；（3）《空气弹性力学》（1960年上半年）；（4）《高等飞机结构力学》（1960年下半年）。

2月4日，飞机系第一研究室会议讨论双发飞机设计问题。

2月15日，第二学期开学。"飞机结构力学及强度计算"授课。

3月1日，"延安二号"会议，讨论以下诸问题：（1）飞机的主起落架，中机身，浆叶；（2）重心；（3）试验架；（4）试飞要求；（5）"二号"分寸。决定数天内准备好旋翼试验及系留试验。

3月3日，"延安二号"会议，同意大架试车。中国科学院《十年来的中国科学》约稿，编写"航空结构"的力学部分。

3月11日，下午去机场看"延安二号"，减摆器坏，试车未成。考虑以下诸问题：（1）机翼气流对尾翼的影响（计算和试验）；（2）螺旋桨（计算）；（3）小翼制片（保留）；（4）三个可动调整片（取消副翼，计算方向舵）；（5）撑杆25（计算、比较）；（6）外形（降低一些）。

3月15日晚，"延安二号"会议，讨论：（1）风扇轴断；（2）减速匣裂；（3）操纵过重诸问题。

3月24日，倡议502和504教研组分开，成立飞机设备教研组，强度计算专门化。这时五系有飞机设计、飞机工艺、直升机和空气动力学4个专业。

3月26日，"双发"进行情况会议，研究襟翼、操纵系统、机身后段、动力装置、顺桨、样机、木模图、工艺、三结合（指干部、技术人员、工人三结合）诸事。

3月29日—4月11日，去哈尔滨一二二厂，商谈厂校协作飞机设计课题，安排飞机设计专业学生实习。马泽恩、林振申、刘元镛同行。途经北京时去教育部、一机部四局联系设备事宜，途经沈阳时去一一二厂与黄志千、徐舜寿、陈百屏会晤。与一二二厂设计室协作研究项目为：（1）亚声速飞机（$M=0.85$）尾翼的颤振计算（包括尾翼固定在机身上或固定在垂直尾面上）；（2）颤振时，机翼的振动形态分析（有集中载荷及无集中载荷）。

5月，写讲义"稳定理论"一章，把结构力学强度计算资料分类为：结构力学原理；弹塑性力学；板，壳；稳定理论；热应力，蠕滑；疲劳，振动，摆振；颤振，空气弹性力学；强度计算方法；试验方法。计划为飞机系第一研究室补课，讲授"高等结构力学"36小时，7月20日—9月20日计九周，每周早、晚7：00—9：00。19日，"延安二号"直升机试车离地成功。

6月，教改转入以教学为中心，提高水平为方向。

14日在设计室会议上发言：（1）设计取得巨大成绩，真刀真枪，提高了教学质量,推动了科研,完成了生产任务和教学过程,又为三结合摸索了一定经验。(2)今后生产或不生产,要看客观条件(发动机、材料等),原则是生产服从教学,而不是教学结合生产,由上级决定。(3)希望全体以更大干劲搞教学,以教学为中心,提高水平为方向。

7月,校党委副书记陈明焰报告"加强教学工作,提高教育质量"为下学期工作重点。此后,系工作以贯彻党的教育方针为中心,切实修订和执行教育计划、教学大纲和加强专业建设,实行以教学为主的三结合。

9月2日,直升机专业苏联专家达林教授夫妇到校,在505教研室讲课,指导课程设计等教学活动至年底。

10月,西北工业大学飞机系新楼竣工。

10月24日至11月2日,赴北京参加北京航空学院第三次教学讨论会。

11月,接校办通知,502分组已批准,分为结构力学教研组(504,赵令诚任主任)和飞机构造教研组(502,黄玉珊兼主任,冯元生任副主任)。自此,五系有501、502、503、504、505五个专业教研组。

这一学期结合一一二厂、一二二厂实际,确定颤振、前轮摆振、热强度、结构分析等科研方向。完成了《飞机结构力学》《壳体力学》等多种教材,读者普遍反映编写颇有特色。

1960年

1月7日,系总支紧急会议,号召"登高峰、抓尖端、加速发展飞机工业配成套"。项目内容有,501工艺过程自动化、机械化,502高速高空飞机设计,503高速高空和垂直起落的空气动力,504飞机结构力学前沿课题,505直升机和垂直起落飞机。

1月24日,为拟定飞机系1960年科研规划,自1959年12月起酝酿多次,今天在日记中写出修订稿,包括五个教研组的科研共计27个项目。其中重大项目7项,它们是,503的超声和超高声风洞的设计制造2项,505的大旋翼试验1项,504的颤振问题和疲劳问题2项,502的地面效应水陆两用飞行汽车的设计制造1项和501的金属胶接1项。赵康乐到系任总支书记。

2月20日，飞机系自行设计制造的小型气垫飞行器（57型）试飞成功。

3月，1日提出57型气垫飞行器的后继型号58型的设计方案，10日被批准。12日下午，在全系红旗授奖大会上发言。个人完成《弹性框》论文稿，准备"薄壁结构和疲劳"部分。

3月3日—11日，乘火车去往南京。先后到南京航空学院、上海十三厂、南昌三二〇厂和株洲、郑州沿线参观。

4月26日—5月6日，进行58型气垫飞行器的试飞及改进工作，并讨论下一个型号59型的研制。

5月6日，58型气垫飞行器在机场试飞成功。

5月—6月，58型的总结，59型试制上马；考虑沈阳一一二厂来信中有关疲劳（包括热疲劳）、摆振和弹性框诸问题；研究五系"十一"献礼项目进度，有风洞、颤振计算、疲劳估算、摆振试验、火箭、地面共振诸项目。

7月，58型到北京评比，成绩较好。

9月，新学年开始。此时原一机部分为第一、第三两个机械工业部，学校划归三机部主管。

10月11日下午，诸德培、张仲寅研究生学位论文答辩。诸德培论文题目为《飞机前轮摆振及减摆器阻尼系数的选取》。张仲寅在气动专业，导师王培生，论文题目为《高超音（声）速气流中钝头细长圆柱体在小迎角时的绕流问题》。11日晚和13日下午在五一四厂作《高温结构强度》学术报告。《椭圆形弹性框的计算》（黄玉珊、朱思俞、仇宗宝）在《西北工大学报》1960年第3期发表。

10月下旬，一周写作计划中有"热应力"一章讲义、基本理论研究计划、511研究计划和《高等结构力学》大纲。以上均编写完成。

11月6日，在504教研室作科学报告，会上报告《锥壳理论》两小时。后又应邀于9日在一系作报告。14日向校长寿松涛、系总支书记赵康乐汇报502弹射起飞、505海司直升机等问题。

11月—12月，编写《壳体力学》讲稿（绪论、无力矩理论、力矩理论、大挠度理论、轴对称壳体、加强壳与夹心壳、壳的稳定和结论，计38学时。）

1961年

1月，校党委决定五、七系合并，王培生兼任系主任。黄玉珊在504教研组，这一学期就有了较多时间从事教学与科研工作。

3月4日，作《弹性框》报告。9—10日，作《矩阵方法》报告（5h）；准备《直接设计法》。

3月27日—4月10日，南航、北航、哈工大等兄弟院校来西工大共同选编教材，担任飞机教材方面组长。

4月8日，五一四厂、八四四厂、0038部队等来人答疑和风洞答疑。本月主要业务研究工作为矩阵分析、直接设计法和夹层结构振动。24日—30日，一一二厂来人请教问题和讨论科研计划。向他们介绍直接设计法，最后定出初步科研意见：矩阵分析的一般资料；直接设计法；力法在机身段的应用；位移法对长桁的应用；模型试验，根部应力，机身弹性影响。

5月1日—7月20日，按个人工作计划完成如下：

1.讲授《壳体力学》，教材铅印出版，补充第七章"振动"授课内容。

2.毕业设计，课题来自一一二厂，谓"真刀真枪"。

3.基本理论科研完成三个部分：（1）直接设计法的整理与改进；（2）位移法对长桁节点的应用；（3）力法在机身段的应用。

5月15日以前集中在《夹层结构振动》成稿工作。

5月30日前集中完成《平板颤振》成稿工作。

6月集中整理和改写《机翼直接设计法》稿。关于基本理论研究课题"小展弦比机翼静力分析"，在6月25日写有：（1）直接设计法——多载荷情况；（2）位移法——加节点问题；（3）力法——机身影响；（4）板法——换算与能量解法。

7月19日，与胡荫华携带四个女儿全家专程去沪看望刚自美归国的二弟玉璞。玉璞曾于6月30日电报告知平安到沪，船过日本时曾遭刁难，在美国也几经周折。5月16日国家科委专门来人谈玉璞回国事。玉璞归国后在上海冶金研究所工作22年，直至1983年冬逝世。

8月2日至5日游览了太湖并到南京看亲友。

9月，新学年开始。五系与七系又分开，黄玉珊仍担任五系系主任职务。黄兆元到系任总支书记。此时寿校长自京参加会议回来谈一系的力学专业要并到五系，故此积极筹建54专业（飞机结构强度）。14日—26日，考虑54专业教育计划意见：

（1）课程不宜多，加选课或专题时数也要压缩；

（2）基础要加强。

主课：弹性力学以平面及应用为主，板壳理论，飞机结构力学，振动理论，强度计算，实验分析力学，气动弹性力学。

选修课或专题：热应力、计算技术、疲劳、稳定理论、塑性。

10月，飞机结构强度教研室（504）、研究室（一研）和飞机设计教研室（502）成立，胡沛泉任504教研室主任，赵令诚、吴富民任副主任。许玉赞任一研室主任，诸德培任强度实验室主任。黄玉珊兼502教研室主任，林振申任副主任。

10月—11月，下厂准备和下厂工作。

10月初考虑一一二厂生产设计问题，准备报告内容：

1.矩阵力法、位移法的地位与应用。

2.由柔方阵求刚方阵出现病态，是否一般规律？框弹性如何克服这一点？如何考虑蒙皮受正应力？塑性对元件计算结果的影响；初应变处理大开口的精确度；假想长桁的合理性？

3.结构点与气动力点的影响系数如何转换？前后缘部分如何处理？计入副翼如何解决？

4.塑料模型设计的要求，应注意的问题。

5.$M>2$，发动机加热的问题、地位、影响范围及程度。

6.热应力计算情况，如何叠加安全系数，规范？

7.温度分布的工程计算方法，二维三维。

8.内部环境温度，计算情况如何选？

9.气动加热的成果与发展。

10.锥形壳的稳定问题（不对称、分布气动载荷与总弯曲）。

11.热对刚度的影响。

12.助力操纵系统影响（全动尾面）。

13.亚声速前缘非定常气动力影响系数计算方法。

14.高声速前缘非定常气动力影响系数计算方法。

15.规范与高速电子计算间的气动弹性的常规计算方法（$M=2~3$）。

10月9日—10日，到阎良、耀县。在航空研究院八所、三〇所和一七二厂座谈、参观和联系学生去生产实习。

10月19日，赴北京、沈阳。在沈阳一一二厂工作6天（26日—31日）：报告、讲课3个单元（每次约3h），讲授直接设计法、矩阵位移法和力法，座谈矩阵和热强度两次（每次约3h）和听取矩阵力法和颤振工作汇报两次（每次约2h）。并与各研究所联系工作，计有一所（北京）刘所长、七所（沈阳）韩志华所长和九所（北京）郦所长、饶展湘总工程师。同年发表《整体筒壳的弯曲方程》（西工大科学研究资料，单行本）和《薄壁圆管大挠度皱折理论的回顾》，载于《西北工业大学学报》，1961年12月。

1962年

年初，拟定个人工作方针：（1）稳定落实；（2）减少行政，多抓业务；（3）不抓时间，而抓成果。

1月2日—3日，参观热应力试验室。发言：（1）降低要求，用电阻丝；（2）审查整个系统。继又写信给寿校长，认为：（1）热应力不应再作为重点，技术条件不够，把握不大；（2）落实指标，从教学试验提要求；（3）应有"帅"，建议许老（许玉赞）（正）、曹大（曹大卫）（副）负责；（4）9系协助指导。又建议803教研室与504教研室一部分合并，成立热应力教研组，83专业学生转54专业。

1月4日，学校安排并商谈好由朱思俞做科研助手。

1月7日—23日，去北航参加会议，并前往哈尔滨，到哈工大、哈军工和一二二厂座谈和检查学生实习情况，归途中在沈阳一一二厂工作两天。

2月，寒假中，1日对许玉赞两篇论文题写意见。2日诸德培送来《张力场梁试验》论文请审。3日写诸文意见。5日春节团拜。7日—9日看TN.ONERA报告、《随机振动》等。13日—14日，准备好《英国航空》的报告。

3月19日，在陕西师范大学参加省高教局主办的学习班学习1个月，曾去一七二厂作报告，参观"502"飞机试飞展览，考虑与诸德培合写论题"边缘受径向集中载荷作用的短薄壁悬臂圆筒壳体"和重写"大挠度稳定理论"总结。

4月，先后和刘咸一副校长、寿松涛校长谈以下问题：（1）风洞应有编制，工厂应有编制等问题；（2）飞机设备应在五系，争取成立飞机设备小组。和北京九所来人谈水平尾面抖振事（助力器问题）。

4月21日—5月4日，去南昌三二〇厂参加强击机的鉴定会议。在交流会上作题为"西工大近年来有关强度与工艺的科研简介"的报告。往返途经郑州、汉口、株洲、杭州和上海时进行短暂参观访问。

5月，完成《壳体》和《大挠度回顾》两文稿。

6月11日，科学院来文聘任"力学组组员"。开始考虑新课题"板"，写《整体壁板》。23日寿校长谈话，告知国务院第五研究院来调职事宜。

7月2日，陕西省力学分会成立和举行论文报告会，参加壳体力学组。7日访问寿校长，决定去留，最后决定在西工大和五院一分院两边工作，只可去兼职。

7月28日—8月7日，在北京民族饭店参加国家科委和科学院召集的编制"技术科学学科规划"会议。力学学科组由钱学森、张维召集，成员有周培源、沈元、李国豪、杜庆华、吴仲华、钱令希、王仁、陆士嘉、林士谔和黄玉珊，编制我国第一个力学规划。特别强调力学要为高空高速飞行器及其他五个方向服务。规划包括23个中心问题，固体力学占7个。黄玉珊分写气动弹性力学和水弹性力学项目。在这次规划会上，黄玉珊强调了气动弹性的作用。随后，主张西工大第一研究室重点搞气动弹性方向，举办了气动弹性力学班。

8月，接受国家科委主任聂荣臻聘书："兹聘请黄玉珊为本委力学组组员。"

8月8日，应邀到国防部第五研究院参观。同年，兼任该院技术顾问，以后至1964年5月又兼任该院一分院第五研究所所长。

8月9日—10日，在北京三机部四局联系高空座舱设备、发动机燃油设备以及高空防护、液压军械设备事宜。

9月20日—21日，考虑第五研究所提交的问题计11个：

1. 硬壳机身局部稳定：框距影响、轴压弯曲联合作用。

2. 硬壳机身总体稳定。

3. 飞行器各部件外形容差要求。

4. 配重：重量、重心、构造型式。

5. 组合结构的各向异性的判别，小展弦比机翼的设计计算。

6. 蒙皮局部刚度的确定与验算。

7. 整体结构机翼的设计计算。

8. 围框式周线连接刚度和参与受力。

9. 带腹板的加强框。

10. 带加强环的波纹管。

11. 挤压铸造金属流态、结晶状态、工艺缺陷（转交四系）。

9月21日晚，与荫华听北京中央乐团来西安的音乐会。

10月15日，与研究生谈论文方向。刘元镛研究直接设计，三角机翼的Bracob法。王家琳研究弹头设计，蠕变稳定。

10月22日—29日，中国力学学会第一次板壳理论学术讨论会在西安人民大厦和西北工业大学召开，主席团成员有王仁、王俊奎、杜庆华、罗祖道、胡海昌、胡沛泉、黄玉珊、钱令希等14人。在会上宣读了与诸德培合作的论文《边缘受径向集中载荷作用的短悬臂薄壁圆筒壳体》，摘要刊登于会议论文选集（1965年出版），全文刊登于《西北工业大学学报》1963年第1期，按规定不再重登于论文选集。会议期间拜访了郭可评、林道垣、高镇同、董明德等人。

11月9日—12日，应邀在北京参加北航飞机系科学讨论会。

11月14日—12月10日，在北京国务院五院一分院第五研究所工作4周。朱思俞作为助手身份同去。在所里作了"静、热、动"（14日下午）、"颤振"（15日上午）、"热"和"振动"（26日上、下午）的介绍，阅读和了解有关资料，参观实验室，了解试验进行过程中现象，涉及油箱改装设计、发动机喷口震动、热应力、塑性失稳、壳体应力集中、过渡段收缩、初缺陷壳体失稳诸问题和该所以前提出的硬壳机身局部和总体稳定等11项问题。分别在一、二、三、四室和四支队集体答疑、质疑和个别答疑多次。与政委阎玉瑚,副所长李绪鄂,理论室主任张竞荣(一室)、董明德(二室)、陈奇妙(四室)等多次交流问题,提出方向、理论、实验、提高和加强等初步意见。写出的工作计划书中定了8个研究题目和分工安排。这8个题目是:"加劲箱体""箱底开口""轴压稳定""过渡段收缩""尾翼热计算""热弹头""全弹振动试验"和"发动机强度"。在所期间还曾先后与姜延斌副部长、张院长、张政委、张副院长、屠守锷、任新民副院长交换意见。

12月1日,曾去科委八局谈气动弹性。7日去三机部答疑。12月11日乘火车返抵西安。

12月15日,火车离西安。16日,抵北京。

12月18日—27日,在京参加国防科委召集的专业教材编审委员会。张爱萍副总长在人民大会堂讲话,对会议提出希望。钟赤兵、路杨秘书长和庞展局长主持会议。西工大寿松涛校长、陈明焰、季文美均参加了会议。在这次会议上,黄玉珊被聘任专业教材编审委员,负责飞机设计与制造组。

1963年

1月,讨论力学规划,1963年飞机系力学规划向国家规划靠拢。贯彻教材会议精神;修订教学计划,主要在课程大纲;制订师资和研究生培养规划。

1月7日,与王家琳、刘雪惠两研究生制订学习计划。

1月11日,北京五院姜延斌部长来信,同意朱思俞和诸德培两名助手人选。

1月28日,与王培生、戴昌辉等讨论52风洞筹建运转及科研事宜。申请建立空气动力研究室(三研)。

2月,受聘为沈阳国防科委六院一所(现航空航天工业部六〇一所)技术委员会特邀委员。填写航空学会筹备委员表格。五系确定重点培养教师名单,计有张骐麟、林振申、林超强、王建培、朱思俞、诸德培、徐桂祺、张毓铃等人。

2月22日—3月5日,到沈阳四〇一厂(25—27日)、一所(27—28日)、一一二厂(3月1日)、北京七三八厂(4日)、九四二厂(5日)各处检查学生实习情况。

3月5日—19日，在北京五院指导工作两周。

3月29日，在系做科研情况报告：

1. 总结：形势情况（科研、培养、教材等的规划）。

2. 静强：（1）计算方法：矩阵计算、力法、Levy法、Turner法、传递矩阵法、简化计算、设计计算法、扩散、框等；（2）规范；（3）疲劳、延寿、损伤、容限、运输里程、前轮减摆、动强度问题；（4）塑性计算（极限设计）。

3. 板壳：（1）锥壳：强度分析、稳定问题、夹层壳；（2）筒体：稳定问题、极限强度、短壳塑性；（3）箱体——箱底（塑性）、应力集中问题；（4）峰窝——稳定；（5）热应力——热塑性、温度分布试验、低温。

4. 气弹及振动：（1）振动：随机振动（大功率发动机）、对控制影响、晃动、纵向力影响；（2）气弹：跨声速计算、细长体、突风、动力效应；（3）矩阵解法与振型解法、非线性、模拟机。

3月份，各系系务委员会成立，黄玉珊为五系系务委员会主任（1961年校务委员会成立，寿松涛任主任，黄玉珊是21名委员之一）。

4月1日—5日，黄玉珊和系助理金石到成都一三二厂参观和检查学生（60人）实习情况。

4月9日—24日，国防科委六院发起在北京空军招待所召开有空军、三机部、院校等参加的四结合的航空技术委员会。四方面代表约120名。西工大有黄玉珊和彭炎午参加。会议由六院徐力行副院长主持，张爱萍副总长致开幕词，讨论航空发展工作步骤，如何走自己的路。黄玉珊对于如此生产、科研、院校和使用单位的协作很受鼓舞。4月13日和16日在小组会议上两次发言，17日在大会上发言，做了详细发言提纲。他主张加强包括空气动力和强度等的基础研究。会议建议成立十几个专业组，后来由于航空技术委员会本身未被上级批准而没有成立。唯有强度专业组在六院领导下酝酿指定黄玉珊为组长，北航王德荣为副组长，八所魏信方为秘书而开始筹备成立了。

5月26日—6月18日，国防科委组织所属院校对口专业统一教材，飞机设计、强度等专业教材分组会在西工大召开。黄玉珊主持飞机设计教材组，并参加强度组,提出意见。会议分工由黄玉珊与北航龚尧南合编《飞机强度设计》教材。

6月7日—9日,强度专业材教材会议期中,应八所之邀,黄玉珊、陈百屏、王德荣和南航李定夏4人乘小飞机去阎良,开强度研究座谈会。会议根据航空事业"从仿制走向自行设计"的方针,讨论如何制定航空强度的发展方向和远景设想,如何加强和统一全国航空强度研究力量,做好分工协作。酝酿了航空技术委员会强度组成员,并撰写会议纪要上报。参加座谈会者还有冯钟越、魏信方。9日下午,乘小飞机飞返,黄玉珊乘兴领着诸位客人自飞机场沿着田边小路步行到西工大北边,跨越颓墙而入。教材会议继续,14日,国防科委六院徐力行副院长到会,报告航空技术委员会召集情况和查看阎良座谈纪要。18日,闭会。

6月20日,与502教研室谈科研规划:从任务出发,与一所协作大型飞机、轰炸机、垂直起落飞机,与八所协作疲劳、规范、试验设备。晚间访问5481班同学。血压为19.3/12kPa。

7月8日—8月13日,在北京五院指导技术工作。朱思俞以助手身份同去。在京期间曾到六院、四所、六所和北航联系工作。8月13日返回西安。

7月25日—31日,自京赴沈阳参加一所科技成果报告会,会议期间指导小展弦比机翼强度分析、柱壳与锥壳强度、稳定性研究和热强度研究等工作。血压为21.3/13.3kPa。

9月29日,沈阳一所寄来资料,下午在504教研室召开科研座谈会,会议主题如下:

1.科研必须大力发展。

2.方向与选题:(1)从社会主义建设需要出发,专业设置、教学工作视学校性质有所侧重,兼顾基础理论、国民经济重大问题和新科学技术。(2)题目来源:国家任务、外单位任务、自选任务。(3)要有重点,不宜过多。注意条件,力求落实,科技发展规划中承担任务必需积极安排。(4)要逐步确定方向。

10月7日,学校正式宣布成立飞机结构强度研究室(第一研究室),将八系曹大卫、葛守廉、刘新顺、曹跃良、司国钧调来研究室工作。

10月9日，寄北京《气动弹性力学规划》。504教研室会议，决定10项科研课题。负责1项：颤振特性9项。协作：摆振试验；刚度指标规范；"62型"飞机颤振计算、副翼反逆计算；高亚声速重型飞机颤振研究，共振试验，模型试验；飞行颤振试验，振动试验；塑料模型试验；小展弦比机翼影响系数；机翼热刚度计算；板壳颤振与振动。

10月14日，研究生刘元铸学位论文答辩。

10月15日—11月15日，去北京七〇二所工作。

10月27日—11月6日，参加国防科委六院航空技术委员会强度专业组的成立大会。黄玉珊、王德荣分任强度专业组正副组长。

11月，编列出《飞行器强度计算》合编教材大纲和分工。参加编写的有黄玉珊、龚尧南（北航）、叶天麒和朱思俞。黄玉珊承担第一章绪论、第二章载荷和第八章疲劳。研究生王家琳、刘雪惠、丁恕海拟定研究课题。对丁恕海考虑改用振动为题，王家琳改为壳体题。与朱思俞定科研项目"各种参数对翼面颤振的影响"。送出《整体筒壳坍塌载荷》论文。

12月，加紧编写《飞行器强度计算》教材，写完第二章。在教研室征求对《整体筒壳》一文的意见。国防工业出版社第三编辑室施济能来约写疲劳、气弹专著。这一年，应五院培养气动弹性研究人员的建议，在西工大举办了气动弹性专门化班，培养了我国第一批气动弹性专业人才。本月拟写了系三年（1964—1966年）科研规划（飞行器结构力学，飞行器空气动力学，发动机原理与构造设计，飞行器发动机工艺，航空材料热加工工艺，振动理论应用，飞行器构造设计，电子自动控制，水中兵器），主要方向（气弹性与水弹性力学，板壳静动力学，热应力与热屈曲），三年重点（仿制飞机与飞行器的气弹及振动的计算与实验研究），同时考虑了指标、试验室、师资、投资各项目标。

1964年

黄玉珊在新年用新日记本开头写出本年的目标：（1）写好《飞行器强度计算》教材；（2）开始气动弹性力学科研；（3）带好研究生；（4）做好五院工作；（5）注意血压。

1月10日，准备11日在一研会议上的发言提要：

1.专业（教学）：教学、科研统一而又有分别。飞机结构力学专业，国外没有，苏联只有专门化，专业怎么办？没有蓝本，没有经验。要求培养出合用的人才，能为现代国防科学贡献力量。专业如何搞好，是大家艰巨的责任，是个重大科学实验。大家都有责任，胡沛泉、许玉赞和我责任要更大一些。

2.研究：方向问题。第一个旗，气动弹性与振动，已接任务。飞行器在这方面还未过关，国内外差距大些。第二个旗，热教学试验。情况摸不透，三至五年搞好实验室，做一些试验研究。第三个旗，疲劳。问题很重要，差距也更大，建议在教研室里先试点搞些实验问题，又一个科学实验。要不要读实验课是另外一个问题，下实验室是必须的，每人半年到一年时间。

3.矛盾问题。大的矛盾是科学不现代化，一穷二白；小的矛盾容易克服。两年来效果很好，我们有信心办好专业，做出成绩。

1月，对研究生张俊钧的学习和课题做安排。提前完成了《飞行器强度计算》教材所承担部分（一、二、八章的初稿）。

2月3日—16日，寒假中阅读完颤振文献。

2月17日—3月27日，在北京工作40天。

2月18日—29日，参加全国航空学会成立大会。钱学森致开幕词，范长江报告，常乾坤司令员、刘鼎部长、徐立行等到会。黄玉珊进入主席团，任执行主席，后当选为学会常务理事。会后成立了一个飞机设计与强度的核心组，王德荣和黄玉珊分任正、副组长。对会议的感想，黄玉珊写了一首竹枝词："大会辉煌气势雄，国防科学正东风，交流探讨尊双百，行见红旗破太空。"

3月2日—27日，在五院指导答疑业务技术工作，审阅报告，看试验和改稿。《整体圆壳筒的Donnell型方程》《薄圆管在轴压失稳后的极限载荷》两文在《西北工业大学学报》1964年第1期发表。

4月4日—7月10日，参加国防科委飞机设计专业调查组，历时三个月。为贯彻国防科委院校长会议"学制要缩短"的精神，由八局局长庞展召集组成飞机设计专业和雷达专业两个调查组。飞机设计组由庞展亲任组长、黄玉珊为副组长，组员有南航李定夏、北航袁其茹、哈军工杨庆雄、西工大林振申和科委参谋辛黎洪等。先在北京学习，接着到南昌三二〇厂、上海交大和南京航院调查；回到北京参加院校教务长会议。再去沈阳一一二厂和六院一所调查。回到北京在北航收集调查意见，写报告，拟订专业样板计划。黄玉珊还在三二〇厂做了一个安全系数的报告，在三二〇厂和一所的强度组、室进行过答疑。

5月8日，国务院周恩来总理正式任命黄玉珊兼国防部第五研究院一分院第五研究所所长。该所后更名航天工业部七〇二研究所。

7月15日，拟写《气弹性力学与水弹性力学》初稿。

7月23日，陕西省航空学会筹委会成立，寿松涛、王培生、陆颂善、黄玉珊、王宏基、陈士橹、魏信方等19名为筹委。夏天，叶天麒自苏联回国，任第一研究室副主任。

8月1日，与53、54、55、56专业留校助教10名、研究生6名见面。54专业新助教有吕国志、肖寿庭、周岳泉等，研究生有费盘金、斯而健、高占民、徐立功等。

8月16日—23日，在北京第五设计所工作一周。

8月24日—30日，在北京饭店参加国家科委数理化学部六个专业组会议。杜润生秘书长作知识界思想革命化动员报告。参加力学专业组会议。这是第二次力学规划会议，检查第一规划执行情况，定出重点项目规划和分工。黄玉珊被指定为固体力学组负责人。

8月31日—10月8日，在第五设计所工作。今年起黄玉珊有较多时间在京工作，且血压常徘徊在21.3/13.3kPa上下。为了调剂生活，暑假中将女儿其苓、其惠转入北京师范大学二附中初中三年级和初中二年级插班就读。

9月14日，在北京参加力学专业组的实验应用、力学分析的筹委会。筹委有李敏华、林士谭、郑元熙、杜庆华、黄克智、王仁、季文美、黄玉珊、王德荣、张强生、赵震炎、王和祥、唐立民、张嗣瀛、钱寿易、董铁宝。

10月1日，上天安门观礼。

10月9日，返西安。在校从事行政工作，修改和审阅《飞行器强度计算》教材各章，做科研和指导研究生。国防部六院与学校联系，邀请黄玉珊兼该院副总工程师。

11月14日—17日，陕西省航空学会成立大会，进入主席团，成为常务理事。

11月19日—12月19日，去北京第五设计所工作。

11月30日—12月12日，在北京科学会堂参加由三机部和六院联合召开的强度组热应力试验设备会议。参加单位有六院、军工、力学所、北航、清华、西工大和三机部各厂、所。孙部长报告会议目的，六院与三机部合并想法和规划。唐延杰院长报告科研设计设想、改进改型问题，院、部合并表态。不久以后，六院归三机部领导。副部长报告生产工艺等的情况。

黄玉珊是结构组召集人。讨论了轰、运、直、水，ИЛ38改进（改发动机、战术轰炸设计），大型强度试验设备，座谈院、部合并后科研搞法诸问题。徐力行副院长同意小组意见，成立航空研究院强度研究所。

12月19日，返西安抵家。抓风洞、去一七二厂联系51专业半工半读、52专业教改、设计运输机、研究生和科研诸事。

1965年

1月5日，研究生刘雪惠论文答辩通过。

7日，去北京工作7天。11日，参加国防科委八局在总参三所召开的各校教务部长会议13天。28日，乘29次列车回西安。29日，抵家。

2月。

1.写颤振工程计算方法研究。（1）五种方法：三角形机翼；三角形机翼副翼组合；三角形机翼外挂载荷；后掠翼方向舵，机身组合；后掠全动平尾舵，机身组合。（2）三角形机翼；有弦向弯曲，副翼为刚体。如用多项式表达振动形态，给出函数逼近方法。（3）后掠机翼，翼肋切面，不变形或变形。（4）外挂物，待定。（5）$M=0\sim2.5$。（6）有关振动形态和自由度选择方向的研究。

2.小展弦比翼面颤振模型模拟方法研究。内容：（1）对象是"62型"飞机；（2）低速、高速两种；（3）计及弦向弯曲刚度、外挂物刚度；（4）模型柔度系数及共振形态、频率的测量方法和仪器设备；（5）制造模型，进行刚度、振动试验。

20日，接三机部六院公函（65院技083），要求提供一份必须在"三五"和

"四五"期间研究和解决的强度课题表（三月中旬寄出）。三四月份召开一次飞机结构强度专业会议。

3月6日，研究生王家琳论文答辩通过。

3月10日—5月15日，在北京原第五设计所（当时已归七机部领导，更名七〇二所）工作两个月。

4月22日—27日，在京西宾馆主持三机部六院召开的强度专业会议，讨论强度研究的规划和着重落实十二所（刚在陕西耀县成立）几个设备的设计项目。徐力行致开幕词，到会代表有力学所李敏华、程世祜，七〇二所李绪鄂，一所冯钟越，一一二厂刘昌宗，三二〇厂严传德，八所魏信方，清华杜庆华，哈军工陈百屏，北航王德荣、王俊奎、叶逢培，南航张阿舟，西工大胡沛泉、许玉赞、赵令诚、黄玉珊。会议期间西工大小组曾在23日下午做疲劳试验设备，建议分两步走。会议决定，作为航空研究院强度试验中心设备之一的全尺寸飞机结构疲劳试验水槽大型装置由西工大第一研究室负责，八所（现六三〇所与六二三所的前身）参加合作设计。第一期工程，包括水槽基本段及全部加压及充、排水系统，由诸德培任设计组组长。设备设计于1965年底完成，制成后曾投入使用。第二期工程，完成全部水槽扩充段，由吴富民任设计组组长。设备设计于1966年春天完成，并在该年5月的疲劳会议上通过鉴定。黄玉珊自始至终对水槽设计进行了有重要技术指导。会议建议1966年春天在西安召开疲劳会议。

5月15日，自北京七〇二所返抵西安，晚上又接到七〇二所副所长李绪鄂的长途电话要黄玉珊再度去京。

5月18日—22日，赴京，与当时七机部副部长钱学森讨论七〇二所规划。19日，血压为25.3/13.3kPa。

5月27日，看曹文《板屏颤振》，参观风洞。上午做疲劳设计介绍，讨论林振申的"样板课"。听闻黄志千因去法途中飞机失事逝世。

5月28日，十二所曾希之来访谈，"机疲劳及静力试验装置"。

5月31日到阎良。下午在一七二厂设计科，晚上看望在厂的毕业设计师生。与魏信方谈疲劳科研事宜。

6月1日—30日，在阎良主持西安航空学会分会召开的论文报告会。诸德培来。晚上与十二所讨论协议书。

6月—7月，在校期间抓系行政、"延安二号"机、风洞、疲劳诸项任务，着重抓气动弹性科研。7月曾分别接待科委八局庞展局长、六院徐力行副院长，他们来西工大参观风洞、"延安二号"机和讨论学制要缩短。

7月2日，晚上，到五年级学生毕业设计鉴定动员会上讲话，对271名学生100%真刀真枪，3/4的人在校外8个地方（哈尔滨、沈阳、南昌、成都、兰州、宝鸡、阎良、西安）高质量完成毕业设计任务，胜利归来表示祝贺和欢迎。

7月13日—8月26日，在北京七〇二所工作。13日晚火车到京，七〇二所王福林接车，三女儿其全同行。7月底，荫华带四女其青去京。此时，女儿其苓、其惠均以优异成绩从初三保送和初二破格保送进入北师大二附中高中两年制理科实验班。黄玉珊在京工作期间，一家六口在北京东高地七〇二所度过了短暂的一个暑假。

9月1日，上午疲劳充、排水系统讨论。血压为20.7/12.8kPa。下午开学典礼。开学后对研究生丁恕海、张俊钧、费盘金、斯而健作了指导和安排。

10月9日—11月21日，在北京七〇二所工作和去沈阳两次参加会议。10月9日火车抵京，郝儒毅来接，晚上李绪鄂来谈。

10月19日晚，上车。20日，抵沈阳，参加航空学会设计强度专业学术会议，总结我国研制飞行器中在结构强度方面的技术成果和经验。黄玉珊代表七机部、许玉赞代表西工大进入主席团。党组成员有六院一所刘所长，一一二厂副总工程师叶正大、王德荣、王俊奎和黄玉珊。会议由党组和刘所长主持。在此次会议上，黄玉珊还提出在西工大举办振动训练班的建议。会议历时10天，29日，闭会。

10月30日，上午在一一二厂答疑，下午在一所解答板件失稳问题，晚上和一三二厂、一一二厂同志交谈。10月31日，返回北京七〇二所工作。

11月14日，再度应邀赴沈阳。15日，上午一一二厂徐昌裕总工程师动员报告，下午六〇一所王南寿、冯钟越介绍。16日，上午强度问题的一般座谈，下午三二〇厂报告。17日和18日的上、下午分组答疑，看样机，审定歼八机结构方案设计、振动强度及热强度等问题。血压为20/14.7kPa。19日，由沈阳返抵北京七〇二所，上午在一部答疑，下午访寿校长，晚上在五室、一部答疑。21日，乘火车返抵西安，血压为22/12kPa。

1966年

1月—2月，教学方面，写完讲义和预备讲课。科研方面，一七二厂轰炸机改型，并抓Y-2（"延安二号"直升机）工作。成立Y-2领导小组，由黄玉珊、许侠农、高正、张晓谷、杨彭基、傅祥炯、史家骏负责。计划4月完成图纸，7月完成生产，年底出第二架直升机。

3月初，陕西省第二批参加社教四清一年的人员集合和动身，送西工大二年级学生（3月5日）和教工（3月10日）走。3月7日早，送荫华由西北大学派出到咸阳北杜公社参加社教。上午在Y-2领导小组会议上谈抓材料要紧，抓设计进度次之。下午在系扩大会议讨论52专业计划，提出五年框框、劳动框框、假期框框不要挤基础。

3月10日，对于504教研室问题，从专业、教材、试验、科研、研究生和领导队伍6个方面考虑意见，其中对科研一项提出坚持主攻方向，以气动弹性为主，兼顾疲劳，教研室可百花齐放。这阶段仍继续抓Y-2工作。

3月20日—31日，力学学会固体力学实验学术会议在上海衡山饭店召开。西工大代表有黄玉珊、诸德培和徐忠勤。黄玉珊参加大会党组、主席团。大会由曹荻秋致开幕词，赵明报告。黄玉珊在30日闭幕会上总结。有157个单位，121名正式代表和106名列席代表参加。交流论文118篇，有50篇在会议上宣读。杜庆华、李敏华、干东英在闭幕会上分别做了光弹组、高温电测组和振动组的交流小结。

4月1日—20日。1日由沪乘火车到京，七〇二所赵天寿来接。

4月21日—5月12日，回西安主持系、室工作。

1.抓Y-2号试验和进度、三研风洞、一研颤振、疲劳试验和一二二厂、十二所、十所协作等问题。21日，下午抵西安，晚上黄兆元、刘盛武来谈系工作。22日，看轰七颤振分析和颤振试验，刘元镕谈一二二厂协作项目，朱思俞谈研究生安排，诸德培谈振动班准备情况。28日，去军医大学查眼压，右29，左24。

5月6日，在总支扩大会议上发言，谈科研：（1）Y-2今年1架试飞，明年再做2架。（2）单人飞行器，以七系发动机为动力，今年下半年搞方案。（3）垂直起落飞机，今年先摸方案，指出协作研究课题（52、56、53等专业和七系协作）。（4）三研搞53风洞（2m以下跨声速），先摸索方案。（5）一研接一二二厂、三二〇厂、十所气弹任务，并准备承担三机部（一所、七所）以外的任务。以解决实际问题为主，不局限于颤振、结构疲劳。待5月9日会完再定计划。⑥传感器问题应注意。

2.由黄玉珊倡导和建立的振动训练班积极筹备，于5月12日正式开学。参加教学指导和讲课的有黄玉珊、季文美、赵令诚、诸德培、郭柏坤、朱位秋和兼班主任的郑长卿等。黄玉珊在日记中写有"飞机的振动问题"：（1）有振源就有振动，就可能有问题，大功率、大速度，振源也强。（2）振动的问题，结构破坏，仪表设备失灵，人体不能耐受。（3）1955年一三〇厂高永寿提出科研题目——对日ЯК-18发动机、螺旋桨振动的分析，振动的排除。（4）ЯК-18油箱的振动试验。（5）1964年六〇一所、二厂歼教-1飞机的颤振分析。（6）1961—1962年大批米格19飞机的控制系统不稳定问题。（7）运输振动。（8）噪声振动。（9）摆振，六〇一所减摆器拨杆断裂。（10）板屏颤振、抖振和副翼抖振。以上10个问题是对振训班的一个开场白式的讲座提纲。举办振训班，目的是给一些从事实际工作的人员补充一些基础理论知识，有关厂、所单位对此颇寄希望，原计划基础课4周，共振试验2周，随机振动1周，颤振疲劳和小结共1周。这次教学仍然得到了很好效果。参加该班的32名学员，不少已成为航空部各单位振动专业最早的技术骨干。

附振动训练班学员名单（单位代号是当时的）：一一二厂李玉林、李极柱、田秀志、张萍、徐绍彦，一二二厂张守兰、傅洪珍、郭丰兴、施学明，一三二厂陈城波、徐德寰、仇尚廉，一七二厂朱菊芬、徐守富、金维才，三二〇厂苏开鑫、汤秀清、钟国声、张福元、陈木兰，六院一所徐文国、王宝禄，八所、十二所朱文川、傅博。

5月9日—13日，飞机结构强度专业组的疲劳专题会议在西安西工大召开。到会的有科学院力学所、六院八所、十所、十二所、空一所、民航、一一二厂、一二二厂、一三二厂、一七二厂、三二〇厂和院校共14个单位的代表。会上审查疲劳试验设备方案，讨论载荷谱裂纹扩展，如何定寿命诸问题。徐舜寿主持开幕式。十二所王兴华所长致开幕词，黄玉珊报告会议筹备经过，吴富民做《关于全机疲劳试验水槽的结构方案》和王庆林、李文峰做《疲劳试验加载系统的结构方案》等报告。会议上一一二厂等单位还要求举办疲劳训练班。

6月2日，北航王德荣来信中与黄玉珊商谈明年举办疲劳训练班和分区厂、校、所协作诸事。

9月30日，9时集合去外场，观看井-四号滑行，上午离地1m。中午赶完最后计算报告。下午4时20分，井-四号顺利起飞。晚上参加在江西宾馆的招待晚餐（共70人），饭后又在"八一"礼堂参加国庆晚会。

10月1日，在"八一"广场观礼。

10月5日—9日，参观游览井冈山革命根据地。

10月11日，离开南昌，途中去杭州、上海。

10月16日，抵达西安。

10月19日，血压为20.7/14.9kPa，眼压右42~49，左30，感到不舒服。

10月21日—26日，每天骑自行车赴西安煤矿机械厂帮助解决掘进机强度问题。

10月27日—11月18日，参加井-四号小改工作，并曾去阎良十所答疑（关于轰六飞机）。

1971年

1月—3月，参加延安号飞机设计工作。除参加总体、气动方面的讨论、决策外，具体负责整个型号的重量、重心、载荷计算和机身框的强度计算，其中考虑了弹性框理论的应用，并进行了蜂窝地板的强度试验。

在设计开始时，黄玉珊花了不少时间亲自收集、抄录苏、英、美各种有关规范，并抽空翻译了英国空军AP970规范，全文290页，分工负责其中的一部分。在设计中遇到问题较多的是气动焦点位置、全机重心位置、起飞滑跑距离、操纵面效率、构造协调等问题，黄玉珊常提出解决的方法或指导性的见解。

这段时间，外单位也经常来请教答疑，如有六〇二所、十所、十二所、一七二厂等，解答直升机、薄软油箱、机翼根部、襟翼等的强度问题及振动试验测量问题。同时，系内强度专业技术力量分散严重，杨先垣等6人调去上海搞"708"飞机。

3月22日—24日，继续计算延安号垂直尾翼载荷，并翻译AP970，Part I。

3月25日—7月3日，住省医院眼科病房。黄玉珊住院期间，还出于对同室病友的感情，运用他广博的基础知识，现场提出了一种用X光片对眼球内异物定位的方法，改进了原方法，很有实效。6月9日，在X光科对大夫们做了讲解，7月3日，出院后，又写成文稿交医院大夫，当晚讨论到11时才回家休息。以后这一建议的方法在临床上得到了应用。他还为眼科翻译角膜扁平化眼球内压计（Applanation Tenonometer）说明书，协助安装调试。

7月5日—8月29日，利用零星时间继续参加延安号工作，翻译AP970，但为外单位的答疑不断。

7月10日，十所来16人，请教剪力场梁与张力场梁的设计计算问题。

7月11日，写好"初教六"飞机改鸭式方案。

7月12日，讨论延安号气动布局、试验机等问题。

7月13日，一七二厂来人请教减震器试验问题。

7月22日，上海七〇八来人请教前轮摆振问题。

7月29日，十所来人请教着陆冲击问题。

8月3日，一所来人请教规范问题。

8月20日—21日，十二所来八人请教强度规范问题共55个。

8月27日，学校深批极"左"思潮动员大会，宣布运动延长一个月。

9月1日，听了三机部传达周恩来总理关于我们可以做轰炸机，又可以做战斗机，但直升机造了十年还过不了关的讲话，夜睡不好，想直升机问题及"延安号"问题。拟建议组成突击队，如有强度或力学问题，首先报名。"延安号"要尽可能采用"井-四"改型，要试试"红专502"（即初教-6飞机）方案，要考虑不用鸭式。

9月4日—6日，考虑改初教六方案。

9月12日，翻译完AP970，Part I的分工部分。

9月15日，十所取走AP970稿。五七〇三厂二人来请教气密座舱结构、静强度、疲劳强度问题。

9月16日—21日，参加一七二厂轰六飞机改型审定会议，开会期间一七二厂及十所多次来人请教短舱刚度、振动试验、外发吊挂强度、内发吊挂强度、机翼接头设计等问题。会议结束后于10月7日做了汇报轰六改的提纲。

9月22日至12月底这段时间，外单位来校询问大量有关应力分析及强度计算方面的问题，黄玉珊一一作了解答，统计有十所11次，十二所2次，一七二厂3次、五一二厂1次，五七〇三厂1次，共18次。十二所又两次来人要去AP970稿189页，又抄了其余部分。

11月—12月，省医院眼球异物定位法手术再次成功。11月23日，罗正容大夫来谈眼科有异物病人情况。26日，取X光片来研究。27日，画异物位置图。12月1日，再画异物定位图。3日，去医院谈异物在眼球外，并定异物位置。18日，罗正容大夫来告知手术成功。

1972年

这一年，黄玉珊开始全面恢复教学、科研工作。他主持了我国《飞机结构疲劳强度研究概况》调研报告的编写工作并亲自撰稿；倡导断裂力学及损伤容限设计的研究；在西工大强度教研室重新建立了疲劳、断裂、可靠性等研究课题组。这些工作，为航空部开展飞机结构疲劳设计及科研工作起了重要带头作用。

各厂、所单位的业务工作也逐渐恢复，更频繁地有人来校向黄玉珊请教并多次接他去答疑，往往一去就是数日。这段时间，黄玉珊的高血压和青光眼症状未能很好控制，但他热情地投入工作中，平均每天工作10h以上。在他日记本中记录着来答疑的单位，据不完全统计有六〇二、六〇三、六〇五、六四〇、三〇各所及一一二、一七二等厂。除去阎良答疑外，他还参加型号工作。答疑的题目遍及飞机设计中各方面的强度问题，难以列全。1月24日他整理出近100个问题。

2月22日，右眼散在出血。全休1个月。眼压42、26，血压为22.7/12～24/12kPa。3月18日，至省医院眼科检查，视神经乳头面上、内上方、下方出血均大部分吸收，仍有少许散在出血灶，自3月22日起继续休息2周。

3月20日—25日，传达航空计划会议（1971年12月—1972年2月）精神。一七二厂来人商谈协作事情。会谈以下内容：（1）进气道、外载荷的基本计算方法；（2）受自振频率限制的结构最佳设计法；（3）结构零件的疲劳问题；（4）各种接头的受力分析和设计等10个题目。七〇八所杨先垣来做波音707飞机构造的介绍，并问推导梁折算桁条面积问题；水机厂来人答疑。

3月28日，去医院复查，右眼血吸收情况良好，但眼压高。同意出差。

3月31日—4月2日，出差阎良。

4月10日—17日，又去阎良一七二厂，做运八42框工作。

5月7日—22日，去阎良一七二厂工作。

5月24日—31日，又去阎良一七二厂工作和去耀县参加规范会议。

6月11日—8月27日，赴上海参加运十飞机工作。出发那天早上8点兴致勃勃与四个女儿去革命公园照相。姜节胜到车站送行并谈颤振外协事宜。乘72次火车先到南京。

6月12日，在南航访范绪箕、于涛、王适存、徐桂祺、郭士龙、唐永庆和陈基建、方城金。原西工大505教研组调南航的同志来访。

6月14日，到沪。即参加方案讨论，做报告、讲课。当时西工大去一代表团，指定黄玉珊仅出面负责对外工作，对内另外指定领导人。

在沪审定运十方案会议中，航空部王若松处长（后曾任军机局局长）要黄玉珊牵头强度。参加审定会的还有王德荣、张桂联、张阿舟等教授和冯钟越等总工程师。会议从7月下旬筹备，8月5日—22日正式召开。会议内外，黄玉珊做了大量工作。

8月28日—9月3日，考虑研究室编制、研究课题、短训班等问题。

9月—10月，根据一七二厂要求，为轰七飞机上马提供技术指导和技术后盾，多次进行讲课、强度答疑，并翻译FAR-25，筹划为轰七任务举办强度专门化班之事。

10月16日，刘海滨书记找黄玉珊谈话，要他回系主持系务工作。

10月20日—27日，在西工大讨论厂、校协作事宜。20日，航空部段副部长来。21日，一七二厂郑作棣提出希望学校在理论、科研、技术上指导，以解决轰六、运七、运八的试制和定型任务，并迫切需要新机种研制的设计技术。一一二、一一四、四三〇、五一四等厂也都有发言。23日，讨论强度、疲劳。24日，讨论1973年项目和长远设想。25日，讨论航空电机电器和自动驾驶仪。

10月28日—31日，因眼病在家休息，继续翻译FAR-25至完毕。

11月5日，与陈百屏谈，请他继续对教研室指点矩阵力法。眼压仍高，医生嘱咐休息2周。

11月14日，遇党委书记吴文，告诉病情及担任系工作的困难。

12月18日，赴京。

12月21日—29日，参加中国科学院召开的力学学科基础理论座谈会。全国科学技术工作会议提出基础科学与理论研究问题，先开预备会，明年3月—4月开正式会。这次会议讨论力学发展方向，主攻重点课题，摸清国外动态，并讨论1973—1980年八年规划及拟订方法。

黄玉珊参加固体力学组，为该组的召集人之一。他在23日大会上首先发言，并在24日小组会上发言。小组会议定出3个主攻方向：实验固体力学、强度理论的新发展、固体力学中的计算方法与最优设计。会议期间，清华大学张维教授和力学所所长强星等4人分别来座谈。

1973年

1月，除系主任工作外，主要抓两件事：（1）强度规范问题。去年11月28日，八〇五所寄来《飞机强度规范试用本》讨论稿，1月6日上午与六二三所规范组调研同志座谈，提出对《飞机强度规范试用本》的意见，对规范规划以及会议如何进行的意见。7日继续谈规范规划问题。（2）组成"疲劳调研组"，重点调查全国飞机疲劳事故及断裂力学在国内的兴起，研究工作方针。全校参加者有五系黄玉珊、杨庆雄、傅祥炯、刘雪惠，四系杨峥，七系沈达宽，基础课部金志刚。

1月14日，初次开会。1月27日，上午参加疲劳调研座谈。

春节前访问劳动归来教师刘千刚、郑锦榕、李清达、林超强、林振申等。

2月13日，寒假中，一七二厂和十所来四人询问螺栓、螺帽的强度及疲劳问题。

2月16日，研究与七〇八所协作项目，列出10项疲劳问题，拟于二三月份召开疲劳设计专题会议。

2月19日，与一七二厂谈参加轰六战术要求调查事宜。

2月19日—23日，检查五系各教研组工作。

3月2日—10日，三机部在阎良召开运八强度载荷审议会议，参加单位有力学所、十三师、六〇三所、六二三所、七〇八所、一一二厂、一七二厂、北航、西工大。黄玉珊参加领导小组，并主持飞行载荷分组会议。会外，北航高镇同等来谈疲劳调研事宜。9日下午，在一七二厂答疑。10日，上午到十所答疑，下午座谈。

3月12日—15日，三机部科技局在西工大召开歼六疲劳试验装置审议会，刘昌琼主持会议。会议目的是对一一二厂、第四设计院提出的歼六疲劳试验初步方案和一三〇厂研究工作提出意见。

3月17日，西工大紧急会议，谈党委书记吴文病情。看望吴文。

3月20日，三兆公墓，吴文遗体告别。

3月24日，南航要调503教研室13人。

3月24日—26日，十所、十二所来谈运七飞机疲劳试验问题。

3月31日，一七二厂聂忠良等3人来谈轰六飞机寿命问题。

4月—6月，系、室各项工作仍很繁忙，外单位来校答疑不断，计有一七二厂（4次）、六〇二所（魏信方等）、七四八厂、六一一所（2次）、七〇八所、十二所（冯钟越等）。但身体欠佳，4月16日—20日，流鼻血不止，受到各方同志关心。眼压高，省医院大夫开条令休息。5月6日，省医院甚至通知到校保健科，建议休息1周再去复查。6月1日，眼压高达左45、右45，血压为22.7/13.3kPa，无可奈何，才同意住院2天降压。6月11日，办理出院手续时，医生嘱咐再休息1周，但从黄玉珊日记中未见其休息1天。

6月19日—28日，南航调研组高永寿、陈基建和北航调研组徐鑫福等途经西安来访。曾在校与十二所冯钟越一起座谈以下问题：（1）热应力、非线性问题；（2）热条件，容许应力、变形问题；（3）GC4材料疲劳性能问题。十二所要求黄玉珊去做报告：（1）有限元方法；（2）断裂力学与裂纹扩展；（3）矩阵力法、位移法；（4）最佳设计。

6月下旬，得悉在20世纪40年代初所指导的第一个研究生（现为世界著名学者）冯元桢首次回国，要专程来西安访问他和王培生、罗时钧，很高兴。立即写信给正在大连、天津出差的荫华，要她赶回参加接待冯元桢夫妇。

7月2日，晚上与王培生、陈百屏、罗时钧共4人去西安人民大厦，会见冯元桢、赵继昌两人，得悉罗荣安已逝世，Hoff已退休。（注：这一时期会见外宾是有约束的。）

7月10日—14日，应三机部王若松局长电请，赴京参加主持航空强度规划组长会议。

7月16日，受三机部科技局所托，准备七〇八工程疲劳设计专题会议，写出工作计划、通知和宣传稿，计划共有32个单位50人参加。

会议目的：（1）审查七〇八工程疲劳设计思想和疲劳设计措施；（2）交流国内疲劳设计研究和试验工作情况；（3）落实七〇八工程外协疲劳试验和研究课题的项目。

7月19日，去三〇一所，与周黻秋谈编译断裂力学事宜。

7月20日，飞返西安，回校重点主持系内工作。

8月15日—27日，主持三机部在上海召开的七〇八工程疲劳设计专题会议，在会上做了题为"断裂力学在飞机疲劳设计中的应用"和"裂纹扩展与应力强度因子"的报告，并做了大会总结发言。

会议期间，还商定翻译第六届国际航空疲劳会议（ICAF）论文集事宜。刘昌琼又布置10月8日在耀县召开强度规划会议事宜。

8月28日，应上海工学院邀请去讲课2.5小时。

8月31日，返校。主持系工作，落实规划会议及七〇八疲劳设计会议所定的有关任务。

9月11日，收见文件，六院（航空研究院）划归三机部建制领导。

9月17日，上午8时迎新会讲话。

9月18日，下午讨论连续力学。

9月22日，考虑断裂力学教材内容：（1）基础；（2）二元，塑性，断裂指标；（3）三元（K，G），复合结构；（4）应用。

10月5日—10日，三机部在耀县召开强度规划会议，黄玉珊是主要召集人。三机部代表是刘昌琼，共有12个单位24名代表参加。会议内容：（1）重大应用研究课题，基础理论研究课题；（2）重大技术组织措施；（3）重大协作要求（材料、成件、工艺……）；（4）对目标、任务、措施进行分析，对比国外情况。在日记中还写道："不仅配合主机需要，要走在主机前面，主动安排发展项目，总结经验，搞准方向，全面规划，突出重点，远近结合，以近为先。"讨论题有：（1）统一规格；（2）测试手段；（3）手册；（4）计算手段；（5）人员交流；（6）技术交流；（7）统计表；（8）安排小结。

10月13日，与七〇八所来人商谈断裂力学课题。安排10月份系内科研检查工作。

10月15日，上报七〇八课题意见，1974年承担或参加：（1）气动弹性对飞机操稳的影响；（2）方案论证阶段最佳设计点确定法；（3）运七寿命估算；（4）机翼盒段试验。

10月19日—20日，与六所来人座谈断裂力学问题，有$\frac{da}{dN}$，K_{1c}的用法，测试条件要求，平面应变问题，钛合金6AL-4V-钢GC-4的性能，厚铝铸件，薄板等问题。

10月24日—25日，血压高，半休2天。

10月29日，写规范，编写分工意见。

11月2日，接部（73）科1154文，谈对规划（草案）的补充修改意见。

11月3日，血压高，医生嘱咐半休2周，但仍照常全天工作。

11月11日，考虑以下规划总论内容：（1）总结提高电子计算技术；（2）探索疲劳设计计算和试验中的主要问题；（3）总结和提高六二三所的理论和试验水平；（4）重要技术储备，规范、手册；（5）重要预研题目，断裂、热。

11月12日，十所高占民等2人来谈科研协作事宜。

11月13日，一七二厂来2人请教手柄操纵强度、刚度问题。

11月30日，六所六室来谈断裂力学与裂纹扩展问题。

12月10日，去六二三所（原十二所）看水轰五强度试验，加载达到150%。

12月12日—20日，三机部在西工大召开强度试验仪器座谈会。核心领导小组人员为刘昌琼、黄玉珊、戴天祥、王文钧、陈立新。会议内容：分析现状和存在问题；汇总在强度测试方面已有的和所需的主要仪器、设备；提出测试仪器、设备研制和生产安排的初步意见和组织措施。

12月21日，梳理最近计划完成的工作：（1）编《飞机结构损伤容限设计指南》；（2）写《强度测试仪器、技术规划》前言；（3）与一七二厂协作事宜；（4）科研总结与明年课题计划。

12月24日，刘昌琼来电：明年2月在无锡召开三机部规划会，建议由西工大和六二三所整理规划分组意见。下午就此事与刘元铺、傅祥炯商量决定：（1）元旦前写好初步意见；（2）元旦后去六二三所商谈；（3）发信收集意见。

1974年

1月，科研方面主要抓5件事：（1）编写、讨论《断裂力学》稿。（2）讨论强度规划。4日，六二三所冯钟越、阎立、罗俊杰来讨论编写分工。西工大拟写重点、措施、过程、附表、现状、形势分析等部分。17日，冯又来校商谈。（3）讨论厂、校协作。10日晚，一七二厂郑作棣来谈当前轰六生产课题、计算机辅助设计制造和轰六改型等问题。（4）测试仪器座谈会纪要。2日，审核。（5）准备去七〇八所的讲稿。

3月，去上海七〇八所和五七〇三厂，安排学生下厂实习事宜。

4月9日，三机部来电话要办疲劳试验强度进修班，学员在部内招收，部队名额由三机部与空军商定。

4月17日—20日，和刘雪惠同去六二三所讲断裂力学应用课。课程计5部分共用3个单元，总结1个单元。六一一所、六〇五所、十所、空军工程学院等单位参加听课。同志们均反映为用而教、为用而学，重点突出，时间短，收获大，走出去为科技生产服务方向对。六一一所、十所还希望去该所讲课。

4月下旬起常有心区痛感，流鼻血，眼压高。省医院连续2次令休息1周，至

5月10日右眼内侧变坏，省医院通知住院。

5月27日，大夫意见按病情应动手术。建议：（1）外地治疗；（2）休息治疗1个月。经学校和朋友多方研究，决定去上海诊断、治疗。

6月23日，荫华陪同乘火车去沪治眼。

6月24日，到沪。当晚其妹玉岚陪同拜访著名眼科专家郭秉宽。郭秉宽大夫意见：（1）未控制好，应动手术；左、右眼压差大；每日眼压差大；瞳孔已缩至针眼大，达极限，视野有变化。（2）中医可术后调理。无新药可控制。目前气候适宜，可在沪手术。

7月10日，经心脏科专家颜和昌介绍，接第一人民医院电话通知入院。

7月12日，局部麻醉下，右眼巩膜咬切术，手术进行40分钟，手术医生窦志武。22日，拆线。23日，右眼压4，左眼压22。24日，眼科主任赵东生查房，认为右眼压偏低。26日，出院。

8月17日，上午在系办公，下午参加刘咸一追悼会。

8月24日，罗正容大夫来查眼压，右眼15，左眼29，血压为22.4/12.3kPa，休息2周。

9月6日，眼压右9，左27，血压为21.6/12.3kPa，继续休息1周。

9月27日，讨论延安号问题，总结成败经验教训。

10月4日，阎良高占民来谈运-7发动机梁框试验和拟12月在西安召开的运-7试验方案会。

北京来电，谈高速鸭式机事宜。

10月10日，与六二三所土俊扬、宋家驹、秦国兴等座谈起落架规范、疲劳、寿命、分散系数、缺陷、现成载荷谱等问题。

10月11日，上午与一七二厂强度组谈井冈山型号。下午考虑：（1）51专业下厂问题；（2）一研去阎良问题；（3）一七二厂井冈山问题；（4）去汉中问题。

10月14日，在5121班为开门办学作报告。参加50441飞机疲劳强度试验进修班的开学典礼，并发言。进修班成员计有六二三所、一七二厂、一三二厂、一一二厂、一三〇厂、一所、五三二厂、一三〇厂、六一一所、五一二厂和西工大等单位参加者计20名。

10月18日，五一二厂甘、江两同志来谈初喷教（"初教-7"、代"初教-6"型机）方案、打算和战术、技术要求。21日下午全系听陈绍武报告。陈绍武首先宣读了中央同意的批示，并报告了抬式布局、鸭式布局和歼击机方案。

10月25日，系总支扩大会议，讨论开门办学事宜。晚上，六院马承林、六二三所冯钟越来商谈十年规划强度组全体会议11月下旬或12月中旬在西安召开事宜。

11月1日，接关于召开"歼-9"方案审查会和910发动机研制工作会的通知，会议于11日至15日在南京小营召开。决定五系林振申参加，七系沈达宽参加。

11月5日，接召开强度十年（1976—1985年）规划会议通知，12月上旬在西安召开，包括发展方向、基础应用课题、试验研究、设备建设和科技队伍培养的讨论，并组织编制规划草案。黄玉珊在日记中统计列出召集37个单位，缺3人。

11月8日，系碰头会，研究：（1）去汉中问题；（2）新生名额问题；（3）规划会事；（4）"抬式"飞机（结合教学，设想先通气）；（5）开门办学组织问题。

11月9日，上午宝鸡桥梁厂李上雷、唐家祥等6人来谈梁腹板稳定性计算问题。下午全校大会，陈绍武做报告。

11月14日，准备讲角盒计算。十所来谈"运-7"（AK6）断裂试验问题。三机部刘多朴要来了解材料会五系未参加的意见和四川歼-5大梁问题，通知一三二厂来或邀请西工大黄玉珊等前去。决定5321班去五一二厂开门办学到明年9月底。晚上冯钟越等前来商谈强度规划会议的准备工作：（1）六二三所来6名工作人员，其余由西工大负责；（2）会议在10月10日后，与计算机、试飞同时召开，徐力行副院长来参加。

11月15日，"抬式"模型试飞未成，重心太高。

11月18日，上午在502"讲角盒分析"（塑性力学）。

11月20日—12月4日，赴上海六四〇所为七〇八工程问题出差。20日，上海电催。21日，上火车，带周树公的孩子周琪同行。22日，到沪，杨先垣等接车，约明天先谈开会事宜和707事故。25日，看望58、51专业下厂开门办学师生。准备27日—30日会议，会议有五个议题：（1）工程图线计算法；（2）$K \cdot \frac{d^a}{d^n}$ 试验验证；（3）边桁止裂情况理论，试验研究；（4）双向受力情况理论、试验研究；（5）高载对 $\frac{d^a}{d^n}$ 关系的理论、试验研究。

11月27日，上午强度组讨论：（1）椭圆框应力；（2）门应力。会议参加者还有南航高永寿、北航杨秉宪，六二一所顾明达，六二三所陆富梅、沈真，西工大傅祥炯，七〇八工程杨德全、杨先垣等。

11月28日，做出以下设想：（1）结合七〇八工程，提供检修周期（裂纹扩展周期）；（2）验证计算公式；（3）进行断裂控制。

12月1日—4日，在沪六四〇所出差期间，与南航高永寿、王宝恩谈关于铆钉力法、曲板或筒壳试验方案等。与上海交大罗祖道、张永元交流。在六四〇所交流断裂在疲劳中的应用。

12月5日，决定54专业明年招四十名疲劳进修班学员。11月26日受一三二厂来信邀请年底前去厂里针对裂纹产生原因、改进方案、疲劳试验和载荷谱等方面问题协助分析和审查，并做断裂力学在这一问题上的应用介绍。科技局函，协助解决歼教五大梁裂纹问题，安排有关大梁结构强度、断裂韧性试验方案。下午开门办学交流会，确定51、52、53、54、58各专业招生任务。

12月7日—8日，考虑一三二厂歼-5大梁裂纹问题：计算式和①由薄入厚问题及②扩去塑性区多少问题。傅祥炯送上海七〇八工程协议书来，要求1975年3月提出图纸，6月确定试验方案，10月提出报告。头后部痛，血压为24/13.3kPa。

12月8日，血压24/13.3kPa，医生嘱咐全休7天。由于身体状况和要去成都一三二厂出差，叮嘱打电话至六二三所，六二三所将原定12月中旬召开的强度规划会议推迟到明年召开。

12月9日，听林振申参加南京会议有关"歼-9"方案和910发动机研制汇报。

12月12日，下午在502、504教研室汇报并讨论"歼-5"梁问题：多数同意降低σ办法，王提出开纵向槽的意见。

12月16日，上午继续介绍和讨论一三二厂"歼-5"梁裂纹问题。血压为

21.3/13.3kPa。下午，讨论农林机问题。李寿萱、沙伯南谈501、502教研室积极性很高。4月中旬方案确定，6月初工艺准备。血压为22.7/14kPa。晚上，林振申写好农林机意见来访。

12月17日，上午与十所高占民等座谈关于AK6梁的断裂分析问题，约明年初在西工大开会讨论。血压为22.7/13kPa。12时校东门出发，2时乘33次火车去成都。

12月18日，抵达成都一三二厂。为分析"歼五"大梁裂纹问题，五系赵令诚、葛守廉、郑锦榕同去，黄、葛先行，四系郑修麟等已先到达。

12月19日—21日，进一三二厂参观，调查了解和座谈。黄玉珊对"歼五"主梁属于断裂力学性质的破坏做了精辟的分析。他利用当时飞行的过载情况，孔旁1mm左右的孔壁裂纹和测定给出主梁的断裂韧度判断：主梁必然会发生脆断。他是做出这一结论的第一人。

12月22日，在厂做断裂力学的应用讲课2小时，下午与海军代表交谈。

12月23日，上午陆英育、黄乃人、胡建阳等10多人来谈。

12月27日，又被邀进厂看起落架断裂情况，认为断裂原因基本为强度不够，因有塑性变形，而且事先加载不上。28日，晚上火车。29日，返抵西安。

12月20日，上午在504教研室汇报"歼五"主梁断裂问题。看运动心电图结果，疑冠心病。

1975年

在"六五"和"七五"期间，黄玉珊领导的断裂力学应用研究工作取得了丰硕的成果。他主持参加或顾问的课题有6项：超载迟滞及裂纹扩展研究、应力强度因子手册、飞机结构损伤容限设计指南、裂纹检测概率曲线研究、"歼-6"机翼使用寿命及检查周期和"歼-5"主梁裂纹问题。其课题共9次获得奖励，其中国家科学技术进步三等奖2次，航空航天部科学技术二等奖5次，国防工业重大技术革新奖1次，陕西省高校科学研究成果三等奖1次。他对我国飞机结构损伤容限设计和评定作出了重大贡献。

1月14日，与张志镇谈"歼-5"大梁应力求法，与刘元铺谈"歼-5"K试验试件安排，与傅祥炯谈做七〇八工程扩孔影响试验，并看"运-7"是否断裂问题。

1月19日，十所高占民来访，商定问题。（1）定2月25日在西工大开会3天，10人参加讨论"运-7"大梁问题。（2）疲劳课题：①下壁钣S-N曲线；②压力舱试验；③"运-7"大梁问题。（3）设计课题：①"运-7"的返算；②定型发图。（4）压力座舱分析。七机部一院科技部寄来《强度手册》一至十九章，请审查，今天审阅了第一章。

1月21日，讨论疲劳进修班计划。

1月25日，教研室讨论下列问题：南昌厂疲劳试验任务，六〇二所计算机控制加载设备，一三二厂断裂力学题目，十所压力舱模型试验S-N试片、氧化膜、大梁诸问题和试验设备，六二四所加幅值控制。

2月，寒假两周。初步看完七机部七〇二所《强度手册》，看完 Mechanical Behavior of Materials 1、2册，还不断了解各厂各型号机（"七〇八工程"、"运-8"、"运-9"、"歼教-5"、"强-5"、"上游二号"、"歼-8"、"Ty-4"改、"轰-6"、"轰-6"改、"ИЛ-18"外翼修复、农林机、"运-7"）情况和安排试验、计算计划。

3月1日—10日，眼压高，左32，右10，加服降眼压药。外单位有很多同志来讨论业务问题：十所高占民、张宏忠、吴介琴来谈压力舱应力分析问题。与一三二厂黄乃人及空一所来人谈对"歼-5"大梁看法：①贯穿裂纹危险，而角裂纹不危险；②角裂纹应规定容许大小，而不予扩孔；③研究天津机场是否高载荷较多——轮回使用，讨论了裂纹规律、修补办法和计算。北京空一所鲍有镭、刘文琦来谈，询问裂纹原因、失事情况、材料试验。

3月10日，参加陈绍武关于"抬式"飞机的汇报会。

3月23日，六二三所冯钟越来讨论强度规划稿的修改。初定4月15日在西安召开约60人的全国会议，确定叶天麒先去六二三所协助，4月初定稿。

3月25日，三〇一所来人谈设计员手册问题。

3月29日，与六〇二所杨俊严、田石麟谈舰载机的强度规范。

4月2日—4日，去六二三所出差，刘元镛同行，研究即将在西安召开的两个会议问题。

4月8日—10日，用断裂力学估算"运-7"机后梁接头疲劳寿命的会议在西工大召开。六二三所与黄玉珊负责主持。

4月15日—19日，航空工业部召集的十年强度规划会议在西安小寨饭店召开。有部属有关厂、所、院校（北航、南航、西工大）和科技大、复旦大学、力学所、民航、海航计40个单位59名正式代表参加。黄玉珊和六二三所负责了会议的筹备和召集工作。

4月21日，准备汇报强度会议情况。强度规划重点项目中，西工大作为负责单位的有断裂控制研究；作为参加单位的有疲劳试验研究、疲劳强度寿命计算等8项研究。

4月25日—26日，去阎良一七二厂参加会议和到十所公干。

5月2日，成都一三二厂来电，"歼-5"机翼加载至90%断，叮嘱去分析。

5月7日，上午朝阳农学院教育革命路线学习。下午飞往成都，傅祥炯、李种复同行。分析了"歼-5"主梁断口，并对"歼五"机翼应力实测数据进行了整理和分析。5月13日火车返抵西安。

5月17日，送荫华上火车去京带学生毕业设计1个月。

6月18日，下午晕眩、复视。半夜更甚，几乎摔跤。幸今晚大女儿其苓脚部受伤在家，得以照料。

6月19日，清晨女儿急请校医生邓敬茵来家诊看。病状双眼复视，右脸歪斜，右肢麻痹，即送西安医学院第一附属医院神经科住院治疗。

7月19日，出院，诊断椎基底动脉供血不足、轻度脑血栓。

8月—9月逐渐过问业务。

10月，三弟玉珩由京来临潼出差。不久，二弟玉璞自沪专程来西安，三弟兄上次聚会已是27年前的事了。10月15日，玉珊生辰，照阖家照。10月17日，同游半坡博物馆。

11月，一三二厂黄乃人来谈K_c计算、"歼-5"大梁小结情况。六〇三所疲劳组来谈"运-7"计算寿命问题。与刘雪惠谈"轰-6"梁框氧化膜问题，刘元铺来谈"断裂控制"任务。完成撰写《断裂控制在飞机结构中的应用》一文（西工大科技资料，1975年12月）。

12月19日—29日，作为特邀代表参加三机部在广西南宁邕江饭店召开的断裂力学会议。14日，坐火车动身，途经武汉、桂林。18日，下午抵达南宁。在大会上做《断裂控制在飞机结构中的应用》报告。27日，闭会。30日，上车返。1976年元旦下午返抵西安。

1976年

1月，7日一一二厂田铁忠来谈"歼-8"尾梁抗疲劳设计问题。8日—12日翻译完30页强度规范稿。9日周总理逝世。12日电视：周总理遗体告别。14日学校组织悼念周总理大会。13日—15日完成《航空知识》，编写《断裂控制》科普稿。六〇三所张燮年来谈轮毂强度问题。尚世英托人送来规范译文初稿。血压为21.3/13.3kPa，休息2天。

2月，算"七〇八工程"题，整理下壁板报告。课题小组开会，讨论写"七〇八工程"文章。2月28日稿成，题为"机翼下壁板的断裂分析和寿命估计"（3月4日印成册）。对六〇一所提关于水平尾轴梁的意见，拟与吕国志搞这一课题。

3月，写"歼教-5"断裂寿命稿（3日），6日重写，9日完稿，15日再次改稿并完成。应六二一所要求，同意翻译规范稿，每日计划翻译2页，但至27日已译完88页。16日—17日去武功五七〇二厂做《断裂控制》报告。与〇一一基地张、范两人谈载荷谱问题。29日讲对一三二厂"歼教-5"大梁问题的意见：（1）应力修正；（2）载荷改正；（3）半圆形说明；（4）扩孔说明。计划10天交稿。

4月，取应力数据，计算"歼教-5"大梁，连续4天，于3日算完。计算一七二厂氧化膜课题（7日一七二厂来谈；20日六二三所沈真来谈；8日、10日、12日、27日反复计算和讨论）。28日对一七二厂氧化膜数据处理第一稿写成，准备去一七二厂初步讨论意见。这1月还有"七〇八工程"讨论，七〇二（海军）谈水面飞航问题，六一一所王秉章来谈"歼-9"事宜等。

5月20日，写辞去五系系主任报告。28日，刘海滨党委书记约谈，同意辞职。翻译并誊抄译稿100页，至此A卷部分完成交出，C卷第二部分继续翻译。

6月1日—17日，去北京六院，讨论分工并查阅资料，编写《应力强度因子手册》。参加者还有六二八所仇仲翼、六二三所沈真、北航何庆芝和南航吴森。29日与傅祥炯谈：（1）集中力量搞一三二厂"歼-5"和沪"七〇八工程"。（2）先整理"歼-5"主梁；（3）一七二厂氧化膜问题到10月后搞。30日，计算"歼-5"。翻译新断裂控制要求（《工程断裂力学》，7卷，3期）。

7月3日—8日，写稿完成。计算"歼-5"梁。

8月，抗震救灾。四川松潘地区又有强震，西安有震感，曾作室外转移。仇仲翼寄来MIL-A-83444的16页稿，邀约翻译完成。六二三所来2人谈氧化膜问题（14日），讨论氧化膜方案（20日），写氧化膜计划（21日）。三机部六院马承林处长来谈规划事宜。25日，急电催赴广州。26日，飞往广州。讨论断裂力学问题、设计问题，讨论焊接和试验方法。口译联邦德国Jacoby专家讲断裂力学部分，并答应笔译材料第二、三、四章共数十页。

9月，9日自广州飞返西安，下午四时广播毛主席逝世。14日—15日和刘雪惠去耀县六二三所和冯钟越等谈专业事和25日试验"运-8"事。20日翻译的C卷第二部分完成。21日起开始校阅张相周、张保法、刘元镛、刘雪惠等人的译稿。血压为28/12kPa。医生嘱咐休息一周。

10月，整理和誊抄MIL-A-83444译稿，校联邦德国Jacoby译稿。西安地区有地震预报，搭窝棚，并曾于12日—13日夜宿于504教研室窝棚中。

11月—12月，继续修改和整理各类译稿，包括自己的和张相周、刘元镛、刘雪惠等所译部分。就《应力强度因子》某些章节提出意见。写氧化膜计划，答疑和译审各厂、所有关疲劳、断裂问题。

1977年

教学科研繁忙起来。黄玉珊又频繁参加全国性学术会议，先后被聘任中国力学学会和中国航空学会一、二届常务理事和三届理事，《力学学报》《固体力学学报》《航空学报》《力学进展》《西北工业大学学报》等刊物的编委……

1月，5日写完《梁框刀口试验初步分析》。6日六〇三所来人请教机身组问题。17日谈试件、试验。与六二三所王谈蜂窝结构问题。24日交出修改稿和试验方案。

2月,一三二厂大梁补充试验至断裂。六二三所陆富梅来信要答疑歼击机断裂控制。与一七二厂工艺科同志谈梁框校形问题,并去阎良看了报废梁框。

3月,10日上午计算夹头强度。葛明涛来访:(1)求镁合金K_{1C};(2)选订疲劳试验机。11日晨6时与赵名洋(六二三所)、刘雪惠去阎良。上午谈载荷谱问题,下午谈氧化膜检验问题,晚7时抵家。14日六三〇所王裕昌等5人来谈起落架载荷谱实测问题。15日上午继续座谈,下午本市19号信箱技术处冶金一室魏志俊来问受扭杆的K_2。18日空军十航校来人请教阵风载荷问题,还有庆安公司、六二三所同志来答疑。

3月26日—4月,乘火车赴京去六院参加《应力强度因子手册》编写会议。西工大常璆、吕茂烈同行。徐力行副院长来参加会议。

4月18日,与三七二厂(昌河机械厂,景德镇)座谈"直-8"寿命问题。19日—21日,赴阎良与疲劳组座谈。

4月25日—5月4日,西工大一行飞蓉,至一三二厂,随后乘火车去重庆,再乘长途汽车到西南铝加工厂联系材料问题,在重庆参观红岩村、中美合作所。10次特快火车返西安。

5月13日—14日,六二三所来开会,讨论载荷谱及试验方案。17日,血压为24/13.3kPa,休息1周。19日,写好手册意见,交常璆。25日,又补充材料两篇交常璆。31日,上午与常璆、吕茂烈讨论《应力强度因子手册》,下午讨论实验室规划。

6月—7月,每周四、六上课。

6月12日,清晨火车去阎良,上午去六〇三所,下午开会谈载荷谱问题。13日,看波音707(有关资料),下午与理化室座谈,又与材料力学实验室座谈。14日,长途汽车返西安。15日,早晨骑车摔了跤;约与土木系同窗戴竞、赵守垣、茅荣林在革命公园相会,照相,并来家吃饭。26日,写大会发言稿。27日,在校科研大会上发言。

7月5日,准备载荷谱计算方案。9日,参加省科学大会。回家途中翻车,轻伤。12日,讨论"轰-6"梁框断裂分析。13日,载荷谱计算,与疲劳调研组谈。19日，清早去阎良，在十室谈起落架螺栓。当天回西安。25日，考虑螺栓问题。

7月29日—8月9日，为了恢复脑血栓轻度后遗症，数十年来第一次与荫华结伴同游青岛。结识荫华学生的亲戚朱伯章、小静父女。栈桥散步，欣赏海滨风光。

8月11日，参加省科技工作汇报会。血压为24/13.3kPa。接通知，开始写《疲劳与断裂的关系》，提出用断裂控制设计来代替疲劳寿命的设想。该文发表在《航空学报》（1978年第2期，第65—71页）。25日—26日，赴耀县和冯钟越谈规划问题。去2号信箱找薛克兴谈名词事宜。30日，六〇三所高占民来访，希望协作研究断裂问题。

9月3日，"轰-6"讨论会，到会有一七二厂、六〇五所、力学教研室、504教研室10余人。

9月12日，乘火车去北京六院参加会议。22日返抵西安。胡荫华9月14日住西医一院，20日进行甲状腺瘤手术。

10月8日，在校做关于《疲劳与断裂的关系》的报告。15日—21日连日处理$\sigma-\varepsilon$数据，至21日计算告一段落，画成$K/g \sim a$曲线。22日—31日审查《摆振》专著初稿。

11月1日—4日，计算疲劳寿命。15日—18日，规划会议，担任力学组召集人。26日—29日，乘76次火车去南京参加在小营南空招待所召开的疲劳寿命会议，为主席团成员，傅祥炯同去。

12月9日—17日，赴天津参加中国科协5个专业学会的大型科学讨论会，为主席团成员，任会议力学组组长。中国航空学会和中国金属学会就断裂力学方面的课题进行了讨论交流。黄玉珊应邀做了《疲劳与断裂的关系》报告。其弟玉璞（冶金）自沪来参加，兄弟二人在断裂力学方面展开学术争论的照片刊登在《航空知识》1978年第5期扉页上。

12月23日—29日，当选省政协委员，参加政协会议。

1978年

1月，MIL-STD-1530A翻译自上月开始至本月14日完成，共57页。四女参加1977年全国首次高考被录取。心区痛，大痛2次，休息。

2月22日—27日，22日坐火车去北京，参加三机部召开的会议，吕国志同去。

3月1日—6日，在三机部第一招待所参加规划会议，西工大还有林星参加。

3月7日，在北苑六院参加审稿会议。西工大2人，北航3人，南航3人，六二三所1人，出版社1人。

3月9日，参加力学所力学规划会议。西工大张开达也参加。

3月15日—4月2日，作为特邀代表在京参加全国科学大会。4月6日与林星同车返抵西安。

4月，8日血压为25.3/13.3kPa，11日血压为22.7/13.9kPa，医生建议吊针低分子葡萄糖，17日血压为24/13.3kPa，24日血压为24.7/13.3kPa。

4月18日—5月5日，在校接连做实验直至完成。

5月10日，接到通知，要求其到青岛三机部疗养院疗养。

5月17日，乘西安至青岛火车，晚上7点15分到达。朱伯章父女及婿、疗养院、校友赵密谋均开车来接。住二疗区10楼。18日—28日，早晚在海边散步，或登后山，或去中山公园观景色。查体：心脏肥大，心电图正常，血压为20/12kPa。25日晚，听三机部电话会议。26日，下午接傅祥炯电告"29日在北京一召开疲劳领导小组会议"。

5月28日，下午3点20分火车软卧去京，29日早到京。血压为22.7/16kPa。31日参加飞机使用寿命研究试验领导小组会议。

6月1日，下午火车回青岛。

6月2日—7月18日，在青岛三机部疗养院继续疗养。血压常徘徊于21.3~22.7/12~13.3kPa。左眼眼压仍高，几次去青岛医学院眼科看病。每两三天发一封家信。

7月13日接家信：荫华暑假可在19日抵青岛。她8月15日去长沙益阳讲课。但7月14日傅祥炯来电话：21日在天津召开三机部科研工作会议。决定提前结束疗养，赴京参加会议。荫华又电告她改19日抵北京。

7月19日，结束疗养，买到硬座火车票。下午2时登车，车过济南，列车长照顾住列车员铺。20日,上午抵北京,荫华接车,同住三弟玉珩家。21日,下午去天津参加三机部科技会议和国防工业会议,住天津宾馆,和林星同屋。当天与徐力行副部长谈话。25日早,会议代表乘长途汽车由天津去北京。下午2时参加在人民大会堂召开的全国兵器工业学大庆会议,听王震、李先念作报告,晚上回返天津。29日,清晨4时出发,抵北京京西宾馆礼堂听出国考察报告和张爱萍、王震讲话,到羊房胡同招待所休息。30日,下午去人民大会堂,中央首长接见,晚9时汽车返天津。8月2日吕东总结闭会。

8月3日—11日,在京与荫华同访亲朋好友,有西四地质总局殷维翰(4日)、百万庄地矿所陈四箴、钱翠麟(5日),7,到清华外甥方鸿生夫妇家。并访叶俊英夫妇、张福范夫妇和张维夫妇(未遇)。在人民大学荫华姑妈家用午餐。下午去访力学所柳春图,数学所田方增。晚上得悉次女其惠被录取为西工大季文美的研究生,有机会再参加出国考试。9日,上午陪荫华买13日去长沙飞机票。下午荫华陪同到友谊宾馆北工字楼报到。张维夫妇、张福范等来访。11日,与荫华一起和田方增、晏成书共在北京展览馆餐厅吃晚饭。

8月10日—24日,全国力学规划会议在京召开。西工大代表有王培生、季文美、陈百屏、罗时钧、陈士橹和黄玉珊。10日周培源、钱令希,13日钱学森,分别作大会报告。17日,下午分支学科断裂力学组碰头会。18日,上午去七〇二所见刘彬、纪颖逮、张竞荣。又去空一所。下午力学学会理事会,钱学森讲话。19日晚,固体力学专业委员会筹备会议。20日,力学学会会议,当选常务理事和力学学报编辑委员。21日,丁爆作规划修改报告。22日,填写重点项目表格。下午与科学出版社讨论出版规划,西工大三年编出《疲劳裂纹扩展》一书(注:后改为《断裂与疲劳》)。23日,上午大会,方毅讲话,张维总结。会议上宣布力学学科组47人,被任命为力学学科组组员。参加学科组会议。24日,上午与阔别30余年同窗李耀滋见面,听李作报告。力学规划会议期间,还参加了国防工办召开的几次会议。

8月26日,下午5时火车由京返抵西安,次日荫华亦自长沙返家。商定译书《断裂力学的工程应用》一事由张相周负责,该书由英国的P.斯坦利主编,黄玉珊、张相周等译,1982年机械工业出版社出版。《疲劳裂纹扩展》专著与科学出版社订计划1981年脱稿（注：后因重病，未成）。录取研究生杨本兴、邢天安。次女其惠参加并通过教育部出国外语考试。

10月23日，血压为26.3/13.6kPa，原被邀请去桂林参加七机部七〇二所在26日召开的为期10天的"强度与环境交流会议"，动身前经荫华与医生劝阻，临时退票作罢。同日，接同窗柏实义自美来信，柏实义拟明年6月回国，可来西安。

10月24日，将柏实义来信与陈百屏及刘千刚谈，回柏实义信，邀请其来西工大讲学。

11月11日，赴京，参加国防科委规划会议。

11月16日，晨醒来，脑血栓病复发，失语。送三〇一医院，无空床，住总参门诊部。治疗不及时，大小便失禁。

11月17日，上午在京的弟妹家芬接国防工办电话，下午即去总参门诊部将其转入七机部七二一医院五病区。静滴烟酸治疗。下午国防工办给西工大五系电话。晚上刘元铺到黄玉珊家中告知其家人玉珊旧病复发，需派一人去京接回。荫华当晚去西大请假和安排代课教师。晚上家芬自京长途而来告知玉珊病情。晚10时，校领导王培生到玉珊家中询问病情。五系决定李甲山总支副书记代表校、系和荫华一起去京。

11月18日，早晨林星、王培生、黄兆元来西安家中。王恒开介绍信去民航搭机，不巧该日无航班，立即驱车赴火车站，乘11时火车硬座于19日晨到京。荫华和李甲山径奔医院，10时到达。玉珊正在输液。逢三机部王其恭副部长、八院许明修和学校吴富民来探望。病情自17日以来有发展，语言不清，肢体活动差，常有眩晕感，医生曾预计将有恶化。但经七二一医院高、沈两医生，宣武医院神经内科主任孟教授，三〇一医院内科主任牟善初教授，神经内科主任罗毅教授，著名内科专家项伟院长，著名老中医刘春圃等多方会诊抢救，有学校、亲友多方面的关心和支援，玉珊逐渐渡过难关，却留下后遗症，说话、行动受到影响。

12月22日，清晨三时醒来，想着项伟大夫要来，要请教他有关后遗症等问题。作打油诗一首：

六十如今算少年，忽摆恶疾困都前。

感谢良医施妙手，四化能添一见缘。

1979年

1月—2月，输液已停，同房新病友常吵闹，乃商定于1月11日出院，住玉珩、家芬家观察和休养。初期血压为25.3～26.7/13.3～14kPa，也常发生眩晕。2月7日起开始下楼走路锻炼。在京重病恢复期中，亲笔给身在美国的柏实义和在京的柏夫人写信，为争取和安排柏教授回西工大母校讲学事宜尽了力。柏教授是西工大接待的第一位回国讲学的学者，最先被西工大授予名誉教授称号。

2月28日，乘火车回西安。临行前西工大专派卢医生到北京迎接，抵西安站时，学校派来救护车，教师抬担架进站迎接。

4月，逐步在家过问业务。开始从事《断裂力学的工程应用》的翻译和审阅工作。这一年国内一切会议暂不参加。

6月10日，柏实义教授抵达西安，玉珊亲自到车站迎接。同时"机特班"在国内的同窗陈光耀、陈基建、方城金经西工大安排都来西安相聚。

6月25日李耀滋来西工大作报告《创新与企业》。

7月—12月，身体逐渐恢复，加强走路锻炼，可以步行到教研室和边家村街上。但也常因头晕或行路不稳，在家中摔跤。国际学术交流渐多。听下学璜《国外力学近况》报告；参加宴请；参加Silverman接待会及吴耀祖欢送会；等等。作为老的飞机系系主任，为送人出国、留学、访问，签字、盖章、写推荐信等事接连不断。国外学者、旧相识往来通信开始。三女其全考取第四军医大学微生物专业研究生。黄玉珊、刘雪惠等的论文《疲劳裂纹扩展中高载迟滞模型的评价》（西工大科技资料，1979年9月）印出。

1980年

开始算题、审稿、写稿和答疑。小型会议在家开，大型会议学校来车接送。

1月，阿惠出国留学。

2月，和荫华去丈八沟宾馆看望加拿大麦吉尔大学（McGill University）兰志成教授夫妇。

3月，参加德国学者Williams座谈会。作为特邀代表参加学校首届教职工代表会议。

4月，"运-10"课题、"轰-6"课题计算开始。写稿《断裂力学近年来的发展应用概况》。

5月，全国弹塑性力学会议在重庆召开，作为特邀代表，因身体不便远行不能参加。《固体力学》编委会派代表参加。诸、邢、杨、傅、林、赵、刘、肖、张等几次在家讨论课题会议。

6月，研究生杨本兴、邢天安来家中上课，傅祥炯、刘雪惠、邢文珍等有时参加听讲和辅导。飞机结构强度研究所筹备组在家中开会。写《强度规范研究中几个意见》。分别和叶、傅、诸、刘、刘、汤、林、吴、肖、张、张研究课题，讨论"强度规范"。血压高，验血结果正常。

7月，《强度规范》完稿和修改。

8月27日，由荫华陪同飞沪先住妹玉岚家中。参加中国航空学会在上海召开的综合学术年会。应邀参加的还有美国航空宇航学会代表团AIAA一行23人。

9月3日，参加航空学会在国际文化俱乐部邀请。遇黄竞存（AIAA团）和沈申甫（在北航讲学）。4日会议在宝山宾馆召开，荫华陪往，住王德荣隔壁，每天上、下午王德荣来扶黄玉珊同进会场开会（叹王德荣教授竟在1982年先逝世）。12日飞返西安。13日下午西安机场迎接沈申甫、董明明夫妇。17日，机场迎接荫华同窗邝瑞珍自港飞来。晏成书先一日自京飞抵，朋友相聚。

《半线性Willenborg迟滞模型》（西工大科技资料，1980年3月）刊出。同年，主持拟订了航空工业部科研"六五"规划中疲劳、断裂研究大纲部分。《孔边角裂纹觉察概率的估计——结构初始裂纹长度与确定方法研究报告之一》（西工大科技资料，1985年5月）刊出。

1980年12月16日—1981年2月14日，经学校医院安排，到临潼陆军疗养院疗养，荫华陪同。16日医生检查，血压为29/14.7kPa。17日全面查体，间隔日分别进行温泉水疗和推拿强体。医院背靠骊山，院内景致宜人，虽入冬尚可每日散步锻炼。玉珩由京来临潼出差，同游秦俑，观看铜车马正出土。

1981年

元旦，在临潼疗养，写《疗养院新年有感》："八一年初喜庆春，得来胜地养残身。医护感人勤治理，温汤宜我长精神。邻多佳客寂寥少，室有山妻扶持亲。捷步如飞看来日，定为四化献余生。"

3月，《关于综合断裂与疲劳强度规范的建议》第一稿完成。

4月10日，西工大飞机结构强度所成立大会。黄玉珊任所长，田郏任副所长兼党支部书记。

4月14日—23日，赴北京，在京西宾馆出席学位委员会小组会议。

4月27日，在西工大参加施祖荫追悼会。

5月，电话中知李旭旦自宁来西安，阔别数十年，6日去机场送行并晤面。16日傅祥炯、林富甲来讨论论文，王志智送稿来。19日开始修改论文。20日先写提纲500~800字。26日去四军医大体检。右眼（手术过）玻璃体混浊，左眼眼压高。

6月，联邦德国J.H.Argyris教授到。参加学校名誉教授授职典礼。

7月10日，参加学校学位委员会开会。赵令诚、刘国春、顾松年当选504教研室正副主任。

9月10日，六二三所来人拍《断裂力学》电影部分镜头。29日矫桂琼研究生论文答辩。30日邢天安、杨本兴论文答辩，鼻出血不止没有参加。

10月2日，矫、邢、杨3名研究生来家，4日、5日鼻出血，请医生来家止血。一一二厂来人摆振答疑。17日北京七〇二所曹美生等来，邀请约明春去七〇二所。血压为22.7/12kPa。

10月25日火车抵南京，住会议地址中山陵招待所，晚主席团会。26日第三届全国断裂力学会议开幕，致开幕词。参加第三组讨论。在会议上交流的论文有：黄玉珊、傅祥炯等《用可靠性原理修改损伤容限规范的建议》，邢天安、黄玉珊《斜裂纹扩展速率和寿命的几种估算方法及其比较》，杨本兴、傅、黄等《脉动拉伸载荷作用下的塑性区研究——弹塑性有限元解》（论文刊登在《固体力学学报》，1983年第4期，495—510页）。29日致大会闭幕词。

11月2日，黄玉珊、傅祥炯等《关于损伤容限中的初始裂纹a_0》登于《西工大科技资料》（1981年10月）。林富甲、黄玉珊《成对使用的机翼主要构件可靠性分析》登于《西工大科技资料》（1981年9月），后刊登于《航空学报》第4卷（1983年第3期，第19—27页）。黄玉珊、刘雪惠、倪惠玲《疲劳裂纹扩展中的超载迟滞模型》刊登在《固体力学学报》（1981年第2期，第257—268页）。黄玉珊参加编审的《应力强度因子手册》1981年在科学出版社出版，1983年获航空工业部科学技术进步二等奖。

12月，经省公安局批准，12月16日出境去香港探望岳父胡家健教授。13日和荫华飞广州，朋友邝瑞珍特地自港来穗接机，并安排住东方宾馆。16日早上邝陪同乘火车到深圳，过罗湖海关。下午3时抵达九龙红磡车站。岳父来接，至此，他们分别已33载。

1982年

在港与老岳父团聚半年。亲朋邀请，访问了香港中文大学、香港大学。金咸和、邝瑞珍夫妇邀游海洋公园，逛浅水湾和赤柱。方亦雄约游虎豹公园。土木系同窗徐怀云自美过境来访。尤其每天由荫华陪伴在近处公园锻炼走路，已能空手上台阶十数级，身体有一定恢复。

7月10日，返程，阿钻、阿琼两位老阿姐伴送两处过海关至深圳。11日，通车抵穗，外甥跃鹏、魏岩接车。参观黄花岗七十二烈士墓园。13日飞返西安。

6月21日—8月6日，住第四军医大学医院内五病区全面体检。7月20日，其全通过研究生论文答辩。同年，主持翻译《美国空军损伤容限设计手册》（1989年由西北工业大学出版社出版）。林富甲、黄玉珊《裂纹检测概率曲线的统计测定》刊登于《航空学报》第3卷（1982年第4期，第21—27页），获航天航空科技进步二等奖（1987）和国家科技进步三等奖（1988）。

11月、12月，惊闻冯钟越、王德荣相继因癌症逝世。

1983年

黄玉珊自香港探亲归校，又经住院治疗一个半月，健康情况仍未好转。

在家带病工作,以指导研究生,主持并亲自撰写《中国大百科全书》等著作为主,同时也出差外地参加重要会议。组织上考虑他久病体弱,行动不便,因此外出时常由胡荫华陪同。在1983年主持及参加的著作主要有:

1. 撰写《疲劳与断裂》一书,侧重基础理论。

2. 主持《中国大百科全书·航空航天卷》飞机结构强度分支的编写工作,并亲自撰写条目,多次出席《中国大百科全书》编写会议。

3. 主持《2000年飞机结构强度展望》的编写。从下面日记摘录可见当时黄玉珊带病工作时任务仍很繁重。

1月,10日、11日、12日研究生论文题汇报。17日《疲劳与断裂》一书写稿开始。20日、24日、25日审稿和改稿。

3月,2日写完《疲劳与断裂》第四章一稿;3日血压为25.3/12.3kPa,休息一日。4日傅祥炯送来他撰写的《疲劳与断裂》部分稿。7日血压为21.3/9.3kPa,恢复工作。24日—28日在西安参加航空学会大会、小组会。26日参加选举。28日上午理事会选举,下午大会闭幕。29日大百科全书出版社王樵裕按时寄来条目。30日看文件。31日《中国大百科全书》会议商定字数和初步意见。

4月11日,由荫华陪同,飞北京。在北苑召开《中国大百科全书》编写组会议,经大会、小会和完稿。14日,飞返西安。

4月21日,又由荫华陪同飞北京,抵北苑,参加23日—25日三天会议。26日—27日,住友谊宾馆小憩。亲友来访,并见了由任知恕陪同来的驻美使馆朱琴珊参赞。28日,到西山招待所参加会议,西工大有彭炎午等代表出席。晚上预备会。29日,又到京丰宾馆参加大会。30日,小组会和总结会议。当晚飞返西安。

5月3日,《中国大百科全书》先行条目写好。19日,写《疲劳与断裂》书第五章。傅祥炯送该书稿来。23日,接见外宾Erily和午宴。27日,傅祥炯和六一一所来人商量协议事。

6月6日—9日,在西大宾馆开博士导师评审会议,写评审意见。投票有九人通过为博士生导师。13日,抄完《疲劳与断裂》稿第二章。16日,医院体检,血压为24/10.6kPa。29日,学校副教授升等投票。

7月，1日送《中国大百科全书》样稿来。4日开始写词条。7日张钧澄陪着住在美国的史砚华来，一同照相。邹福康（原在中大机械系）从美国来，一同照相。9日学位评定委员会议。

8月8日，中国科学院刘同志代表卢嘉锡来访。9日，卢嘉锡特地来家晤谈。10日，美国杨训苕夫妇来。12日，叶天麒、吴富民送《中国大百科全书》稿来。13日，张庆恩来取《中国大百科全书》稿。23日，学术委员会开会。26日，傅祥炯送《断裂》稿第一、二章来审。

9月7日，稿写完。11日，北京大百科全书出版社邵箭来。29日，《航空学报》来人约稿。

10月18日，诸德培任强度所副所长。24日，诸德培、傅祥炯、六一一所李克唐和六二一所顾明达同来。27日，仇仲翼来。28日，邵箭、张庆恩来。30日，强度所碰头会。31日，研究生开题报告。

11月2日，《中国大百科全书》会议。7日田正非开题报告。13日，荫华赴厦门开会。先到上海看二弟黄玉璞病。18日电告玉璞逝世。

12月3日，强度所碰头会，诸、林、傅来参加。4日—7日，《中国大百科全书》会议在西大宾馆召开。荫华陪黄玉珊去西大化学系资料室参观。7日，总条目完成。邵箭返京。25日，家中开始有西大液化煤气罐代替蜂窝煤炉。同年，刘元铺、黄玉珊《微观裂纹尺寸i_0的确定及小裂纹门槛应力强度因子研究》刊登在《西工大科技资料》（1983年7月）。

1984年

1月1日，接《航空学报》许昌逢催稿信（注：指黄玉珊、诸德培《飞行器结构设计与强度的现状与发展》，刊登于《航空学报》1984年第2期）。6日，邵箭来信催《中国大百科全书·航空航天卷》设计、结构、试验分支部分的稿件。8日，诸德培送《航空学报》的约稿来。10日，诸来取稿。林富甲来为航空学会召开"预警机"专题会议事。12日，刘晓坤硕士生开题报告。

1月17日，大雪，提论文意见。18日，看完S.T.Rolfe和Barson的文章"Fracture and Fatigue Control in Structures"。北航何庆芝等2人来谈。19日，看

"Developments in FM"。20日，在学校参加学术委员会，讨论四、五年学制问题。

2月，7日章竹君（师大）、申洁如来，并共用晚饭。9日叶天麒送《2000年》稿来。11日改稿。12日《中国大百科全书·航空航天卷》责任编辑王樵裕和特约编辑邵箭来，讨论《中国大百科全书》成员事宜。13日继续改稿。15日叶天麒送规划来。16日看规划。血压为21.3/13.3kPa。23日改稿。叶天麒和六二三所姚起杭及六二九所3人来谈。24日田邨为博士研究生计划事来。29日审《航空学报》稿两篇。

3月1日，晚林振申来访，商议北航博士生答辩事宜，允之；嗣后又考虑要征求学校意见。今日诸德培也来谈王德荣、诸德超的博士生论文答辩事宜，要诸德培去请示学校。下午参加校学术委员会会议，审议科学基金申请项目。2日，继续审议。力学组共7份。北航高镇同来调研博士生问题。4日，星期日，到边家村看土耳其彩色电影《除霸雪恨》。路遇诸德培，告校研究生部部长刘千刚同意去京主持博士研究生答辩。6日，姚、林、叶来汇报。赵庸来信要开CAD会议。7日，诸德培送他撰写的《中国大百科全书·航空航天卷》人物"黄玉珊"词条稿来。8日，张庆恩（任《中国大百科全书》联络员）来访，讨论写"西北工业大学"词条。12日，张庆恩来要改稿。13日，改稿。北航寄来汪懋骅送审博士论文，交傅祥炯先看。14日林富甲来催《2000年飞机结构强度之管见》稿。

3月19日，沙伯南来谈短距起落飞机。21日，雪，下午放晴降温，在家栽倒。强度中心来了8人会谈。22日，看《STP-138》及《AMD-47》。买来《青年一代》一本，上有三女婿建平事迹。美国二女婿卓然来长途电话，其惠昨生一女，取名严如玉。荫华申请科学基金忙于填表。26日，看汪懋骅博士论文。

3月30日，邵箭等2人来访，推诸德培负责审《中国大百科全书》稿。

4月1日，荫华去参加市政协会议3天。

3日，讨论《2000年飞机结构强度之管见》文稿，陈百屏、刘元镛、吕国志、叶天麒等来访。复何庆芝和李克唐信。接通知4月17日—20日在北京召开《飞机结构损伤容限设计指南》编审会议。

5日，林富甲来访，为《2000年》文稿事宜。

6日，林富甲来访，《2000年》文定稿。

9日，接《力学通讯》通知，9月份召开编委会。

12日，访美国圣地亚哥来的林绍基夫妇。

14日，中午学校邀请林绍基教授夫妇，参加人有黄玉珊、刘元镛、王培生、彭炎午和陈百屏。饭后，刘、陈和林绍基夫妇来家小坐，照相数帧。

15日，傅祥炯去京参加《飞机结构损伤容限设计指南》会议，托带信提出要重视质量。

17日，林富甲来告《2000年飞机结构强度之管见》一文已完成。诸德超自北航来电话问博士生论文答辩于5月10日、11日行否。与荫华商定日期定在下月15日、16日，她陪同去北京。

19日，省政协通知，5月2日在丈八沟宾馆开会，行动不便，请假。

21日，刘保卫来电话，原录取研究生中加1名出国生（日本、法国），共4名。

23日，傅祥炯来汇报由航空工业部科学技术委员会编著、黄玉珊负责主审的《飞机结构损伤容限设计指南》北京会议结果，进度未改。

26日，北航来电报问5月11日答辩可否？答：可。

27日，和荫华、阿苓母子应友人邀游市植物园。诸德培送李玉龙选题报告来。

5月3日，新录取出国研究生孙峰（留日）、曹华磊（留法）来。

4日，傅祥炯送《疲劳与断裂》第三章来审。看第三章。

9日，由荫华陪同，下午飞京主持北航王德荣、诸德超的第一名博士生论文答辩。诸德超、姜正行在京接机。

10日，许多友人来宾馆晤谈，他们是殷维翰夫妇、王锋、蒋咏秋、叶副处长、何庆芝、夏人伟、龚尧南、叶逢培、姜正行、诸德超、王家琳、王幼复等。

11日，上午10时预备会，下午答辩会。博士生汪懋骅论文答辩通过。王俊奎来晤谈。

12日，在诸德超家用午餐。往返乘北航研制的双人自行车。下午，49年前"机特班"老师伍荣林来访，赠送老师水果。赵庸来访。龚尧南送论文来。高镇同来谈并送我们菠萝。在清华的外甥方鸿生、丁嘉言夫妇来。

13日—15日，到玉珩弟处休息3天。16日飞返西安。

17日，林致平自美来信，回国访问事。信交林富甲办。看北航曹维嘉论文。

18日，写曹文评语。研究生田正非来谈出国事宜。

19日，刘元镛为商量接待林致平事来。汤玄春送论文来。

20日，复林致平信。

21日，感觉手麻，血压低，23.1/8kPa，下午血压回升。

22日，叶天麒来补充建筑计划。

6月14日开编委会。6月底理事会。

23日，寄来《固体力学学报》稿二件，审毕寄出。

7月3日，李玉龙研究生开题报告。与诸德培、傅祥炯、刘元镛、林富甲商谈，各研究生指导分工：傅祥炯——洪远，金石——刘晓坤，刘元镛——新招生，林富甲——新招生，倪惠玲——出国生。

4日，荫华飞京转长春参加全国专业会议。诸德培来告受聘《力学学报》编委事宜。

7日，四女其青早上去医院，晚生一女，取名陆叶。

11日，接上海市力学学会通知被聘为顾问。

17日，荫华自京飞返，遇大雨。新研究生来会面。

22日，讨论《中国大百科全书》稿件会，北航张锡钝、南航高永寿及叶天麒、诸德培、卫本琦、邵箭参加。

30日，三机部徐昌裕来电话，去卧龙风景区开会。

9月20日，校领导初步选出。

23日，傅恒志校长与刘元镛副校长来。

29日，上海力学会邀请参加会议，不能去。

10月，连接聘书三份：中国力学学会《固体力学学报》编委；中国航空学会结构设计及强度专业委员会主任委员；中国航空学会《航空学报》编辑委员会委员。

18日，下午参加学位委员会。录取洪远、刘晓坤为博士生，通过包括陆山（小婿）的67名硕士生。27日，三女其全生一女，取名金瓯，29日，接回家休养。30日，自其惠美国来长途，要我们早走。

11月10日，洪远、田正非硕士论文答辩。11日，荫华飞京，去美使馆签证，民航局预订机票，机场送郑家骏返美。14日，与诸、傅、林商谈指导研究生分工。20日，荫华乘火车抵家。27日，黄文虎、张阿舟来谈。

12月29日，由诸德培撰稿的《黄玉珊简介》发表在《力学与实践》，1984年第5期58页。

1985年

1月1日，诸德培送来刚出版的《摆振理论与防摆措施》书来。

留日研究生孙峰来信，留法研究生曹华磊来贺片。力学学会、航空学会两会寄来选举票。

7日，刘雪惠做报告。林富甲来谈十所支线机事。

19日，诸德培来访，写信致六二三所周渭源所长。

2月4日，高占民、陈一坚来访，送来六〇三所技术顾问聘书。

6日，参加校举办30年教龄教师茶话会。

11日，林富甲来访，北航503起落架签字。

12日，参加学校会议，聘任为校务委员会副主任委员。

3月5日，送来审西南交大陈君礼和北航王中的博士论文。

13日，刘保卫来电话：博士生仍取2名。

14日，七机部七〇二所原秘书来访。

25日，1948年两位毕业校友来访（现在六一八所和七机部十三所）。

30日，送审稿来，为《中国大百科全书》"黄玉珊"词条。

4月4日，刘雪惠带六〇五所张俊钧等12人来访。

8日，叶天麒来谈成立"三强联合体"。

10日，荫华自美经港、穗归来。

18日，张桢、沈景玺、刘盛武来访。陆颂善、沈景玺在家用午饭。

19日，三机部姜学锦（教育司司长）等3人来访。

12日，六二三所来家放映由六二三所和刘雪惠、姜节胜合编的电影《断裂力学》，有黄玉珊几个镜头。

13日，狄企良写解放前校史来谈。

17日，教改试点班（"尖子班"）开学，未去。

6月1日，填写送审的科学基金评议书多份。

2日，留法研究生曹华磊即将出国，父子同来辞行。下午在屋前花园强度所诸人照相留念。

5日，叶天麒、姚起杭等三人来谈"三强"公司事宜。

6日，"三强"公司董事会成立，黄玉珊任董事长。

8日，"三强"公司成立大会。

17日，高永寿、李克唐来访。

18日—24日，《飞机结构损伤容限设计指南》一书的审稿会议在西工大召开。（注：该书由航空工业部科学技术委员会编著，黄玉珊主审，1985年航空工业部科学技术情报研究所出版，1986年获航空工业部科学技术进步二等奖，1987年获国家科学技术进步三等奖）。

20日，狄企良送1940—1941年在国立中央大学航空工程学会的《航工季刊》上3篇论文稿复印件来。严汝群等3人陪许毓翱来访。

21日，北京黄克智、柳春图来访。

22日，系总支袁博义陪省公安厅王、卫二人来送两份出国护照。

28日，写日本、京都工业纤维大学铃木惠介绍信。同日，接《力学学报》第四届编委聘书。

7月1日，傅祥炯、倪惠玲、刘雪惠来会谈，刘国春去联邦德国访问来签字。

3日，张桂联、王培生、高浩等四人来访。为崔振源著书写推荐信。

4日，右眼变小，嗜睡。血压为20.7/10kPa，较低。

5日，请邓敬茵医生看病。轻度脑血栓。晚上血压为18.7/9.3kPa，喝咖啡提压。

7日，其全考取世界卫生组织WHO公费生。

8日，住进校医院，隔日吊针代血浆，隔日医生来家肌注包二磷胆碱治疗，延续至月底结束。

9月1日，美国林致平夫妇昨日到达。学校在西安宾馆邀请，荫华也陪同参加。

2日，批准为博士后点，填表。

6日，林致平夫妇来访。留日研究生孙峰来访。

16日，机场送行。今天借来台湾书店出版的《留学教育》第四册一本，上有中英庚款留学生考试成绩。黄玉珊的四门专门科目成绩：94，88，92，65分，专门著作75分。第五届庚款留学生中近知其详者仅卢嘉锡、沈其益、胡祥壁、王兆华、顾兆熏、张维和黄玉珊共7人矣。

21日，翻译。翻译告一段落，27日，材料力学教研室来两人，谈《集中系数手册》审稿事宜。30日，新翻译开始。

10月，1日翻译。4日翻译完成。接聘书，经省高教局推荐，被聘为《情报·科研·学报》期刊顾问。该刊物1985年出第1期，以后每年出4期。5日审《集中系数手册》稿完。翻译。6日许玉赞病逝。7日荫华到武夷山开会，飞杭州转车。10日罗时钧、刘千刚来告知柏实义11月17日到。15日接七机部信，特邀参加贵州会议。材料力学教研室来人取走《集中系数手册》审稿。22日第四章翻译完成。28日天津张贵庄飞机场内的民航学院机械系杜洪曾、于怀栋来请教A24腐蚀疲劳问题。31日，美国吴期平教授自北大讲学后来到西安。接机。

11月2日，全国第四届断裂力学会议在西安召开。在大会上作《损伤容限与耐久性设计思想的发展与展望》的特邀报告（黄玉珊、傅祥炯、倪惠玲等著，刊登于《航天航空科技》1986年第4期第5—12页）。3日，晚上李克唐、何庆芝来访。4日，参加专业组会议。下午断裂力学会议闭幕式。参加《随机谱疲劳寿命模型》指导组会议。参加者有李克唐、何庆芝、傅祥炯、李康先。5日，翻译书的第五章完成。18日，柏实义夫妇到。晚上学校邀请，荫华陪同参加。20日，参加学校召开的校友座谈茶话会招待柏实义夫妇。发言。晚上，与陈百屏在饺子馆共同宴请。21日，柏夫妇告辞，荫华机场送行，未飞成。下午与荫华同去送行，在机场晚饭，亦未飞成。22日他们夫妇第四次赴机场才飞走。

同年，由黄玉珊任顾问的《歼六机翼使用寿命和检查周期的确定》获1985年航空机械工业部科学进步二等奖。

由黄玉珊任主审的《飞机结构损伤容限设计指南》出版。

《中国大百科全书·航空航天卷》1985年12月出版。（1）黄玉珊主编设计、制造、试验分支学科；并亲自撰写了"飞机结构力学""疲劳与断裂"和"强度规范"诸长词条。（2）《航空航天人物》含"黄玉珊"词条（诸德培撰写）。

1986年

1月4日，出席力学教材编审会议。

14日，接到《情报·科研·学报》编委会请柬，未参加。

17日，强度所支部改选，诸德培、傅祥炯、杨志义当选。

23日，陕西人民出版社为编陕西教育人物来信，要28日前交稿。

25日，为出版社写"从事教育四十五年"文稿。

14日，《2000年飞机结构强度之管见》一文获省高等学校科技二等奖。傍晚与荫华上火车赴京办理去美探亲签证。

15日，准点到站，林振申来接。站上遇表亲王延忠赴天津，见行走难欲背之。车接至远望楼宾馆住下。

17日，早9时林派车来接去美大使馆。下午4时取二人签证护照。回到宾馆，地质岩矿所所长李家熙、马光祖等3人已在等候，他们和荫华即去探看陈四箴病。

18日，在远望楼邀请庞展、林振申、辛黎洪、姑母、玉珩、家芬、晓华和晏成书、田方增。

26日，强度所支部选刘元镛、诸德培出席党代会议代表。诸德培出任飞机系主任，刘雪惠接任副所长。

4月12日，马光祖自京来长途，陈四箴病逝。治丧委员会成员有荫华，但去美在即，已来不及赴京。

17日，下午在楼前花园照相，作为黄玉珊赴美前留念。1时，有强度专业委员会陈百屏、叶天麒、杨庆雄、吴富民、诸德培、林富甲、刘雪惠、黄玉珊共8人；3时，有强度所在校诸人合影。

24日、25日，党委书记周延海、吴心平、季文美夫妇、傅恒志校长及系、所的人前后共有24人来送行告别。

26日，早6点30分赴机场。

27日，棣华来，协助整理行装。

5月1日，9时30分由明录、杨振球送往机场。乘联美航班12时起飞。过日本。当地时间10时45分抵达旧金山。轮椅送过海关，一切照顾周到和顺利。胡雪霏母子和邝瑞珍、茅春明均分别来接机。

2日，在邝瑞珍家休息一天。和亲友电话联络。

3日，早晨徐怀云、陈方来，同去Palo Alto的吴梅生、刘长庚家，还有张以棣夫妇、姚先正夫妇及一些朋友相聚午宴。午后刘长庚和张以棣又陪同到母校Stanford参观，留影，继在以棣家见Hoff夫妇。

4日，飞华盛顿，过盐湖城、芝加哥，一帆风顺，傍晚到达。卓然、其惠带小玉来接。

9日，去BEST购电子血压计。吃PIZZA（意大利面饼）。

10日，游植物园。吃蟹。

11日，游华盛顿的太空博物馆。自助餐。

17日，其惠赠购Walker助行器。

18日，中午，柏实义夫妇宴请，有唐培经夫妇、江良规夫人和西工大在马里兰大学的访问学者严世英、王亚非。

6月1日，其惠宴客13人。

6日，吴期平教授夫妇在"远东"邀请，并到他家喝茶。

7日—8日，全家去其惠朋友家度假。

15日，在姚慧英（浙大校友）家校友聚会。

19日，林致平远道前来相聚3天，并在"东波"邀请黄玉珊全家和柏实义、唐培经两夫妇。

28日，游尼加拉瀑布，卓然、其惠轮流驱车10小时。29日11时驱车返，车行9小时。

7月4日，卓然、其惠全家开车至纽约，参观大都会艺术博物馆。后继续北上，傍晚抵达龚洪钧、董若芬（原中大化学系教授）家，他们是黄玉珊夫妇的介绍人。他们在中国餐馆邀请。晚宿徐宗华（中大航空系校友）、张晋云（荫华的中学同窗）家中。

5日，卓然、其惠、小玉参观西点军校。

8月1日，建平自北京飞抵洛杉矶，2日飞抵衣阿华，拿奖学金读博士学位。

12日，日前胸闷发病两三次，但不吃药自解。

14日，睡前胸闷，不适剧增，血压高至量不出来，服用长效硝酸甘油缓解。

15日，血压不正常，反复发作持续三刻钟。建平是心血管医生，懂得病情的严重性，来信和电话提请注意，绝对忌油和少吃。

17日，下午又犯，服用硝酸甘油缓解。电话询问左天觉太太诸朋友，介绍张简大夫。

18日，至张简大夫诊所就医。心电图不佳，给服β-Blocker药片和贴硝酸甘油膏药。心绞痛不再发生，但血压高低不稳。移住楼下，便于行动。

22日，张简诊所复查。几十项血象检验结果正常，心绞痛不再发生。医嘱任何时候皆可动身回国。

30日，作归国准备。先电请岳父在港订购10月5日香港至西安的直达班机。今日李桂馥、张晋云随旅游团来华盛顿。荫华与李、张是南开中学同窗，与李阔别44载，仅晚间匆促半小时见上一面。

9月，身体康复如常。

7日，全家游览大西洋城，海边观景和参观大赌场。卓然、其惠往返驱车各需3~4小时。归途西餐晚餐。遇诸多残疾人轮椅出游。晚11时抵家，血压正常。

9日，岳父自港来快函，已订10月9日去西安机票。

10日，决定订购29日机票到洛杉矶，10月2日飞港。

13日，其惠驱车带玉珊夫妇和小玉游长木公园一天。

14日，即日起，唐培经、胡佩英夫妇，姚慧英老学长，柏实义夫妇先后来访。

17日，机票取到。与冯元桢通电话，冯元桢决定29日驱车洛杉矶看望玉珊及家人。

27日，张简大夫诊所复查，开药。心电图一切正常。

28日，中午全家在"金国"请丁骍、鲍松夫妇，唐培经夫妇饮茶。晚上全家在四川饭店晚饭。

29日，早晨7点5分在百（尔）特摩（Baltimore）机场起飞，卓然、其惠、小玉机场送行。洛杉矶时间10点45分到达，轮椅出来，吴俊升、王崑山、曲延寿夫妇和黄竞存来接，和吴、王、曲均阔别40年矣。黄竞存驱车至表姐倪亮住宅附近的中餐馆，表姐已在此等候。午宴后慢走至吴、倪府话旧。下午4时后驱车到达王崑山府上。冯元桢夫妇已先自圣地亚哥来候。随后林绍基夫妇亦自圣地亚哥来，还有曲延寿、方亦雄来会聚晚餐，谈至夜10时，兴致不减。此时冯、林两家还要驱车赶4小时夜路回圣地亚哥。今天毛妹侄女长途来问安告别。

30日，美国友人早上来开车送王大嫂和荫华游好莱坞。王、黄二人身体欠佳，在家进行笔谈，兴致勃勃。晚上，旧友设晚宴两桌。除王、曲家外，尚有石兆骜大嫂母子、林同骅、刘方烨夫妇和方亦雄等。

10月1日，黄玉珊执意要去为石兆骜大哥扫墓，鲜花贡品一切均准备就绪，怎料石大嫂重病今日化疗，不能前来领路，临时取消。午后，顿觉疲乏。原定中大航空系校友晚宴决定取消。

2日，启程离美，晨由杨训苕来车接送洛杉矶国际机场，王崑山同送。飞程一路顺利。

3日，傍晚飞抵香港，轮椅送过海关。岳父、老朋友邝瑞珍和外甥小虎均在机场接。4日—8日，在港休息。9日，邝瑞珍车来，与小虎共同送机场。岳父又赶来机场送行。11时许起飞，飞行2时20分到西安。出西安海关时花了许多时间。赵令诚、刘元铺、诸德培、袁博义、刘雪惠、黄旭辉和西大教师，还有陆山、其青一行10多人来接。10日，此番美国之行，历时5个月零9天，顺利归来。荫华放下心中石头，大睡了2天。12日，今日旧历九月九日老人节，是星期日。家中午宴，提前庆六十九大寿，照相。15日，住四医大病房，历时40天整，意欲详细查体和更换美国用药。住院期间，硝酸甘油膏药照贴，仅将β-Blocker更换同类药心痛定和加用消心痛，反而不适，心跳加速，脉搏108次/分钟，多次出现心绞痛。

11月19日，调整用药量和时间。刚有一周奏效，赶紧出院。22日，出院后心跳过速一次。25日，家中决定取消心痛定。

1987年

1月14日,日记中写出9名硕士研究生的第二导师:王正龙(林富甲);郑传超(刘元镛);刘铁让(刘雪惠);郭万林(傅祥炯);王坚(刘元镛);何乐林(倪惠玲);江晓禹(张相周,刘雪惠),肖富斌(林富甲);杨胜春(刘雪惠,张相周)。15日,校史办送大事记来查询,取出早年日记本核对,应允20日"交卷"。28日,除夕。29日,春节,节前单位慰问,节中来客甚多。

4月,4日为荫华修改参加国际专业会议英文稿。8日荫华生日。荫华去三兆向南开中学音乐老师北英遗体告别。11日土木系同窗胡松年病逝讣告(77岁)。12日寿柳依自学校宾馆来电话。14日与季文美夫人林璞通电话,第二天早9点50分车子来,相约至车站送寿松涛骨灰。16日学校来车接开咨询委员会。21日组织部送咨询委员会聘书来。29日傅祥炯来商谈九江专业会议事。30日林富甲来访。傅、林均担心黄的身体无法去九江参加会议。征求荫华意见。因身体和荫华陪伴缺时间,决定不参加(注:此荫华一憾事)。

5月,1日林富甲来,译稿MIL-A-83444和MIL-STD-1530再校1个月。6日校正译稿。7日帮荫华为研究生翻译德文。10日—12日审查疲劳寿命模型文稿。15日下午发寒热高烧,卢性宁大夫来家诊断为非脑血管病。由数名研究生抬下楼,汽车送入校医院。静脉滴注,当晚退烧。18日在医院X光片查心肺正常。21日出医院。31日星期日,傅祥炯来谈九江会议情况。还顺便说会中大家讨论北航何庆芝、南航高永寿、西工大黄玉珊今年均七十大寿。荫华告傅,今年10月15日请大家来聚餐。

6月2日,上午方城金突然来访,很高兴。当即邀请陈百屏夫妇来家,共聚叙了近两小时,玉珊留方用午饭不成,由荫华请西工大派车,陪送至省军区招待所会址。临别邀请方城金、刘慧芬伉俪再来西安,并告家中正在整修,其青小女一家正在搬出,一切都在为佳朋远来创造条件。3日,星期三,大雨滂沱。上午和荫华一起在家等待学校来录像,此为30年并校庆祝活动安排。但临时因大雨,来电话告改期。(注:此二憾事!)亲笔写信给美国三婿建平,由荫华代笔写信给美国二女其惠和婿卓然。由荫华代笔向香港岳父告平安,并请他购寄西药β-Blocker来。

傍晚，在家中与荫华、外孙女陆叶合照3张，连同有其青、陆山的五人合照2张。留下了今生最后和家人一起的珍贵照片。

4日，下午荫华陪他步行到附近个体户理发。

6日，完成美国《军用飞机完整性大纲》和《损伤容限设计要求》规范的翻译修改稿。8日，自我感觉良好。荫华回家较迟，他还走过来看她吃晚饭，要她吃这吃那，关怀备至。晚，睡前照常看了一会儿电视。睡眠中有几次醒来，这也是往常习惯。不料11点过后，显得不安宁，反复要扶他坐起。问：是心区不舒服？他摇头。随后在入睡中听到发出呜呜声。问："什么声音？"他立即关掉了音乐。荫华说："不是指这个，是带有痰鸣声，轻轻咳掉。"他试了几下说："去不掉。""那我给你喝点水。"答："好。"荫华起床去对面房取水，他还关心地开灯照明，侧右躺着就小壶嘴喝了几口水说："没事！睡觉。"瞬间就听鼾声大起，昏迷不醒，此时欠10分午夜12点。9日凌晨零时许，校医、系主任诸德培、副校长刘元铸、杨琨处长父子，还有青年教师、研究所同志、汽车调度等，共11余人先后闻讯赶来家中。经医生初步尽力抢救无效，大家苦无良策，抬上汽车时，发现心跳停止！遽然辞世！（不可搬动！荫华认为此是人生最大憾事）。医生一路做人工呼吸，起搏心脏，就近送至省人民医院，经过3次努力，回生乏术，此时1时47分。9日上午，西工大先向国内、外发出电报和电话讣告。

6月10日，黄玉珊治丧委员会由主任李溪溥，副主任刘海滨、季文美、柏实义等8人，委员王垣等51人组成。12日，诸德培、赵令诚负责的《黄玉珊教授纪念专集》编辑组组成，并发通告收集纪念文稿，通告与讣告一起自即日起寄发国内外各界人士。15日，久雨放晴。下午3时在三兆公墓礼堂举行黄玉珊遗体告别仪式。西工大校长傅恒志主祭。西工大名誉校长、中国航空学会理事长季文美致悼词。傅斌读国内、外主要唁电。参加告别仪式者挤满一室，花圈由室内排满到室外。刘多朴代表航空工业部，郭嘉真代表航天工业部，李绪鄂部长、武玉昆代表中国航天学会，理事长任新民均来家吊唁，并出席了告别仪式。兄弟姐妹有玉珩、家芬、玉文、维柱、晓华、棣华，表侄陆庆瑶皆远道来西安吊唁。

6月16日，《陕西日报》刊登"著名科学家黄玉珊逝世"消息。27日，黄玉珊教授骨灰安放仪式下午3时在西安市南郊烈士陵园举行。骨灰匣存放在正厅。同日《人民日报》（海外版）刊登"航空航天科学家黄玉珊逝世"消息。

8月—10月，《力学进展》第5卷第3期扉页刊登《沉痛悼念黄玉珊同志》，《情报·科研·学报》第4期第17页刊登《悼念本刊顾问黄玉珊教授》，《中国航空学会通讯》第9期扉页和《西北工业大学学报》第5卷第4期都刊登了悼念黄玉珊教授的文章。